交通版 | 高等学校道路与桥梁方向规划教材

选线与道路勘测设计

主　编　黄显彬　郑元勋　陈　伟　唐俊峰
副主编　周正峰　赵　宁　李升甫　侯超群　边　疆　程　刚
主　审　艾长发　邹祖银

人民交通出版社

北京

内 容 提 要

全书共14章,内容包括绪论、平面设计、标准形曲线、弯道加宽与超高、行车视距、纵断面设计、横断面设计、线形设计、选线、道路交叉设计、计算机辅助设计、城市道路勘测设计、公路改扩建勘测设计和道路勘测设计前沿方法研讨。

本教材可作为高等院校道路桥梁与渡河工程、交通工程、土木工程等专业及相关专业的本科教材,也可供从事道路工程相关专业的工程技术人员和研究人员参考。

图书在版编目(CIP)数据

选线与道路勘测设计 / 黄显彬等主编. — 北京：人民交通出版社股份有限公司, 2024.12(2025.7重印). — ISBN 978-7-114-20075-5

Ⅰ. U412

中国国家版本馆CIP数据核字第2024YB7145号

Xuanxian yu Daolu Kance Sheji

书　　名：	选线与道路勘测设计
著 作 者：	黄显彬　郑元勋　陈　伟　唐俊峰
责任编辑：	袁倩倩　王　涵
责任校对：	赵媛媛　刘　璇
责任印制：	张　凯
出版发行：	人民交通出版社
地　　址：	(100011)北京市朝阳区安定门外外馆斜街3号
网　　址：	http://www.ccpcl.com.cn
销售电话：	010-85285911
总 经 销：	人民交通出版社发行部
经　　销：	各地新华书店
印　　刷：	北京科印技术咨询服务有限公司数码印刷分部
开　　本：	787×1092　1/16
印　　张：	18.75
插　　页：	7
字　　数：	460千
版　　次：	2024年12月　第1版
印　　次：	2025年7月　第1版　第2次印刷
书　　号：	ISBN 978-7-114-20075-5
定　　价：	55.00元

(有印刷、装订质量问题的图书,由本社负责调换)

编审人员

主　　编： 黄显彬　郑元勋　陈　伟　唐俊峰
副 主 编： 周正锋　赵　宁　李升甫　侯超群　边　疆　程　刚
主　　审： 艾长发　邹祖银
编写人员：（按姓氏拼音排序）
　　　　　边　疆（南京工业大学）
　　　　　陈　伟（四川农业大学）
　　　　　陈　伟（女）（四川农业大学）
　　　　　程　刚（西藏大学）
　　　　　何俊霖（四川农业大学）
　　　　　何云勇（四川省公路规划勘察设计研究院有限公司）
　　　　　侯超群（合肥工业大学）
　　　　　黄显彬（四川农业大学）
　　　　　何晓阳（浙江师范大学）
　　　　　李　博（江苏中设集团股份有限公司）
　　　　　李升甫（四川省公路规划勘察设计研究院有限公司）
　　　　　刘士远（黑龙江省交通规划设计研究院集团有限公司）
　　　　　南　轲（四川省公路规划勘察设计研究院有限公司）
　　　　　施念成（上海二十冶建设有限公司）
　　　　　苏延桂（青海大学）
　　　　　唐俊峰（四川农业大学）
　　　　　田永丁（西南交通大学）
　　　　　王绥庆（西安经天交通工程技术研究所）
　　　　　王　旺（西安经天交通工程技术研究所）
　　　　　王义鑫（四川省公路规划勘察设计研究院有限公司）
　　　　　赵　宁（四川农业大学）
　　　　　周润芳（山西农业大学）
　　　　　张　贤（苏州市吴江经开区建设项目管理有限公司）
　　　　　王学伟（四川农业大学）
　　　　　曾永革（邵阳学院）
　　　　　张永强（长春工程学院）
　　　　　曾宇声（四川农业大学）
　　　　　郑元勋（郑州大学）
　　　　　周正峰（西南交通大学）

前言

"道路勘测设计"是道路桥梁与渡河工程专业和交通工程专业的专业主干课,是土木工程专业的专业方向课,是进一步学习路基路面工程、桥梁工程、隧道工程等课程的前置课,可为学生毕业后从事道路勘测设计以及道路桥梁相关工作奠定理论基础。

本课程是一门理论与实际紧密联系的课程。在教学过程中,老师们经常会发现:很多学生在完成了课程学习之后,仍然无法将理论知识灵活应用到实际设计当中,使用专业软件开展路线设计时无从下手,对不断发展的道路勘测设计新技术感到茫然。针对这些普遍现象,本教材通过宏观规划、集思广益、总结经验,编者努力对道路勘测设计教学内容进行创新和优化,提升教学成效。

教材传承与发展

一门完整的课程应包括教材、配套资源和课堂教学等几个方面,其中教材是核心,教材的编写则是课程建设的主要任务。本教材是主编在原教材《公路勘测设计》(2016年由武汉理工大学出版社出版)和《道路勘测设计》(2020年由中国建筑工业出版社出版)基础上逐步发展起来的,融入大量新内容,由11所高校、3所设计院、1个研究所、1个建设单位和1个施工单位合作编写。本教材宏观规划考虑以下几个方面:

(1) 重新命名教材名称:选线与道路勘测设计,凸显选线的重要性和特殊性。

(2) 重新编写重点篇章和新增创新特色篇章。

重点篇章包括平面设计、标准形曲线、弯道加宽与超高、纵断面设计、横断面设计和选线等6章,教材着重于基础理论和应用,新增原创教学设计,配备大量的例题和复习思考题,以理论联系实际的编写理念,帮助读者提高道路勘测设计能力。创新特色篇章包括计算机辅助设计、城市道路勘测设计、公路改扩建勘测设计和道路勘测设计前沿方法研讨等4章,突出行业发展对路线设计的新要求,强调理论知识的综合应用,介绍道路勘测设计的前沿技术。

(3) 平面设计篇幅较大,内容较多,其中缓和曲线是本书重点和难点之一,把缓和曲线从第2章平面设计中剥离出来,单列为第3章。

(4) 弯道加宽与超高关联第2章平面设计和第7章横断面设计,鉴于其内容多且难度大,单列为第4章。

（5）第9章选线新增桥梁位置与路线的关系、选线步骤、长大纵坡及大高差选线、地质选线与环保选线等内容。此外，丰富了越岭线选线中垭口两侧展线内容，补充典型的实际工程案例。

（6）基于纸上选线和采用专业软件进行路线设计已经成为主流，新增第11章计算机辅助设计，并配套相关的教学视频。

（7）考虑到拓展道路知识面和本科毕业设计的多元化需求，新增第12章城市道路勘测设计。

（8）我国公路建设已逐渐步入"改扩建为主新建为辅"的新阶段，新增第13章公路改扩建勘测设计。

（9）为了跟踪道路勘测设计的技术更新与未来发展趋势，新增第14章道路勘测设计前沿方法研讨，启发学生的前瞻性视野。

为了减少纸质教材篇幅，本教材将第11章计算机辅助设计、第12章城市道路勘测设计、第13章公路改扩建勘测设计、第14章道路勘测设计前沿方法研讨，以及2.3.5测量标志和3.5计算器编制程序计算主点里程，以电子教材形式呈现，读者可扫描二维码在线阅读。

先行试讲及反馈

为检验本教材质量，课程团队基于本教材初稿及其教学资源于2023年秋季面向部分高校老师采用"全过程公开课"的形式先行试讲。部分高校老师的听课申请扫描件、中期评价截图、后期评价截图及学生评价截图已制作成《道路勘测设计》全过程公开课总结交流文档，有意向查阅的高校任课老师可与本教材主编联系获取。

本教材及其教学资源凝聚了主编三十余载的教学实践与工程经验，同时也凝结了编写团队的心血与智慧，任何未经授权的大量引用或盗版行为，都将依法追究责任。

教学资源

本教材的教学资源包括PPT课件、短视频、复习思考题及参考答案和全过程公开课回放视频等，这些教学资源由教学团队经过精心制作、反复打磨而成，采用本教材教学的高校任课教师可与本教材主编联系获取。

编写分工和审稿

本教材由四川农业大学黄显彬教授策划、发起和组织，由黄显彬、郑元勋、陈伟和唐俊峰担任主编，周正峰、赵宁、李升甫、侯超群、边疆和程刚担任副主编，由艾长发（西南交通大学教授）和邹祖银（四川农业大学教授）担任主审。具体编写分工如下：边疆、陈伟（女）、侯超群、黄显彬、郑元勋、何俊霖、周正峰、田永丁、周润芳、张永强、施念成、唐俊峰和曾宇声编写第1章；边疆、程刚、何云勇、李博、刘士远、黄显彬、苏延桂、施念成、曾永革、郑元勋和陈伟（女）编写第2章；程刚、陈伟、何俊霖、唐俊峰、赵宁和郑元勋编写第3章；陈伟、苏延桂、何晓阳、唐俊峰和曾宇声编写第4章；何俊霖、田永丁、曾宇声和郑元勋编写第5章；程刚、陈伟（女）、黄显彬、苏延桂、唐俊峰、周正峰、张贤、曾永革、何晓阳、赵宁和郑元勋编写第6章；边疆、陈伟、侯超群、何俊霖、黄显彬、唐俊峰和赵宁编写第7章；周正峰、唐俊峰、张永强、田永丁和郑元勋编写第8章；侯超群、黄显彬、李升甫、王义鑫、唐俊峰、赵宁、周正峰、施念成、王学伟、曾永革和曾宇声编写第9章；程刚、陈伟、侯超群、田永丁、周润芳、何俊霖和郑元勋编写第10章；黄显彬、王绥庆和王旺编写第11章；张贤、边疆、何俊霖、苏延桂、陈伟、唐俊峰和曾宇声编写第12章；何云勇、黄显彬、李博、刘士远、郑元勋、王学伟、王义鑫和南轲编写第13章；黄显彬、李升甫、王学伟、南轲和王义鑫编写第14章。

本教材经过编写人员反复讨论、交流、修改、校核，最后由黄显彬统稿。

致谢

为了教材的系统性，编写人员参阅了相关规范和多部同类教材。在编写过程和全过程公开课期间，收到并认真听取参与的老师们和专家们对本教材的建设性意见，在此谨向他们表示诚挚的感谢！人民交通出版社孙玺副总编及李瑞、袁倩倩、王涵等编辑高水平、高质量的审校工作，保证了本教材如期出版，对他们的辛勤付出表示衷心感谢！

由于本教材新增内容多，时间仓促，加之编者水平和能力有限，书中难免存在错误或不当之处，恳请读者批评指正。

本教材及其教学资源交流、课程及课堂交流、纠错及意见建议，采用本教材教学的高校任课教师获取教学资源，请加qq群：792276312。

黄显彬
2024年10月

本教材配套微课索引

序号	编号	微课名称
1	微课2-1	如何理解平面及中线
2	微课2-2	Excel计算圆曲线上中桩坐标
3	微课6-1	如何理解纵断面
4	微课11-1	新建数模
5	微课11-2	道路选线(沿溪线)
6	微课11-3	试坡展线
7	微课11-4	平面设计(交点法)
8	微课11-5	平面设计(智能布线法)
9	微课11-6	设计向导
10	微课11-7	纵断面地面线
11	微课11-8	纵断面设计
12	微课11-9	横断面地面线获取
13	微课11-10	横断面设计
14	微课11-11	挡土墙设计
15	微课11-12	土石方调配
16	微课11-13	绘制视距包络图
17	微课11-14	纵断面视距检测
18	微课11-15	三维空间视距检测
19	微课11-16	成果输出
20	微课14-1	综合信息化勘测
21	微课14-2	沿金沙江高速公路三维实景模型与BIM设计模型工程探索

目录

第1章 绪论	1
1.1 道路勘测设计课程概述	1
1.2 道路发展概况	2
1.3 交通运输组成及其特点	4
1.4 公路分类	5
1.5 公路基本建设程序和设计阶段	6
1.6 交通条件	9
1.7 设计速度	11
1.8 公路通行能力	12
1.9 公路总体设计	13
1.10 汽车的动力性能	14
复习思考题	19
扩展阅读	20
第2章 平面设计	21
2.1 概述	21
2.2 圆曲线半径及长度	23
2.3 中线里程及中桩设置	31
2.4 坐标法测设中线上的中桩	43
2.5 平面图	61
复习思考题	67
扩展阅读	70
第3章 标准形曲线	71
3.1 概述	71
3.2 缓和曲线的特性和公式	73
3.3 标准形曲线的曲线要素	77
3.4 标准形曲线的主点里程	80
3.5 计算器编制程序计算主点里程	85
3.6 标准形曲线的测设方法	85

  3.7 标准形曲线的支距 ……………………………………………………… 86
  3.8 标准形曲线的偏角 ……………………………………………………… 91
  3.9 标准形曲线的坐标 ……………………………………………………… 92
  3.10 设置缓和曲线时有关曲线的线形 …………………………………… 99
  复习思考题 …………………………………………………………………… 100
  扩展阅读 ……………………………………………………………………… 103

第4章 弯道加宽与超高 …………………………………………………… 105
  4.1 弯道加宽 ……………………………………………………………… 105
  4.2 弯道超高 ……………………………………………………………… 111
  复习思考题 …………………………………………………………………… 133
  扩展阅读 ……………………………………………………………………… 135

第5章 行车视距 ……………………………………………………………… 136
  5.1 概述 …………………………………………………………………… 136
  5.2 弯道上视距的保证 …………………………………………………… 143
  5.3 其他视距保证 ………………………………………………………… 145
  复习思考题 …………………………………………………………………… 147
  扩展阅读 ……………………………………………………………………… 147

第6章 纵断面设计 …………………………………………………………… 148
  6.1 概述 …………………………………………………………………… 148
  6.2 纵坡 …………………………………………………………………… 152
  6.3 坡长 …………………………………………………………………… 154
  6.4 合成坡度 ……………………………………………………………… 157
  6.5 纵坡设计 ……………………………………………………………… 158
  6.6 竖曲线设计 …………………………………………………………… 162
  6.7 纵断面设计成果 ……………………………………………………… 171
  复习思考题 …………………………………………………………………… 172
  扩展阅读 ……………………………………………………………………… 175

第7章 横断面设计 …………………………………………………………… 176
  7.1 概述 …………………………………………………………………… 176
  7.2 公路用地范围及建筑限界 …………………………………………… 189
  7.3 横断面设计 …………………………………………………………… 192
  7.4 土石方计算与调配 …………………………………………………… 197
  7.5 横断面设计成果 ……………………………………………………… 206
  复习思考题 …………………………………………………………………… 208
  扩展阅读 ……………………………………………………………………… 210

第8章 线形设计 ……………………………………………………………… 212
  8.1 一般规定 ……………………………………………………………… 212
  8.2 路线线形设计 ………………………………………………………… 213
  8.3 其他线形设计 ………………………………………………………… 216
  复习思考题 …………………………………………………………………… 218

扩展阅读 ·· 218

第9章　选线 ·· 219
9.1　概述 ·· 219
9.2　平原区选线 ·· 230
9.3　越岭线选线 ·· 232
9.4　沿溪线选线 ·· 241
9.5　长大纵坡及大高差选线 ·· 249
9.6　地质选线与环保选线 ··· 251
9.7　选线方法 ··· 254
　　复习思考题 ·· 260
　　扩展阅读 ·· 262

第10章　道路交叉设计 ·· 264
10.1　概述 ·· 264
10.2　平面交叉 ··· 264
10.3　立体交叉 ··· 272
　　复习思考题 ·· 274
　　扩展阅读 ·· 274

第11章　计算机辅助设计 ··· 275
（本章包括11.1　概述、11.2　新建项目和新建数模、11.3　选线及平面设计、11.4　纵断面设计、11.5　横断面设计、11.6　视距检测、11.7　设计成果输出共七节）

第12章　城市道路勘测设计 ··· 276
（本章包括12.1　概述、12.2　城市道路路线设计、12.3　城市道路横断面设计、12.4　城市道路公用设施、12.5　城市绿道系统设计共五节）

第13章　公路改扩建勘测设计 ··· 277
（本章包括13.1　概述、13.2　高速公路改扩建的勘测设计特点、13.3　一般公路改扩建的勘测设计特点共三节）

第14章　道路勘测设计前沿方法研讨 ·· 278
（本章包括14.1　概述、14.2　综合信息化勘测方法、14.3　数字化道路设计共三节）

参考文献 ·· 279

注：第11章~第14章为电子教材，读者可扫描二维码浏览。

第 1 章 绪论

本章主要阐述了公路分类、公路基本建设程序和设计阶段等内容,介绍了道路与公路的概念、道路勘测设计课程的主要内容和任务,简介了道路发展状况、交通运输组成及其特点、交通条件、公路通行能力和公路总体设计。

1.1 道路勘测设计课程概述

1.1.1 道路和公路的概念

道路是公路、城市道路和虽在单位管辖范围但允许社会机动车通行的地方,包括广场、公共停车场等用于公众通行的场所。道路按照交通性质和所在位置分为公路、城市道路、厂矿道路和林区道路等,不同道路类型的服务对象不同,技术要求也不尽相同。本教材将重点介绍公路,并对城市道路进行简要说明。由于篇幅限制,将不对其他类型的道路进行介绍。

公路指联结城市和乡村,主要供汽车或其他车辆行驶并达到一定技术标准和具备辅助设施的道路。它包括已经建成的由交通运输主管部门认定的公路,还包括按照国家公路工程技术标准进行设计,经国家有关行政管理部门批准立项并由交通运输主管部门组织正在建设中的公路。

公路是一种带状的三维空间结构物,一般包括路基、路面、桥梁、隧道以及交通服务设施和安全设施等工程实体。城市道路不同于公路,城市道路除了具备类似的工程实体外,还包括城市公交站点、地下管网、道路照明等设施。

1.1.2 道路勘测设计的主要内容

道路设计内容多,涉及面广,可分为道路结构设计和道路几何设计两大部分。

道路结构设计是在拟定道路结构物的位置与尺寸并选定组成材料的基础上,进行道路可靠性设计和强度设计,这些内容将在其他相应课程中学习。道路几何设计是本课程研究的范围,也称为道路勘测设计。一般地,道路勘测设计课程主要讲授道路的几何设计和路线勘测、设计的理论与方法。

道路勘测设计是一门理论与实践并重的课程。本课程是路基路面工程、桥梁工程和隧道工程等课程的先修课程,是道路桥梁与渡河工程和交通工程等专业的专业主干课,也是土木工程专业的专业方向课。

道路勘测设计是道路建设的前期工作,是确定道路工程技术标准、规模、方案、投资、效益等的重要依据,是指导道路施工、管理、运营、维护和改扩建的技术文件。

学习本课程时应注意以下事项:

(1)掌握道路几何设计的基本原理,这是进行道路勘测设计的基本前提。

(2)注重理论联系实际。纯粹的理论对于初学者来说可能较为抽象,难以直接将其应用到实际的道路勘测设计之中。因此,本教材不仅重视理论学习,同时注重理论与实践的结合,突出实用性、实践性和操作性。

(3)了解与本课程相关的主要规范、标准,如现行《公路工程技术标准》(JTG B01)(以下简称《标准》)、现行《公路路线设计规范》(JTG D20)(以下简称《规范》)、现行《公路勘测规范》(JTG C10)、现行《城市道路路线设计规范》(CJJ 193)和现行《高速公路改扩建设计细则》(JTG/T L11)等。这些标准、规范是实际道路勘测设计中应遵循的。

(4)熟练使用道路计算机辅助设计软件。在掌握本教材内容的基础上,结合计算机辅助设计软件开展道路几何设计,这也是学习本教材应掌握的技能之一。

1.2 道路发展概况

1.2.1 新中国成立前的道路发展历史

我国的道路建设有着悠久的历史。考古发现,大约距今3000年前的殷商王朝(河南安阳)都城——殷墟道路上有车辙的痕迹,同时发现殷墟一些直通宫殿的道路、大型道路,修筑得非常讲究,路面是用鹅卵石、打碎的碎陶片、吃剩的骨头,搅拌后,像混凝土一样铺筑的,每一层铺筑厚度约为10cm,这是有记载以来的最早的用类似混凝土一样的黏结复合材料修筑的道路。

西周修建了从镐京(周朝初年国都,今西安市西北)通往各诸侯城邑的牛马道路,形成了以都城为中心的道路体系。东周有"周道如砥,其直如矢"的记载,并将道路按不同等级进行统一规划。秦始皇统一六国后,大修驰道,规模宏大,并颁布"车同轨"法令,使道路建设得到较大发展。西汉时期,汉承秦制,形成了举世闻名的"丝绸之路"。唐代进一步完善了以城市为中心的四通八达的道路网。到清代全国已形成了层次分明、功能较完善的道路体系——"官马大道""大路""小路",分别为京城到各个省城、省城至地方重要城市及重要城市到市镇的三级公路体系。

20世纪初,我国引入了汽车,公路开始发展。1906年在广西友谊关修建了第一条公路。由于受战争、灾荒及其他因素的影响,到1949年,全国仅有汽车约5万辆,公路通车里程约8万km。新中国成立以后,公路事业才逐步得到发展,并迈入现代化建设时期。

1.2.2 新中国成立后的公路建设概况

1949年以后,我国的公路建设大致经历了"通达工程"建设期(1950—1978年)、"提高等级"建设期(1979—1997年)和"路网完善"建设期(1998年至今)三个阶段。

"通达工程"建设期(1950—1978年)。这一时期,国民经济基础十分薄弱,且长期处于计划经济的体制环境制约下,国家对公路交通的基础性和先导性作用认识不足,导致投资严重不足,公路建设资金十分匮乏。公路建设任务以通达为主,公路建设标准多为三、四级公路。但通车里程增长迅速,截至1976年全国公路通车里程达到82.3万km。

"提高等级"建设期(1979—1997年)。我国经济开始步入持续、快速、健康发展的轨道,综合实力日趋增强,公路基础设施建设发生历史性转变。截至1996年底,我国的公路里程超过118万km,高速公路和一级公路超过15万km,路网等级全面提高。

"路网完善"建设期(1998年至今)。国家采取扩大内需的积极财政政策,大规模启动基础建设项目,给公路建设带来前所未有的发展机遇,加之交通增长对公路建设的强烈需求,修建高速公路成了公路建设的主旋律。

截至2023年末,我国公路里程543.68万km,公路密度56.63km/100km^2。年末全国四级及以上等级公路里程527.01万km,占公路里程比重为97%,见图1-1。其中,二级及以上等级公路里程76.22万km,占公路里程比重为14.1%;高速公路里程18.36万km,国家高速公路里程12.23万km。年末全国国道里程38.40万km,省道里程40.41万km。农村公路里程459.86万km,其中县道里程69.67万km、乡道里程124.28万km、村道里程265.91万km。年末全国公路桥梁107.93万座、9528.82万延米,其中特大桥10239座、1873.01万延米,大桥17.77万座、4994.37万延米。全国公路隧道27297处、3023.18万延米,其中特长隧道2050处、924.07万延米,长隧道7552处、1321.38万延米。

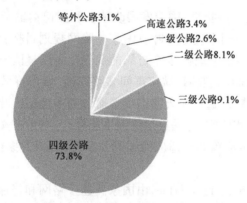

图1-1 2023年末我国公路里程构成(按技术等级分)

新中国成立以来,经过70多年的发展,我国的公路建设取得了巨大成就。一是路网密度大大提高;二是农村公路建设成就显著;三是公路、桥梁、隧道建造技术达到国际先进水平,建设了一批标志性工程,如港珠澳大桥、杭州湾大桥、秦岭特长隧道、塔克拉玛干沙漠公路等;四是高速公路建设成就突出,总里程已远超美国,稳居世界第一。

《国家公路网规划》(发改基础〔2022〕1033号)指出,站在新的历史起点上,面对支撑全面建设现代化经济体系和社会主义现代化强国的新需求,现有的国家公路网规划建设存在一些突出问题:一是区域网络布局仍需完善。区域间通道分布不尽合理,城市群及都市圈网络化水平不高,沿边抵边路网较为薄弱,路网韧性和安全应急保障能力还需提高。二是局部通行能力不足。一些省际间公路有待贯通,部分公路通过能力有待提升,特别是城市群内城际之间和主要城市过境路段交通量饱和,技术等级结构需要优化。三是发展质量效率有待进一步提高。国家公路网与其他运输方式的一体衔接需加强,资源节约集约利用水平有提升空间,绿色低碳发展任务艰巨,智慧发展任重道远。

1.2.3 综合立体交通网及公路网规划

1)国家综合立体交通网规划

《国家综合立体交通网规划纲要》规划期为2021—2035年,远景展望到本世纪中叶。国家综合立体交通网的发展目标:

到2035年,基本建成便捷顺畅、经济高效、绿色集约、智能先进、安全可靠的现代化高质量国家综合立体交通网,实现国际国内互联互通、全国主要城市立体畅达、县级节点有效覆盖,有力支撑"全国123出行交通圈"(都市区1小时通勤、城市群2小时通达、全国主要城市3小时覆盖)和"全球123快货物流圈"(国内1天送达、周边国家2天送达、全球主要城市3天送达)。交通基础设施质量、智能化与绿色化水平居世界前列。交通运输全面适应人民日益增长的美好生活需要,有力保障国家安全,支撑我国基本实现社会主义现代化。

到本世纪中叶,全面建成现代化高质量国家综合立体交通网,拥有世界一流的交通基础设施体系,交通运输供需有效平衡、服务优质均等、安全有力保障。新技术广泛应用,实现数字化、网络化、智能化、绿色化。出行安全便捷舒适,物流高效经济可靠,实现"人享其行、物优其流",全面建成交通强国,为全面建成社会主义现代化强国当好先行。

2)国家公路网规划

2022年7月4日,经国务院批准,国家发展改革委和交通运输部印发《国家公路网规划》,规划期至2035年,远景展望到本世纪中叶。国家公路网规划目标:到2035年,基本建成覆盖广泛、功能完备、集约高效、绿色智能、安全可靠的现代化高质量国家公路网,形成多中心网络化路网格局,实现国际省际互联互通、城市群间多路连通、城市群城际便捷畅通、地级城市高速畅达、县级节点全面覆盖、沿边沿海公路连续贯通。到本世纪中叶,高水平建成与现代化高质量国家综合立体交通网相匹配、与先进信息网络相融合、与生态文明相协调、与总体国家安全观相统一、与人民美好生活需要相适应的国家公路网,有力支撑全面建成现代化经济体系和社会主义现代化强国。

国家公路网规划总规模约46.1万km,由国家高速公路网和普通国道网组成,其中国家高速公路约16.2万km(含远景展望线约0.8万km),普通国道约29.9万km。

1.3 交通运输组成及其特点

现代交通运输体系由公路、铁路、水运、航空及管道运输5种方式组成,这些运输方式在技术经济上各有特点。公路运输机动灵活,可以实现门到门的运输,覆盖面广,是综合交通运输体系中最活跃的一种运输方式;公路运输也存在不足,如汽车燃料费高、单位运量小、运输成本高、尾气污染环境等。铁路运输对于远程的大宗客货运输具有明显优势;水运具有通过能力高、运量大、耗能小、成本低的优点,但受自然条件限制大,速度慢;航空运输速度快,单运量小,运价高;管道运输适用于运输液态、气态及散装物品,具有连续性强、运输成本低、耗能少、安全性高的特点。

近年来,随着路网日臻完善,新能源汽车技术不断进步,5G网络逐步普及,自动驾驶加速研发,公路运输将越来越快捷、舒适、安全、方便、环保。

1.4 公路分类

公路按照行政级别、技术等级和交通功能分为下列三类。

(1)按在公路路网中的地位(行政级别),公路分为国道、省道、县道、乡道和村道共5类。

①国道,指具有全国性政治、经济意义的主要干线公路,包括重要的国际公路,国防公路,联结首都与各省省会、自治区首府和直辖市的公路,联结各大经济中心、港站枢纽、商品生产基地和战略要地的公路。

②省道,指具有全省(自治区、直辖市)政治、经济意义,联结省内中心城市和主要经济区的公路以及不属于国道的省际重要公路。

③县道,指具有全县(旗、县级市)政治、经济意义,联结县城和县内主要乡(镇)、主要商品生产和集散地的公路,以及不属于国道、省道的县际公路。

④乡道,指主要为乡(镇)内部经济、文化、行政服务的公路,以及不属于县道以上公路的乡与乡之间及乡与外部联络的公路。

⑤村道,指直接为农民群众生产、生活服务,不属于乡道及以上公路的建制村与建制村之间和建制村与外部联络的主要公路,包括建制村之间的主要连接线,建制村与乡道及以上公路的主要连接线,建制村所辖区域内已建成通车并达到四级及以上技术标准的公路。

(2)根据交通特性及控制干扰的能力,公路分为高速公路、一级公路、二级公路、三级公路和四级公路等五个技术等级。

①高速公路为专供汽车分方向、分车道行驶,全部控制出入的多车道公路。高速公路的年平均日设计交通量宜在15000辆小客车以上。

②一级公路为供汽车分方向、分车道行驶,可根据需要控制出入的多车道公路。一级公路的年平均日设计交通量宜在15000辆小客车以上。

③二级公路为供汽车行驶的双车道公路。二级公路的年平均日设计交通量宜在5000~15000辆小客车。

④三级公路为供汽车、非汽车交通混合行驶的双车道公路。三级公路的年平均日设计交通量宜在2000~6000辆小客车。

⑤四级公路为供汽车、非汽车交通混合行驶的双车道或单车道公路。双车道四级公路年平均日设计交通量宜在2000辆小客车以下;单车道四级公路年平均日设计交通量宜在400辆小客车以下。

(3)按照交通功能,公路分为干线公路、集散公路和支线公路。干线公路分为主要干线公路和次要干线公路,集散公路分为主要集散公路和次要集散公路。

公路技术等级选用应根据路网规划、公路功能,结合项目所在地区的综合运输体系、远景规划及设计交通量论证确定,并应遵循下列原则:

①主要干线公路作为公路网中结构层次最高的主通道,应选用高速公路。

②次要干线公路作为主要干线公路的补充,应选用二级及以上公路。

③主要集散公路连接干线公路与支线公路,宜选用一级公路、二级公路。

④次要集散公路服务于县乡区域交通,宜选用二级公路、三级公路。

⑤支线公路宜选用三级公路、四级公路。

1.5 公路基本建设程序和设计阶段

1.5.1 公路基本建设程序

从投资角度来看,公路建设分政府投资和企业投资,两者的基本建设程序不同,企业投资公路建设项目及程序是多元化的。《公路建设监督管理办法》规定,政府投资公路建设项目的实施,应当按照下列程序进行:

(1)根据规划,编制项目建议书;

(2)根据批准的项目建议书,进行工程可行性研究,编制可行性研究报告;

(3)根据批准的可行性研究报告,编制初步设计文件;

(4)根据批准的初步设计文件,编制施工图设计文件;

(5)根据批准的施工图设计文件,组织项目招标;

(6)根据国家有关规定,进行征地拆迁等施工前准备工作,并向交通主管部门申报施工许可;

(7)根据批准的项目施工许可,组织项目实施;

(8)项目完工后,编制竣工图表、工程决算和竣工财务决算,办理项目交、竣工验收和财产移交手续;

(9)竣工验收合格后,组织项目后评价。

政府投资公路项目的基本建设程序框图见图1-2。

图1-2 公路基本建设程序框图

1.5.2 公路设计阶段

1)设计阶段分类

按《公路工程基本建设项目设计文件编制办法》(交公路发〔2007〕358号),公路工程基本建设项目分为一阶段设计、两阶段设计和三阶段设计三类,见图1-3。

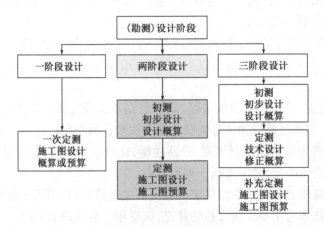

图1-3 公路设计阶段框图

(1)对于技术简单、方案明确的小型建设项目,可采用一阶段设计,即一阶段施工图设计。

(2)公路基本建设项目一般采用两阶段设计,即初步设计和施工图设计。高速公路、一级公路必须采用两阶段设计。

(3)技术复杂、基础资料缺乏和不足的建设项目或建设项目中的特大桥、长隧道、大型地质灾害治理等,必要时采用三阶段设计,即初步设计、技术设计和施工图设计。

2)各个设计阶段的编制依据

(1)一阶段施工图设计。

一阶段施工图设计应根据批复的可行性研究报告、测设合同和定测、详勘资料编制。

(2)两阶段设计。

初步设计应根据批复的可行性研究报告、测设合同和初测、初勘资料编制。

施工图设计应根据批复的初步设计、测设合同和定测、详勘(含补充定测、详勘)资料编制。

(3)三阶段设计。

初步设计应根据批复的可行性研究报告、测设合同和初测、初勘资料编制。

技术设计应根据批复的初步设计、测设合同和定测、详勘资料编制。

施工图设计应根据批复的技术设计、测设合同和补充定测、补充详勘资料编制。

对于方案明确,地形、地质条件比较简单的二、三、四级公路,由于路线方案比较容易确定,基本不存在方案比选的问题,可采用一次定测的程序进行各项勘测和调查。采用一次定测只是由于方案明确,但不能减少专业调查的内容、降低勘测的精度。一次定测、初测和定测的详细内容参见现行《公路勘测规范》(JTG C10)。

3)编制概预算

(1)一阶段设计。

采用一阶段设计的建设项目,编制施工图预算。

(2)两阶段设计。

采用两阶段设计的建设项目,初步设计编制设计概算,施工图设计编制施工图预算。

(3)三阶段设计。

采用三阶段设计的建设项目,初步设计编制设计概算,技术设计编制修正概算,施工图设计编制施工图预算。

4)定测

一阶段设计直接定测,两阶段设计包括初测和定测,三阶段设计包括初测、定测和补充定测,限于篇幅仅简介两阶段设计的定测。按《公路勘测规范》(JTG C10—2007)的相关规定,两阶段设计的定测包括准备工作、路线中线敷设、中桩高程测量、内业工作、资料提交等16项工作。

(1)准备工作。

搜集可行性研究、初设阶段勘测、设计的有关资料以及审查、批复的意见。

根据任务的内容、规模和仪器设备情况,拟定勘测方案。

对初步设计所搜集的资料进行现场核查。

对沿线地形、地貌及地物的变化情况进行核查。

对初测阶段施测的路线平面、高程控制测量进行全面检查,当检测成果与初测成果的较差符合限差要求,并且控制点分布可以满足设计要求时,应采用原成果;否则应对整个控制网进行复测或重测,并应重新进行平差计算。

(2)路线中线敷设。

路线中线敷设,又称为中桩敷设、中桩设置。

(3)中桩高程测量。

中桩高程测量应起闭于路线高程控制点(水准点)上,高程测至桩位处的地面。

(4)横断面测量。

(5)地形图测绘。

(6)路基、路面及排水勘测与调查。

(7)小桥涵勘测与调查。

(8)大、中桥勘测与调查。

(9)隧道勘测与调查。

(10)路线交叉勘测与调查。

(11)沿线设施勘测与调查。

(12)环境保护调查。

应对初测阶段调查的有关环境保护的内容进行核实并进一步补充。

(13)临时工程勘测与调查。

(14)工程经济调查。

对初步设计确定的料场应逐一核查,并进行进一步的勘测及补充调查。对所有调查的料场进行比较,根据材料需要量确定采用料场。

(15)内业工作。

(16)提交资料。

定测阶段勘测应完成和提交的资料如下:

控制测量检测、补测或复测记录、计算和成果资料,地形图补测测量资料;各种调查、勘测原始记录、图纸及资料;各个专业勘测调查的质量检查及分析评定资料;外业勘测说明书及有关协议和文件;根据设计需要编制的各种图表、说明资料。

5)施工图设计文件

各设计阶段应按要求编制设计文件,限于篇幅仅简介施工图设计文件。依据《公路工程基本建设项目设计文件编制办法》(交公路发〔2007〕358号),施工图设计文件由下列十二篇和附件组成:

第一篇　总体设计

第二篇　路线

第三篇　路基、路面

第四篇　桥梁、涵洞

第五篇　隧道

第六篇　路线交叉

第七篇　交通工程及沿线设施

第八篇　环境保护与景观设计

第九篇　其他工程

第十篇　筑路材料

第十一篇　施工组织设计

第十二篇　施工图预算
附件　基础资料
本课程主要涉及其中的"第二篇 路线"。

1.6　交通条件

1.6.1　自然条件

影响公路的自然因素主要有地形、气候、水文、地质、土及植被等。这些自然因素主要影响公路等级和设计速度的选用、路线方案的确定、路线平纵横设计、桥隧等构造物的位置和规模、工程数量和造价等方面。其中,地形决定了选线条件,并直接影响公路技术标准和指标的选取;气候状况直接或间接影响地表水数量及地下水位高度、路基水温状况以及泥泞期、冬季积雪和冰冻期等路面使用质量;水文情况决定排水结构物的数量和大小,水文地质情况决定了含水层厚度和位置、地基或边坡的稳定性;地质构造决定了地基和路基附近岩层的稳定性,决定有无碎落和崩坍的可能,同时也决定了土石方工程施工难易程度和筑路材料的质量;土是路基和路面基层的材料,它影响路基形状和尺寸,也影响路面类型和结构的确定;地面的植物覆盖影响暴雨径流、水土流失程度等。

1.6.2　设计车辆

设计车辆作为公路设计依据的车型。车辆的外廓尺寸、载质量、动力性能等,直接关系到行车道宽度、弯道加宽、公路纵坡、行车视距、公路净空、路面及桥涵荷载等公路几何参数的取值。

《标准》(JTG B01—2014)对公路设计所采用的设计车辆外廓尺寸进行了规定,见表1-1。

设计车辆外廓尺寸(单位:m)　　　　　表1-1

车辆类型	总长	总宽	总高	前悬	轴距	后悬
小客车	6	1.8	2	0.8	3.8	1.4
大型客车	13.7	2.55	4	2.6	6.5+1.5	3.1
铰接客车	18	2.5	4	1.7	5.8+6.7	3.8
载重汽车	12	2.5	4	1.5	6.5	4
铰接列车	18.1	2.55	4	1.5	3.3+11	2.3

注:铰接列车的轴距(3.3+11)m,3.3m为第一轴至铰接点的距离,11m为铰接点至最后轴的距离。

1.6.3　交通量

1)年平均日交通量

交通量,指单位时间内通过公路某一确定断面的车辆数。

年平均日交通量可用全年总交通量除以365天计算。

年平均日交通量可以作为确定公路等级、论证公路的计划费用及进行各项结构设计的重要依据,但不宜直接用于公路几何设计。在一年中的某些季节或时段的交通量可能会高出平均日交通量数倍,但不具有代表性。

由于公路的交通量是随着经济发展和路况条件的改变而变化的,公路的设计应以预测年限交通量变化的需求为准。预测年限所能达到的平均日交通量是根据历年交通观测资料求得,常用多年平均增长率计算,见式(1-1)。

$$N = 365N_{0r}(1+\gamma)^{n-1} \tag{1-1}$$

式中:N——设计年限内,从设计年限内第一年开始到末年的累计交通量,辆;

N_{0r}——设计年限内第一年的年平均日交通量,辆;

γ——交通量年平均增长率,%;

n——预测设计年限,a。

2)设计小时交通量

小时交通量指以小时为计算时段的交通量,它是确定车道数和车道宽度及评价公路服务水平的主要依据。

大量交通量统计资料表明,在一天及全年期间,每个小时的交通量都在变化,且变化幅度较大。如果用一年中最大的高峰小时交通量作为设计依据,会造成巨大资源浪费;但如果采用日平均小时交通量则不能满足实际交通的需求,会造成交通拥挤或阻塞。为使设计交通量的取值能保证安全畅通,又能使工程造价经济合理,借助一年中的每小时交通量的变化曲线来指导确定最合乎设计使用的小时交通量。将一年中8760个小时的交通量(双向)按其与年平均日交通量的百分数大小顺序排列起来并绘制成曲线,如图1-4所示。

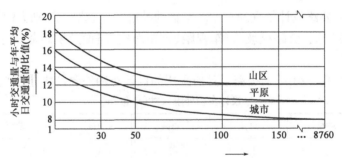

图1-4 小时交通量与年平均日交通量的关系曲线

图1-4中,在第20～40位小时交通量附近,曲线急剧变化,其右侧曲线明显变缓,而左侧曲线变陡。因此,设计小时交通量的合理取值范围应在第20～40位小时交通量范围之内。如以第30位小时交通量作为设计依据,意味着在一年中将有29个小时超过设计值,可能发生拥挤,占全年小时数的0.33%,全年将有99.67%的时间能够交通畅通。

《标准》(JTG B01—2014)规定公路设计小时交通量宜采用第30位小时交通量,也可根据当地公路小时交通量的变化特征,采用第20～40位小时之间最为经济合理时位的交通量。

(1)高速公路、一级公路的设计小时交通量(DDHV)应按式(1-2)计算。

$$DDHV = AADT \times D \times K \tag{1-2}$$

式中:DDHV——单向设计小时交通量(veh/h);

AADT——预测年度的年平均日交通量(veh/d);

D——方向不均匀系数(%),宜取50%～60%,也可根据当地交通量观测资料确定;

K——设计小时交通流系数(%),为选定时位的小时交通量与年平均日交通量的比值。

(2)二级、三级公路的设计小时交通量(DHV)应按式(1-3)计算。

$$DHV = AADT \times K \tag{1-3}$$

式中:DHV——设计小时交通量(veh/h);

AADT——预测年度的年平均日交通量(veh/d);

K——设计小时交通量系数。

3)交通量预测年限

《标准》(JTG B01—2014)规定,高速公路和一级公路的设计交通量预测年限为20年;二级、三级公路的设计交通量预测年限为15年;四级公路可根据实际情况确定。交通量预测年限的起算年为该项目可行性研究报告的计划通车年。设计交通量的预测应充分考虑走廊带范围内远期社会、经济发展规划和综合运输体系的影响。

4)交通量的标准车型

交通量换算采用小客车为标准车型。《标准》(JTG B01—2014)规定了各汽车代表车型及车辆折算系数,见表1-2。

各汽车代表车型及车辆折算系数   表1-2

汽车代表车型	车辆折算系数	说明
小客车	1.0	座位≤19座的客车;载质量≤2t的货车
中型车	1.5	座位>19座的客车;2t<载质量≤7t的货车
大型车	2.5	7t<载质量≤20t的货车
汽车列车	4.0	载质量>20t的货车

(1)畜力车、人力车、自行车等非机动车按路侧干扰因素计。

(2)公路上行驶的拖拉机每辆折算为4辆小客车。

(3)公路通行能力分析所要求的车辆折算系数应针对路段、交叉口等形式,按不同的地形条件和交通需求,采用相应的折算系数。

1.7 设计速度

《标准》(JTG B01—2014)中,设计速度指确定公路设计指标并使其相互协调的设计基准速度。设计速度是确定公路几何设计指标并使其相互协调的基本要素。一经确定,公路的所有相关要素,如圆曲线半径、视距、超高、纵坡、竖曲线半径等指标,均须与其配合以获得均衡设计。

应理解设计速度与实际速度、运行速度、限制速度的区别。实际速度指不同车辆在公路上实时的行驶速度。运行速度指路面平整、潮湿,自由流状态下,行驶速度累计分布曲线上对应于85%分位值的速度。利用相关软件对某一设计道路采用模拟运行时,应使用运行速度对设计道路进行设计检验和安全性评价,检验其协调性和一致性。限制速度指对公路上行驶车辆规定的允许行驶速度的限值,是某一设计完成的道路交通管制时基于安全考虑而限制的车辆最大行车速度,应根据设计速度、运行速度及路侧干扰与环境(如雨、雾、冰冻等)等因素综合论证确定。

《标准》(JTG B01—2014)规定了各级公路的设计速度,见表1-3。

各级公路设计速度　　　　表1-3

公路等级	高速公路			一级公路			二级公路		三级公路		四级公路	
设计速度(km/h)	120	100	80	100	80	60	80	60	40	30	30	20

部分国家的公路最大设计速度,见表1-4。其中,德国部分高速公路不限速。

部分国家的公路最大设计速度　　　　表1-4

国家类别	德国	美国	中国	英国	俄罗斯	日本
最大设计速度(km/h)	130	130	120	115	110	100

我国公路设计速度的选用应根据公路功能与技术等级,结合地形、工程经济、预期的运行速度和沿线土地利用性质等因素综合论证确定,并应符合下列规定:

(1)高速公路设计速度不宜低于100km/h,受地形、地质等条件限制时,可以选用80km/h。

(2)作为干线的一级公路,设计速度宜采用100km/h;受地形、地质等条件限制,可采用80km/h。作为集散的一级公路,设计速度宜采用80km/h;受地形、地质等条件限制,可采用60km/h。

(3)高速公路和作为干线的一级公路的特殊困难局部路段,且因新建工程可能诱发工程地质病害时,经论证,该局部路段的设计速度可采用60km/h,但长度不宜大于15km,或仅限于相邻两互通式立体交叉之间的路段。

(4)作为干线的二级公路,设计速度宜采用80km/h;受地形、地质等条件限制,可采用60km/h。作为集散的二级公路,设计速度宜采用60km/h;受地形、地质等条件限制,可采用40km/h。

(5)三级公路设计速度宜采用40km/h;受地形、地质等条件限制,可采用30km/h。

(6)四级公路设计速度宜采用30km/h;受地形、地质等条件限制,可采用20km/h。

同一公路项目可分段选用不同的技术等级,同一技术等级可分段选用不同的设计速度。不同设计速度的设计路段之间应选择衔接位置或地点,过渡应顺适,衔接应协调。采用不同设计速度的路段不应频繁变化,同一设计速度的路段不宜过短。根据以往建设与管理经验,一般情况下高速公路一个设计路段(指公路采用同一技术等级、相同设计速度的区段)的长度不宜小于15km;一级、二级公路一个设计路段的长度不宜小于10km。

采用软件模拟运行速度进行检验时,相邻路段运行速度之差应小于20km/h,同一路段运行速度与设计速度之差宜小于20km/h。

1.8　公路通行能力

1.8.1　一般规定

根据《规范》(JTG D20—2017)相关内容,公路设计应进行通行能力和服务水平的分析与评价,使服务水平保持协调均衡,并符合下列规定:

(1)高速公路、一级公路的路段和互通式立体交叉的匝道、分合流区段、交织区及收费站等设施必须进行通行能力和服务水平的分析与评价。

(2)二级、三级公路的路段和一级公路的平面交叉,应进行通行能力和服务水平的分析与评价。

(3)二级公路、三级公路的平面交叉,根据其重要程度宜进行通行能力和服务水平的分析与评价。

高速公路、一级公路的通行能力和服务水平分析评价应分方向进行,二级、三级公路应按双向整体交通流进行。三级及三级以上公路的连续上坡路段,应单独进行通行能力和服务水平的分析与评价。

1.8.2 服务水平

公路设计服务水平应根据公路功能、技术等级、地形条件等合理选用,并不低于《标准》(JTG B01—2014)的规定(表1-5)。设计服务水平分级为六级,是为了说明公路交通负荷状况,以交通流状态为划分条件,定性地描述交通流从自由流、稳定流到饱和流和强制流的变化阶段。其中驾驶人感受最舒适的是一级,驾驶人感受最不舒适的是六级。道路的设计服务水平需要根据交通量和通行能力计算。承担集散功能的一级公路或路段,设计服务水平可降低一级。公路长隧道及特长隧道路段、非机动车及行人密集路段、互通式立体交叉的分合流区段及交织区段,设计服务水平也可降低一级。

各级公路设计服务水平 表1-5

公路等级	高速公路	一级公路	二级公路	三级公路	四级公路
服务水平	三级	三级	四级	四级	—

1.9 公路总体设计

1.9.1 一般规定

《规范》(JTG D20—2017)规定各级公路均应进行总体设计。总体设计应贯穿于公路建设项目从可行性研究到施工图设计全过程的各个阶段,并覆盖公路建设项目的各相关专业。

总体设计应论证确定公路功能、技术标准、建设规模及建设方案。

总体设计应统一协调路线、路基、桥涵、隧道、路线交叉、交通工程与沿线设施等各专业内、外部的关系,明确相关设计界面和接口,使之成为完整的系统工程,符合安全、环保、可持续发展的总体目标。

总体设计的主要内容应根据公路建设项目特点、条件和技术等级有所差异,应根据项目设计阶段不同而有所侧重。

1.9.2 公路功能

应根据国家和地区路网结构与规划、地区特点、交通特性和建设目标等综合分析公路在公路网中的地位和作用,论证确定公路功能。

应根据公路功能,结合交通量及建设条件综合论证确定公路的技术等级。

应根据公路功能、交通组成、车型,确定设计车辆。

高速公路和一级公路应根据公路功能、设计交通量,确定公路路段的车道数,车道数增加时应按双数增加。

1.9.3 建设规模与建设方案

应根据公路网规划和公路功能,综合考虑路线走廊带范围的铁路、水路、航空、管道等综合交通运输体系的布局与规划,城市、工矿企业的现状与发展规划,自然资源开发利用状况等,研究确定路线起终点、主要控制点、路线长度、交叉数量管理与服务设施配置等,确定建设规模。

应根据项目的总体建设规模、控制性工程施工条件、交通量发展需求和项目资金筹措情况等相关因素,论证确定项目的建设方式。

1.9.4 环境保护与资源节约

公路环境保护应贯彻"保护优先、以防为主、以治为辅、综合治理"的原则。严格执行工程建设项目环境影响评价、水土保持方案编制和环境保护"三区三线"制度,在总体设计中落实环境保护相关措施和意见,结合项目协调好公路建设与环境的关系,减少对环境的不利影响。"三区"是指城镇空间、农业空间、生态空间三类国土空间。"三线"分别对应在城镇空间、农业空间、生态空间划定的城镇开发边界、永久基本农田、生态保护红线三条控制线。

应加强路线走廊带、路线方案的综合比选,将土地压占、矿产压覆等资源占用和高边坡开挖、压占河道等环境影响作为方案选择的重要指标,优先选择资源占用少、环境影响小的方案。

1.9.5 设计检验与安全评价

公路设计应采用运行速度等方法,对路线设计、几何指标和线形组合设计进行分析检验,检验运行速度的协调性和一致性。

高速公路、一级公路和二级干线公路应在设计时进行交通安全评价,其他公路在有条件时也可进行交通安全评价。应根据交通安全评价结论,对线形设计、几何指标取用等进行调整优化,对交通安全设施及管理设施进行检查完善。

对连续长陡坡路段的上坡方向,应重点依据交通量、车型组成和运行速度变化,分析评价其上坡路段的通行能力和服务水平,提出交通组织与管理措施方案,必要时论证增设爬坡车道。

对连续长陡坡路段的下坡方向,应重点依据交通量、车型组成和主要货车车型的综合性能条件,分析评价车辆连续下坡的交通安全性,对应完善和加强路段交通工程、路侧安全设施,提出路段交通组织管理、速度控制措施方案,必要时论证增设避险车道。

对路侧邻水、邻崖、高填方等路段,应结合项目功能、设计速度和交通量等因素,根据安全设施设置方案分析路侧安全风险,完善路侧安全防护设计,必要时应提出交通安全管理措施或提高路侧安全防护等级。

1.10 汽车的动力性能

1.10.1 汽车行驶的力

关于汽车行驶的力,这里仅讨论水平方向的力,包括牵引力和行驶阻力。行驶阻力又分滚动阻力、坡道阻力、空气阻力和惯性阻力。

1)牵引力

牵引力,指促使或牵引汽车前进的力。燃油汽车的牵引力由内燃发动机产生的扭矩提供,电动汽车的牵引力由驱动电机提供。

牵引力公式的简单推导,见式(1-4)和式(1-5)。汽车的牵引力和扭矩示意图,见图1-5。

$$M_k = M \times i_k \times i_0 \times \eta \tag{1-4}$$

$$F_k = \frac{M_k}{r_k} \approx 270 \times \frac{N}{v} \times \eta \tag{1-5}$$

式中:F_k——发动机的牵引力,N;

M_k——驱动轮的扭矩,N·m;

M——发动机的扭矩,N·m;

r_k——驱动轮的半径,m;

i_k——驱动轮的传动比;

i_0——主传动轴的传动比;

η——发动机的机械效率;

N——发动机的功率,kW;

v——汽车的行驶速度,km/h。

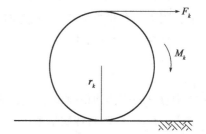

图1-5 汽车的牵引力和扭矩示意图

由式(1-4)和式(1-5)可知,发动机功率越大,牵引力越大;速度越小,牵引力越大。

2)滚动阻力

滚动阻力由轮胎和道路变形损失及轮胎和道路之间的摩擦力组成,见式(1-6)。

$$P_f = G \times f \tag{1-6}$$

式中:P_f——滚动阻力,kN;

G——汽车重力,kN;

f——滚动阻力系数。

3)坡道阻力

坡道阻力,指汽车的重力在坡道上的分力,见式(1-7)和图1-6。

$$P_i \approx \pm G \times i \tag{1-7}$$

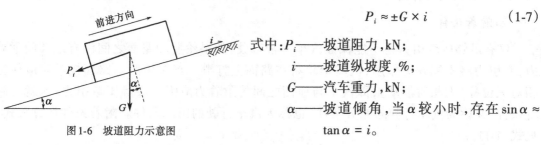

图1-6 坡道阻力示意图

式中:P_i——坡道阻力,kN;

i——坡道纵坡度,%;

G——汽车重力,kN;

α——坡道倾角,当α较小时,存在$\sin\alpha \approx \tan\alpha = i$。

4)空气阻力

空气阻力由空气对汽车表面的摩擦作用力、空气对汽车正面产生的正压力和后部真空吸力三部分组成。空气阻力计算公式见式(1-8)。

在空气阻力中,形状阻力约占空气阻力的80%~90%,表面阻力占10%~20%,相关研究表明,流线型是受空气阻力较小的理想车型。汽车前进时产生的空气阻力计算公式见式(1-8)。

$$P_w = \frac{KFv^2}{21.15} \tag{1-8}$$

式中：P_w——汽车前进时产生的空气阻力，kN；

　　　K——空气阻力系数；

　　　F——汽车正面投影面积，m²；

　　　v——汽车行驶速度，km/h。

5）惯性阻力

惯性阻力，指汽车加减速时出现的一种企图保持原来状态而造成的阻力。汽车加速时，惯性阻力与前进方向相反，阻力增大；汽车减速时，惯性阻力与前进方向相同，阻力减小。

惯性阻力公式，由牛顿第二定律 $F = ma$ 推导，见式（1-9）。

$$P_j = \pm \delta \times \frac{G}{g} \times \frac{dv}{dt} \tag{1-9}$$

式中：P_j——汽车加减速时产生的惯性阻力，kN；

　　　δ——汽车回转质量系数；

　　　g——重力加速度，m/s²；

　　　dv——速度的微分；

　　　dt——时间的微分。

1.10.2　行驶条件

汽车在道路上行驶，需要满足牵引平衡条件和附着条件。

1）牵引平衡条件

汽车行驶时，需要有足够的牵引力，牵引力需要克服各项阻力之和，这就是牵引平衡条件，又称驱动条件，有时也称必要条件，亦称为汽车行驶的第一条件。牵引平衡条件用式（1-10）表示。

$$F_k \geqslant P_f + P_i + P_w + P_j \tag{1-10}$$

式中符号意义同前。

2）附着条件

仅有足够的牵引力还不能保证汽车正常行驶，如果轮胎和路面之间没有足够的附着力，牵引力将不能发挥作用，汽车车轮将在路面上打滑。汽车轮胎与路面接触时应保持相对无位移（无相对滑动），即汽车与地面之间的附着力应大于或等于牵引力，这就是附着条件，又称为汽车行驶的充分条件，也称为汽车行驶的第二条件。附着条件计算公式，见式（1-11）。

$$F_k \leqslant P_t = G_d \times \varphi \tag{1-11}$$

式中：F_k——牵引力，kN；

　　　P_t——轮胎与路面之间的附着力，kN；

　　　G_d——作用在所有驱动轮上的路面法向反作用力，kN；一般小汽车为车重的0.50~0.65，载重汽车为车重的0.65~0.80；

　　　φ——附着系数。

附着程度主要取决于轮胎与路面在接触处变形后相互摩擦的情况。附着系数 φ 的影响因素包括路面的粗糙程度和潮湿泥泞程度、轮胎花纹和轮胎气压、车速、汽车重力等,附着系数的参考取值见表1-6。

附着系数参考值　　　　　　　　　　　　　　　表1-6

路面条件	附着系数	路面条件	附着系数
干沥青路面	0.7~0.8	干土路	0.5~0.6
湿沥青路面	0.5~0.6	湿土路	0.2~0.4
干燥的碎石路面	0.6~0.7	滚压后的雪路	0.2~0.3

1.10.3　动力因素及动力性能

1)动力因素

式(1-10)中取等号,有式(1-12)。

$$F_k = G \times f \pm G \times i + P_w \pm \delta \times \frac{G}{g} \times \frac{dv}{dt} \tag{1-12}$$

将式(1-12)移项得式(1-13)。

$$F_k - P_w = G \times f \pm G \times i \pm \delta \times \frac{G}{g} \times \frac{dv}{dt} \tag{1-13}$$

式中:$F_k - P_w$——汽车的有效牵引力,即扣除空气阻力以后的牵引力,kN;

其余符号意义同前。

将式(1-13)等号右边的 G 移至等号左边,并用 D 表示,得式(1-14)。

$$D = \frac{F_k - P_w}{G} = f \pm i \pm \delta \times \frac{1}{g} \times \frac{dv}{dt} \tag{1-14}$$

式中:D——动力因素;

其余符号意义同前。

动力因素指单位车重的有效牵引力,是衡量汽车动力性能的指标。不同车辆,动力因素越大,汽车的动力性能越强。

2)动力性能及动力特性图

动力性能,是指汽车在正常行驶、加速和爬坡时所表现出来的动力输出和表现。动力性能是汽车各种性能中最基本、最重要的性能。汽车的动力性能主要由最高时速、加速能力和爬坡能力三个方面来衡量,这三个方面综合体现了汽车在不同条件下的动力输出和表现。汽车的动力性能可通过动力特性图来分析。

式(1-14)中,D 是 v 的二次函数,绘制 D-v 曲线,见图1-7。分析图1-7可知,对于同一辆汽车同一挡位,曲线峰值点对应的动力因素最大值 D_{max} 和临界速度 v_k。只有在临界速度 v_k 状态下行驶,动力因素才能达到最大值 D_{max},此时汽车的动力性能最强。

分析图1-8可知,对于同一辆汽车不同挡位,挡位越低,动力因素越大,速度越小。反之,挡位越高,动力因素越小,速度越快。

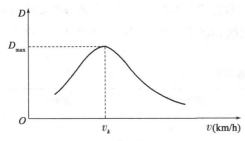
图1-7 同一挡位的动力特性示意图

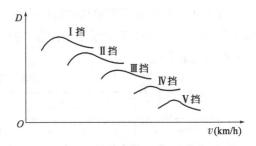
图1-8 不同挡位的动力特性示意图

手动挡汽车驾驶人需要根据路况随时切换挡位就是这个原因。当汽车上坡行驶时,阻力增大,需要由高挡位换成低挡位,速度由快变慢,动力因素由小变大;当汽车下坡或平坡行驶时,阻力减小,需要由低挡位换成高挡位,速度由慢变快,动力因素由大变小。

3)汽车正常行驶范围

分析同一辆汽车同一挡位行驶速度与临界速度的关系,见图1-9。

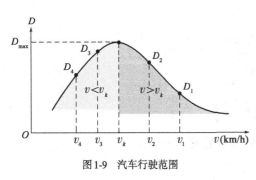
图1-9 汽车行驶范围

(1)汽车在 $v>v_k$ 区间行驶,遇到额外阻力时,速度由 v_1 减小到 v_2,相应动力因素由 D_1 增大到 D_2。阻力消失后,汽车仍然稳定行驶。因此将 $v>v_k$ 范围称为汽车稳定行驶范围,或称为正常行驶范围。

(2)汽车在 $v<v_k$ 区间行驶,遇到额外阻力时,速度由 v_3 减小到 v_4,相应动力因素由 D_3 减小到 D_4,直至熄火停车。初学者驾驶手动挡汽车时,因踩加速踏板不及时,Ⅰ挡也容易熄火就是这个原因。因此将 $v<v_k$ 范围称为汽车不稳定行驶范围,或称为不正常行驶范围。

1.10.4 制动距离

汽车正常行驶时,遭遇前方障碍物,常常需要制动。

从理论上讲,制动距离包括反应距离和理论制动距离,其中反应距离又包括驾驶人心理反应时间汽车行驶的距离和制动器反应时间汽车行驶的距离。

利用功能原理推导制动距离,见式(1-15)。

$$S_z = \frac{v_1}{3.6} \times (t_1 + t_2) + \frac{v_1^2 - v_2^2}{254(\varphi - i)} \times k \tag{1-15}$$

式中:S_z——制动距离,m;

v_1——汽车制动前的行驶速度,km/h;

v_2——汽车制动后的行驶速度,km/h;若制动完全停车时,$v_2 = 0$;

t_1——驾驶人反应时间,s;一般为0.1s;

t_2——从开始踩踏制动踏板到制动生效时间,s;液压式制动器,t_2 取0.4s;气压式制动器,t_2 取0.6~1.0s;

φ——附着系数;

i——坡道纵坡度,%;

k——制动系数,一般取1.0~1.4;

3.6——由单位km/h换算成m/s的换算系数;

254——由单位km/h换算成m/s的换算系数3.6的平方和2g组成,即$3.6^2 \times 2g = 3.6^2 \times 2 \times 9.81 = 254$。

由式(1-15)可知,速度越快,制动距离越大。路面越光滑,附着力越小,制动距离就越大。坡道纵坡度越大,制动距离就越大。反应时间越长,制动距离就越大。

复习思考题

1.1 按在公路路网中的地位(行政级别),公路分为哪几类?
1.2 根据交通特性及控制干扰的能力,公路分为哪几个技术等级?
1.3 根据交通功能的不同,公路分为哪几类?
1.4 根据《公路建设监督管理办法》,政府投资公路建设项目的实施程序有哪些?
1.5 两阶段设计中何时编制概算和预算?
1.6 两阶段设计的定测有哪些工作?
1.7 公路设计阶段分为哪几类?什么情况采用两阶段设计?两阶段设计分为哪两个阶段?
1.8 两阶段设计中,初步设计和施工图设计的依据是什么?
1.9 请判断下列说法是否正确:公路设计小时交通量宜采用第30位小时交通量,也可根据当地公路小时交通量的变化特征,采用第20~40位小时之间最为经济合理时位的交通量。
1.10 主要干线公路作为公路网中结构层次最高的主通道,应选用什么等级公路?
1.11 次要集散公路服务于县乡区域交通,宜选用什么等级公路?
1.12 支线公路宜选用什么等级公路?
1.13 公路设计服务水平共有多少级?
1.14 判断下列说法是否正确,若有误请改正。
高速公路应进行总体设计,三级、四级公路不必进行总体设计。
1.15 公路总体设计应论证哪些方面?公路总体设计应统一协调哪些方面?
1.16 什么是"三区三线"?
1.17 什么是设计速度和动力因素?
1.18 分析汽车在道路上行驶需要满足的条件。
1.19 分析同一辆汽车同一挡位的动力因素与速度的规律。
1.20 分析同一辆汽车不同挡位的动力因素与速度的规律。
1.21 请判断"牵引力越大,汽车就跑得越快"是否正确。
1.22 制动距离由哪几部分组成?
1.23 从制动距离公式可以分析出哪些规律?
1.24 某货车以60km/h的速度在纵坡度为6%的下坡行驶,驾驶人突然发现前方30m远处有儿童横穿公路,问该儿童是否有生命危险?已知驾驶人心理反应时间为0.1s,从开始踩制动踏板到制动生效时间为0.4s,纵向附着系数0.3,制动系数1.2。

扩展阅读

[1] 中华人民共和国交通运输部.公路工程技术标准:JTG B01—2014[S].北京:人民交通出版社股份有限公司,2014.

[2] 中华人民共和国交通运输部.公路路线设计规范:JTG D20—2017[S].北京:人民交通出版社股份有限公司,2017.

[3] 中华人民共和国交通部.公路勘测规范:JTG C10—2007[S].北京:人民交通出版社,2007.

[4] 中华人民共和国交通部.公路工程基本建设项目设计文件编制办法:交公路发〔2007〕358号[S].北京:人民交通出版社,2007.

[5] 中华人民共和国交通运输部.公路工程建设项目概算预算编制办法:JTG 3830—2018[S].北京:人民交通出版社股份有限公司,2018.

[6] 央视网.《中国考古大会》20211211探秘甲骨文的故乡——殷墟[Z/OL].(2021-12-11)[2022-06-14].https://tv.cctv.com/2021/12/11/VIDEcExiZ21lRfO9CNzfxOFq211211.shtml.

[7] 中华人民共和国交通运输部.2022年交通运输行业发展统计公报[EB/OL].(2023-06-16)[2023-08-12].https://xxgk.mot.gov.cn/2020/jigou/zhghs/202306/t20230615_3847023.html.

[8] 中华人民共和国交通运输部.公路建设监督管理办法(交通运输部令2021年第11号)[EB/OL].(2021-08-01)[2022-06-14].https://xxgk.mot.gov.cn/2020/jigou/fgs/202108/t20210825_3616558.html.

[9] 中国政府网.省级空间规划试点方案[EB/OL].(2017-01-09)[2023-12-13].https://www.gov.cn/zhengce/2017-01/09/content_5158211.htm.

[10] 新华社.中共中央 国务院印发国家综合立体交通网规划纲要[EB/OL].(2021-02-24)[2024-02-06].https://www.gov.cn/zhengce/2021/02/24/content_5588654.htm.

[11] 张驰,潘兵宏,杨宏志.道路勘测设计[M].6版.北京:人民交通出版社股份有限公司,2023.

[12] 张蕊,张亚平.道路勘测设计[M].北京:中国建筑工业出版社,2018.

[13] 中华人民共和国住房和城乡建设部.工程结构设计基本术语标准:GB/T 50083—2014[S].北京:中国建筑工业出版社,2014.

[14] 中华人民共和国全国人民代表大会常务委员会.中华人民共和国环境保护法[M].北京:中国法制出版社,2014.

[15] 张维全,周亦唐,李松青.道路勘测设计[M].2版.重庆:重庆大学出版社,2005.

[16] 张志清.道路勘测设计[M].2版.北京:科学出版社,2012.

[17] 吴光强.汽车理论[M].3版.北京:人民交通出版社股份有限公司,2021.

第2章 平面设计

公路"三面"包括平面、纵断面和横断面。首先开展平面设计,然后进行纵断面设计,最后安排横断面设计。

平面设计是本书重点章之一。本章主要阐述了平面的概念及其基本线形、圆曲线半径及其确定、中线里程及中桩设置、坐标计算与测设等内容,剖析了里程定义及其表达式、里程计算、断链概念及断链处理,介绍了平面图分类与测设、平面设计成果。

平面设计并非孤立的,应紧密结合选线、纵断面设计、横断面设计。本章应密切结合第3章标准形曲线、第6章纵断面设计、第7章横断面设计、第8章线形设计和第9章选线进行理解和学习。此外,为了适应工程的需求,还应结合第11章计算机辅助设计学习专业软件进行平面设计。

2.1 概述

2.1.1 平面的概念

工程上,常常将公路平面、纵断面和横断面三个不同的投影面,统称为"三面",见图2-1。初学者应建立空间想象力,理解公路的"三面"是学好道路勘测设计课程的前提。公路是较为复杂的几何体,公路顶面的中心线(简称"中心线")是一条空间曲线,难以直接对中心线进行全面而深入的研究。因此,将中心线分别投影在不同的投影面上,从不同投影面进行研究更易于理解和表达。中心线在平面上投影成平面复合线,在纵断面上投影成纵断面复合线,见图2-2。

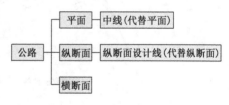

图2-1 公路的"三面"

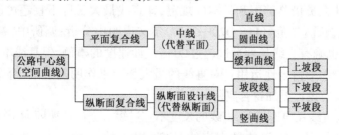

图2-2 中心线与中线、纵断面设计线的关系

平面指公路在水平面上的投影。中线指公路中心线在平面上的投影。中线由直线、圆曲线、缓和曲线等组成平面复合线,中线可以近似代替平面。纵断面设计线(见6.1节)由坡段线(上坡段、下坡段、平坡段)和竖曲线组成纵断面复合线,纵断面设计线可以近似代替纵断面。

在绘制平面示意图时,图2-3a)可以采用图2-3b)表示,即绘制一条中线近似代替平面。

微课2-1:如何理解平面及中线,请扫描二维码学习。

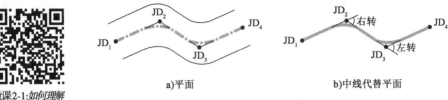

微课2-1:如何理解平面及中线

图2-3 平面与中线关系

研究中线比直接研究三维空间的公路及其中心线(空间曲线)简单得多。在图2-3b)中,利用中线近似代替平面,工程上把仅有中线的平面图称为线位平面图。在中线左右两侧加上规定的宽度,就成了平面,也就是说在线位平面图上加上平面内容就变成了平面图,见图2-3a)。

2.1.2 平面的基本线形

1)平面的基本线形

因利用中线近似代替平面,平面的基本线形就是中线的基本线形。中线的基本线形,包括直线、圆曲线和缓和曲线三种线形要素。这里的圆曲线,指平面上的圆曲线。读者应注意区别圆曲线和竖曲线(见6.6节)。圆曲线将在2.2节介绍,缓和曲线将在第3章介绍。

2)直线

平面上,两相邻圆曲线之间所夹的直线称为夹直线或间直线,简称直线,用 L_j 表示,见图2-4。

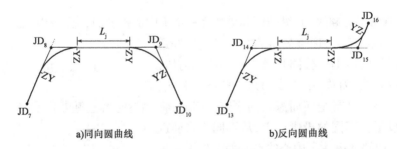

图2-4 相邻同向与反向圆曲线

国内部分设计人员借鉴德国和日本的规定,即直线最大长度不宜超过设计速度的20倍。直线的长度不宜过长。《规范》(JTG D20—2017)条文说明中分析:调研中,各省对长直线的运用存在不同看法,也确有直线长度远远超过20倍设计速度的事例,但直线本身并无优劣之说,关键在于如何结合地形恰当地运用。对直线的最大长度未作明确限定,给设计人员留下空间去作分析、判断,以使设计更加符合实际。

两圆曲线间以直线径向连接时,直线的长度不宜过短。当设计速度大于或等于60km/h时:

(1)两相邻同向圆曲线间的最小直线长度(以 m 计)不宜小于设计速度(以 km/h 计)

的6倍。

(2)两相邻反向圆曲线间的最小直线长度(以m计)不宜小于设计速度(以km/h计)的2倍。

当设计速度小于或等于40km/h时,两相邻圆曲线间的直线长度可以参照上述规定执行。

(3)断背曲线。

如果两相邻同向曲线之间的间直线长度过短,容易误将两个曲线看成一个曲线,破坏线形的连续性,易造成驾驶人操作失误,产生危险。这种两个相邻同向曲线之间插入短直线的曲线组合,称为断背曲线。

对于设计速度大于或等于60km/h,当两相邻同向圆曲线之间所夹直线长度小于设计速度的6倍时,就认为是断背曲线,应尽量避免这种情况发生。

实际勘测设计时,可以根据具体情况,通过采取下列措施中的一种或几种避免产生断背曲线:挪动其中一个交点位置拉长链距(相邻交点之间的距离)、设置同向复曲线、设置同向同半径复曲线、减小圆曲线半径等。

2.2 圆曲线半径及长度

2.2.1 圆曲线半径公式

1)汽车转弯的稳定性分析

汽车在半径较小的弯道上行驶,因离心力作用可能产生向外滑移和向外倾覆两种形式的危险,N_A、N_B分别为汽车A、B轮的路面支承反力,见图2-5。当弯道半径较小时,公路设计上应避免因离心力作用而导致汽车向外滑移和向外倾覆。

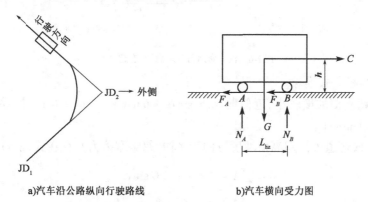

a)汽车沿公路纵向行驶路线　　b)汽车横向受力图

图2-5　汽车弯道行驶示意图(无超高)

分析图2-5,可能存在式(2-1)~式(2-3)。式(2-1)表示汽车横向离心力与摩阻力处于平衡时的状态,式(2-2)表示汽车横向滑移的状态,式(2-3)表示汽车倾覆时的状态。

$$C = F_A + F_B \tag{2-1}$$

$$C > F_A + F_B \tag{2-2}$$

$$C \times h > \frac{G}{2} \times L_{hz} \tag{2-3}$$

式中：C——汽车在弯道上行驶时产生的离心力，kN；
F_A——汽车产生横向外侧滑移时 A 轮的摩阻力，kN；
F_B——汽车产生横向外侧滑移时 B 轮的摩阻力，kN；
h——汽车重心离路面高度，m；
G——汽车自重，kN；
L_{hz}——汽车横向 AB 轮之间的轴距，m。

在图 2-5b)中，在汽车绕外侧轮 B 即将倾覆而没有倾覆的瞬间。此时 A 轮处没有汽车支承反力，对 B 轮支承点取力矩，在倾覆力矩和稳定力矩相等时，有等式 $C \times h = \dfrac{G}{2} \times L_{hz}$ 成立。

2）圆曲线半径基本公式

(1)基本原理及要求。

当弯道半径较小时，在设计速度下可通过超高适度克服离心力作用。将路拱外侧抬高，内侧降低，形成一个适度的单一的横坡度（即超高横坡度），这个横坡度与车辆向外侧滑移和倾覆方向相反，能够适当减缓或阻止车辆向外侧滑移和倾覆，见图 2-6。超高设计的目的在于，确保车辆在设计速度下行驶时，横向稳定性得到保障，避免发生横向滑移和倾覆现象，同时提供舒适的驾乘体验，并尽可能减少能源的额外消耗。

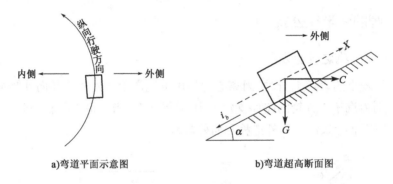

a)弯道平面示意图　　　　b)弯道超高断面图

图 2-6　汽车弯道行驶示意图（有超高）

(2)圆曲线半径公式推导。

一般来说，超高横坡度较小，近似地，$\alpha \approx \sin\alpha \approx \tan\alpha \approx i_b$，$\cos\alpha \approx 1$。推导时汽车速度以 m/s 计，代入时以 km/h 计。

分析图 2-6，取弯道外侧超高横坡度方向为 X 轴（忽略摩擦力），存在式(2-4)~式(2-9)。

$$\sum X = C\cos\alpha - G\sin\alpha \tag{2-4}$$

$$\sum X = C - Gi_b \tag{2-5}$$

$$\sum X = \dfrac{G}{g} \times \dfrac{v^2}{R} - Gi_b \tag{2-6}$$

$$\mu = \dfrac{\sum X}{G} = \dfrac{1}{g} \times \dfrac{v^2}{R} - i_b \tag{2-7}$$

$$R = \dfrac{v^2}{g(\mu + i_b)} \tag{2-8}$$

$$R = \frac{v_s^2}{127(\mu + i_b)} \tag{2-9}$$

式中：$\sum X$——沿超高横坡度方向的横向力，kN；

C——离心力，kN；

α——超高横坡度方向的水平倾角，(°)或rad；

G——汽车自重，kN；

i_b——超高横坡度，%；

v——速度，m/s；

v_s——设计速度，km/h；

μ——横向力系数（单位车重的横向力）；

g——重力加速度，m/s²；

R——圆曲线半径，m。

圆曲线半径计算公式，见式(2-9)。分析式(2-9)可知，圆曲线半径与设计速度的平方成正比，与横向力系数和超高横坡度之和成反比。

2.2.2 圆曲线三大半径

圆曲线三大半径包括极限最小半径、无超高半径（不设超高的圆曲线半径）和一般推荐半径。下面简介已知设计速度时圆曲线三大半径的计算。

1）极限最小半径

在式(2-9)中，已知设计速度，要使R最小，分母应取最大值，见式(2-10)。

$$R_{\min} = \frac{v_s^2}{127(\mu_{\max} + i_{b\max})} \tag{2-10}$$

式中：$R_{\min}$——圆曲线极限最小半径，m；

v_s——设计速度，km/h；

$\mu_{\max}$——弯道上允许的最大横向力系数，一般取0.15；

$i_{b\max}$——弯道上允许的最大超高横坡度，%。

2）无超高半径

如果弯道上的圆曲线半径足够大，车辆在不设超高的圆曲线上行驶犹如在直线上一样安全与舒适，这个半径叫做不设超高半径，又称为无超高半径。

在无超高半径的设计中，安全性与舒适性的双重保障体现在两个方面：一是允许车辆即使行驶至外侧路拱区域，也能保持稳定与安全；二是确保在极端天气或不良路面条件下，如湿滑或结冰，车辆依然能够平稳通过。车辆行驶在外侧路拱上，与超高横坡度的方向相反，相当于反超高($-i_1$)，将式(2-9)改写为式(2-11)。

$$R_w = \frac{v_s^2}{127(\mu - i_1)} \tag{2-11}$$

式中：R_w——圆曲线无超高半径，m；

μ——横向力系数，中国南方地区≤0.15，东北地区、内蒙古≤0.06，《标准》(JTG B01—2014)建议的取值范围为0.035～0.040；

i_1——路拱横坡度，%。

3) 一般推荐半径

一般推荐半径,见式(2-12)。

$$R_t = \frac{V_s^2}{16} \qquad (2-12)$$

式中:R_t——圆曲线一般推荐半径,m。

4)《规范》(JTG D20—2017)规定的圆曲线三大半径

《规范》(JTG D20—2017)规定的圆曲线三大半径,见表2-1和表2-2。实际工程中不用计算,可直接查表取值。

圆曲线最小半径　　　　　　　　　　　　　　　　表2-1

设计速度(km/h)		120	100	80	60	40	30	20
圆曲线最小半径(一般值)(m)		1000	700	400	200	100	65	30
圆曲线最小半径（极限值）(m)	$i_{b\max}=10\%$	570	360	220	115	—	—	—
	$i_{b\max}=8\%$	650	400	250	125	60	30	15
	$i_{b\max}=6\%$	710	440	270	135	60	35	15
	$i_{b\max}=4\%$	810	500	300	150	65	40	20

不设超高的圆曲线最小半径　　　　　　　　　　表2-2

设计速度(km/h)		120	100	80	60	40	30	20
不设超高圆曲线最小半径(m)	$i_1 \leq 2\%$	5500	4000	2500	1500	600	350	150
	$i_1 > 2\%$	7500	5250	3350	1900	800	450	200

【例2-1】 已知某公路设计速度v_s=40km/h,最大超高横坡度$i_{b\max}$=6%,路拱横坡度i_1=2%。计算该公路的圆曲线三大半径,根据计算结果讨论《标准》(JTG B01—2014)取值。

解: 按圆曲线三大半径公式式(2-10)、式(2-11)和式(2-12)计算。

$$R_{\min} = \frac{v_s^2}{127(\mu_{\max} + i_{b\max})} = \frac{40^2}{127 \times (0.15 + 0.06)} = 59.99 \text{ (m)}$$

设计速度为40km/h时,《规范》中极限最小半径取值60m,见表2-1。

$$R_w = \frac{v_s^2}{127(\mu - i_1)} = \frac{40^2}{127 \times (0.040 - 0.02)} = 629.92 \text{ (m)}$$

设计速度为40km/h时,《规范》(JTG D20—2017)中无超高半径取值600m,见表2-2。

$$R_t = \frac{v_s^2}{16} = \frac{40^2}{16} = 100 \text{ (m)}$$

设计速度为40km/h时,《规范》(JTG D20—2017)中一般推荐半径取值100m,见表2-1。

2.2.3 圆曲线长度

1)一般圆曲线最小长度

当汽车在曲线路段上行驶时,若圆曲线的长度过短,驾驶人将不得不频繁地进行转向操作,这不仅增加了驾驶的复杂性,还可能导致驾驶人精神紧张,特别是在高速行驶的情境下,这种情况尤为危险。圆曲线长度按式(2-13)计算,且应满足《规范》(JTG D20—2017)的要求,见表2-3。

$$L \geq \frac{v_s}{3.6} \times t \tag{2-13}$$

式中：L——圆曲线长度，m；

v_s——设计速度，km/h；

t——汽车在圆曲线上以设计速度的行驶时间，一般不短于3~5s。

各级公路的圆曲线最小长度应符合《规范》(JTG D20—2017)规定，见表2-3。

圆曲线最小长度 表2-3

设计速度(km/h)	120	100	80	60	40	30	20
一般值(m)	600	500	400	300	200	150	100
最小值(m)	200	170	140	100	70	50	40

注："一般值"为正常情况下的采用值；"最小值"为条件受限时可采用的值。

2）小转角圆曲线长度

当路线转角小于或等于7°时，称为小转角，应设置较长的圆曲线。小转角的圆曲线最小长度应符合《规范》(JTG D20—2017)的相关规定，见表2-4。

公路转角小于或等于7°时的圆曲线长度 表2-4

设计速度(km/h)	120	100	80	60	40	30	20
一般值(m)	1400/α	1200/α	1000/α	700/α	500/α	350/α	280/α
最小值(m)	200	170	140	100	70	50	40

注：表中α为路线转角值(°)，当α<2°时，按α=2°计算。

2.2.4 圆曲线半径确定

确定交点位置和圆曲线半径是平面设计需要解决的重要问题。下面将结合公路等级、《规范》、实际情况等综合分析圆曲线半径确定方法。

1）最小半径

圆曲线半径应大于或等于《规范》规定的极限最小半径。只有在极其特殊或困难等限制条件时，才允许采用极限最小半径。若圆曲线设计确实无法避免采用极限最小半径，应采取限速、设置警示标志等安全措施。

2）理想半径

确定圆曲线半径时，应尽量选用较大的半径。理想半径是指圆曲线半径同时大于无加宽半径和无超高半径。在理想状态下，该交点处无须进行路面加宽或设置超高，提升了行车的舒适性，满足高速行车的需求。

3）不同等级公路半径

确定圆曲线半径时，干线道路、中高等级公路应尽量采用大半径，并追求高标准。支线、低等级公路以工程量经济为主，在不过分增加工程量和造价的前提下，尽量采用大半径，提高技术指标。

4）最大半径

当圆曲线半径很大时，圆曲线长度很长，相应曲率很小，近乎于直线。《规范》规定圆曲线最大半径不宜超过10000m。

5)长直线末端半径

确定圆曲线半径时,位于平坡或下坡的长直线末端尽量采用大半径。长直线末端突然出现的小半径圆曲线容易使高速行驶的车辆因惯性而失控,增加驶出公路的风险。不得已使用小半径圆曲线时,应采取限速、设置警示标志和波形护栏等安全措施。

6)切线长控制半径

确定圆曲线半径时,除了上述因素外,还应根据实际情况综合考虑其他控制因素。其他控制因素包括切线长、曲线长、外距、间直线长、同向复曲线、同向同半径复曲线等。实际勘测设计可能不会遇到这些因素,也可能会遇到其中的一个或几个因素,这需要勘测设计人员结合规范、考虑控制点,根据实际情况灵活处理。

【例2-2】 假设某线JD_9和JD_{10}垂直穿越岷江,拟修建大桥,见图2-7。JD_{10}的右转角为$24°42'16''$,已知JD_{10}到岷江边的距离为276m。如何选择JD_{10}的半径才能保证直线桥梁?

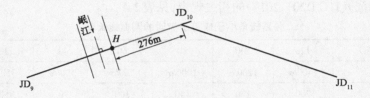

图2-7 切线长控制半径

解:根据题意,考虑切线长控制半径。

$$T = R\tan\frac{\alpha_y}{2} \leq 276 \text{ (m)},\text{则} R \leq 1260.33\text{m}$$

只要JD_{10}的圆曲线半径不超过1260.33m,就能保证该处为直线桥梁。

7)曲线长控制半径

(1)一般圆曲线长控制半径。

【例2-3】 已知某线设计速度40km/h,JD_{27}的左转角为$12°33'06''$。考虑一般圆曲线长的一般值,该交点可以选择半径500m吗?

解:设计速度40km/h时,一般圆曲线的最小长度(一般值)为200m,见表2-3。根据题意,考虑一般圆曲线长的一般值控制半径,见图2-8。

$$L = \frac{\pi\alpha R}{180} \geq 200 \text{ (m)}, R \geq 912.96\text{m}$$

计算表明:JD_{27}的半径至少应为912.96m,该交点半径不宜选择500m。

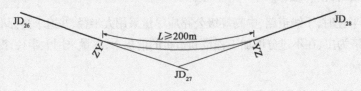

图2-8 一般圆曲线长控制半径

(2)小转角圆曲线长控制半径。

【例2-4】 已知某线设计速度40km/h,JD$_{47}$的左转角为5°54′41″。通过计算判断,该交点可以选择半径500m吗?

解:根据题意,考虑小转角圆曲线长控制半径,见图2-9。查表2-4,设计速度40km/h,小转角圆曲线的最小长度500/α。

$$L = \frac{\pi\alpha R}{180} \geq 500/\alpha, \quad R \geq 819.81\text{m}$$

计算表明:JD$_{47}$的圆曲线半径至少应选择819.81m,不能选择500m。

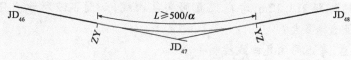

图2-9 小转角曲线长控制半径

8)外距控制半径

【例2-5】 已知某线JD$_{12}$右转角32°16′37″,内侧(分角线方向)有滨江小区,JD$_{12}$距离滨江小区的安全距离为68m,不考虑拆迁建筑物,见图2-10。JD$_{12}$的半径可以选择1000m吗?

解:根据题意,考虑外距控制半径。

$$E = R\left(\sec\frac{\alpha}{2} - 1\right) \leq 68 \text{ (m)}, \quad \text{则} R \leq 1657.57\text{m}$$

计算表明:JD$_{12}$的圆曲线半径最大为1657.57m,该交点的半径可以选择1000m。

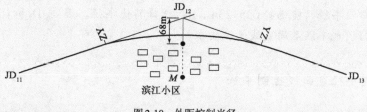

图2-10 外距控制半径

9)间直线长控制半径

【例2-6】 已知某线设计速度为60km/h,JD$_7$至JD$_8$之间的链距为768.86m,JD$_7$的右转角为21°19′38″,JD$_8$的右转角为30°27′56″,其中JD$_7$的半径为800m,如图2-11所示。请确定JD$_8$的半径区间。

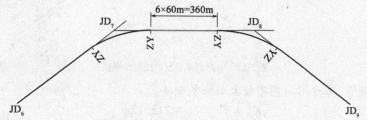

图2-11 同向间直线长控制半径

解:根据题意,考虑同向间直线长控制半径。

$$T_7 + 6v_s + T_8 \leq 768.86(\text{m}),\text{即：}$$

$$R_7 \tan\frac{\alpha_7}{2} + 6 \times 60 + R_8 \tan\frac{\alpha_8}{2} \leq 768.86(\text{m}), R_8 \leq 948.26\text{m}$$

JD_8 的圆曲线半径最大为948.62m，可以选择半径的范围：$R_{\min} \leq R \leq 948.62\text{m}$。

10) 同向复曲线控制半径

【例2-7】 某线设计速度为60km/h，JD_7 的右转角为 $19°34'55''$，JD_8 的右转角为 $20°46'53''$，JD_7 至 JD_8 之间的链距213.12m，考虑设置同向复曲线，如图2-12所示。JD_7 的半径选择560m，JD_8 的半径选择多大？

解：根据题意，考虑同向复曲线控制半径。

$$K_{78} = T_7 + T_8 = 213.12\text{m}, \text{则} T_8 = K_{78} - T_7,$$

$$R_8 \tan\frac{\alpha_8}{2} = K_{78} - R_7 \tan\frac{\alpha_7}{2}, R_8 = 635.23\text{m}$$

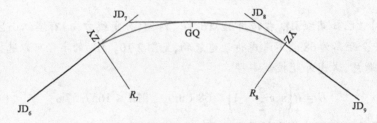

图2-12　同向复曲线控制半径

JD_8 的圆曲线半径只能选择635.23m，不能选择其他半径。否则 JD_7 和 JD_8 的圆曲线就无法组成复曲线，也不满足间直线长度要求。

11) 同向同半径复曲线控制半径

【例2-8】 某线设计速度为60km/h，JD_7 的右转角为 $19°34'55''$，JD_8 的右转角为 $20°46'53''$，JD_7 至 JD_8 之间的链距213.12m，考虑设置同向同半径复曲线，如图2-13所示。问：JD_7 和 JD_8 的共同半径应选多少？

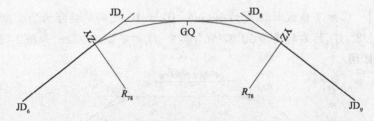

图2-13　同向同半径复曲线控制半径

解：根据题意，考虑同向同半径复曲线控制半径。

$$K_{78} = T_7 + T_8 = 213.12\text{m},$$

$$R_{78} \tan\frac{\alpha_8}{2} + R_{78} \tan\frac{\alpha_7}{2} = K_{78}, R_{78} = 598.76\text{m}$$

JD_7和JD_8的共同半径只能选择598.76m,不能选择其他半径。此时,JD_7和JD_8的圆曲线,表面上是两个圆曲线,因它们的半径相同,本质上可以看成一个单曲线。

同向同半径复曲线为复杂路段虚交点的处理提供了新思路。如虚交点JD_7在悬崖或河流等困难地点,在邻近悬崖或河流边缘的安全地带设置临时交点JD_{LS6}和JD_{LS7},通过现场实测临时交点,反算虚交点JD_7的曲线要素、主点里程等参数,见图2-14。

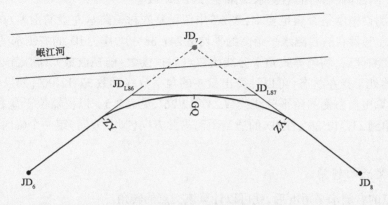

图2-14　河流中设置虚交点

2.3　中线里程及中桩设置

2.3.1　圆曲线要素

1)测设交点的右侧角

中线测设时,实地选线时可先测设交点的右侧水平角度和相邻交点之间的链距,见表2-5和图2-15。采用相关道路软件纸上选线时,可以通过软件自动读取相关数据。

交点水平角度测试记录表　　　　　　　　　　　　　　　　　表2-5

测站	盘位	定向目标	水平盘读数	右侧水平角度		转角	分角线读数
				半测回值	测回值		
JD_5	盘左	JD_4	1°01′34″	247°39′08″	247°38′40″	左转角 67°38′40″	57°12′00″
		JD_6	113°22′26″				
	盘右	JD_4	181°01′32″	247°38′12″			237°12′26″
		JD_6	293°23′20″				

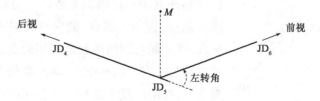

图2-15　测设JD_5的右侧水平角度

图2-15中,在JD₅安置仪器(经纬仪、全站仪等),对中整平。具体步骤如下:

(1)盘左后视JD₄测得水平盘读数1°01′34″,前视JD₆测得水平盘读数113°22′26″,利用等式右侧水平角度β=后视读数−前视读数,出现负数时加上360°,可以计算出盘左的半测回值(盘左的右侧水平角度)247°39′08″。

(2)盘右后视JD₄测得水平盘读数181°01′32″,前视JD₆测得水平盘读数293°23′20″,可以计算出盘右的半测回值(盘右的右侧水平角度)247°38′12″。

(3)判定测设精度是否满足要求(表2-5中假设某农村道路盘左盘右限差60″)。若满足精度要求,取盘左和盘右的右侧水平角度的平均值247°38′40″,作为JD₅的右侧水平角度。

水平角度测设后,利用等式角平分线读数=(后视读数+前视读数)/2测定该交点的角平分线。如果仪器处于盘左状态,可以计算出盘左的角平分线读数57°12′00″;如果仪器处于盘右状态,可以计算出盘右侧的角平分线读数237°12′26″,见表2-5。以仪器位于盘右为例,将仪器的水平盘拨角到237°12′26″,在JD₅的适当距离沿此方向(圆心方向)定一个临时角平分线点M(以备后用)。

2)计算交点的转角

测设交点的右侧水平角度后,就可以计算该交点的转角。

转角,指以该交点(如JD₅)为起点,从后一交点(JD₄)往该交点(JD₅)的延长线(图2-15的虚线)为起始边,绕起点旋转至与下一边(JD₅~JD₆)重合,所旋转的角度称为转角,又称为转向角。旋转顺序是向右的,称为右转角。旋转顺序是向左的,称为左转角,见图2-15。

根据交点的右侧水平角度值的大小,计算转角。转角的转向判断和计算式见式(2-14)和式(2-15)。

$$当 \beta < 180° 时,该转角为右转角,\alpha_y = 180° - \beta \qquad (2\text{-}14)$$

$$当 \beta > 180° 时,该转角为左转角,\alpha_z = \beta - 180° \qquad (2\text{-}15)$$

式中:β——该交点的右侧水平角,(°);

α_y——右转角,(°);

α_z——左转角,(°)。

【例2-9】 图2-15和表2-5中JD₅的右侧水平角度β=247°38′40″,计算JD₅的转角。

解:因JD₅的右侧水平角β=247°38′40″>180°,判断JD₅的转角为左转角,按式(2-15)判断和计算。

JD₅的左转角α_z=247°38′40″−180°=67°38′40″。

3)圆曲线主点

圆曲线可以定义为在平面上有固定的交点、圆心、半径和起终点的一段圆弧曲线。圆曲线主点,又称为圆曲线控制点,包括直圆点、曲中点和圆直点,见图2-16。直圆点,即直线与圆曲线起点相切的点,也是整个圆曲线的起点,用ZY表示。曲中点,即圆曲线中间点,用QZ表示。圆直点,即圆曲线终点与直线相切的点,也是整个圆曲线的终点,用YZ表示。此外,交点指相邻直线相交的点,用

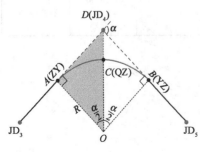

图2-16 圆曲线主点

JD 表示,例如图 2-16 中的 JD_4。

4)圆曲线要素

已知交点的转角和圆曲线半径,就可计算圆曲线要素。圆曲线要素有切线长、曲线长、外距和切曲差(又称超距),见式(2-16)~式(2-19)和图 2-16。应注意,圆曲线要素(切线长、曲线长和外距)指平面上的水平距离而非高差、斜距。采用相关道路软件设计时,可以通过软件自动计算圆曲线要素。

$$T = R\tan\frac{\alpha}{2} \tag{2-16}$$

$$L = \frac{\pi\alpha R}{180°} \tag{2-17}$$

$$E = R\left(\sec\frac{\alpha}{2} - 1\right) \tag{2-18}$$

$$D = 2T - L \tag{2-19}$$

式中:T——圆曲线的切线长,m,图 2-16 中的 AD、BD 就是 JD_4 的切线长;

L——圆曲线的长度,m,图 2-16 中的曲线上 A 点到 B 点的弧长就是 JD_4 的圆曲线长;

E——圆曲线的外距,即该交点到圆曲线中点之间的水平距离,m,图 2-16 中的 C 点到 D 的距离就是 JD_4 的外距;

D——圆曲线的切曲差,m。

2.3.2 里程定义及计算

1)里程定义

里程,又称为桩号,指从起点出发,沿中线方向,到计算点的距离。对于无中央分隔带的一般公路(简称"一般公路"),指平面中线上某确定中桩的里程,见图 2-17a)。对于有中央分隔带的公路,指平面设计线上某确定中桩的里程,见图 2-17b)和图 2-17c)。

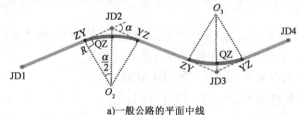

a)一般公路的平面中线

b)有中央分隔带公路的平面设计线

图 2-17

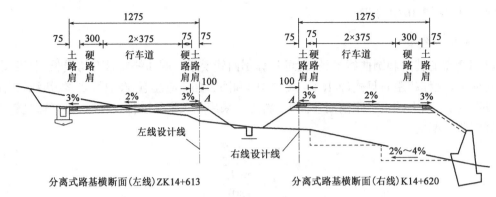

c)有中央分隔带公路的分幅式路段设计线的位置

图2-17 一般公路的平面中线和有中央分隔带公路的平面设计线对比(尺寸单位:cm)

本小节先讨论一般公路平面中线的里程,再讨论有中央分隔带公路平面设计线的里程。

延伸讨论:

(1)里程定义的关键词。

里程定义包含起点、中线方向和计算点共三个关键词。

(2)里程作用。

里程的重要作用具体体现在:里程是路线长度、中线点位和桥梁隧道等计算的根基,是路线设计的灵魂,是中桩坐标计算和测设的前提。

(3)里程称谓。

里程称谓分为总体称谓和局部称谓。

总体称谓包括中桩里程、中线里程、中心里程;中桩桩号、中线桩号、中心桩号。

局部称谓指某一具体中桩的称谓,包括起点里程(或桩号)、终点里程(或桩号)、某桥梁起点里程(或桩号)、某桥梁终点里程(或桩号)、……。

(4)里程表达式。

设计上,里程表达式大多采用"KX+Y"表示,K表示km的缩写,数值X的单位为km,数值Y的单位为m。下面采用问答形式帮助理解里程表达式的含义。

①K9+168表示距离起点多少km? 答:【9.168km】。

②K9+168表示距离起点多少m? 答:【9168m】。

③K6+168到K9+168距离多少km? 答:【3km】。这里指两个中桩之间的中线距离,不一定是直线距离。这是因为中线包括直线、圆曲线和缓和曲线共三种基本线形。

(5)里程表达式的其他形式。

里程表达式还可以采用其他形式:

①X^K+Y,例如:9^K+168。

②XK+Y,例如:9K+168。

2)圆曲线主点里程计算

中桩里程计算,首先应依次计算圆曲线主点里程。计算出主点里程之后,可依据附近交点的主点里程和其他中桩的具体位置,推算出其他中桩的里程。因此,中桩里程计算的重要环节之一是计算圆曲线主点里程。计算圆曲线主点里程,应已知交点里程和圆曲线要素。

对于一般公路,中桩位于中线上,主点也位于中线上。根据里程定义,易推导出主点里程的计算公式,见式(2-20)~式(2-22)和图2-17a)。式(2-23)为校核公式。

$$ZY 里程 = JD 里程 - T \tag{2-20}$$
$$YZ 里程 = ZY 里程 + L \tag{2-21}$$
$$QZ 里程 = YZ 里程 - L/2 \tag{2-22}$$
$$JD 里程 = QZ 里程 + D/2 \tag{2-23}$$

式中:ZY里程——表示该交点下主点ZY的里程,m;

JD里程——表示该交点的里程,m;

YZ里程——表示该交点下主点YZ的里程,m;

QZ里程——表示该交点下主点QZ的里程,m;

其余符合意义同前。

3)下一个交点里程计算

从上述圆曲线主点里程计算公式来看,要计算本交点的主点里程首先应计算出本交点的里程。依此类推,要计算下一个交点的圆曲线主点里程,首先应计算下一个交点的里程。计算出下一个交点的里程之后,就可以按照式(2-20)~式(2-22),计算出下一个交点的主点里程,循环往复,直至路线终点。

对于一般公路,虽然交点不在中线上,根据里程定义,仍然可以计算出下一个交点里程,见图2-17a)和式(2-24)。

$$JD_{i+1} 里程 = JD_i 的 YZ 里程 + K_{i \cdot i+1} - JD_i 的 T \tag{2-24}$$

式中:JD_{i+1}里程——下一个交点的里程,m;

JD_i的YZ里程——上一个交点的主点YZ的里程,m;

$K_{i \cdot i+1}$——JD_i到JD_{i+1}之间的链距,m;

JD_i的T——上一个交点的切线长,m。

一般式(2-24)可具体化。图2-17a)中以JD_3为例,JD_3里程=JD_2的YZ里程+$K_{23}-T_2$。这里,K_{23}表示JD_2到JD_3之间的链距,T_2表示JD_2的切线长。

【例2-10】 某线起点JD_1 K0+000,交点的链距K_{12}和K_{23}分别为367.22m和878.46m,见图2-17a)。JD_2的右转角为27°16′48″,圆曲线半径600m。计算下列内容:

(1)JD_2的里程。

(2)JD_2的主点里程。

(3)JD_3的里程,分析如何计算JD_3的主点里程。

解:

(1)JD_2的里程计算。

已知起点JD_1 K0+000和链距K_{12},根据里程定义,易得出JD_2 K0+367.22。

(2)JD_2的主点里程计算。

依据式(2-16)~式(2-19),把JD_2的右转角27°16′48″和圆曲线半径600m代入,得到圆曲线要素:$T=145.60$m,$L=285.68$m,$E=17.41$m,$D=5.52$m。

依据式(2-20)~式(2-23),JD_2的主点里程可采用"里程计算三步曲"、表格(表2-6)、Excel、计算器编写程序、道路软件等多种手段计算。其中计算器编写程序和道路软件计算较为快捷方便。"里程计算三步曲"指按照写出"基本公式"、列出"计算竖式"和写出"里程表达式"共三个步骤完成里程计算和表达。"里程计算三步曲"格式如下:

基本公式	计算竖式		里程表达式
ZY里程=JD里程−T	JD_2	367.22	JD_2 K0+367.22
YZ里程=ZY里程+L	−)T	145.60	
QZ里程=YZ里程−L/2	ZY	221.62	ZY K0+221.62
JD里程=QZ里程+D/2	+)L	285.68	
	YZ	507.30	YZ K0+507.30
	−)L/2	142.84	
	QZ	364.46	QZ K0+364.46
	+)D/2	2.76	
	JD_2校核	367.22	

(3)JD_3的里程计算。

JD_3是JD_2的下一个交点,见图2-17a)。按式(2-24)简化:

JD_3里程=JD_2的YZ里程+K_{23}−T_2。

即:JD_3里程(数字)=507.30+878.46−145.60=1240.16(m)。

则:JD_3 K1+240.16。

图2-17a)中,计算出JD_3的里程后,同JD_2的主点里程计算方法一样,采用"里程计算三步曲"计算JD_3的主点里程。

计算出交点的圆曲线要素及主点里程后,可以填写圆曲线中桩记录表,见表2-6。该表记录范围包括该交点的圆曲线范围的中桩和相邻直线上的中桩,当中桩较多时,一个交点可以记录两个或多个表格。

圆曲线中桩记录表　　　　　　　　　　　　　　　　　　　　　　　表2-6

交点编号及里程	JD_2 K0+367.22	转角	α_y 27°16′48″	桩号	编号	备注
R=600m	T=145.60m	L=285.68m		K0+200	10	
E=17.41m	D=5.52m	K_{12}=367.22m	K_{23}=878.46m	ZY+221.62	11	
				+240	12	
				+260	13	
				+280	14	
	JD	367.22		+286	15	涵洞
	−)T	145.60		+300	16	
	ZY	221.62		+320	17	
	+)L	285.68		+340	18	
	YZ	507.30		QZ+364.46	19	
	−)L/2	142.84		+380	20	
	QZ	364.46		+400	21	
	+)D/2	2.76		+420	22	
	JD	367.22		+440	23	
				+452	24	地形
				460	25	
				+480	26	
				+500	27	
				YZ+507.30	28	
				+520	29	
				+540	30	

完成全线的圆曲线中桩记录表(表2-6)和标准形曲线中桩记录表(表3-5)后,应填写直线、曲线及转角一览表,见表2-7。

直线、曲线及转角一览表　　　　　　表2-7

（项目名称）　　　　　　第1页　共1页

交点号	交点坐标		交点桩号	转角值	曲线要素值(m)							曲线主点桩号					直线长度及方向			备注
	X(N)	Y(E)			半径	缓和曲线长度	缓和曲线参数	切线长度	曲线长度	外距	切曲差	第一缓和曲线起点	第一缓和曲线终点或圆曲线起点	曲线中点	第二缓和曲线终点或圆曲线终点	第二缓和曲线起点	直线段长(m)	交点间距(m)	计算方位角	
1	2	3	4	5	6	7	8	9	10	11	12	13	14	15	16	17	18	19	20	21
JD0	3514525.060	17664340.087	K0+000																	
																	150.621	232.469	132°18′08″	
JD1	3514368.598	17664512.022	K0+232.469	84°34′03″(Z)	90			81.847	132.838	31.651	30.856		K0+150.621	K0+217.041	K0+283.460					
																	119.951	243.257	47°44′05″	
JD2	3514532.205	17664692.042	K0+444.870	23°25′22″(Y)	200			41.460	81.761	4.252	1.158		K0+403.410	K0+444.291	K0+485.172					长链50m 改K0+600=原K0+550
																	166.491	295.251	71°09′27″	
JD3	3514627.561	17664971.471	K0+688.963	111°00′00″(Y)	60			87.300	116.239	45.931	58.362		K0+601.663	K0+659.782	K0+717.902					
																	110.740	218.873	182°09′27″	
JD4	3514408.843	17664963.231	K0+849.475	92°20′10″(Z)	20			20.833	32.231	8.879	9.434		K0+828.642	K0+844.758	K0+860.873					
																	0.000	41.671	89°49′17″	
JD5	3514408.973	17665004.902	K0+881.712	92°21′10″(Z)	20			20.839	32.237	8.883	9.440		K0+860.873	K0+876.992	K0+893.111					
																	189.321	263.181	357°28′06″	
JD6	3514671.897	17664993.277	K1+135.453	93°21′36″(Z)	50			53.022	81.472	22.879	24.571		K1+082.432	K1+123.168	K1+163.904					
																	181.601	257.473	264°06′30″	
JD7	3514645.468	17664737.164	K1+368.355	25°44′33″(Z)	100			22.850	44.929	2.577	0.771		K1+345.505	K1+367.969	K1+390.434					
																	115.882	197.057	238°21′58″	
JD8	3514542.114	17664569.387	K1+564.640	72°11′19″(Y)	80			58.325	100.794	19.004	15.855		K1+506.316	K1+556.713	K1+607.110					
																	0.619	116.128	310°33′16″	
JD9	3514617.617	17664481.155	K1+664.913	71°06′52″(Y)	80			57.184	99.294	18.336	15.074		K1+607.729	K1+657.376	K1+707.023					
																	141.774	224.982	21°40′08″	
JD10	3514826.699	17664564.227	K1+874.821	23°31′14″(Y)	125			26.023	51.314	2.680	0.733		K1+848.797	K1+874.454	K1+900.111					
																	133.056	257.462	45°11′22″	
JD11	3515008.149	17664746.881	K2+131.549	76°24′35″(Z)	125			98.382	166.700	34.073	30.065		K2+033.167	K2+116.517	K2+199.867					
																	44.537	191.657	328°46′47″	
JD12	3515172.051	17664647.540	K2+293.142	51°58′01″(Y)	100			48.738	90.699	11.245	6.776		K2+244.404	K2+289.754	K2+335.104					
																	1.320	50.057	20°44′48″	
JD13	3515218.862	17664665.272	K2+336.423																	

采用2000国家大地坐标系,中央子午线105度

编制：　　　　　　　复核：

4)有中央分隔带公路的平面设计线

一般公路,应依据中线计算里程;有中央分隔带的公路,应依据平面设计线计算里程,其里程计算公式及过程与一般公路中线相同。为此,我们需要厘清有中央分隔带公路的平面设计线。

有中央分隔带公路根据路幅形式,分为整体式和分离式两种路基断面形式(7.1节),相应路段分为整体式路段和分离式路段。其平面设计线分为下面两种情形:

(1)全部为整体式路基的公路,平面设计线一般为中央分隔带中线。

(2)既有整体式又有分离式路基的公路,平面设计线按照下列方式确定:

①整体式路段,平面设计线一般为中央分隔带中线。

②分离式路段,目前常采用平面设计线分段拟定。分别拟定右线(又称右幅)和左线(又称左幅),常以右线贯通(右线里程)为主。下面以实例剖析分离式路段的平面设计线是如何分段拟定的。

G5京昆高速公路汉中至广元段,起点汉中,终点广元,前进方向从汉中→广元,图2-17b)中虚线为左线,右侧的实线为右线。在分离式路段,右线(K34+660~K50+543)和左线(ZK34+660~ZK50+587)分段拟定,以右线里程为主;左线里程在其桩号前面加"Z",如ZK44+383。右线的平面设计线为右幅路基行车方向左侧土路肩外边缘,见图2-17c)中的右线A点。左线的平面设计线为左幅路基行车方向左侧土路肩外边缘,见图2-17c)中的左线A点。

对于分离式路段,图2-17c)中说明了平面设计线的位置,然而不同的设计人员可能有不同的取向。分离式路段的平面设计线拟定方案是多元化的,设计人员可在左侧土路肩外边缘、左侧车道边缘、虚拟线之中选择一种作为平面设计线。

2.3.3 中桩设置

某交点及其主点里程计算完毕,就可以设置这个交点圆曲线范围内及其附近直线上的中桩,见表2-6。中桩设置应结合规定间距、固定点、地形地物和断链情况综合考虑。基于断链桩的重要性和复杂性,本教材安排独立成节(2.3.4节)介绍。

1)规定间距的中桩

《公路勘测规范》(JTG C10—2017)规定路线中桩间距不应大于表2-8规定。

规定中桩间距　　　　　　　　　　　　　　　　　表2-8

直线上的中桩间距(m)		曲线上的中桩间距(m)			
平原、微丘	重丘、山岭	不设超高的曲线	$R>60$	$30<R<60$	$R<30$
50	25	25	20	10	5

注:表中R为圆曲线半径,m。

(1)直线上的中桩。

直线上,一般地形中桩间距20m,平坦地形时可为50m。在各类特殊地点应设中桩,中桩的位置和数量必须满足路线、构造物、沿线设施等专业勘测的需求。分析表2-9,直线上K0+000~K0+200,如中桩间距为20m,需设置11个中桩;如中桩间距为50m,仅需设5个中桩。中桩间距越小,中桩就越密,中桩数量就越多,勘测设计工作量越大,勘测设计速度越慢,勘测设计成本越高。当然,中桩间距越大,工程量误差就越大。

直线上中桩间距20m和50m对比　　　　　　　　　　　　　　　　表2-9

中桩间距20m	编号	中桩间距50m	编号
K0+000	1	K0+000	1
+020	2	+050	2
+040	3	+100	3
+060	4	+150	4
+080	5	+200	5
+100	6		
+120	7		
+140	8		
+160	9		
+180	10		
+200	11		

(2)曲线上的中桩。

圆曲线上的中桩,一般间距20m,见表2-6。当圆曲线半径较小时,应按表2-8规定适当缩短中桩间距。

曲线上的中桩桩号,在桩距20m的前提下,分为整桩号法和整桩距法,见表2-10。工程上常用整桩号法,桩号为整数方便书写,但其首段、末段桩的桩距一般不为整数。

整桩号法和整桩距法对比　　　　　　　　　　　　　　　　表2-10

整桩号法	编号	整桩距法	编号
ZY K0+221.62	1	ZY K0+221.62	1
+240	2	+241.62	2
+260	3	+261.62	3
+280	4	+281.62	4
…	…	…	…
ZY K0+364.46			
+380			
…			
+500			
YZ K0+507.30			

中桩平面桩位精度,应符合表2-11的规定。

中桩平面桩位精度　　　　　　　　　　　　　　　　表2-11

公路等级	中桩位置中误差(cm)		桩位检测误差(cm)	
	平原、微丘区	重丘、山岭区	平原、微丘区	重丘、山岭区
高速、一、二级公路	≤±5	≤±10	≤10	≤20
三级、四级公路	≤±10	≤±15	≤20	≤30

【例2-11】 已知起点JD_1桩号K0+000。JD_2：左转角27°26′56″，半径380m，相应圆曲线要素：T=92.81m；L=182.05m；E=11.17m；D=3.56m。交点链距K_{12}和K_{23}分别为323.11m和625.46m。

(1) 计算JD_2的主点里程。

(2) 计算JD_3的里程。

(3) 布置K0+000至K0+500(直线)的中桩，现场实测K0+383和K0+455分别有电杆和小沟。

解：

(1) JD_2的主点里程。

同例2-10(此处省略)，按照"里程计算三步曲"，计算JD_2的主点里程：ZY K0+230.30、QZ K0+321.33和YZ K0+412.35。

(2) JD_3的里程。

同例2-10(此处省略)，按照下一个交点里程计算公式，得到JD_3 K0+945.01。

(3) 布置K0+000至K0+500(直线)的中桩。

一般默认中桩间距20m。

从K0+000至ZY K0+230.30为直线，布置中桩：K0+000、+020、+040、+060、+080、+100、+120、+140、+160、+180、+200、+220、ZY K0+230.30。

从ZY K0+230.30至YZ K0+412.35为圆曲线，布置中桩：ZY K0+230.30、+240、+260、+280、+300、QZ K0+321.33、+340、+360、+380、+383(电杆)、+400、YZ K0+412.35。

从YZ K0+412.35至K0+500为直线，布置中桩：YZ K0+412.35、+420、+440、+455(小沟)、+460、+480、+500。

将布置好的中桩，按照表2-6的格式填入圆曲线中桩记录表。

2) 固定点桩

固定点指起到固定中线作用的点。固定点包括路线起点、终点、公里桩、百米桩、曲线主点桩、桥梁或隧道轴线控制桩、交点桩和中线转点桩等。

中线转点桩是指位于地势较高，并传递前后两个交点通视的直线上的点，即前后两个交点互不通视，通过该两个交点直线上的中间适当位置(通常选择地势最高处以改善通视条件)设置一个中线转点桩，把前后两个交点原本互不通视的情况变成能够通视和能够测设。举例说明中线转点桩：现场JD_7和JD_8之间跨越高山而互不通视，假定事先确定了JD_7和JD_8，并测定了中线转点桩ZD_4(图2-18)，从JD_7往ZD_4测设，就相当于从JD_7往JD_8方向测设，因为ZD_4是JD_7到JD_8方向上的直线上的点。

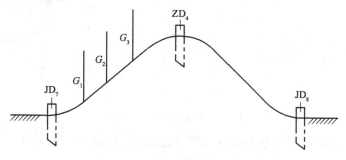

图2-18　中线转点传递通视立面示意图

3)地形和地物桩

在下列特殊的地形和地物地点应增设中桩:

(1)路线纵、横向地形变化处;

(2)路线与其他线状物交叉处;

(3)拆迁建筑物处;

(4)桥梁、涵洞、隧道等构造物处;

(5)土质变化及不良地质地段起、终点处;

(6)道路轮廓及交叉中心;

(7)省、地(市)、县级行政区划分界处;

(8)改、扩建公路地形特征点、构造物和路面面层类型变化处。

2.3.4 断链桩

路线因改线或里程计算错误等原因,造成中线里程断开而不连续。假设路线已经勘测设计结束,如果再重复勘测自断链桩至路线终点既没有必要也会造成人力物力浪费,此时应在适当位置设断链桩。

1)断链概念及分类

断链,指中线因改线等原因造成里程不连续或断开,致使连续的中线链条发生断裂,断链分长链和短链两种类型:

(1)长链,指中线原来终点记录桩号短于地面实际长度。换句话说,桩号少加了。

(2)短链,指中线原来终点记录桩号长于地面实际长度。换句话说,桩号多加了。

2)断链处理

为解释何为断链处理,下面以长链的示例说明。

某线,起点JD_1 K0+000,终点JD_{301} K143+468.31,原来路线已经勘测结束,见图2-19。后经现场实地调查,JD_{27}与JD_{28}之间的虚线区段,有较深的淤泥沼泽,不宜修路,需要改线,现增设三个交点JD_{g1}、JD_{g2}和JD_{g3}绕开淤泥路段,需要在适当位置进行断链处理。假设全线只有这一个地点断链。

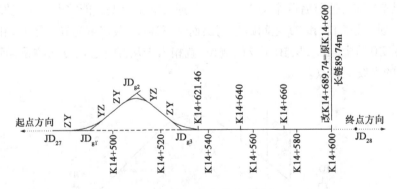

图2-19 长链处理的平面示意图

现计划在改线之前的原来桩号K14+600位置做断链处理,分三个阶段:

(1)第一个阶段,拔出原桩,重新敷设中桩。

改线区域的原来中桩K14+500、K14+520、K14+540、K14+560、K14+580和K14+600需要拔除。从$JD_{27}\rightarrow JDg_1\rightarrow JDg_2\rightarrow JDg_3\rightarrow$到原K14+600之间的改线区域,重新勘测,重新敷设中桩…、K14+621.46、K14+640、K14+660等,见图2-19。

(2)第二个阶段,敷设断链桩。

选择在原来中桩位置K14+600敷设断链桩。

断链桩采用断链分子式"$\dfrac{改K14+689.74=原K14+600}{长链89.74m}$"表示。其分子采用断链等式"改K14+689.74=原K14+600"表达,分母用"长链89.74m"表达。

(3)第三个阶段,从断链桩开始一直到终点,保持原样,不做处理,如图2-20a)中的K14+620、K14+640、…K40+000、…、K60+000、…、终点K143+468.31。

3)断链等式的含义

断链等式"改K14+689.74=原K14+600"有下列四层含义:

(1)断链位置。

断链位置既是新中线位置K14+689.74,也是原来路线位置K14+600。事实上这两种表示均为同一地点同一中桩,这个桩就是断链桩"改K14+689.74=原K14+600"。

(2)里程的连续与断开。

特地绘制图2-20来说明里程连续与断开,图2-20a)与图2-19一脉相承。图2-20b)代表全线只有一个断链的总体示意图,图中X_1和X_2表示跨越断链的前后任意两个中桩。

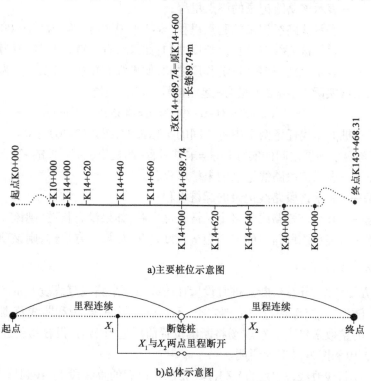

a)主要桩位示意图

b)总体示意图

图2-20 解剖里程的连续与断开示意图

从起点→断链桩,即,起点K0+000到K14+689.74,里程是连续的,因为其间无断链桩。在这一区间,任意两个中桩之间的中线长度,等于这两个桩号之差,如图2-20a)中,K10+000到

K14+000的中线长度等于4km。

从断链桩→终点,即,K14+600→终点K143+468.31,里程也是连续的,因为其间无断链桩。在这一区间,任意两个中桩之间的中线长度,等于这两个桩号之差,例如图2-20a)中,K40+000到K60+000的中线长度等于20km。

从起点→终点,仅在断链桩位置,里程是不连续的。因为其间存在断链桩"改K14+689.74=原K14+600"。跨越断链桩,任意两个中桩之间的中线长度,不等于这两个桩号之差,还要考虑断链。例如在图2-20a)中,假设全线只有一个断链,K10+000到K60+000之间的中线长度不等于两个桩号之差,K10+000到K60+000的实际中线长度等于50km加上长链89.74m。

(3)长链89.74m。

根据长链概念,从图2-19和断链等式"改K14+689.74=原K14+600"容易知道,该处发生长链。路线实际上比原来路线增长89.74m。

(4)断链等式的左右桩号的含义。

在"改K14+689.74=原K14+600"中,等式左边表示改线后的新线里程(有的称为来向里程),等式右边表示改线前的老线里程(有的称为去向里程)。等式左边数值大于等式右边数值表示长链,二者数值之差就是长链的长度89.74m。

4)含有断链桩的路线实际长度

(1)含有断链桩的路线起点到终点的实际长度按式(2-25)计算。

$$（全线）路线实际长度=终点里程-起点里程+\sum 长链-\sum 短链 \tag{2-25}$$

式中:终点里程——表示该路线记录的终点里程;

起点里程——表示该路线记录的起点里程,未特别说明时一般为K0+000;

$\sum$ 长链——表示该路线多个长链长度之和;如果没有长链,则该项值为0;

$\sum$ 短链——表示该路线多个短链长度之和;如果没有短链,则该项值为0。

图2-19中,全线实际长度=终点桩号-起点桩号+长链-短链

$$=143468.31-0+89.74-0=143558.05(m)。$$

(2)含有断链桩的路线任意两个中桩之间的实际长度,按式(2-26)计算。

$$任意两个中桩之间的实际长度=末桩里程-起桩里程+\sum 长链-\sum 短链 \tag{2-26}$$

式中:末桩里程——表示该段路线记录的末桩里程;

起桩里程——表示该段路线记录的起桩里程;

$\sum$ 长链——表示该段路线的多个长链长度之和;如果没有长链,则该项值为0;

$\sum$ 短链——表示该段路线的多个短链长度之和;如果没有短链,则该项值为0。

5)断链桩设置地点

为了计算方便和便于记录,断链桩宜设置在改线前原来路线直线段10m及10m倍数桩上。不宜设在桥梁、隧道、立交等构造物范围之类,不宜设在圆曲线、缓和曲线范围之内,不宜设在小数桩、非10m的整数米桩上。在现场将断链位置前后适当挪动,很容易就能够做到这一点,下面分别用图2-19和图2-21对比说明。

图2-19中,在新线改线段JD_{g3}的YZ K14+621.46以后的直线段上,找到原来路线直线上的K14+560、K14+580、K14+600、K14+620位置,均可以设置断链桩。

图2-19中,假设在K14+600设置断链,断链分子式为$\dfrac{改K14+689.74=原K14+600}{长链89.74m}$。

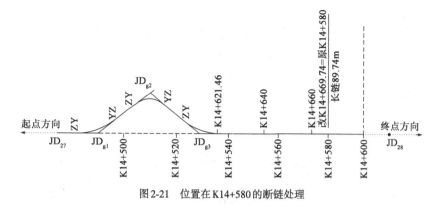

图 2-21 位置在 K14+580 的断链处理

图 2-21 中,假设在 K14+580 设置断链,断链分子式变成 $\dfrac{改 K14+669.74 = 原 K14+580}{长链 89.74m}$。

分别在 K14+600 和 K14+580 两个不同位置设置断链桩,读者应注意比较这两个断链分子式的异同。

6)断链桩数量

断链桩宜少设或不设,但是在改线或里程计算错误时,不得不设置断链桩。设置断链桩后,在平面图、纵断面图、横断面图等相应的位置应醒目标识出来,在直线、曲线及转角一览表、路基设计表、土石方数量计算表等相应位置也应醒目标识出来,防止路线实际长度计算错误。

根据实际情况,全线可以设置多个断链桩。但是,在短距离(几百米)内,应避免设置多个断链桩。

2.3.5 测量标志

本节以电子教材方式呈现,扫描二维码。

2.3.5 测量标志

2.4 坐标法测设中线上的中桩

2.4.1 中桩分类及其测设方法

1)中桩分类

当某交点设置圆曲线时,该交点附近的中桩包括直线上的中桩、圆曲线的主点桩和圆曲线上的中桩。其中圆曲线的主点桩为 ZY、QZ 和 YZ 共三个点。

当某交点设置缓和曲线时,该交点附近的中桩包括直线上的中桩、整个曲线的主点桩、第一缓和曲线的中桩、所夹圆曲线上的中桩和第二缓和曲线的中桩,参见 3.6 节。其中整个曲线的主点桩为 ZH、HY、QZ、YH 和 HZ 共五个点。

2)中桩的测设方法

(1)圆曲线上主点桩的测设。

本节先用实例和传统方法入手,分析圆曲线上中桩的测设方法,然后重点剖析坐标法。

例 2-10 中,已知 JD_2 的切线长 145.60m,外距 17.41m,如何利用传统方法测设 JD_2 的 ZY、QZ 和

YZ 是需要解决的问题。

传统方法就是先定向后量距,借助花杆定点、经纬仪定向、钢尺或皮尺量距。全站仪就是在此基础上发展而成的。图2-22中,从 JD$_2$ 往 JD$_1$ 方向,量出切线长 145.60m,定 ZY 点。从 JD$_2$ 往 JD$_3$ 方向量出切线长 145.60m,定 YZ 点。从 JD$_2$ 往分角线 M 点(在图2-15中介绍过 M 点的测设)方向量出外距 17.41m,定 QZ 点。

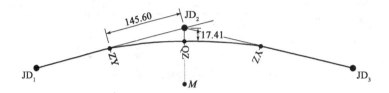

图2-22　传统方法测设圆曲线上的主点桩

目前,中桩(包括直线和曲线上的)一般按照坐标法机理采用全站仪或北斗卫星导航系统(BeiDou Navigation Satellite System,BDS)测设,详见2.4.2节~2.4.6节。同时,测区内的其他点位也可以采用坐标法测设。

(2)直线上中桩的测设。

圆曲线上主点测设后,就可以测设该交点附近的直线和圆曲线上的中桩。

采用传统方法测设直线上的中桩,与上述圆曲线上主点桩的方法一样。

从 JD$_1$ 往 JD$_2$ 方向,量水平距离 20m,定中桩 K0+020,再往前量水平距离 20m,定中桩+040点,以此类推,直至中桩+200或 ZY+221.62,见图2-23。

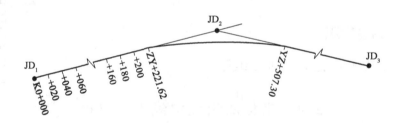

图2-23　测设直线上的中桩

传统方法测设直线上的中桩,从一个固定点(如 JD$_1$)出发,测定一系列中桩,一直到下一个固定点(如 ZY+221.62),应进行校核,其精度应符合表2-11的规定。

(3)圆曲线上中桩的测设方法。

圆曲线上中桩的测设不能简单地采用传统方法。圆曲线上中桩的测设方法,包括查表法、切线支距法、弦长纵距交会法、偏角法和坐标法,近年来比较常用的是坐标法。查表法已经被淘汰,切线支距法、弦长纵距交会法和偏角法用得较少,但其相关计算公式是坐标法的基础,本教材仅介绍其计算公式,不介绍其测设机理和过程。坐标法可与全站仪、BDS等数字电子设备和相应的软件匹配,不仅适用于曲线上中桩的测设,也适用于直线上和复杂曲线上中桩的测设,后续将在2.4.2节~2.4.6节详细介绍。

3)切线支距法

(1)切线支距系的建立及其计算。

目前切线支距法已经用得很少了,限于篇幅这里仅介绍支距的计算。采用切线支距法测设中桩,首先要建立切线支距系。建立切线支距系,形式上类似于数学上的直角坐标系和坐标法中的坐标系,有坐标原点、x 轴和 y 轴,但支距系与它们有本质的区别。一个交点的圆曲线就可建立2个支距系,一个以 ZY 点为原点,另一个以 YZ 点为原点;一条路线若干个交点就可建立2倍交点数量的支距系,这些支距系互不关联各自独立。而一条路线中只有一个固定的工程坐标系。

切线支距法的推导公式,见图2-24。支距系的左半曲线以 ZY 为原点(右半曲线可 YZ 为原点),以指向本交点(如 JD_2)方向为 x 轴,指向其圆心方向为 y 轴。圆曲线上任意点的支距计算公式,见式(2-27)和式(2-28)。相应近似计算公式,见式(2-29)和式(2-30)。

$$x = R \sin \varphi \tag{2-27}$$

$$y = R - R \cos \varphi \tag{2-28}$$

式中:φ——圆曲线上任意点到 ZY(或 YZ)的弧长所对应的圆心角,(°)。

把圆曲线公式 $l = \dfrac{\pi \varphi R}{180}$,带入式(2-27)和式(2-28),自变量变成弧长 l,按照高等数学级数展开,得式(2-29)和式(2-30)。

$$x = l - \frac{l^3}{6R^2} \tag{2-29}$$

$$y = \frac{l^2}{2R} - \frac{l^4}{24R^3} \tag{2-30}$$

式中:x——圆曲线任意点在 x 轴方向的支距,m;
$\quad\quad y$——圆曲线上任意点在 y 轴方向的支距,m;
$\quad\quad R$——圆曲线半径,m;
$\quad\quad l$——圆曲线上任意点到 ZY(或 YZ)的弧长,m。

(2)圆曲线上任意两点之间的弦长。

图2-25中,已知圆曲线上任意两点之间的弧长 l,容易推导这两点之间的弦长计算公式,见式(2-31)。

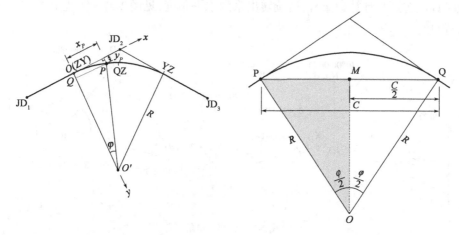

图2-24 建立圆曲线的切线支距系　　图2-25 圆曲线上任意两点之间的弦长

$$C = 2R \sin \frac{\varphi}{2} \tag{2-31}$$

将式(2-31)中自变量用弧长 l 表示,并按高等数学级数展开,得近似弦长式(2-32),后一项为弦弧差。

$$C = l - \frac{l^3}{24R^2} \tag{2-32}$$

式中符号意义同前。

4) 偏角法

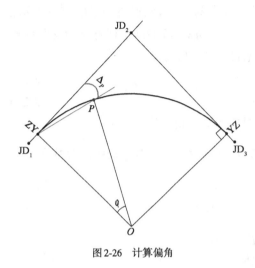

图 2-26 计算偏角

采用偏角法测设中桩,首先要计算偏角和弦长,目前偏角法已经用得很少了,限于篇幅这里仅介绍偏角的计算。偏角,指圆曲线上的任意点 P 到圆曲线的起点 ZY(或终点 YZ)的连线与其切线的夹角,相当于数学上的弦切角,用 Δ_P 表示,见图 2-26 和式(2-33)。

$$\Delta_P = \frac{90^0 l}{\pi R} \tag{2-33}$$

偏角 Δ_P 用弧度(rad)表示时,式(2-33)可以简化成式(2-34)。

$$\Delta_P = \frac{l}{2R} \tag{2-34}$$

式中:Δ_P——圆曲线上的任意点 P 到起点 ZY(或终点 YZ)的偏角;

其余符合意义同前。

2.4.2 方位角概念与计算

1) 方位角概念及分析

(1) 方位角概念。

要计算中桩坐标,首先要确定坐标系和相应边的方位角。方位角,指从计算点的北向出发,沿顺时针旋转到与计算边重合,所旋转出来的水平角度,见图 2-27。工程上的方位角,往往指坐标方位角。

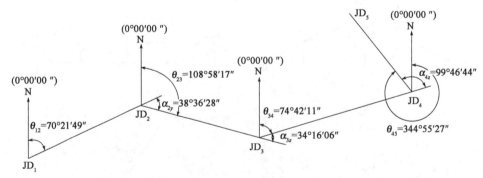

图 2-27 计算方位角

(2) 分析方位角。

对于公路路线,可从下面几个方面进行路线各边的方位角分析:

①N 向(又称北向),方位角为 0°00′00″。

②N向直接套在计算边的起点上。

如计算边 JD_1 ~ JD_2 的起点 JD_1 套上 N 向,该边方位角 θ_{12}；又如计算边 JD_2 ~ JD_3 的起点 JD_2 套上 N 向,该边方位角 θ_{23},见图 2-27。

③方位角为计算边与 N 向的夹角。测区内路线的各边存在方位角,而单独一个点(如 JD_2)是不存在方位角的。

④方位角应从 N 向开始,顺时针旋转。

⑤方位角取值范围 $0°\leq\theta\leq360°$,不宜出现负值。

⑥在同一个测区内,默认坐标方位角的 N 向是水平的,且互相平行。事实上,从整个地球空间来看,不同边的 N 向收敛到磁子午线北极,并不互相平行。然而,具体工程所在的空间对于地球空间而言是相对渺小的,路线各边的长度相对于地球空间来说很短。工程上分析坐标方位角时,认为各个导线边的 N 向是相互平行的。

⑦工程上的方位角默认坐标方位角。

⑧同一个测区,只有一个 N 向。

2)方位角计算

方位角计算步骤如下。

(1)测设并计算路线交点的右侧角和转角,见 2.3.1 节。

(2)计算方位角。

从图 2-27 中,根据方位角的概念,容易推导方位角的计算公式。

①当 JD_2 右转时,边 JD_2 ~ JD_3 的方位角按式(2-35)计算。

$$\theta_{23} = \theta_{12} + \alpha_{2y} \tag{2-35}$$

式中:θ_{12}——边 JD_1 ~ JD_2 的方位角,在图 2-27 中也是起始边方位角；

θ_{23}——边 JD_2 ~ JD_3 的方位角；

α_{2y}——JD_2 的右转角。

式(2-35)对所有右转角的交点都是适用的。当该交点为右转角时,后边方位角等于前边方位角加上该交点的右转角。

②当 JD_3 左转时,边 JD_3 ~ JD_4 的方位角按式(2-36)计算。

$$\theta_{34} = \theta_{23} - \alpha_{3z} \tag{2-36}$$

式中:θ_{34}——边 JD_3 ~ JD_4 的方位角；

α_{3z}——JD_3 的左转角；

其余符号意义同前。

式(2-36)对所有左转角的交点都是适用的。当该交点为左转角时,后边方位角等于前边方位角减去该交点的左转角。

③依此类推,逐一计算以后各边的方位角,一直到终边的方位角。

④终边方位角计算。

终边方位角可按式(2-35)和式(2-36)自起始边开始计算,逐边计算。

终边方位角也可采用累计计算法,见式(2-37)计算。

$$\theta_{终边} = \theta_{起始边} + \sum \alpha_y - \sum \alpha_z \tag{2-37}$$

式中:$\theta_{终边}$——终边的方位角；

$\theta_{起始边}$——起始边的方位角；

$\sum \alpha_y$——所有交点的右转角之和；

$\sum \alpha_z$——所有交点的左转角之和。

计算出来的方位角,应在 $0°\leq\theta\leq360°$ 区间。当计算出来的方位角为负值时,应加上 $360°$；当计算出来的方位角大于 $360°$ 时,应减去 $360°$。

【例 2-12】 采用两种方法计算出图 2-27 的终边方位角。已知起始边方位角 θ_{12} = $70°21'49''$，JD_2 的右转角 $38°36'28''$，JD_3 的左转角 $34°16'06''$，JD_4 的左转角 $99°46'44''$。

解：

(1)第一种方法,逐边计算法

按式(2-35)或式(2-36),得到：

$\theta_{23}=\theta_{12}+\alpha_{2y}=70°21'49''+38°36'28''=108°58'17''$。

$\theta_{34}=\theta_{23}-\alpha_{3z}=108°58'17''-34°16'06''=74°42'11''$。

$\theta_{45}=\theta_{34}-\alpha_{4z}+360°=74°42'11''-99°46'44''(+360°)=334°55'27''$。

(2)第二种方法,累计计算法

按式(2-37)计算得到：$\theta_{45}=\theta_{12}+\sum\alpha_y-\sum\alpha_z(+360°)=334°55'27''$。

2.4.3 工程坐标建立与计算

1)建立工程坐标系

坐标涉及内容较多,根据空间位置分为地球坐标和天球坐标。直接应用于工程上的坐标往往是大地坐标系或地方坐标系。理论上坐标系是三维的(包括高程),实际工程中高程往往与平面问题分开处理。工程坐标一般指平面上的点的二维坐标(不含高程),即地面点投影在平面上的平面位置(x,y)。在切平面上建立独立平面直角坐标系,实际工程中往往考虑磁子午线(坐标方位角的 N 向),向北为正。为了避免坐标出现负值,将坐标原点虚设在切平面遥远的西南方向,地面点沿垂直方向正投影到这个切平面上。

众所周知,数学坐标系的水平向右为 x 轴,竖直向上为 y 轴,见图 2-28a)。而工程坐标系的竖直向上为 x 轴,水平向右为 y 轴,见图 2-28b)。

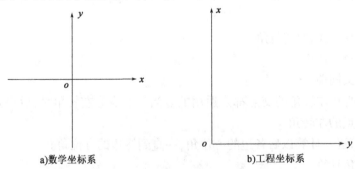

a)数学坐标系　　　　b)工程坐标系

图 2-28　工程坐标系与数学坐标系对比

图 2-28b)中的工程坐标系,"竖直向上的 x 轴"并非垂直于水平面的竖直向上,这是便于在黑板上理解,说成竖直向上。好比一张纸,画上工程坐标系,这张纸放在桌面上,此时的竖直向上是水平的,这张纸放到黑板上,此时显得"竖直向上"。事实上,对于工程坐标系,x 轴与 y 轴在同一个水平面上,x 轴水平指向 N(北)向,y 轴水平指向 E(东)向。

工程坐标系与数学坐标系不同点：x 轴与 y 轴不同；象限分布不同，数学坐标系可以在四个象限中任何象限分布，而工程坐标系仅在第一象限分布，工程坐标系要求测区内所有测点的坐标值 x 和 y 均大于0。工程坐标系与数学坐标系相同点：具有类似的数学计算逻辑。

2) 工程坐标理念

建立工程坐标以及后续的测设和计算，应与坐标方位角一并考虑，要注意工程坐标理念：
(1) 工程坐标在二维平面解决工程点位问题，确定点的平面位置；
(2) 工程坐标基于坐标方位角，测区内路线各边的 N 向相互平行，且水平指向同一个 N 向；
(3) 在同一个测区（包括同一条路线），只能有一个坐标系；
(4) 确定了测区内导线起点坐标和起始边方位角，就可据此联测并计算中线上各中桩坐标，也可以联测并计算测区内其他工程点位的坐标。

测区内导线（控制测量）或路线的起始边的 N 向和方位角、起始点的坐标，可通过国家导线网联测，也可通过城市局域网或地方坐标系联测。对于小工程，可临时假定局部坐标网（起始点的坐标）和起始边的方位角。对某一具体工程，只能有一个固定的网，这个网可以是国家导线网、城市局域网、局部坐标网等其中任意一个。不同的坐标网说明整个测区与 N 向方位的不同，这并不影响测区路线上各边之间的相对位置和可靠性。有条件的，应采用国家导线网，优先考虑2000国家大地坐标系。

测区内起始边的方位角一经确定，整个测区 N 向也随之确定，且不得随意变动，以后各边就以此为推算依据。如果某小工程原来采用的是局部坐标网，需要并入城市局域网时，应采用相关软件通过坐标平移和坐标旋转等策略，在同一个网内解决问题。

3) 工程坐标计算

确定工程坐标系后，测设或已知足够的参数，就可进行点的坐标计算和测设，本节介绍工程坐标计算，在2.4.5节介绍工程坐标测设。

(1) 已知 $A(x_A, y_A)$，线段 AB 的方位角 θ_{AB}，线段 AB 之间的水平距离 D_{AB}，计算 $B(x_B, y_B)$ 坐标，见图2-29a)。

在起点 A 上套上 N 向。利用数学计算逻辑，容易推导 $B(x_B, y_B)$ 坐标，见式(2-38)和式(2-39)。

$$x_B = x_A + \Delta x = x_A + D_{AB}\cos\theta_{AB} \tag{2-38}$$

$$y_B = y_A + \Delta y = y_A + D_{AB}\sin\theta_{AB} \tag{2-39}$$

式中：Δx——线段 AB 在 x 向的坐标增量，m；

Δy——线段 AB 在 y 向的坐标增量，m。

(2) 已知 $B(x_B, y_B)$，线段 BA 的方位角 θ_{BA}，线段 BA 之间的水平距离 D_{AB}，计算 $A(x_A, y_A)$ 坐标，见图2-29b)。

在起点 B 上套上 N 向。利用数学计算逻辑，容易推导 $A(x_A, y_A)$ 坐标，见式(2-40)和式(2-41)。

$$x_A = x_B + \Delta x = x_B + D_{AB}\cos\theta_{BA} \tag{2-40}$$

$$y_A = y_B + \Delta y = y_B + D_{AB}\sin\theta_{BA} \tag{2-41}$$

式中：Δx——线段 BA 在 x 向的坐标增量，m；

Δy——线段 BA 在 y 向的坐标增量，m。

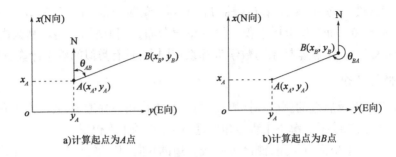

a) 计算起点为A点   b) 计算起点为B点

图2-29 计算点位的坐标示意图

计算时,注意区别式(2-38)、式(2-39)和式(2-40)、式(2-41)的异同:
①二者的Δx、Δy不同;
②二者的方位角不同;
③二者的计算起点不同;
④二者的水平距离相等。

4) 坐标计算三要素

分析式(2-38)~式(2-41),坐标计算需要3个已知条件,又称为"坐标计算三要素":
(1) 计算起点;
(2) 方位角,在计算起点套上N向,从N向顺时针旋转到计算边的角度;
(3) 距离,计算起点到计算点之间的水平距离。

2.4.4 坐标计算示例及应用

路线点位,分交点和中线上的中桩,中线上的中桩又分为直线上中桩、圆曲线上中桩和标准形曲线上中桩。本节介绍交点、直线和圆曲线上中桩的坐标计算。标准形曲线上中桩坐标的计算在3.9节介绍。

1) 交点和直线上中桩的坐标计算

【例2-13】 例2-10中,已知JD_1的里程K0+000,JD_1到JD_2的链距367.22m。JD_2的右转角27°16′48″、半径600m、切线长145.60m、ZY K0+221.62、YZ K0+507.30。JD_2到JD_3的链距878.46m。通过平面控制测量,联测得到交点坐标JD_1(4689.42,8975.36),起始边$JD_1 \sim JD_2$的方位角202°36′52″。

(1) 计算JD_2和JD_3的坐标。
(2) 计算JD_2的ZY K0+221.62和YZ K0+507.20的坐标。
(3) 计算直线上中桩K0+020、+040、+060、+080、+100、+120、+140、+160、+180、+200的坐标。

解:本示例所有点都是直线上的点,试图解决直线上的中桩坐标计算问题。

(1) 计算JD_2和JD_3的坐标。

①JD_2的坐标计算。

绘制交点及主要点位示意图,见图2-30。同样的交点,交点示意图却不一样,图2-22和

图2-23是随手绘制的。图2-30考虑方位角,首先在起始点JD_1套上N向(方位角0°00′00″);其次依据起始边$JD_1 \sim JD_2$方位角,绘制起始边$JD_1 \sim JD_2$的位置;再次依据JD_2的右转角,绘制$JD_2 \sim JD_3$的位置,见图2-30。带有坐标或方位角的交点相邻的起始边和后续边,宜按坐标方位角走向绘制示意图,便于分析理解。

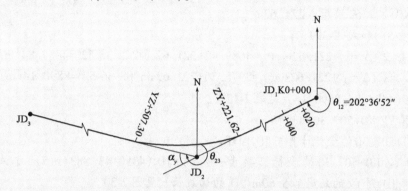

图2-30 直线上中桩及交点坐标平面示意图

要计算JD_2的坐标,先要找到其三要素:起点为JD_1(4689.42,8975.36),方位角为θ_{12}=202°36′52″,JD_1到JD_2的链距376.12m。按式(2-38)和式(2-39),有:

$$x_2 = x_1 + \Delta x = x_1 + K_{12}\cos\theta_{12} = 4689.42 + 367.22\cos 202°36′52″ = 4350.43(m)$$
$$y_2 = y_1 + \Delta y = y_1 + K_{12}\sin\theta_{12} = 8975.36 + 367.22\sin 202°36′52″ = 8834.15(m)$$

则:JD_2(4350.43,8834.15),见表2-12。

②JD_3的坐标计算。

要计算JD_3的坐标,先要找到其三要素:起点为JD_2(4350.43,8834.15),方位角θ_{23}(待计算),JD_2到JD_3的链距878.46m,见图2-30。

已知JD_2的右转角α_{2y}27°16′48″,则:

边$JD_2 \sim JD_3$的方位角$\theta_{23} = \theta_{12} + \alpha_{2y} = 202°36′52″ + 27°16′48″ = 229°53′40″$。

按式(2-38)和式(2-39),有:

$$x_3 = x_2 + \Delta x = x_2 + K_{23}\cos\theta_{23} = 4350.43 + 878.46\cos 229°53′40″ = 3784.53(m)$$
$$y_3 = y_2 + \Delta y = y_2 + K_{23}\sin\theta_{23} = 8834.15 + 878.46\sin 229°53′40″ = 8162.25(m)$$

则:JD_3(3784.53,8162.25),见表2-12。

交点和主点坐标计算表 表2-12

桩号	起点到计算点方位角	计算点到起点距离(m)	x(m)	y(m)	备注
JD_1 K0+000			4689.42	8975.36	起点/已知
ZY K0+221.62	202°36′52″	221.62	4484.84	8890.14	
JD_2 K0+367.22	202°36′52″	367.22	4350.43	8834.15	
JD_2 K0+367.22			4350.43	8834.15	起点/计算
YZ K0+507.30	229°53′40″	145.60	4256.63	8722.79	
JD_3 K1+240.06	229°53′40″	878.46	3784.53	8162.25	

(2)圆曲线主点ZY K0+221.62、YZ K0+507.20的坐标。

①计算ZY K0+221.62的坐标。

ZY K0+221.62的坐标计算与JD_2同理。

ZY K0+221.62的坐标三要素:起点为JD_1(4689.42,8975.36),方位角为θ_{12}=202°36′52″,JD_1到ZY K0+221.62的距离221.62m。

按式(2-38)和式(2-39),有:

$x_{ZY}=x_1+\Delta x=x_1+221.62\cos\theta_{12}=4689.42+221.62\cos 202°36′52″=4484.84(m)$

$y_{ZY}=y_1+\Delta y=y_1+221.62\sin\theta_{12}=8975.36+221.62\sin 202°36′52″=8890.14(m)$

则:ZY(4484.84,8890.14),见表2-12。

②计算YZ K0+507.30的坐标。

YZ K0+507.30的坐标计算与JD_3同理。

JD_2的YZ K0+507.30的坐标三要素:起点为JD_2(4350.43,8834.15),方位角为θ_{23}=229°53′40″,JD_2到YZ的距离145.60m(JD_2的切线长),见图2-30。

按式(2-38)和式(2-39),有:

$x_{YZ}=x_2+\Delta x=x_2+145.60\cos\theta_{23}=4350.43+145.60\cos 229°53′40″=4256.63(m)$

$y_{YZ}=y_2+\Delta y=y_2+145.60\sin\theta_{23}=8834.15+145.60\sin 229°53′40″=8722.79(m)$

则:YZ(4256.63,8722.79),见表2-12。

(3)K0+020、K0+040等中桩坐标计算。

①计算+020的坐标。

+020的坐标计算与JD_2同理。

+020的坐标三要素:起点为JD_1(4689.42,8975.36),方位角为θ_{12}=202°36′52″,JD_1到K0+020的距离20m。

按式(2-38)和式(2-39),有:

$x_{+020}=x_1+\Delta x=x_1+20\cos\theta_{12}=4689.42+20\cos 202°36′52″=4670.96(m)$

$y_{+020}=y_1+\Delta y=y_1+20\sin\theta_{12}=8975.36+20\sin 202°36′52″=8967.67(m)$

则:+020(4670.96,8967.67),见表2-13。

②+040、+060、…、+200等中桩坐标计算。

+040、+060、…、+200等中桩坐标计算,与+020同理,计算结果见表2-13。

边JD_1~JD_2的直线段上中桩坐标计算　　　　　　表2-13

桩号	起点到计算点方位角	计算点到起点距离(m)	x(m)	y(m)	备注
JD_1 K0+000			4689.42	8975.36	起点/已知
+020	202°36′52″	20	4670.96	8967.67	
+040	202°36′52″	40	4652.50	8959.98	
+060	202°36′52″	60	4634.03	8952.29	
+080	202°36′52″	80	4615.57	8944.60	
+100	202°36′52″	100	4597.11	8936.91	
+120	202°36′52″	120	4578.65	8929.22	
+140	202°36′52″	140	4560.18	8921.53	
+160	202°36′52″	160	4541.72	8913.84	
+180	202°36′52″	180	4523.26	8906.14	
+200	202°36′52″	200	4504.80	8898.45	

2) 圆曲线上中桩的坐标计算

【例 2-14】 根据例 2-10 和例 2-13 已知条件,更进一步,计算圆曲线上中桩的坐标。已知 JD_1 K0+000,JD_1 到 JD_2 的链距 367.22m。JD_2 的右转角 27°16′48″、半径 600m、ZY K0+221.62、QZ K0+364.46 和 YZ K0+507.30。从测区控制点联测得到 JD_1(4689.42,8975.36),起始边 $JD_1 \sim JD_2$ 的方位角 202°36′52″,例 2-13 计算得到 ZY(4484.84,8890.14),YZ(4256.63,8722.79)。计算 JD_2 的圆曲线上所有中桩坐标,并实现校核。

解: 本示例试图解决圆曲线上的中桩坐标计算问题。

画出圆曲线上中桩示意图,见图 2-31。当不考虑方位角时,绘制图 2-31a)。本例中考虑方位角,应绘制成图 2-31b)。本例采用计算器手算稍显繁琐,初衷是让读者熟悉坐标计算;实际工程中,可采用相关软件自动计算。

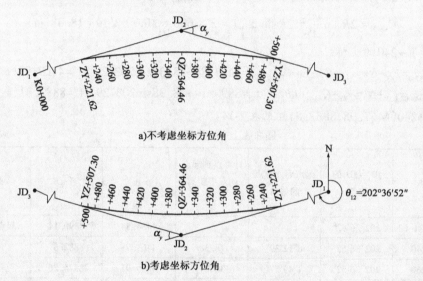

图 2-31 是否考虑方位角的平面示意图

(1) 计算 +240 的坐标。

中桩 +240 在 JD_2 的圆曲线上,见图 2-31b)。+240 的坐标三要素:起点 ZY(4484.84,8890.14),方位角 $\theta_{ZY\sim+240}$(待计算),ZY~+240 的距离(弦长),见图 2-32。

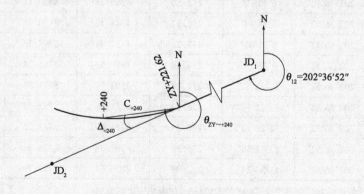

图 2-32 计算 +240 中桩坐标大样图

①计算方位角 $\theta_{ZY\sim+240}$。

首先计算+240 的偏角,见表 2-14。

+240 到起点弧长 $l=240-221.62=18.38 \mathrm{m}$。

按式(2-33),+240 的偏角 $\Delta_{+240}=\dfrac{90°l}{\pi R}=\dfrac{90\times18.38}{\pi\times600}$,$\Delta_{+240}=0°52'39''$。

其次,计算起点 ZY 到+240 的方位角 $\theta_{ZY\sim+240}$。

计算起点 ZY 到+240 的方位角,等于起始边方位角加上偏角,见图 2-32。

$$\theta_{ZY\sim+240}=202°36'52''+0°52'39''=203°29'31''$$

②计算起点 ZY 到+240 的距离。

起点 ZY 到+240 的距离,等于其弦长,见图 2-32。

按照式(2-31),计算起点 ZY 到+240 的弦长 C_{+240},得到:

$$C_{+240}=2R\sin\dfrac{\varphi}{2}=2R\sin\Delta_{+240}=2\times600\times\sin0°52'39''=18.38(\mathrm{m})$$

③计算+240 的坐标。

$x_{+240}=x_{ZY}+\Delta x=x_{ZY}+C_{+240}\cos\theta_{ZY\sim+240}=4484.84+18.38\cos203°29'31''=4467.98(\mathrm{m})$

$y_{+240}=y_{ZY}+\Delta y=y_{ZY}+C_{+240}\sin\theta_{ZY\sim+240}=8890.14+18.38\sin203°29'31''=8882.81(\mathrm{m})$

则:+240(4467.98,8882.81),见表 2-14。

圆曲线上中桩坐标计算表　　　　　　　　　　　　　　　　　　　　　表 2-14

桩号	$JD_1\sim JD_2$ 的方位角 θ_{12}	起点到计算点的偏角	计算点到起点的水平距离 (m)	x(m)	y(m)	备注
ZYK0+221.62	202°36'52''			4484.84	8890.14	起点/已知
+240	202°36'52''	0°52'39''	18.38	4467.98	8882.81	
+260	202°36'52''	1°49'57''	38.37	4449.91	8874.26	
+280	202°36'52''	2°47'15''	58.36	4432.12	8865.11	
+300	202°36'52''	3°44'33''	78.32	4414.66	8855.37	
+320	202°36'52''	4°41'50''	98.27	4397.52	8845.05	
+340	202°36'52''	5°39'08''	118.19	4380.75	8834.17	
QZK0+364.46	202°36'52''	6°49'12''	142.50	4360.73	8820.11	
+380	202°36'52''	7°33'44''	157.92	4348.32	8810.76	
+400	202°36'52''	8°31'01''	177.72	4332.71	8798.26	
+420	202°36'52''	9°28'19''	197.48	4317.53	8785.24	
+440	202°36'52''	10°25'37''	217.18	4302.79	8771.73	
+460	202°36'52''	11°22'54''	236.82	4288.50	8757.73	
+480	202°36'52''	12°20'12''	256.39	4274.69	8743.26	
+500	202°36'52''	13°17'30''	275.89	4261.38	8728.34	
YZK0+507.30	202°36'52''	13°38'24''	282.99	4256.64	8722.79	校核

注:1. 起点到计算点的方位角等于 $JD_1\sim JD_2$ 的方位角 θ_{12} 加上相应边的偏角;

   2. 从 ZY 点计算 YZ 点坐标与从 JD_2 计算 YZ 点坐标进行校核。

(2)其余中桩坐标的计算与校核。

①其余中桩+260、+280、…、QZ+364.46、…、+500、YZ+507.30 的坐标计算与+240 同理,见表 2-14。

建议 ZY 为计算起点,从+240→QZ→YZ,直接把整个圆曲线上中桩坐标的计算完成(ZY→YZ),没有必要将圆曲线分成两半(ZY→QZ 和 YZ→QZ)计算。

②校核。

校核汇集到 YZ 点。

YZ 坐标第一个计算路径:JD_1→JD_2→YZ,见图 2-31b)、例 2-13 和表 2-12。

YZ 坐标第二个计算路径:ZY→QZ→YZ,见图 2-31b)、例 2-14 和表 2-14。

上述两个路径计算 YZ 点的坐标结果应一致,并相互校核。

(3)Excel 自动计算圆曲线上中桩的坐标。

实际工程中,可以借助 Excel、带编程功能的计算器等编写简单程序计算坐标,道路设计软件也可自动计算坐标。

Excel 计算坐标方便快捷,根基仍然是"坐标计算三要素"。Excel 计算坐标的注意事项:

①计算三角函数时,角度单位以弧度(rad)计。测量仪器识别角度的单位为度分秒(°′″),而 Excel 只识别角度单位为弧度(rad)。因此,起始边的方位角,度分秒(°′″)应转化成弧度(rad);圆曲线上中桩的偏角直接采用"弧度"公式,见式(2-34)。

②圆周率 π,输入"pi()"。

③绝对引用,在英文输入法下,输入符号"$"。

④只有数字才能相加减,字符是不能相加减的。

⑤公式编辑后,下拉,相同公式下的大量数据可实现自动计算。

微课 2-2:Excel 计算圆曲线上中桩坐标,请扫描二维码。

微课 2-2:*Excel* 计算圆曲线上中桩坐标

3)工程坐标的应用

工程坐标已得到高度认可,目前广泛应用在公路、铁路、市政、水利(电站)等工程领域。工程坐标的应用如下。

(1)计算点位坐标。

①中线上的点位坐标,中线上的点位包括直线上的中桩、圆曲线上的中桩、标准形曲线上的中桩;

②交点坐标;

③复杂曲线的点位坐标,例如互通式立交桥的辅道、匝道等;

④测区内其他点位坐标;

⑤公路以外的其他工程的点位坐标,如铁路、城市道路、电站等。

(2)测设点位。

工程上,不管什么点位,只要能够计算其坐标,就能够测设其点位。

(3)测量平面图。

①公路和铁路的路线平面图。

②公路和铁路的工点平面图。
③城市、小区或指定区域平面图。
(4)测量宗地平面图。
国土部门也常采用坐标法测量宗地平面图,并计算其宗地面积。
(5)控制测量。
①闭合导线测量。
②附合导线测量。
③三角测量。

工程坐标适合仪器设备,包括传统的经纬仪、现代全站仪和BDS等。

工程坐标适合软件,包括CAD、Excel、其他软件(如相关闭合导线、复合导线计算软件)、相关BDS的基线解算软件、道路设计软件等。

基于工程坐标,利用现代仪器设备和相关软件,可以实现半自动或自动测设和计算。

2.4.5 坐标法测设原理与计算

2.4.3节介绍了工程坐标计算,2.4.4节介绍坐标计算示例。计算坐标目的是基于计算出来的中桩坐标,利用坐标法测设中桩,工程上称为放样(投点)。坐标计算是数学问题(2.4.3节),而坐标测设则是工程问题(2.4.5节)。

坐标法测设的原理:根据方位角概念和工程坐标理念,在测站(如控制点A)安置测量仪器(经纬仪或全站仪),定向点(如控制点B)定向(安置花杆或棱镜)。在保证N向方位角0°00′00″的基础上,此时仪器对准待测点(如中桩P)其相应的水平盘读数就是该边(测站到待测点)的方位角。计算测站到待测点的方位角和距离,测设待测点。

坐标法测设的前提:测区内首先需要布置适当密度的控制点,开展控制测量。具体点位放样,依托就近的两个控制点,其中一个控制点置仪,另一个控制点定向,保证北向方位角为0°00′00″。对于控制点,应"双已知",既要现场有点,又要有坐标数据。对于待测点(中桩等),需"单已知",已知其坐标数据,但其位置未知(待测)。此外,对于其他待测点(平面图的地物点等),也需"单已知",已知其地面位置,但其坐标数据未知(待测),见2.5.2节。

下面介绍坐标法测设示例,目的是让读者领会坐标法测设机理。

【例2-15】 本例基于例2-10、例2-13和例2-14,已知测区内有若干导线控制点,其中控制点KZD_7(4721.49,8930.88)、KZD_9(4340.19,8800.39)。在表2-13中,已知直线上的中桩K0+040(S点),S点坐标(4652.50,8959.98)。在表2-14中,已知圆曲线上中桩K0+240(A点),A点坐标(4467.98,8882.81)。

(1)假设KZD_7与S点和A点之间不通视,测设S点和A点。
(2)假设题干中各点之间相互通视,本着就近原则,测设S点和A点。

解:全站仪和BDS也是依托传统测量仪器发展起来的,在2.4.6节中再介绍采用全站仪和BDS等现代测量设备。本题以传统测量仪器(经纬仪)为背景介绍坐标法测设(放样),目的是让读者充分理解坐标法测设原理,夯实坐标法测设基础。

学习传统测量仪器,看似计算繁琐,但掌握理论基础后,再采用全站仪和BDS等现代测量设备开展坐标测设,即可升华理论联系实际。

(1)假设KZD_7与S点和A点之间不通视,测设S点和A点。

KZD_7与S点和A点之间不通视,测站不能设置在控制点KZD_7,只能设置在控制点KZD_9。控制点KZD_9置仪,KZD_7定向,保证N向方位角$0°00'00''$后,测设S点和A点。

①画出点位相对位置示意图。

绘制KZD_7、KZD_9、S点和A点位相对位置示意图,在测站(控制点KZD_9)套上N向,见图2-33。查看题干各点的x坐标,其最大值与最小值之差为4721.49-4340.19=381.30,在x轴上标注4300、4400、4500、4600、4700坐标。y坐标的最大值与最小值之差为8959.98-8800.39=159.59,在y轴上标注8800、8850、8900、8950、9000坐标。坐标系中点出题干所有点。坐标原点虚设在较远的西南方向,坐标原点不一定在测区范围内,x轴和y轴数值不要求成比例,起到示意作用即可。

②计算置仪点到定向点的方位角。

控制点KZD_9置仪,控制点KZD_7定向,计算相应方位角,目的是保证N向方位角$0°00'00''$。

如图2-33所示,边$KZD_9 \sim KZD_7$的方位角:

$$\tan\theta_{KZD_9 \sim KZD_7}=\frac{|\Delta y|}{|\Delta x|}=\frac{|8930.88-8800.39|}{|4721.49-4340.19|}=\frac{130.49}{381.30}$$

则: $\theta_{KZD_9 \sim KZD_7}=18°53'32''$

计算Δx和Δy时套上绝对值是为了减少失误。

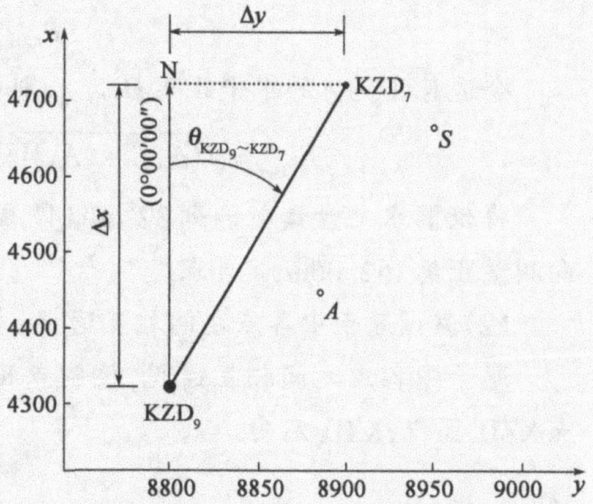

③确定N向。

控制点KZD_9置仪,KZD_7定向,只要把仪器水平盘读数调到$18°53'32''$,能够保证N向方位角$0°00'00''$,这也是方位角概念和工程坐标理念的体现。

图2-33 KZD_9置仪的点位相对位置示意图

④测设S点。

在确定N向后,要测设哪个点就计算该点。

如图2-34所示,边$KZD_9 \sim S$的方位角:

$$\tan\theta_{KZD_9 \sim S}=\frac{|\Delta y|}{|\Delta x|}=\frac{|8800.39-8959.98|}{|4340.19-4652.50|}=\frac{159.59}{312.31}$$

则: $\theta_{KZD_9 \sim S}=27°04'01''$

令边$KZD_9 \sim S$的水平距离$D_{KZD_9 \sim S}$,则:

$$D_{KZD_9 \sim S}=\sqrt{(\Delta x)^2+(\Delta y)^2}=\sqrt{159.59^2+312.31^2}=350.72(m)$$

将仪器水平盘读数调到$27°04'01''$,就是边KZD_9到S点的方向,从控制点KZD_9往此方向测量距离350.72m,定S点。

⑤测设 A 点。

如图 2-35 所示,边 $KZD_9 \sim A$ 的方位角:

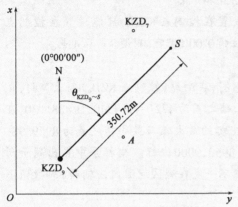

图 2-34　KZD_9 置仪计算并测设 S 点示意图

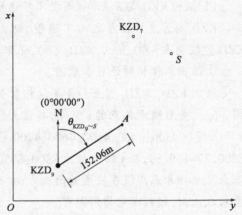

图 2-35　KZD_9 置仪计算并测设 A 点示意图

$$\operatorname{tg}\theta_{KZD_9 \sim A} = \frac{|\Delta y|}{|\Delta x|} = \frac{|8800.39 - 8882.81|}{|4340.19 - 4467.98|} = \frac{82.42}{127.79}$$

则:
$$\theta_{KZD_9 \sim A} = 32°49'14''$$

令边 $KZD_9 \sim A$ 的水平距离 $D_{KZD_9 \sim A}$,则:

$$D_{KZD_9 \sim A} = \sqrt{(\Delta x)^2 + (\Delta y)^2} = \sqrt{82.42^2 + 127.79^2} = 152.06(m)$$

将仪器水平盘读数调到 $32°49'14''$,就是边 KZD_9 到 A 点的方向,从控制点 KZD_9 往此方向测量距离 152.06m,定 A 点。

(2)假设题干中各点之间相互通视,本着就近原则,测设 S 点和 A 点。

题干中各点之间相互通视,控制点 KZD_7 和 KZD_9 均可置仪。本着就近原则,选择控制点 KZD_7 置仪,KZD_9 定向。

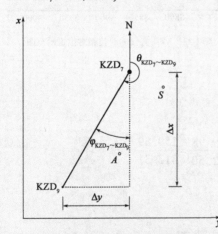

图 2-36　KZD_7 置仪的点位相对位置示意图

①绘制点位相对位置示意图。

绘制 KZD_7、KZD_9、S 和 A 点位相对位置示意图,此时考虑控制点 KZD_7 置仪,控制点 KZD_9 定向。画图技巧是借助图 2-33,重新绘制一个草图(可以不标注坐标轴上的坐标数据),体现示意图效果即可,见图 2-36。

②计算置仪点到定向点的方位角。

控制点 KZD_7 置仪,KZD_9 定向,计算相应方位角,目的是保证 N 向方位角 $0°00'00''$。

如图 2-36 所示,边 $KZD_7 \sim KZD_9$ 的方位角等于锐角 $\varphi_{KZD_7 \sim KZD_9}$ 加上 $180°$。

$$\tan\varphi_{KZD_7 \sim KZD_9} = \frac{|\Delta y|}{|\Delta x|} = \frac{|8930.88 - 8800.39|}{|4721.49 - 4340.19|} = \frac{130.49}{381.30}, \varphi_{KZD_7 \sim KZD_9} = 18°53'32''$$

则边$KZD_7 \sim KZD_9$的方位角：$\theta_{KZD_7 \sim KZD_9} = \varphi_{KZD_7 \sim KZD_9} + 180° = 198°53'32''$。

③确定N向。

控制点KZD_7置仪，KZD_9定向，并把仪器水平盘读数调到$198°53'32''$，能保证N向方位角$0°00'00''$。

④测设S点。

如图2-37所示，边$KZD_7 \sim S$的方位角等于$180°$减去锐角$\varphi_{KZD_7 \sim S}$。

$$\tan\varphi_{KZD_7 \sim S} = \frac{|\Delta y|}{|\Delta x|} = \frac{|8930.88 - 8959.98|}{|4721.49 - 4652.50|} = \frac{29.1}{68.99}, \varphi_{KZD_7 \sim S} = 22°52'12''$$

则$KZD_7 \sim S$的方位角：

$$\theta_{KZD_7 \sim S} = 180° - \varphi_{KZD_7 \sim S} = 157°07'48''$$

令边$KZD_7 \sim S$的水平距离为$D_{KZD_7 \sim S}$，有：

则：

$$D_{KZD_7 \sim S} = \sqrt{(\Delta x)^2 + (\Delta y)^2} = \sqrt{29.10^2 + 68.99^2} = 74.88(\text{m})$$

将仪器水平盘读数调到$157°07'48''$，为控制点KZD_7到S点的方向，从控制点KZD_7往此方向测量距离74.88m，定S点。

⑤测设A点。

如图2-38所示，$KZD_7 \sim A$的方位角等于锐角$\varphi_{KZD_7 \sim A}$加上$180°$。

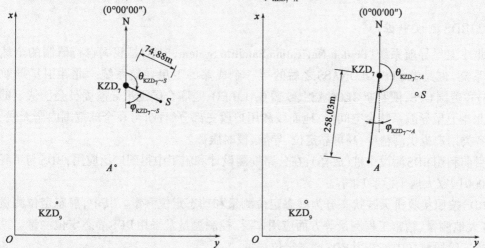

图2-37　KZD_7置仪时计算并测设S点示意图　　图2-38　KZD_7置仪计算并测设A点示意图

$$\tan\varphi_{KZD_7 \sim A} = \frac{|\Delta y|}{|\Delta x|} = \frac{|8930.88 - 8882.81|}{|4721.49 - 4467.98|} = \frac{48.07}{253.51}, \varphi_{KZD_7 \sim A} = 10°44'13''$$

则$KZD_7 \sim A$的方位角：

$$\theta_{KZD_7 \sim A} = 180° + \varphi_{KZD_7 \sim A} = 190°44'13''$$

令边$KZD_7 \sim A$的水平距离为$D_{KZD_7 \sim A}$。

则：

$$D_{KZD_7 \sim A} = \sqrt{(\Delta x)^2 + (\Delta y)^2} = \sqrt{48.07^2 + 253.51^2} = 258.03(\text{m})$$

将仪器水平盘读数调到190°44′13″,为控制点KZD$_1$到A点的方向,从控制点KZD$_1$往此方向测量距离258.03m,定A点。

2.4.6 基于坐标法采用全站仪或BDS测设中桩

基于坐标法采用全站仪和BDS等设备,实际工程测设时不需要绘制示意图,方位角和距离等也不需要按例2-15中的手工计算。

目前绝大多数全站仪机载软件内置简单程序,能够自动识别坐标,可以自动测定水平距离,输入坐标后自动计算并显示方位角和距离等常规参数。

1)全站仪测设中桩

全站仪测设中桩,又称为全站仪放样。全站仪无须手动绘制点位示意图,无须手动计算方位角和距离,方便快捷,其放样分设站、定向和放样三个流程:

(1)设站。确定置仪点,安置全站仪。

(2)定向。确定定向点,安置棱镜。把测站坐标和定向点坐标录入全站仪,全站仪的显示屏会自动显示方位角、距离等参数。

(3)放样。在设站、定向基础上,进入放样程序,录入待测点坐标,可采用棱镜放样待测点,简单、方便快捷。采用全站仪进行施工放样,应依据全站仪的使用和相应操作说明书进行。

2)BDS测设中桩

北斗卫星导航系统(Beidou Navigation Satellite System,BDS)是我国自行研制的全球卫星导航系统,也是继GPS、GLONASS之后的第三个成熟的卫星导航系统。北斗卫星导航系统(BDS)和美国GPS、俄罗斯GLONASS、欧盟GALILEO,是联合国卫星导航委员会已认定的供应商。北斗卫星导航系统由空间段、地面段和用户段三部分组成,可在全球范围内全天候、全天时为各类用户提供高精度、高可靠定位、导航、授时服务。

目前利用BDS测设中桩(放样),在公路勘测设计和施工中得到广泛应用,BDS与工程坐标(如2000国家大地坐标系)兼容。

BDS按照接收机天线状态分为静态定位测量和动态定位测量。其中,静态定位测量精度高,在大地测量、精密工程测量等方面应用广泛,控制测量常采用BDS静态定位测量。勘测设计和施工阶段放样中桩常用BDS动态定位测量。

BDS放样中桩,具有下列优势:不受地形和地物通视条件限制;放样路线长,作业半径可达3~5km;灵活方便;快捷。与全站仪相比,采用BDS放样更完美、更快速、更数字化。

BDS接收机和手簿常配套使用,可灵活开展中桩及边桩放样。

(1)利用BDS开展中桩放样。

按照搜集资料、录入手簿数据对点及仪器架设等几个流程放样。利用BDS开展中桩放样,是较为成熟且便捷的操作方法,一般在新建公路工程中,按照设计平面直曲数据,在手簿道路设计菜单中编写路线测设数据库,BDS校正转换参数完成后,按菜单提示导入需放样路线数据。移动站手簿界面将按照里程桩号、高程导航模式进行中桩及高程放样。

(2)利用BDS开展边桩放样。

边桩放样按照施工图数据及施工放样数据分析、边桩放样、偏距标注放样用地红线范围、BDS放样边桩的测量数据库建立及完善等几个流程进行。

边桩放样与中桩放样方法一致。只是施工图一般只提供中桩逐桩坐标,边桩坐标需要用计算器,根据对应中桩坐标、方位角及路基填挖高度、边坡率等参数,推算出法向方向边桩坐标,才能进行边桩放样。

2.5 平面图

2.5.1 平面图分类

1)平面图与地形图的关系

地形图本身,主要是表征测绘地区的地貌形态、地形起伏,不少地形图也包括测区内的地物,但是没有增加平面内容,就只能叫做地形图。在地形图基础上,进行平面设计,增加平面内容,就变成平面图。公路上,平面图包含地形图,地形图只是平面图的一个组成部分。特别地,平坦地形地面高差变化甚微,这种平面图可以不绘制地形,只绘制单纯的平面内容。

2)平面图分类

在公路上,平面图分为路线平面图和工点平面图。

(1)路线平面图。

路线平面图又称为带状平面图,公路上的平面图大多数都是带状平面图。采用专业软件设计道路,平面设计完成后,平面自动分图阶段,所分出来的平面图看似是满幅平面图(地形充满整张图幅),从整个测区来看,仍然是带状平面图。

现行《公路勘测规范》(JTG C10)中地形图的比例尺及等高距要求分别见表2-15和表2-16。公路初步设计和施工图设计,常用地形图的比例1:2000,城市道路初步设计和施工图设计,常用地形图的比例1:500。市政工程控制因素多,精度要求更高,需要更大比例的地形图。道路可行性研究,常用地形图的比例1:10000。道路方案比选,常用地形图的比例分1:50000、1:100000、1:200000。

地形图比例尺的选用　　　　　　　　　　　　　　表2-15

设计阶段或工程性质	比例尺	设计阶段或工程性质	比例尺
可行性研究	1:10000	施工图设计	1:1000、1:2000、1:5000
初步设计、技术设计	1:2000、1:5000	重要工点	1:500

地形图基本等高距(单位:m)　　　　　　　　　　表2-16

地形类别	不同比例尺的基本等高距			
	1:500	1:1000	1:2000	1:5000
平原	0.5	0.5	1.0	1.0
微丘	0.5	1.0	1.0	2.0
重丘	1.0	1.0	2.0	5.0
山岭	1.0	2.0	2.0	5.0

施工图设计阶段,路线平面图测绘宽度,一般距中线左右两侧100~200m。

此外,根据用途平面图还可以分为线位平面图(以中线为主)、路线总体布置图(包括中线、路基边线、示坡线、坡口坡脚线以及边沟排水沟外边缘线等)、方案比选图、平纵缩图等。

(2)工点平面图。

工点平面图指一个重要工点的平面图,例如特大桥、大中桥、隧道、立体交叉等重要地点需要专门测绘平面图。工点平面图绘制比例应比路线平面图适当大一些。

2.5.2 平面图测设

1)平面图测设流程

工程上平面图的测设,包括控制测量和具体的地物、地形测设两个步骤。

(1)控制测量。

首先制定控制测量方案,在测区布设足够数量的控制点,野外开展控制测量,室内进行控制测量闭合差调整,计算控制点坐标。

(2)地物点和地形点测设。

控制测量完成后,依据测区控制点,可以测设地物点的坐标、地形点的坐标及高程。

2)平面图测设

早期传统测设平面图的方法(经纬仪结合平板等)已经被淘汰。目前平面图测设手段较多,可采用全站仪测设,可采用BDS测设,也可采用先进的有人机或无人机航测三维的数字地形图。

全站仪测设平面图分设站、定向和测设共三个流程。

(1)设站。确定置仪点,安置全站仪。

(2)定向。确定定向点,安置棱镜。

把测站坐标和定向点坐标录入全站仪,全站仪的显示屏会自动显示方位角、距离等参数。

(3)测设。在设站、定向基础上,进入测设阶段。全站仪对准待测点,水平盘读数就是测站到待测点这条边的方位角,显示屏自动显示测站到待测点距离和待测点坐标等参数。

3)测绘平面图的软件

随着科学技术的飞速发展,现代测绘技术也呈现日新月异的变化。目前,以现代测绘设备和计算机应用软件为主体的数字测图技术已经广泛应用于测绘生产。平面图测绘分为野外数据采集和内业整理两个阶段。野外数据采集又包括图根控制测量和地形、地物特征点(碎部点)采集两个阶段。内业整理一般采用人机交互图形编辑软件(南方测绘仪器公司的CASS软件)。在三维地形图基础上,一般道路可结合西安经天交通工程技术研究所的纬地软件进行平面设计。

4)平面图测设示例

在控制测量基础上,平面图测设的待测点需"单已知",已知其地面位置,但其坐标数据未知(待测)。

【例2-16】 某平面图测设,已知控制点D_1(4721.49,8930.88)、D_9(4340.19,8800.39)。在控制点D_1置仪,控制点D_9定向,测设某房屋的F_5、F_6角点。

(1)判断并改正。已知待测点的坐标而其位置未知,测量这种点的位置时,首先进行控制测量,其次依据控制点,进行具体的地形或地物点测设。而平面图测设不需要进行控制测量,直接进行地物点的测设。

(2)控制点D_1置仪,控制点D_9定向,如何保证北向方位角0°00′00″? 在此基础上,经纬仪测设房屋F_5、F_6角点的水平盘读数分别为56°46′32″和163°45′08″,测站D_1到房屋F_5、F_6角点的距离分别为46.73m和198.46m。计算房屋F_5、F_6角点的坐标。

解:一般全站仪的显示屏可直接显示待测点的坐标。本示例采用经纬仪测设,目的是让读者理解平面图测设的原理。

(1)判断并改正。

第一句话正确。第二句话错误,对于平面图测设,首先应进行控制测量。

(2)计算房屋F_5和F_6的坐标。

①计算测站到定向点的方位角。

测站控制点D_1,控制点D_9定向,计算测站到定向点的方位角,见图2-39。

根据图2-39辅助三角形,$\tan\alpha = \dfrac{|\Delta y|}{|\Delta x|} = \dfrac{|y_1 - y_9|}{|x_1 - x_9|} = \dfrac{|8930.88 - 8800.39|}{|4721.49 - 4310.19|} = \dfrac{130.49}{381.30}$,

$\alpha = 18°53′32″$。

则测站到定向点的方位角:$\theta_{19} = 180° + \alpha = 198°53′32″$。

控制点D_1置仪,控制点D_9定向,将仪器水平盘调到198°53′32″,保证北向方位角为0°00′00″。在此基础上,测站到待测点的方位角就是经纬仪的水平盘读数。

②计算F_5的坐标。

寻找坐标计算三要素:起点D_1(4721.49, 8930.88),边D_1F_5的水平盘读数就是方位角$\theta_{15} = 56°46′32″$,边D_1F_5的水平距离$D_{15} = 46.73$m,见图2-40。

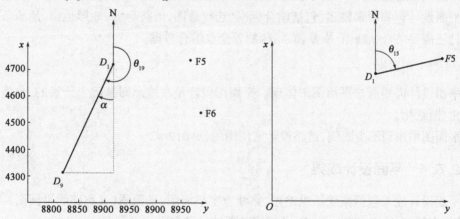

图2-39 测区内相关点位示意图　　图2-40 计算点位F_5示意图

$x_5 = x_1 + \Delta x = x_1 + D_{15} \times \cos\theta_{15} = 4721.49 + 46.73 \times \cos 56°46′32″ = 4747.09$(m)

$y_5 = y_1 + \Delta y = y_1 + D_{15} \times \sin\theta_{15} = 8930.88 + 46.73 \times \sin 56°46′32″ = 8969.97$(m)

则,F_5(4747.09, 8969.97)。

③计算F_6的坐标。

寻找坐标计算三要素:起点为D_1(4721.49, 8930.88),边D_1F_6的水平盘读数就是方位角$\theta_{16} = 163°45′08″$,边D_1F_6的水平距离$D_{16} = 198.46$m,见图2-41。

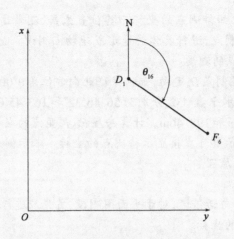

图 2-41　计算点位 F_6 示意图

$$x_6=x_1+\Delta x=x_1+D_{16}\times\cos\theta_{16}=4721.49+198.46\times\cos163°45'08''=4530.96(\mathrm{m})$$
$$y_6=y_1+\Delta y=y_1+D_{16}\times\sin\theta_{16}=8930.88+198.46\times\sin163°45'08''=8986.41(\mathrm{m})$$

则，$F_6(4530.96,8986.41)$。

2.5.3　平面设计及平面图设计

1）平面设计

平面设计主要是中线设计，中线设计主要选择交点位置（包括交点链距）和确定圆曲线半径。平面设计还包括大中桥、小桥涵、挡土墙等布置。

平面设计影响因素较多，包括结合标准、选线意图、道路等级、地形地物、地质条件等。平面设计还需要结合纵断面、横断面、结构物等全盘综合考虑。

2）平面图设计

平面设计需要通过平面图来体现。平面图设计是在地形图基础上开展的，是将平面设计具体化、图纸化。

平面图中用到不少图例，道路设计常用图例，见图 2-42。

2.5.4　平面设计成果

平面设计成果包括路线平纵缩图、路线方案平面图、平面图（又称路线平面图）、工程地质平面图、直线、曲线及转角一览表、总里程及断链桩号表等。

本节主要介绍平面图和直线、曲线及转角一览表等。

1）平面图

公路路线平面图绘制依据现行《道路工程制图标准》（GB 50162）、现行《国家基本比例尺地图图式　第1部分：1:500 1:1000 1:2000地形图图式》（GB/T 20257.1）、现行《国家基本比例尺地图图式　第2部分：1:5000 1:10000地形图图式》（GB/T 20257.2）和现行《公路工程基本建设项目设计文件编制办法》（交公路发〔2007〕358号）等。

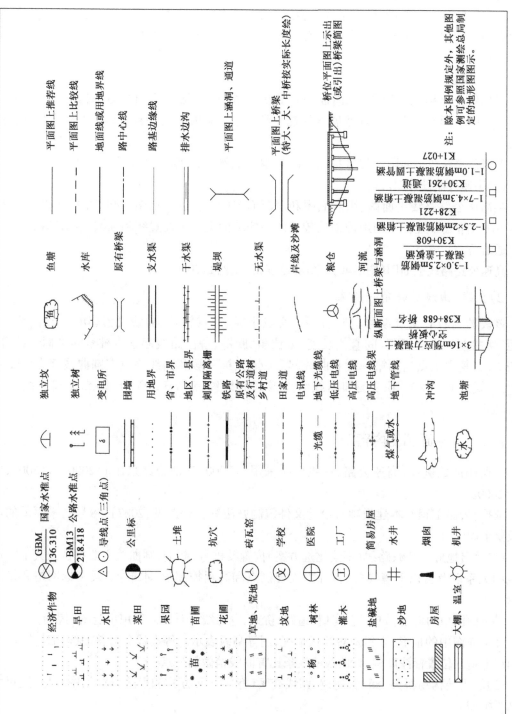

图2-42 道路设计常用图例

地形图是平面图的重要组成部分,地形图符号分为三类:依比例尺符号、半依比例尺符号和不依比例尺符号。

为了让读者熟悉道路设计图,便于"道路勘测设计"课程的实践教学(课程设计),便于道路方向大四学生的毕业设计,便于读者多元化全面参考不同类型的道路设计图,本教材提供2套道路设计图参考,由设计院的专家(编写成员)采用道路专业软件绘制,不涉及任何地方的具体工程和地形。

(1)四级公路设计图。

某四级公路路线平面图、纵断面图和横断面图(A3规格),见图2-43、图2-44和图2-45。图2-43中,地形较为复杂,自然展线无法克服高差,采用回头展线;小半径圆曲线设置缓和段。

四级公路路线平面图(图2-43),采用A3规格,比例1∶2000。

(2)高速公路设计图。

某高速公路路线平面图、纵断面图和横断面图(A3规格),见图2-46、图2-47和图2-48。图2-46中,路线布置在山沟地面横坡较缓的一侧坡面上,JD_8设置缓和曲线;在K20+491.600设置通道桥。

高速公路路线平面图(图2-46),采用A3规格,比例1∶2000。

2)直线、曲线及转角一览表

该表的内容有交点编号、交点桩号、交点坐标、交点转角、曲线要素(切线长、曲线长、外距、切曲差)、主点里程、间直线长度、方位角、断链、备注路线起讫点桩号和坐标系统等,见表2-7。其中主点包括第一缓和曲线起点(ZH)、第一缓和曲线终点或圆曲线起点(HY或ZY)、曲线终点(QZ)、第二缓和曲线终点或圆曲线终点(YH或YZ)、第二缓和曲线起点(HZ)。

2.5.5 平面图的内容

平面图的比例尺,高速公路、一级公路采用1∶2000,其他公路采用1∶2000~1∶5000,常用1∶2000。

依据《公路工程基本建设项目设计文件编制办法》(交公路发〔2007〕358号),平面图的内容及要求如下:

(1)示出地形、地物、路线(不绘比选方案)位置及桩号、断链、圆曲线主要桩位及其他交通路线的关系以及县以上境界等、标注平面控制点和高程控制点(水准点)及坐标网格和指北图示。

①平面图中的地物,如河流、房屋、道路、桥梁、电力线、植被等,采用规定图例表示。

②平面图中的地形,表示地貌起伏情况,用等高线表示。等高线分为首曲线和计曲线,在计曲线上适当位置标注高程,计曲线的线条比首曲线稍微粗一点。

(2)示出结构物桥梁、涵洞、隧道、路线交叉(标明交叉方式和形式)位置、中心桩号、尺寸及结构类型。

(3)示出改线、改渠等。

(4)列出曲线要素表。

(5)标注地形图的坐标和高程体系以及中央子午线经度或投影轴经度。

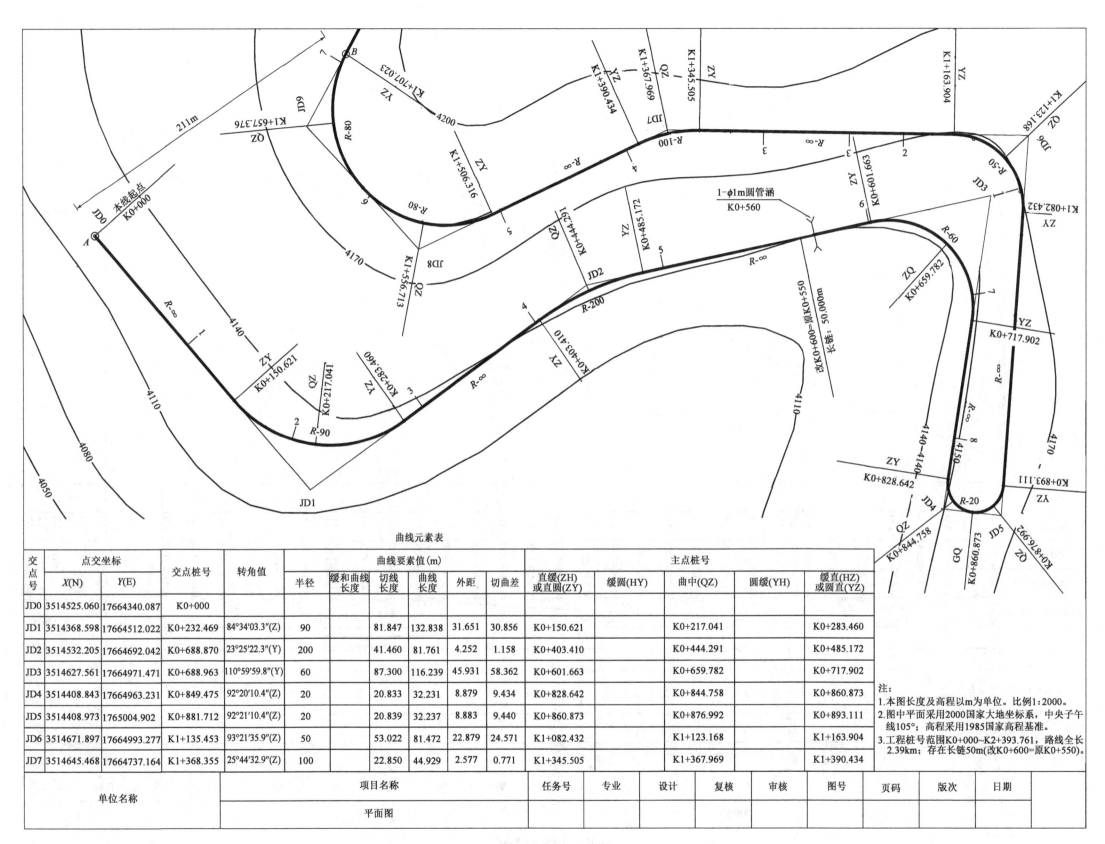

曲线元素表

交点号	点交坐标 X(N)	点交坐标 Y(E)	交点桩号	转角值	曲线要素值(m) 半径	缓和曲线长度	切线长度	曲线长度	外距	切曲差	主点桩号 直缓(ZH)或直圆(ZY)	缓圆(HY)	曲中(QZ)	圆缓(YH)	缓直(HZ)或圆直(YZ)
JD0	3514525.060	17664340.087	K0+000												
JD1	3514368.598	17664512.022	K0+232.469	84°34′03.3″(Z)	90		81.847	132.838	31.651	30.856	K0+150.621		K0+217.041		K0+283.460
JD2	3514532.205	17664692.042	K0+688.870	23°25′22.3″(Y)	200		41.460	81.761	4.252	1.158	K0+403.410		K0+444.291		K0+485.172
JD3	3514627.561	17664971.471	K0+688.963	110°59′59.8″(Y)	60		87.300	116.239	45.931	58.362	K0+601.663		K0+659.782		K0+717.902
JD4	3514408.843	17664963.231	K0+849.475	92°20′10.4″(Z)	20		20.833	32.231	8.879	9.434	K0+828.642		K0+844.758		K0+860.873
JD5	3514408.973	1765004.902	K0+881.712	92°21′10.4″(Z)	20		20.839	32.237	8.883	9.440	K0+860.873		K0+876.992		K0+893.111
JD6	3514671.897	17664993.277	K1+135.453	93°21′35.9″(Z)	50		53.022	81.472	22.879	24.571	K1+082.432		K1+123.168		K1+163.904
JD7	3514645.468	17664737.164	K1+368.355	25°44′32.9″(Z)	100		22.850	44.929	2.577	0.771	K1+345.505		K1+367.969		K1+390.434

注：
1. 本图长度及高程以m为单位。比例1:2000。
2. 图中平面采用2000国家大地坐标系，中央子午线105°；高程采用1985国家高程基准。
3. 工程桩号范围K0+000~K2+393.761，路线全长2.39km；存在长链50m(改K0+600=原K0+550)。

图2-43 四级公路平面图

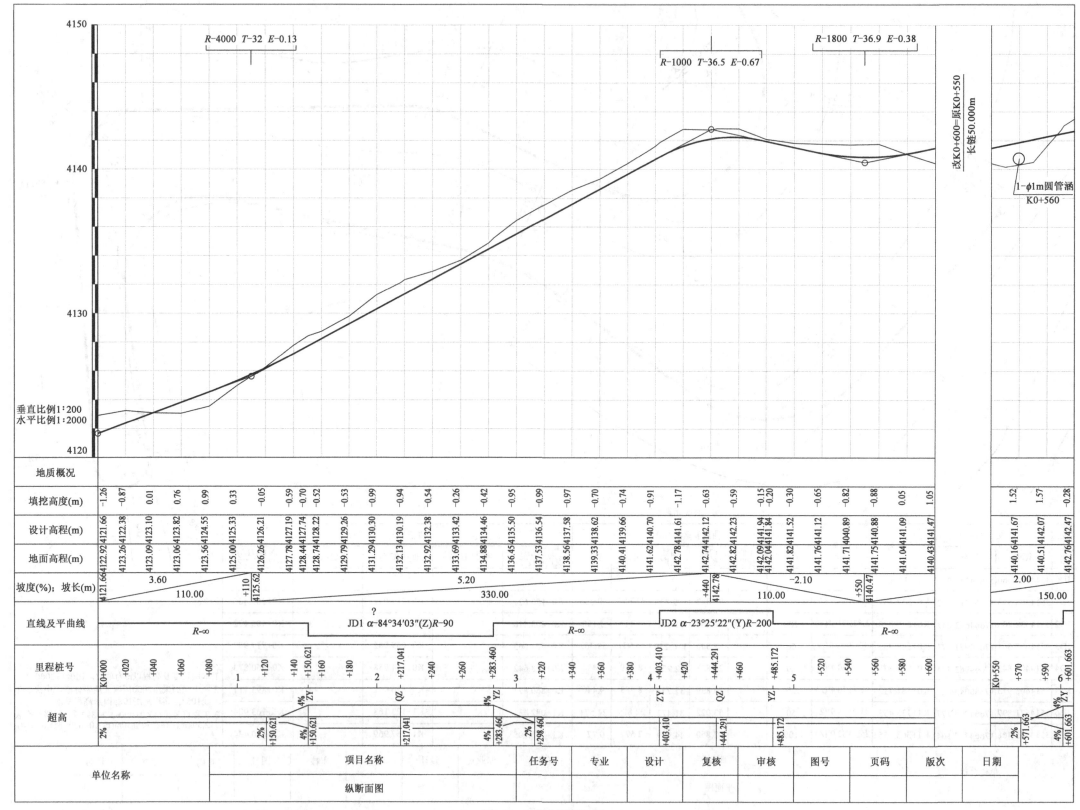

图2-44 四级公路纵断面图

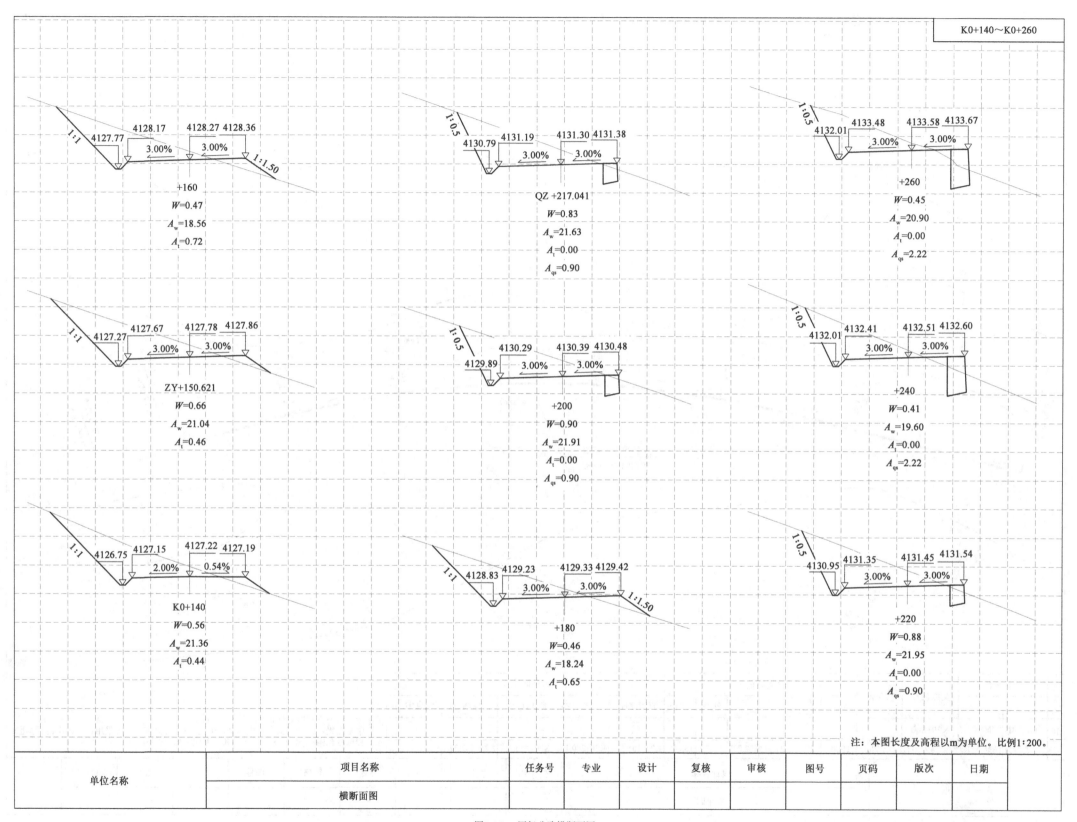

图2-45 四级公路横断面图

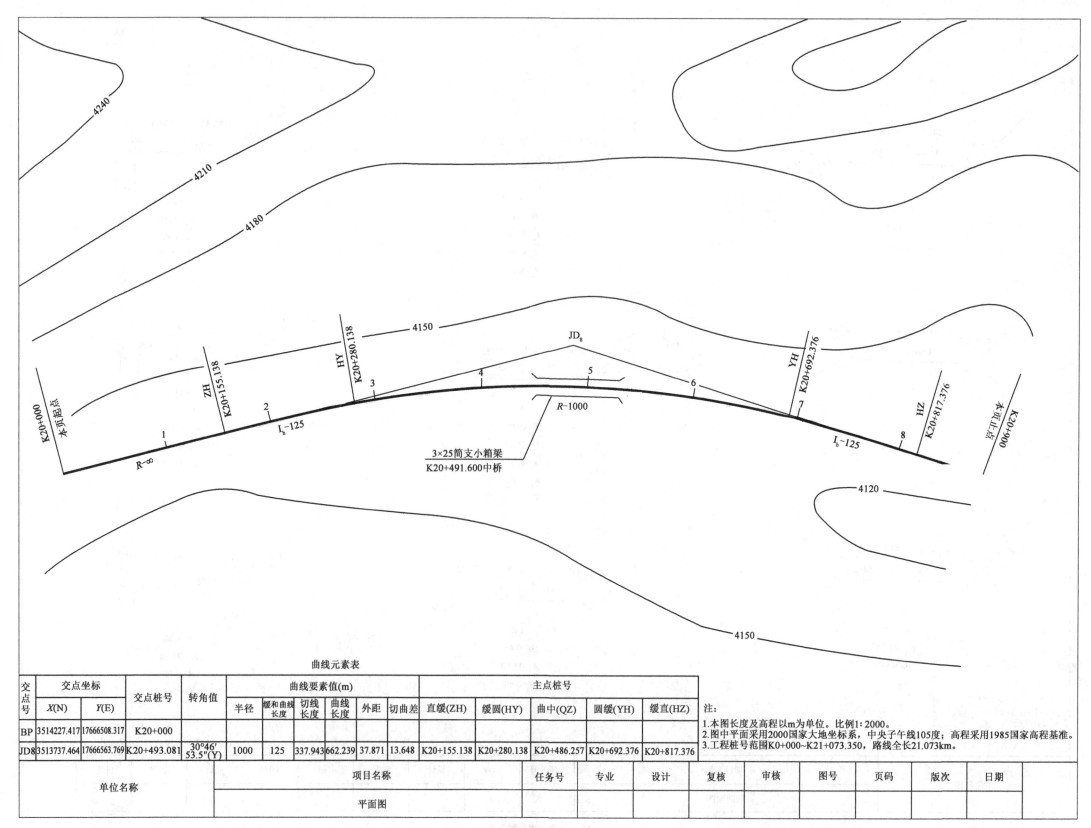

图2-46 高速公路路线平面图

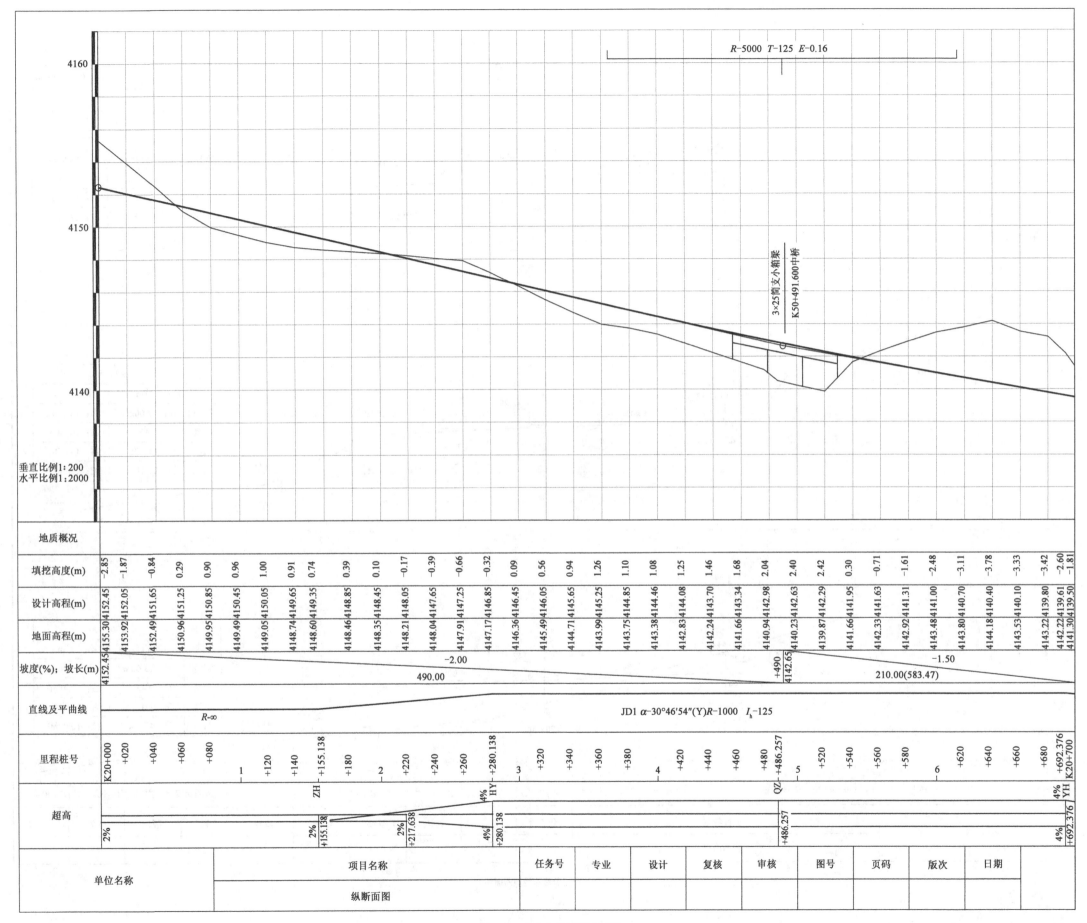

图2-47 高速公路路线纵断面图

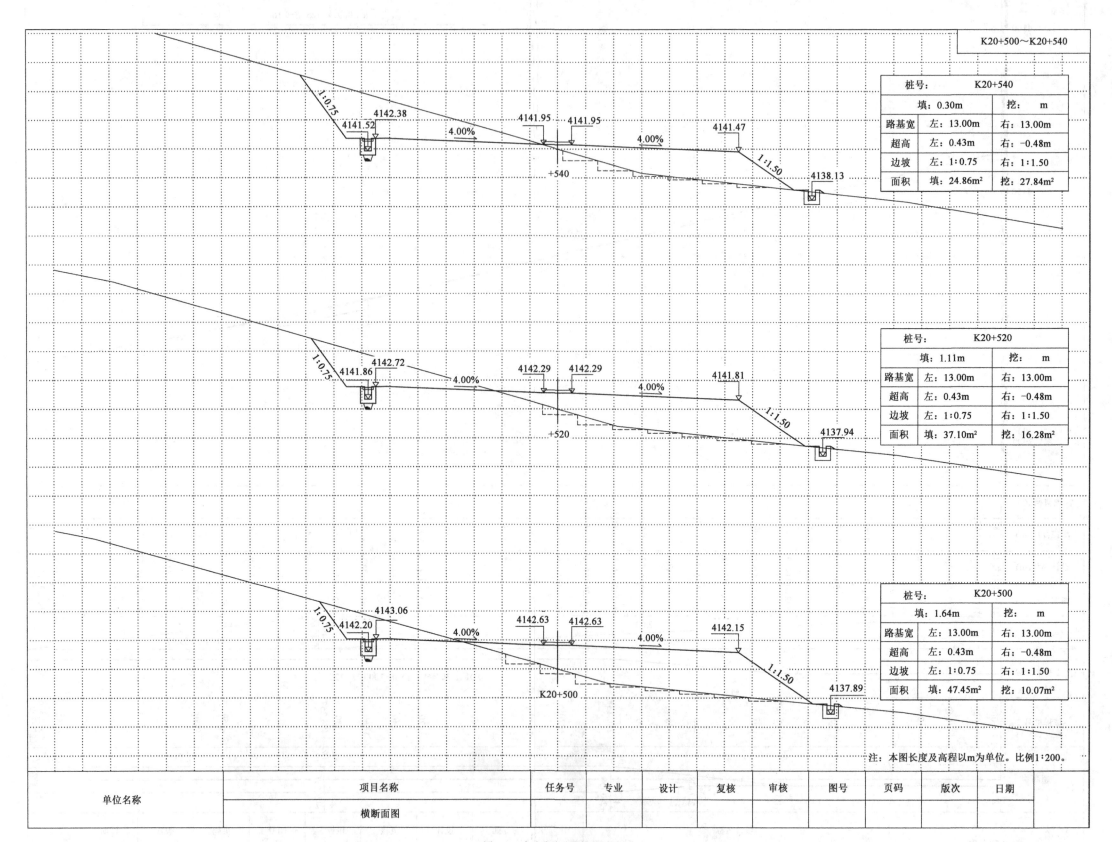

图2-48 高速公路路线横断面图

复习思考题

2.1 什么是里程？写出里程表达式。

2.2 什么是断背曲线？《规范》对相邻同向圆曲线之间的间直线长度有何规定？如何避免断背曲线？

2.3 什么是方位角？如何理解方位角？

2.4 什么是圆曲线？圆曲线上主点有哪些？

2.5 什么是断链？什么是长链和短链？

2.6 实际勘测设计时如何确定圆曲线半径？

2.7 写出圆曲线主点里程计算公式。

2.8 哪些地方需要设置中桩？

2.9 圆曲线上中桩的测设方法有哪些？常用哪种方法？

2.10 路线平面图的内容及要求有哪些？

2.11 已知某路线起点JD_1 K0+000，起始边JD_1到JD_2的链距878.46m。JD_2的右转角27°16′48″，半径600m，切线长145.60m，曲线长285.68m，外距17.41m。JD_2到JD_3的链距568.71m。计算并完成下列内容：

(1) JD_2的主点里程。

(2) JD_3的里程。

(3) 试布置JD_2圆曲线上的中桩（默认桩距20m）。

2.12 已知起始边JD_1到JD_2的方位角313°16′37″，JD_2的右转角13°16′34″，JD_3的左转角179°36′39″，JD_4的左转角99°36′01″，JD_5的左转角88°16′17″，要求用两种方法计算该段路线的末边方位角。

2.13 已知某路线起点K0+000。JD_{18} K16+327.76，设置圆曲线，半径640m，右转角27°31′27″。JD_{18}到JD_{19}的链距943.17m。本线采用实地选线，勘测设计结束，终点K78+303.57。后来，在设计复核过程中，发现JD_{18}的YZ K16+571.32是错误的，全线其他位置里程无误且无断链。计算并完成下列内容：

(1) 要求在K16+600～K16+700的直线段上作断链处理。

(2) 计算全线实际长度。

2.14 已知某路线起点K0+000。JD_8 K12+338.29m，设置圆曲线，半径640m，右转角27°31′27″。本线采用实地选线，勘测设计结束后，终点K92+303.57。后来，在设计复核过程中，出现下面两个问题：第一个问题，因绕避千年古树不得不重新改线，改线后新增断链桩"改K3+100=原K2+900"。第二个问题，JD_8的YZ里程K12+571.32是错误的。全线其他位置里程无误且无断链。计算并完成下列内容：

(1) 对于第二个问题，要求在K13+600～K13+700的直线段上作断链处理。

(2) 计算K2+000～K12+710的长度。

(3) 计算K6+000～K13+710的长度。

(4) 计算全线实际长度。

2.15 已知某四级公路，设计速度20km/h，路拱横坡度3%，无超高半径200m，起点

JD₁ K0+000。起点路段交点的链距K_{12}、K_{23}和K_{34}分别为376.72m、440.13m和593.77m，这几个交点均设置圆曲线。JD₂的半径320m，右转角27°31′27″。JD₃的半径440m，左转角19°36′01″。JD₄的半径500m，左转角20°20′20″。本线采用纸上选线，勘测设计结束后，终点K103+921.44。后来，在施工复核过程中，发现下面两个错误(之前的纸上选线过程中采用手工录入部分数据)：JD₂ K0+276.72错误，JD₃的圆曲线长364.24m错误。对于上述错误可以采用两种对策：一种对策是通过道路软件重新设计重新计算里程(假设资料未报批且全线桩号可以变动)，另一种对策是进行断链处理(资料已报批且不宜变动全线桩号)。本题采用断链处理。除了这两个错误之外，全线其他位置里程无误且无断链。计算并完成下列内容：

(1)要求在K1+100～K1+400直线段作断链处理。

(2)计算K0+500～K1+600之间的长度。

(3)断链处理后，计算的JD₄的里程和主点里程。

(4)计算全线实际长度。

(5)分别计算K0+000～K1+000和K1+000～K2+000之间的长度。

2.16 已知起点JD₁的里程为K0+000，JD₁坐标为(4762.17, 8943.21)，边JD₁到JD₂的方位角321°17′47″。JD₂设置圆曲线，半径740m，左转角25°38′57″。链距K_{12}和K_{23}分别为259.89m、562.31m。计算并完成下列内容：

(1)计算JD₂的主点里程，并布置起点JD₁到JD₂的YZ的中桩。

(2)计算JD₂和JD₃的坐标。

(3)计算直线上中桩坐标。

(4)计算圆曲线上中桩坐标。

2.17 某测区内控制点KZD₇(4632.11, 6783.24)，KZD₉(4846.21, 6923.17)。测区内有圆曲线上中桩M(4601.72, 6707.48)，KZD₇与M不通视，利用坐标法计算并简述如何测设中桩M。

2.18 某线设计速度为60km/h，JD₄₂至JD₄₃之间的链距768.86m。JD₄₂的半径800m，右转角21°19′38″。JD₄₃的右转角为30°27′56″。问JD₄₃的半径选择多大范围才能保证同向圆曲线之间的间直线长度满足6倍设计速度？

2.19 已知JD₅桩号K4+709.96，设置圆曲线，右转角23°36′02″，半径894m。JD₅到JD₆的链距679.76m。K4+400和K4+800的路面高程分别为562.32m和566.32m。K4+400为JD₄～JD₅之间的间直线上的中桩。要求画出平面示意图。计算：

(1)JD₅的圆曲线要素。

(2)JD₅的主点里程。

(3)JD₆的里程。

(4)K4+400和4K+800两点之间的纵坡度。

(5)计算K4+400～K4+800之间的直线长度和圆曲线长度。

2.20 已知控制点D₁(4721.49, 8930.88)、D₉(4340.19, 8800.39)。依据这两个控制点开展平面图测量。在控制点D₁置仪，控制点D₉定向，测量某房屋的其中两个角点F₅和F₆。

(1)已知点位坐标而其位置未知,测量这种点位的位置时,首先需要进行控制测量,然后依据控制点,进行具体点位测量。而平面图测量不需要进行控制测量,直接进行地物点的测量。判读这段话的正误。

(2)在D_1置仪,D_9定向,保证北向方位角为0°00′00″的基础上,全站仪测量该房屋角点F_5和F_6的水平读盘读数分别为56°46′32″和163°45′08″,测得置仪点到F_5和F_6的距离分别为46.73m和198.46m。计算点F_5和F_6的坐标。

2.21 当某交点设置圆曲线时,该交点附近包括哪些中桩?

2.22 工程坐标的理念是什么?

2.23 已知某线起点JD_1 K0+000,边$JD_1 \sim JD_2$的链距367.22m,JD_2的右转角27°16′48″。分别绘制下面两种情况的交点位置示意图。

(1)起始边$JD_1 \sim JD_2$的方位角70°00′00″。

(2)起始边$JD_1 \sim JD_2$的方位角200°00′00″。

2.24 施工图设计阶段,平面图常用比例是多少?

2.25 判断并改正。平面上关于里程计算,当两个桩之间无断链时,这两个桩之间的长度按照实际长度计算。当两个桩之间有断链桩时,这两个桩之间的长度,则不按照实际长度计算。

2.26 某线,JD_7和JD_8外侧为河流(或陡峭悬崖),缺乏经验的实地选线人员A选择同向同半径复曲线为该线的中线,图2-49。已知JD_7桩号K8+256.23,转角为22°12′36″;JD_8的转角为28°26′52″;$JD_7 \sim JD_8$的链距468.89m。经有经验的选线工程师D复核,发现A的选线存在严重缺陷,道路中线距离河流(或悬崖)很近,不具备修筑道路的客观条件,决定在$JD_7 \sim JD_8$之间设置虚交点JD_{78}。

完成下列内容:

(1)在图2-49基础上补充出虚交点示意图。

(2)计算虚交点JD_{78}的转角及桩号。

(3)在虚交点JD_{78}情况下,有2个圆曲线半径800m和1200m可供选择。其中有一个半径是恰当半径,通过计算确定这个恰当半径,并计算该虚交点在该恰当半径下的圆曲线主点里程。

(4)如何利用钢尺和花杆依托图2-49的交点JD_7和JD_8(这两个交点作为临时交点),测设出虚交点JD_{78}在恰当半径下的ZY和YZ点。

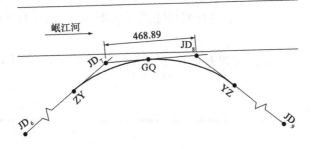

图2-49 虚交点平面图(尺寸单位:m)

2.27 一般公路,依据什么线计算里程?有中央分隔带公路,依据什么线计算里程?

2.28 某三级公路采用实地选线,设计速度40km/h,无超高半径600m。原起点JD_1 K0+000,终点K78+023.56。交点链距:K_{12}=623.72m、K_{23}=898.32m。JD_2的左转角23°16′52″,半径800m,切线长164.81m,曲线长325.07m,外距16.80m。按照要求完成下列内容:

(1)计算原起点下的JD_2的主点里程,并判断P点(K0+600)的位置是在直线上还是在圆曲线上。

(2)勘测结束以后,因调整规划应建设单位要求路线起点变动,从原来的JD_2往原来的JD_1方向直线后延766.66m作为本线的新起点。针对起点变动事宜,有两种处理方式可供选择:第一种方式在新起点位置做断链处理,第二种方式在原来路线的直线上中桩K0+360做断链处理。该线选择第二种方式,已知新起点JD_1(6231.71,3216.76),(新起点下)边JD_1~JD_2的方位角222°26′36″。断链处理以后,完成下列内容:

①画出路线平面示意图,包含新起点JD_1和原来的JD_2、JD_3,包含断链桩,包含原来的JD_2的主点桩。

②计算JD_2的坐标。

③计算JD_2的ZY的坐标。

④计算P点的坐标。

扩展阅读

[1] 中华人民共和国交通部.公路工程基本建设项目设计文件编制办法[S].北京:人民交通出版社,2007.

[2] 中华人民共和国交通运输部.公路路线设计规范:JTG D20—2017[S].北京:人民交通出版社股份有限公司,2017.

[3] 中华人民共和国交通运输部.公路工程技术标准:JTG B01—2014[S].北京:人民交通出版社股份有限公司,2014.

[4] 全国地理信息标准化技术委员会.国家基本比例尺地图图式 第1部分:1:500 1:1000 1:2000地形图图式:GB/T 20257.1—2017[S].北京:中国标准出版社,2017.

[5] 全国地理信息标准化技术委员会.国家基本比例尺地图图式 第2部分:1:5000 1:10000地形图图式:GB/T 20257.2—2017[S].北京:中国标准出版社,2017.

[6] 中华人民共和国交通部.公路勘测规范:JTG C10—2007[S].北京:人民交通出版社,2007.

[7] 孙家驷,李松青,王卫花.道路勘测设计[M].4版.北京:人民交通出版社股份有限公司,2020.

第3章 标准形曲线

考虑到平面设计的内容较多,把标准形曲线从第2章平面设计中剥离出来,单列成章。

标准形曲线是本书的重点和难点章之一。本章主要阐述了标准形曲线的曲线要素、主点里程和坐标,介绍了设置缓和曲线的条件、缓和曲线的特性和公式、标准形曲线的支距和偏角,论述了设置缓和曲线时有关曲线的线形。

3.1 概述

工程上常用的带有缓和曲线的整个曲线,不单包括一个缓和曲线本身,还包括两侧的两个缓和曲线及其中间所夹圆曲线,它们应是一个适当的组合体,给这个组合体用"标准形曲线"命名。标准形曲线指由"缓和曲线—圆曲线—缓和曲线"组合而成的复合曲线,又称为三段式曲线,也称为带有缓和曲线的整个曲线。

缓和曲线是道路平面线形要素之一,指在直线与圆曲线或半径相差较大的两相邻圆曲线之间设置的曲率连续均匀变化的曲线。由正常的直线路拱路段过渡到具有加宽或超高的圆曲线路段,需要一个过渡段,如果这个过渡段用直线来过渡就是缓和段,如果用曲线来过渡就是缓和曲线。

3.1.1 设置缓和曲线的条件

设置缓和曲线的条件包括公路等级条件和圆曲线半径条件。这也是设置缓和段的条件,有关缓和段的具体介绍参见第4章。

1)设置缓和曲线的两个条件

(1)公路等级为高速公路、一级公路、二级公路、三级公路。

(2)圆曲线半径较小,具体指圆曲线半径小于无超高半径,或小于等于无加宽半径(250m)。同时满足上述两个条件,应设置缓和曲线。

2)设置缓和段的两个条件

(1)公路等级为四级公路。

(2)圆曲线半径较小,具体指标指圆曲线半径小于无超高半径,或小于等于无加宽半径

(250m)。

同时满足上述两个条件,可设置缓和段,也可设置缓和曲线。

【例3-1】 (1)已知A线为三级公路,设计速度40km/h,路拱横坡度2%,无超高半径600m,半径$R \leq 250m$需要加宽路面。分析表3-1交点JD_4、JD_5、JD_6、JD_7是否加宽与超高,是否设置缓和曲线。

(2)已知B线为四级公路,设计速度30km/h,路拱横坡度2%,无超高半径350m,半径$R \leq 250m$需要加宽路面。分析表3-2交点JD_{12}、JD_{13}、JD_{14}、JD_{15}是否加宽与超高,是否设置缓和段。

解:依据设置缓和曲线和缓和段的条件,以表格形式回答本题,见表3-1和表3-2。

缓和曲线分析表　　　　　　　　　　　　　　　　表3-1

公路等级	无超高半径(m)	无加宽半径(m)	交点编号	实际半径(m)	加宽	超高	缓和曲线	分析结论
三级	600	>250	JD_4	200	有	有	√	有加宽有超高 设置缓和曲线
			JD_5	300	无	有	√	无加宽有超高 设置缓和曲线
			JD_6	500	无	有	√	无加宽有超高 设缓和曲线
			JD_7	800	无	无	×	无加宽无超高 设置圆曲线

注:表中"√"表示必须设置缓和曲线;"×"表示不设置缓和曲线,设置圆曲线。

缓和段分析表　　　　　　　　　　　　　　　　表3-2

公路等级	无超高半径(m)	无加宽半径(m)	交点编号	实际半径(m)	加宽	超高	缓和段	分析结论
四级	350	>250	JD_{12}	200	有	有	○	有加宽有超高 可设置缓和段
			JD_{13}	300	无	有	○	无加宽有超高 可设置缓和段
			JD_{14}	500	无	无	×	无加宽无超高 设置圆曲线
			JD_{15}	800	无	无	×	无加宽无超高 设置圆曲线

注:"○"表示可设置缓和段,也可设置缓和曲线;"×"表示不设置缓和段,也不设置缓和曲线,设置圆曲线。

3.1.2 设置缓和曲线的规定

《规范》(JTG D20—2017)对设置缓和曲线的规定如下:

(1)直线与圆曲线衔接处。

高速公路、一级公路、二级公路、三级公路的直线同小于不设超高的圆曲线半径(表2-2)相连接处,应设置缓和曲线。四级公路可不设置缓和曲线,但应设置加宽、超高过渡段。

(2)相邻同向圆曲线径相连接处。

半径不同的同向圆曲线径相连接处,应设置缓和曲线。但符合下列条件时,可不设缓和曲线:

①小圆半径大于表2-2中不设超高的圆曲线半径,且大于不设加宽的圆曲线半径(250m)。即大圆和小圆的圆曲线半径比较大,均大于无超高、无加宽的圆曲线半径时,两个同向圆曲线可以径相连接,连接处不设缓和曲线。

②小圆半径大于表3-3的规定。且符合下列三种情形之一者,可不设缓和曲线:

小圆按最小缓和曲线长度设缓和曲线时,且大圆与小圆的内移值之差小于0.10m时;设计速度大于或等于80km/h,且大圆半径R_1与小圆半径R_2之比小于1.5时;设计小于80km/h,且大圆半径R_1与小圆半径R_2之比小于2.0时。

复曲线中小圆临界圆曲线半径　　　　表3-3

设计速度(km/h)	120	100	80	60	40	30
临界圆圆曲线半径(m)	2100	1500	900	500	250	130

3.2　缓和曲线的特性和公式

3.2.1　缓和曲线的类型

缓和曲线类型有辐射螺旋线、三次抛物线、双扭线、多圆弧线等,目前我国公路采用辐射螺旋线,即回旋线。缓和曲线采用辐射螺旋线的尾端部分,一端与圆曲线相切(HY点),另一端与直线相切(ZH点),缓和曲线的曲率半径由圆曲线半径R(HY点)至直线半径无穷大(ZH点)之间连续均匀变化,见图3-1。

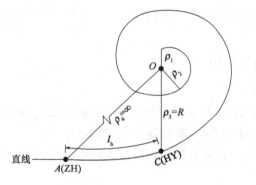 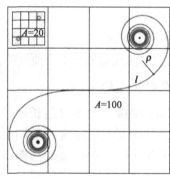

a)部分螺旋线示意图　　　　　　　b)全部螺旋线示意图

图3-1　辐射螺旋线示意图

3.2.2　标准形曲线的主点

1)曲线分类

当设置缓和曲线时,按其所在位置,整个曲线分为三类:标准形曲线、卵形曲线和其他类型曲线。本书主要介绍常用的标准形曲线。

(1)标准形曲线。

标准形曲线包括第一缓和曲线、所夹圆曲线和第二缓和曲线,见图3-2。第一缓和曲线指 ZH~HY,所夹圆曲线指 HY~YH,第二缓和曲线指 HZ~YH。第一缓和曲线与第二缓和曲线与中间所夹圆曲线对称布置,对称中心是曲中点QZ。

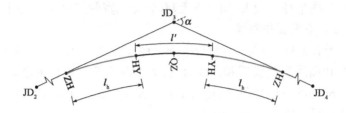

图3-2 标准形曲线及其主点

(2)卵形曲线。

两个相邻的半径相差较大的同向复曲线,在大半径圆曲线内插入缓和曲线后,大半径圆曲线、缓和曲线和小半径圆曲线统称为卵形曲线。

大半径的圆曲线加宽值小、超高横坡度小,小半径的圆曲线加宽值大、超高横坡度大,二者无法在共切点GQ顺畅连接,因此需要在大半径圆曲线内设置缓和曲线,见图3-3。

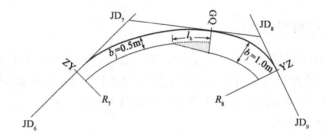

图3-3 大半径圆曲线内插入的缓和曲线

(3)其他类型曲线。

其他类型的曲线有S形、C形曲线等,见3.10节。

2)标准形曲线的主点

标准形曲线的第一缓和曲线长度用l_h表示,所夹圆曲线长度用l'表示,第二缓和曲线长度仍用l_h表示。一个标准形曲线共有下面五个主点(又称控制点,见图3-2):

(1)直缓点,用ZH表示,是路线起点方向直线与第一缓和曲线相切点,也是标准形曲线的起点。

(2)缓圆点,用HY表示,是第一缓和曲线与所夹圆曲线相切点。缓圆点既是第一缓和曲线的终点,也是所夹圆曲线的起点。

(3)曲中点,用QZ表示,是标准形曲线的中心点。曲中点既也是所夹圆曲线的中心点,也是第一缓和曲线和第二缓和曲线的对称中心点。

(4)圆缓点,用YH表示,是所夹圆曲线与第二缓和曲线相切点。圆缓点既是第二缓和曲线的起点,也是所夹圆曲线的终点。

(5)缓直点,用HZ表示,是第二缓和曲线与终点方向直线相切点。缓直点既是第二缓和曲线的起点,也是标准形曲线的终点。

3.2.3 缓和曲线特性及参数

1) 缓和曲线特性

前述标准形曲线指"缓和曲线—圆曲线—缓和曲线",而本章提及的缓和曲线指标准形曲线当中的"缓和曲线",不包括中间所夹"圆曲线"(下同)。

令缓和曲线的曲率半径和曲率分别为 ρ 和 k,二者互为倒数,即 $k = \dfrac{1}{\rho}$。

由图 3-2 和图 3-4 可知,ZH 点和 HZ 点位于直线上,其曲率半径 $\rho = \infty$,则曲率 $k = 0$。HY 点和 YH 点,所夹圆曲线起(终)点,其曲率半径为常数 R (圆曲线半径),曲率 $k = \dfrac{1}{R}$ 也是常数。缓和曲线 (ZH~HY 和 HZ~YH) 上任意点,曲率半径是连续均匀变化的,曲率 k 从 0 到 $\dfrac{1}{R}$ 也是连续均匀变化的。

图 3-4 中,设缓和曲线任意点 P,P 点到缓和曲线起点的弧长为 l。P 点到缓和曲线起点所夹中心角(又称螺旋角)为 β。因缓和曲线的曲率是连续均匀变化的,即曲率随弧长增加而成正比例地增加,见式(3-1)。

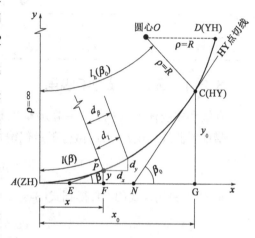

图 3-4 缓和曲线大样图

$$\frac{l}{l_h} = \frac{k_P}{k_C} = \frac{\dfrac{1}{\rho}}{\dfrac{1}{R}} = \frac{R}{\rho} \tag{3-1}$$

式中:k_P——缓和曲线任意点的曲率;
 k_C——缓和曲线终点 C 的曲率。

将式(3-1)整理成式(3-2)。

$$\rho l = R l_h \tag{3-2}$$

由上式可知缓和曲线特性:缓和曲线任意点的曲率半径 ρ,与该点到缓和曲线起点的弧长 l 成反比。

2) 缓和曲线参数

圆曲线半径按 2.2.4 节确定,式(3-2)中 Rl_h 是一个常数。令:

$$A^2 = \rho l = R l_h \tag{3-3}$$

$$A = \sqrt{\rho l} = \sqrt{R l_h} \tag{3-4}$$

式中:A——缓和曲线参数;
 其余符号意义同前。

依据《标准》,缓和曲线参数(3.10 节)及其长度应根据线形设计以及对安全、视觉、景观等的要求选用。

交通部门给出的 Rl_h 参考式见式(3-5),对其移项得到式(3-6)。

$$R l_h = k v_s^3 \tag{3-5}$$

$$l_h = \frac{kv_s^3}{R} \tag{3-6}$$

式中：l_h——缓和曲线长，m；

　　k——与车辆转向时的离心加速度的变化率等有关的系数，公路取 0.035；

　　v_s——设计速度，km/h；

　　其余符合意义同前。

缓和曲线（包括四级公路缓和段）的长度确定，见 4.1.3 节。《规范》(JTG D20—2017)规定的缓和曲线最小长度，见表 3-4。

缓和曲线最小长度　　　　　　　表 3-4

设计速度(km/h)	120	100	80	60	40	30	20
缓和曲线最小长度(m)	100	85	70	50	35	25	20

3.2.4　缓和曲线的中心角

在缓和曲线任意点 P 点取一微分弧 dl，相应中心角 $d\beta$，见图 3-4。

借助圆曲线理论 $l = R\varphi$，微分弧近似按式(3-7)计算。

$$dl = \rho d\beta \text{ 或 } d\beta = \frac{dl}{\rho} \tag{3-7}$$

把式(3-2)代入式(3-7)，得到式(3-8)。

$$d\beta = \frac{dl}{\rho} = \frac{l}{Rl_h}dl \tag{3-8}$$

将式(3-8)积分，得到缓和曲线任意点到起点的中心角，见式(3-9)。

$$\beta = \frac{l^2}{2Rl_h} \tag{3-9}$$

当 $l = l_h$ 时，代入式(3-9)，得到缓和曲线的总中心角，见式(3-10)。

$$\beta_0 = \frac{l_h}{2R} \tag{3-10}$$

式中：β——缓和曲线任意点到缓和曲线起点的中心角，rad；

　　β_0——缓和曲线终点到缓和曲线起点的总中心角，rad；

　　其余符号意义同前。

3.2.5　标准形曲线的支距

1）建立标准形曲线的支距系

同圆曲线切线支距法的支距系近似（图 2-24），建立标准形曲线切线支距法的支距系，见图 3-4 和图 3-5。

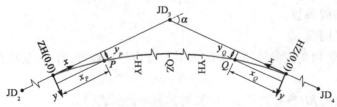

图 3-5　标准形曲线的切线支距系

(1) 建立第一缓和曲线的支距系,设 ZH 点为支距中心,即 ZH(0,0),见图 3-5。以 ZH 与本交点(图 3-5 中的 JD₃)的连线,并指向本交点方向为 x 轴。以 ZH 点垂直于 x 轴并指向圆心方向为 y 轴。这里并非工程坐标系的 x 轴和 y 轴,而是相应支距系的轴。即使在同一个交点,不同支距系的 x 轴和 y 轴也是不同的。

(2) 建立第二缓和曲线的支距系,设 HZ 点为支距中心,即 HZ(0,0),见图 3-5。以 HZ 与本交点(图 3-5 中的 JD₃)连线,并指向本交点方向为 x 轴。以 HZ 点垂直于 x 轴并指向圆心方向为 y 轴。上述建立两个支距系的思路一样,但二者不在同一个支距系。

2)缓和曲线的支距公式

图 3-4 中,P 点取微分弧 dl,相应微中心角 dβ。dl 可分解为 dx、dy,将 β 代入式(3-9)得到式(3-11)和式(3-12)。

$$dx = dl \cos\beta = \cos\frac{l^2}{2Rl_h} dl \tag{3-11}$$

$$dy = dl \sin\beta = \sin\frac{l^2}{2Rl_h} dl \tag{3-12}$$

将式(3-11)和式(3-12)积分,并按照高等数学级数展开,得式(3-13)和式(3-14)。

$$x = l - \frac{l^5}{40R^2 l_h^2} \tag{3-13}$$

$$y = \frac{l^3}{6Rl_h} \tag{3-14}$$

式中:x——缓和曲线任意点到起点(ZH 或 HZ)在 x 轴方向的支距,m;
y——缓和曲线任意点到起点(ZH 或 HZ)在 y 轴方向的支距,m;
其余符号意义同前。

将式(3-13)和式(3-14)中,代入 $l = l_h$,得到缓和曲线终点的支距,见式(3-15)和式(3-16)。

$$x_0 = l_h - \frac{l_h^3}{40R^2} \tag{3-15}$$

$$y_0 = \frac{l_h^2}{6R} \tag{3-16}$$

式中:x_0——缓和曲线终点(HY 或 YH)到起点(ZH 或 HZ)在 x 轴方向的支距,m;
y_0——缓和曲线终点(HY 或 YH)到起点(ZH 或 HZ)在 y 轴方向的支距,m;
其余符号意义同前。

3.3 标准形曲线的曲线要素

3.3.1 未设缓和曲线的圆曲线要素

参照式(2-16)~式(2-19),在图 3-6 中已知交点 JD₄ 的半径为 R($OK=OJ=R$)、转角为 α,当未设缓和曲线时,圆曲线要素分别为 T_y、L_y、E_y 和 D_y,见式(3-17)~式(3-20)。

$$T_y = R\tan\frac{\alpha}{2} \tag{3-17}$$

$$L_y = \frac{\pi\alpha R}{180°} \text{ 或 } L_y = \alpha R \tag{3-18}$$

$$E_y = R\left(\sec\frac{\alpha}{2} - 1\right) \tag{3-19}$$

$$D_y = 2T_y - L_y \tag{3-20}$$

式中：T_y——未设缓和曲线时圆曲线的切线长，$T_y = W'K = W'J$，m；

L_y——未设缓和曲线时圆曲线的曲线长，$L_y = \overset{\frown}{KCMDJ}$，m；

E_y——未设缓和曲线时圆曲线的外距，$E_y = W'M$，m；

D_y——未设缓和曲线时圆曲线的切曲差，$D_y = 2T_y - L_y$，m。

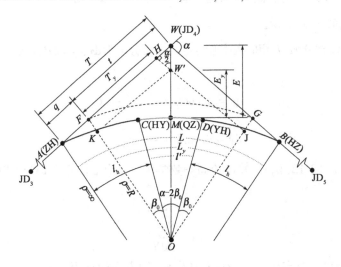

图 3-6　标准形曲线的计算图

3.3.2　有关符号意义

1）内移值 p

图 3-7 中，p 为所夹圆曲线内移值。内移值指设置缓和曲线后，圆心不变，原半径减小的值，即 $p = FK = GJ$。内移目的，是使缓和曲线的起点（ZH 和 HZ）与两端直线相切，缓和曲线的终点（HY 和 YH）与所夹圆曲线相切。

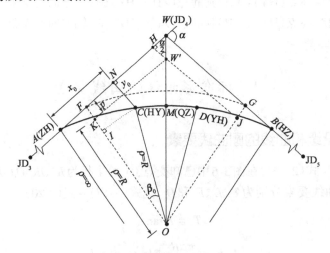

图 3-7　标准形曲线的内移值 p 和切线增长值 q 计算图

分析图3-7，对于直线段OKF，$OK=R$，$KF=p$。对于折线段OCN，$OC=R$，$CN=y_0$。在直角三角形COI中，斜边$OC=R$，锐角$\angle COI=\beta_0$。将折线段OCN投影到直线OKF上，有$FK+KO=NC(FI)+IO$，$p+R=y_0+R\cos\beta_0$。将$y_0=\dfrac{l_h^2}{6R}$和$\beta_0=\dfrac{l_h}{2R}$代入，将三角函数$\cos\left(\dfrac{l_h}{2R}\right)$以级数展开，整理得式(3-21)。

$$p=\frac{l_h^2}{24R}-\frac{l_h^4}{2688R^3} \tag{3-21}$$

R和l_h是确定的常数，因此内移值p是一个常数。式(3-21)近似计算时可只取第一项。

2）切线增长值q

图3-7中，对于直线段AFN，$AN=AF+FN$，其中$AN=x_0$，$AF=q$(图3-6)。存在$x_0=q+FN(IC)=q+R\sin\beta_0$，则$q=x_0-R\sin\beta_0$，将式$x_0=l_h-\dfrac{l_h^3}{40R^2}$和$\beta_0=\dfrac{l_h}{2R}$代入，将三角函数$\sin\left(\dfrac{l_h}{2R}\right)$以级数展开，得式(3-22)。

$$q=\frac{l_h}{2}-\frac{l_h^3}{240R^2} \tag{3-22}$$

对于式(3-22)，计算时，q取两项；分析时，q取第一项，即$q\approx\dfrac{l_h}{2}$。

3）所夹圆曲线长l'

图3-6中，l'为增设缓和曲线后圆曲线保留部分的长度，即，$l'=\overset{\frown}{CMD}$。

从下面两个方面理解和计算所夹圆曲线l'：

(1)从整个曲线长的角度理解。

式(3-26)中，因标准形曲线长(整个曲线长)$L=l'+2l_h$，则$l'=L-2l_h$。

(2)从圆曲线内移的角度理解。

图3-6中，未设缓和曲线的弧$\overset{\frown}{FG}$，内移到弧$\overset{\frown}{KCMDJ}$，内移值p。原来未设缓和曲线时的圆曲线长L_y，内移后，左右两侧各占$\dfrac{l_h}{2}$，则$l'=L_y-\left(\dfrac{l_h}{2}+\dfrac{l_h}{2}\right)=L_y-l_h$。

缓和曲线在圆曲线两端各占去一部分，圆曲线两端占去这一部分所对应的中心角$\beta_0=\dfrac{l_h}{2R}$，由圆曲线理论$l=R\varphi$，其近似弧长$\dfrac{l_h}{2R}\times R=\dfrac{l_h}{2}$。两端缓和曲线共占去了$\dfrac{l_h}{2}+\dfrac{l_h}{2}=l_h$，因此所夹圆曲线$l'=\overset{\frown}{CMD}$(即圆曲线保留部分)的中心角为$\alpha-2\beta_0$。近似地，两端缓和曲线仅在靠近所夹圆曲线才有中心角，即$\overset{\frown}{KC}$和$\overset{\frown}{DJ}$的$\dfrac{l_h}{2}$区域的中心角β_0，而靠近缓和曲线起点的$\overset{\frown}{AK}$和$\overset{\frown}{BJ}$的$\dfrac{l_h}{2}$区域近似于直线，是没有中心角的，见图3-6。

3.3.3 增设缓和曲线后曲线的变化

与未设缓和曲线相比，增设缓和曲线后曲线的变化如下：

(1)由于两端增设了缓和曲线l_h，圆曲线→标准形曲线。由一般的圆曲线变成了由缓和曲线—圆曲线—缓和曲线组合而成的复合曲线(标准形曲线)。

(2)圆心不变，半径由$R+p$缩短为R，整个曲线向圆心方向内移p值。

(3)切线增长q,q近似等于$\dfrac{l_h}{2}$。

(4)缓和曲线靠近直线的一半近似于直线,靠近所夹圆曲线的另一半近似于圆曲线。

(5)两端缓和曲线对应中心角各为β_0,所夹圆曲线对应中心角为$\alpha-2\beta_0$。

3.3.4 标准形曲线的曲线要素

同圆曲线一样,标准形曲线的曲线要素有切线长、曲线长、外距、切曲差,下面推导其曲线要素计算公式,见图3-6。

1)切线长T

增设缓和曲线以后,整个曲线的切线长$AW=AF+FW=AF+(FH+HW)$,其中$AF=q$,$FH+HW=t$,$FH=T_y$。线段HW的长度可以在直角三角形$WW'H$中计算出来,$HW'=p$,锐角$\angle WW'H=\dfrac{\alpha}{2}$。根据上述分析易推导出式(3-23)和式(3-24):

$$T = q + t = q + \left(T_y + p\tan\dfrac{\alpha}{2}\right) = T_y + \dfrac{l_h^2}{24R}\tan\dfrac{\alpha}{2} + \dfrac{l_h}{2} - \dfrac{l_h^3}{240R^2} \tag{3-23}$$

$$T = T_y + t_w \tag{3-24}$$

式中:t_w——标准形曲线的切线长尾加数。

其余符号意义同前。

2)曲线长L

分析图3-6,标准形曲线长度可按式(3-25)或式(3-26)计算:

$$L = L_y + l_h \tag{3-25}$$

$$L = l_h + l' + l_h = l' + 2l_h \tag{3-26}$$

3)外距E

图3-6中,增设缓和曲线后,标准形曲线的外距$MW=MW'+WW'$,其中$MW'=E_y$。直角三角形$WW'H$中容易计算WW'的长度。根据上述分析易推导出式(3-27)和式(3-28)。

$$E = E_y + \dfrac{p}{\cos\dfrac{\alpha}{2}} = E_y + \dfrac{\dfrac{l_h^2}{24R}}{\cos\dfrac{\alpha}{2}} \tag{3-27}$$

$$E = E_y + e_w \tag{3-28}$$

式中:e_w——标准形曲线的外距的尾加数。

其余符号意义同前。

4)切曲差D

切曲差D按式(3-29)计算:

$$D = 2T - L \tag{3-29}$$

3.4 标准形曲线的主点里程

标准形曲线主点里程计算以及下一个交点里程计算,计算手段是多样的。可采用手工结合普通计算器计算,可采用Excel编写简单程序计算,可采用程序计算器编写程序计算。设计人员还可以通过道路专业软件自动计算里程,十分便捷高效,见第11章。

3.4.1 标准形曲线的主点里程公式

1)主点里程计算公式

标准形曲线的曲线要素计算完成后,就可计算其主点里程。

标准形曲线的主点里程,与不设缓和曲线的圆曲线主点里程计算思路相同。已知交点里程和曲线要素,根据里程定义(图3-6)易推导出标准形曲线的主点里程,见式(3-30)~式(3-35)。

$$ZH 里程=JD 里程-T \tag{3-30}$$

$$HY 里程=ZH 里程+l_h \tag{3-31}$$

$$YH 里程=HY 里程+l' \tag{3-32}$$

$$HZ 里程=YH 里程+l_h \tag{3-33}$$

$$QZ 里程=HZ 里程-\frac{L}{2} \tag{3-34}$$

$$JD 里程=QZ 里程+D/2 \tag{3-35}$$

2)主点里程公式比较

2.3.2节讨论过圆曲线主点里程,这里分析了标准形曲线的主点里程。比较式(2-20)~式(2-23)和式(3-30)~式(3-35),二者的异同点如下:

(1)相同点。

推导依据(里程定义)相同。已知条件(交点里程和曲线要素)相同。

(2)不同点。

设置缓和曲线时需要已知缓和曲线长。

主点不同。设置圆曲线时包括ZY、QZ和YZ三个主点,设置缓和曲线时包括ZH、HY、QZ、YH和HZ五个主点。

曲线要素计算公式不同。标准形曲线的曲线要素,需要在相应的圆曲线要素后面,添加一个尾加数。

计算公式不同。设置圆曲线时主点里程计算有3个公式和1个校核公式,设置缓和曲线时标准形曲线的主点里程计算有5个公式和1个校核公式。

曲线复杂程度不同。设置圆曲线时是单纯圆曲线,设置缓和曲线时变为更复杂的三段式复合曲线。

3.4.2 下一个交点里程公式

在2.3.2节的图2-17a)中,已知交点里程和圆曲线要素,就可按式(2-20)~式(2-23)计算圆曲线的主点里程。

在3.4.1节的图3-6中,已知交点里程和整个曲线要素,就可按式(3-30)~式(3-35)计算标准形曲线的主点里程。

要计算某交点的主点里程,首先要计算该交点里程。可见,计算下一个交点里程是计算下一个交点的主点里程的前提。

在2.3.2节中,结合图2-17a),式(2-24)详细介绍圆曲线的下一个交点里程计算,见图3-8a)。

图3-8b)中,当本交点(JD_8)设置缓和曲线时,结合里程定义其下一个交点里程的通用公式

按式(3-36)计算。

$$JD_{i+1}里程 = JD_i 的 HZ 里程 + K_{i\sim i+1} - JD_i 的 T \quad (3-36)$$

式中：JD_{i+1} 里程——下一个交点里程，m；

JD_i 的 HZ 里程——上一个交点的 HZ 里程，m；

$K_{i\sim i+1}$——该两个相邻交点 JD_i 到 JD_{i+1} 之间的链距，m；

JD_i 的 T——上一个交点的切线长，m。

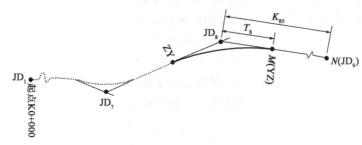

a)圆曲线的下一个交点里程计算(……线表示JD_8之前的中线)

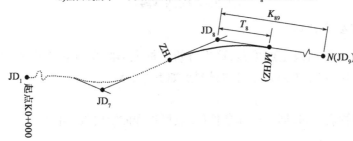

b)缓和曲线的下一个交点里程计算(……线表示JD_8之前的中线)

图3-8　圆曲线和标准形曲线的下一个交点的里程计算对比图

对于图3-8b)，按式(3-36)：

具体地，JD_9 里程 = JD_8 的 HZ 里程 + MN，其中 $MN = K_{89} - JD_8$ 的 T_8。

3.4.3　标准形曲线的主点里程计算示例

【例3-2】 已知某线 JD_7 的里程 K6+920.31，JD_7 到 JD_8 的链距 932.71m。JD_7 的左转角 $18°23'17''$，圆曲线半径 800m，缓和曲线长 160m。本例仅说明计算过程，未按照标准形曲线要求(缓和曲线、圆曲线和缓和曲线的长度大致接近)考虑线形组合。

(1)计算 JD_7 的曲线要素。

(2)计算 JD_7 的主点里程。

(3)计算 JD_8 的里程。

(4)布置标准形曲线 ZH～HZ 的中桩。

解：

(1)计算 JD_7 的曲线要素。

①计算 JD_7 未设缓和曲线时的圆曲线要素。

$$T_y = R\tan\frac{\alpha}{2} = 129.49(\text{m})$$

$$L_y = \frac{\pi \alpha R}{180} = 256.75(\text{m})$$

$$E_y = R\left(\sec\frac{\alpha}{2} - 1\right) = 10.41(\text{m})$$

$$D_y = 2T_y - L_y = 2.23(\text{m})$$

②计算标准形曲线的曲线要素。

$$T = T_y + t_w = T_y + \frac{l_h^2}{24R}\tan\frac{\alpha}{2} + \frac{l_h}{2} - \frac{l_h^3}{240R^2} = 209.67(\text{m})$$

$$L = L_y + l_h = 256.75 + 160 = 416.75(\text{m})$$

$$E = E_y + e_w = E_y + \frac{l_h^2}{24R\cos\frac{\alpha}{2}} = 11.76(\text{m})$$

$$D = 2T - L = 2.60(\text{m})$$

(2)计算JD_7的主点里程。

JD_7的主点有ZH、HY、YH、HZ、QZ五个点,其里程计算按式(3-30)~式(3-35)。同圆曲线主点里程计算一样,按照写出基本公式、列出计算竖式和写出里程表达式共三个步骤完成里程计算和表达。标准形曲线的"里程计算三步曲"格式如下:

计算公式	计算竖式		里程表达方式
ZH里程=JD里程 $-T$	JD7	6920.31	JD7 K6+920.31
HY里程=ZH里程 $+l_h$	$-T)$	209.67	
YH里程=HY里程 $+L'$	ZH	6710.63	ZH K6+710.63
HZ里程=YH里程 $+l_h$	$+l_h)$	160.00	
QZ里程=HY里程 $-L/2$	HY	6870.63	HY K6+870.63
JD里程=QZ里程 $+D/2$	$+l')$	96.75	
	YH	6967.38	YH K6+967.38
	$+l_h)$	160.00	
	HZ	7127.38	HZ K7+127.38
	$-l/2)$	208.37	
	QZ	6919.01	QZ K6+919.01
	$+D/2)$	1.30	
	JD校核	6920.31	

也可在标准形曲线中桩记录表中计算主点里程,见表3-5。

标准形曲线中桩记录表　　　　　　　　　　　　　　　表3-5

交点编号及里程	JD_7 K6+920.31	R =800m		α_z =18°23′17″	桩号	编号	备注
T_y=129.49m	L_y=256.75m	E_y=10.41m	D_y=2.23m		ZH K6+710.63	68	
T=209.67m	L=416.75m	E=11.76m	D=2.60m		+720	69	
l_h=160m	l'=96.75m	p=1.33m	q=79.97m		+740	70	
K_{78}=932.71m	—				+760	71	
					+780	72	
					+800	73	
					+820	74	
		JD_7	6920.31		+840	75	

续上表

交点编号及里程	JD$_7$ K6+920.31		R =800m		α_z=18°23′17″	桩号	编号	备注
		−)T		209.67		+860	76	
		ZH		6710.63		HY+870.63	77	
		+)l_h		160.00		+880	78	
		HY		6870.63		+890	79	
		+)l'		96.75		+900	80	
		YH		6967.38		+910	81	
		+)l_h		160.00		QZ+919.01	82	
		HZ		7127.38		+930	83	
		−)$\dfrac{L}{2}$		208.37		+940	84	
		QZ		6919.01		+950	85	
		+)$\dfrac{D}{2}$		1.30		YH+967.38	86	
		JD$_7$		6920.31		+980	87	
						K7+000	1	
						+020	2	
						+040	3	
						+060	4	
						+068	5	小桥
						+080	6	
						+100	7	
						+120	8	
						HZ+127.38	9	

(3)计算JD$_8$的里程。

已知链距K_{78}=932.71m,按式(3-36)计算下一个交点JD$_8$的里程,见图3-9。

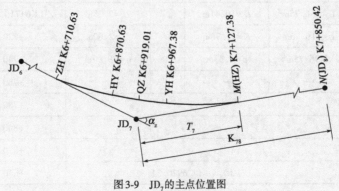

图3-9 JD$_7$的主点位置图

$$JD_8 \text{的里程} = JD_7 \text{的 HZ 里程} + MN$$
$$= JD_7 \text{的 HZ 里程} + (JD_7 \text{到} JD_8 \text{的链距} - JD_7 \text{的切线长})$$
$$= JD_7 \text{的 HZ 里程} + (K_{78} - T_7)$$
$$= 7127.38 + 932.71 - 209.67 = 7850.42 \text{(m)}$$

则，JD_8 K7+850.42。

(4) 布置标准形曲线 ZH~HZ 的中桩。

计算出标准形曲线的主点里程后，就可布置 JD_7 的标准形曲线的中桩。拟定 ZH~HY 桩距 20m，HY~YH 桩距 10m，YH~HZ 桩距 20m。为了便于分析、直观，可先画出主点位置图，见图 3-9。

① 布置第一缓和曲线 ZH~HY 的中桩。

ZH K6+710.63、+720、+740、+760、+780、+800、+820、+840、+860、HY+870.63。

② 布置所夹圆曲线 HY~YH 的中桩。

HY+870.63、+880、+890、+900、+910、QZ+919.01、+930、+940、+950、YH+967.38。

③ 布置第二缓和曲线 YH~HZ 的中桩。

YH K6+967.38、+980、K7+000、+020、+040、+060、+080、+100、+120、HZ K7+127.38。

将中桩布置结果填入表 3-5，必要时将中桩编号。

3.5　计算器编制程序计算主点里程

本节以电子教材方式呈现，扫描二维码。

3.5　计算器编制程序计算主点里程

3.6　标准形曲线的测设方法

3.6.1　标准形曲线的中桩分类

标准形曲线的中桩分为主点桩和一般中桩。

1) 主点桩

主点桩包括 ZH、HY、QZ、YH 和 HZ 点。其中 ZH、QZ 和 HZ 三个主点桩的测设可按传统方法就能完成，同圆曲线的主点 ZY、QZ 和 YZ 一样：先定向后量距。而 HY 和 YH 的测设难以采用传统方法，这两个主点桩应采用缓和曲线的一般中桩的测设方法。

2) 一般中桩

一般中桩分为三类。

第一类：第一缓和曲线的中桩，即ZH到HY的中桩。

第二类：所夹圆曲线的中桩，即HY到YH的中桩。

第三类：第二缓和曲线的中桩，HZ到YH的中桩。

3.6.2 标准形曲线中桩的测设方法

同圆曲线一样，标准形曲线的测设方法有切线支距法、弦长纵距交会法、偏角法和坐标法。

由于切线支距法、弦长纵距交会法、偏角法已经很少使用，本书不介绍它们的详细测设，仅介绍其公式，为坐标法测设奠定基础。

目前坐标法是常用的测设方法。标准形曲线的中桩，基于坐标法测设与一般直线或圆曲线上的中桩完全一样，见2.4.5节和2.4.6节。正因为如此，本章不再介绍基于坐标法测设标准形曲线。

标准形曲线中桩的坐标计算比圆曲线复杂得多，其复杂的数学运算将在3.7节到3.9节陆续介绍。可见，工程上的坐标计算表象是工程问题，本质是数学问题。

3.7 标准形曲线的支距

标准形曲线包括两端的缓和曲线和中间所夹的圆曲线。缓和曲线的支距和所夹圆曲线的支距应分开计算。计算支距的目的是计算标准形曲线任意两个中桩之间的距离，这便于计算坐标。

3.7.1 缓和曲线的支距

第一缓和曲线和第二缓和曲线的支距也应分开计算。二者计算方法和公式一样，按式(3-13)和式(3-14)计算。但是，支距中心、坐标轴均不同，这是因为二者不在同一个支距系，见图3-5。

第一缓和曲线从ZH到HY，支距中心ZH(0,0)。

第二缓和曲线从HZ到YH，支距中心HZ(0,0)。

【例3-3】根据例3-2中布置出第一缓和曲线ZH到HY的中桩、第二缓和曲线HZ到YH的中桩。按图3-5的思路，相应建立第一缓和曲线和第二缓和曲线的支距系，见图3-10。要求如下：(1)计算第一缓和曲线的支距；(2)计算第二缓和曲线的支距。

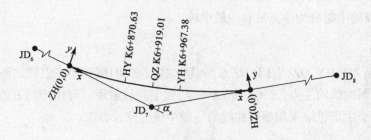

图3-10 第一缓和曲线和第二缓和曲线的支距系

解:

(1)计算第一缓和曲线的支距。

以 K6+720 为例,K6+720 到起点 ZH K6+710.63 的弧长 l=9.37m。按式(3-13)和式(3-14),计算 K6+720 的支距:

$$x = l - \frac{l^5}{40R^2 l_h^2} = 9.37 - \frac{9.37^5}{40 \times 800^2 \times 160^2} = 9.37(\text{m})$$

$$y = \frac{l^3}{6Rl_h} = \frac{9.37^3}{6 \times 800 \times 160} \approx 0(\text{m})$$

同理,计算出 K6+740、+760、+780、+800、+820、+840、+860、HY+870.63 的支距,见表3-6。其中HY点也可以直接按(3-15)和式(3-16)计算。

(2)计算第二缓和曲线的支距。

以 K7+120 为例,K7+120 到起点 HZ K7+127.38 的弧长 l=7.38m。

按式(3-13)和式(3-14),计算 K7+120 的支距:

$$x = l - \frac{l^5}{40R^2 l_h^2} = 7.38 - \frac{7.38^5}{40 \times 800^2 \times 160^2} = 7.38(\text{m})$$

$$y = \frac{l^3}{6Rl_h} = \frac{7.38^3}{6 \times 800 \times 160} \approx 0(\text{m})$$

同理,计算出 YH K6+967.38、+980、K7+000、+020、+040、+060、+080、+100、+120 的支距,见表3-6。其中YH点也可以直接按(3-15)和式(3-16)计算。

标准形曲线的支距及弦长计算表　　　　　　　　　　　　　　　　表3-6

中桩桩号	距起点弧长(m)	x_i(m)	y_i(m)	距起点弦长(m)	备注
ZH6+710.63					ZH(0,0)起点
+720	9.37	9.37	0.00	9.37	
+740	29.37	29.37	0.03	29.37	
+760	49.37	49.37	0.16	49.37	
+780	69.37	69.37	0.43	69.37	
+800	89.37	89.36	0.93	89.37	
+820	109.37	109.35	1.70	109.36	
+840	129.37	129.31	2.82	129.35	
+860	149.37	149.26	4.34	149.32	
HY+870.63	160	159.84	5.33	159.93	从ZH(0,0)计算
+880	9.37	169.18	6.32	9.37	弧长从HY计算
+890	19.37	179.11	7.50	19.37	弧长从HY计算
+900	29.37	189.03	8.80	29.37	弧长从HY计算
+910	39.37	198.93	10.22	39.37	弧长从HY计算
QZ+919.01	48.38	207.82	11.61	48.37	弧长从HY计算
+930	59.37	218.64	13.44	59.36	弧长从HY计算
+940	69.37	228.48	15.24	69.35	弧长从HY计算

续上表

中桩桩号	距起点弧长(m)	x_i(m)	y_i(m)	距起点弦长(m)	备注
+950	79.37	238.29	17.16	79.34	弧长从HY计算
YH+967.38	96.75	255.29	20.78	96.69	从ZH(0,0)计算
YH+967.38	160	159.84	5.33	159.93	从HZ(0,0)计算
+980	147.38	147.27	4.17	147.33	
K7+000	127.38	127.33	2.69	127.36	
+020	107.37	107.36	1.61	107.387	
+040	87.38	87.37	0.87	87.38	
+060	37.38	67.38	0.40	67.38	
+080	47.38	47.38	0.14	47.38	
+100	27.38	27.38	0.03	27.38	
+120	7.38	7.38	0.00	7.38	
HZ+127.38					HZ(0,0)起点

3.7.2 所夹圆曲线的支距

由于具有不同的曲线形式,所夹圆曲线上任意点,不能继续按照缓和曲线的支距公式计算。依照我们熟悉的图3-6,建立所夹圆曲线的支距系,依然保持与第一缓和曲线的支距系不变,支距中心ZH(0,0),指向为JD_4方向为x轴,过ZH点垂直指向圆心方向为y轴,见图3-11。支距计算过程如下。

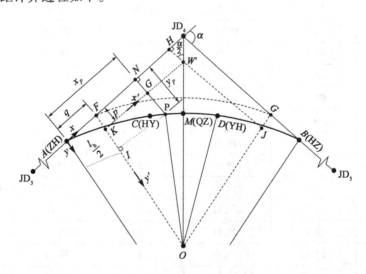

图3-11 所夹圆曲线的支距系

1)建立所夹圆曲线的支距系

图3-11中,建立所夹圆曲线的支距系,仍然依托第一缓和曲线的支距系,统筹如下:
(1)仍然保持第一缓和曲线的支距中心ZH(0,0)不变。

(2) K 点是所夹圆曲线支距计算的临时过渡点。K 点既是缓和曲线 ZH~HY 的中间点，也是 F 点内移 p 值后的点。$\overset{\frown}{AK} \approx \overset{\frown}{KC} \approx \dfrac{l_h}{2}$。

(3) $\overset{\frown}{AK}$ 近似于直线，$\overset{\frown}{KC}$ 近似于圆曲线。

据此，弧 $\overset{\frown}{AK}$ 中任意两点之间的弦长就是这两点之间的直线距离，即弦长=弧长=桩号之差。弧 $\overset{\frown}{KC}$ 中任意两点之间的弦长近似按圆曲线理论计算这两点之间的直线距离。

(4) 在临时过渡点 K 新建临时支距系。

新建临时支距系的临时支距中心 $K(0',0')$，指向 KW' 方向为临时 x' 轴，指向圆心 KO 方向为临时 y' 轴。新建临时支距系与第一缓和曲线的支距系的轴互相平行，x 轴平行于 x' 轴，y 轴平行于 y' 轴，见图 3-11。在临时支距系下，所夹圆曲线的 P 点到 K 点的临时支距可按照圆曲线理论计算，见式(2-27)和式(2-28)，或式(2-29)和式(2-30)，此时代入这些公式的弧长应为 $\overset{\frown}{KP} = \overset{\frown}{KC} + \overset{\frown}{CP} = \dfrac{l_h}{2} + \overset{\frown}{CP}$。

(5) 临时支距系坐标平移到支距系。

采用坐标平移理论，将临时支距中心为 $K(0',0')$ 的临时支距系平移到支距中心为 ZH(0,0) 的支距系。

比较两个支距系：支距中心不同，支距系的支距中心为 ZH(0,0)，临时支距系的支距中心为 $K(0',0')$。支距的轴互相平行：x 轴和 x' 轴互相平行，二者相距 q；y 轴和 y' 轴互相平行，二者相距 p，见图 3-11。

2) 计算所夹圆曲线的支距

(1) 所夹圆曲线任意点 P 在支距中心为 $K(0',0')$ 的临时支距系的支距。

参照式(2-27)和式(2-28)或式(2-29)和式(2-30)，所夹圆曲线任意点 P 在临时支距中心 $K(0',0')$ 的临时支距系中支距按式(3-37)和式(3-38)或式(3-39)和式(3-40)计算。

$$x' = R\sin\varphi \tag{3-37}$$

$$y' = R - R\cos\varphi \tag{3-38}$$

或

$$x' = l - \dfrac{l^3}{6R^2} \tag{3-39}$$

$$y' = \dfrac{l^2}{2R} - \dfrac{l^4}{24R^3} \tag{3-40}$$

式中：R——圆曲线半径，m；

φ——所夹圆曲线 HY~YH 上的任意点 P 到 K 点的弧长所对应的圆心角，(°)；

l——所夹圆曲线 HY~YH 上的任意点 P 到 K 点的弧长，m。

(2) 所夹圆曲线任意点 P 在支距中心 ZH(0,0) 的支距系的支距。

按照坐标平移理论，所夹圆曲线任意点 P 在支距中心 ZH(0,0) 的支距系中支距，可按式(3-41)和式(3-42)或按式(3-43)和式(3-44)计算，见图 3-11。

$$x = x' + q = R\sin\varphi + \dfrac{l_h}{2} - \dfrac{l_h^3}{240R^2} \tag{3-41}$$

$$y = y' + p = R - R\cos\varphi + \frac{l_h^2}{24R} \tag{3-42}$$

按照高等数学级数展开,并代入:

$$x = l - \frac{l^3}{6R^2} + \frac{l_h}{2} - \frac{l_h^3}{240R^2} \tag{3-43}$$

$$y = \frac{l^2}{2R} - \frac{l^4}{24R^3} + \frac{l_h^2}{24R} \tag{3-44}$$

式中:x——所夹圆曲线任意点P到支距中心ZH(0,0)的x轴方向的支距,m;

y——所夹圆曲线任意点P到支距中心ZH(0,0)的y轴方向的支距,m;

其余符号意义同前。

【例3-4】 例3-3中,第一缓和曲线起点支距中心ZH(0,0),指向为JD_7方向为x轴,过ZH点垂直指向圆心方向为y轴。计算所夹圆曲线从HY+870.63到YH K6+967.38的支距。

解:

以K6+880为例计算所夹圆曲线的支距。

(1)按式(3-41)和式(3-42)计算K6+880的支距。

式中φ指K6+880~K点(图3-12)相应的圆心角,包括K6+880~HY和HY~K两段弧。K点到HY点弧长为$\frac{l_h}{2}$。K6+880~K的弧长$9.37 + \frac{l_h}{2} = 9.37 + \frac{160}{2} = 89.37(\text{m})$,代入式(3-41)和式(3-42)。则:

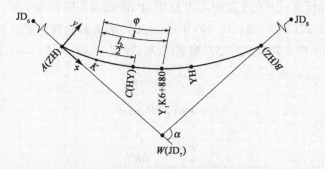

图3-12 所夹圆曲线的中桩Y_1 K6+880的支距

$$x = R\sin\varphi + \frac{l_h}{2} - \frac{l_h^3}{240R^2} = R \times \sin\left(\frac{l}{R} \times \frac{180}{\pi}\right) + \frac{l_h}{2} - \frac{l_h^3}{240R^2}$$

$$= 800 \times \sin\left(\frac{89.37}{800} \times \frac{180}{\pi}\right) + \frac{160}{2} - \frac{160^3}{240 \times 800^2} = 169.16(\text{m})$$

$$y = R - R\cos\varphi + \frac{l_h^2}{24R} = 800 - 800\cos\left(\frac{89.37}{800} \times \frac{180}{\pi}\right) + \frac{160^2}{24 \times 800} = 6.32(\text{m})$$

(2)按式(3-43)和式(3-44)计算K6+880的支距。

将K6+880~K的弧长$9.37 + \frac{l_h}{2} = 9.37 + \frac{160}{2} = 89.37(\text{m})$,代入式(3-43)和式(3-44)。则:

$$x = l - \frac{l^3}{6R^2} + \frac{l_h}{2} - \frac{l_h^3}{240R^2} = 89.37 - \frac{89.73^3}{6 \times 800^2} + \frac{160}{2} - \frac{160^3}{240 \times 800^2} = 169.16(\mathrm{m})$$

$$y = \frac{l^2}{2R} - \frac{l^4}{24R^3} + \frac{l_h^2}{24R} = \frac{89.37^2}{2 \times 800} - \frac{89.37^4}{24 \times 800^3} + \frac{160^2}{24 \times 800} = 6.32(\mathrm{m})$$

(1)和(2)两个计算结果一致。

其余所夹圆曲线的中桩+890、+900、+910、QZ+919.01、+930、+940、+950、YH+967.38 的支距计算同K6+880,见表3-6。

此处,YH支距(255.29,20.78)是从支距中心ZH(0,0)计算得来的;然而YH支距(159.84,5.33)是从另一个支距中心HZ(0,0)计算得来的,见表3-6。同一个点,在不同的支距系的支距是不相同的。

3.8 标准形曲线的偏角

计算偏角目的是计算坐标。标准形曲线的偏角在第一缓和曲线、所加圆曲线和第二缓和曲线中应分开计算。

3.8.1 缓和曲线的偏角与反偏角

1)第一缓和曲线的偏角

第一缓和曲线起点$A(ZH)$,设缓和曲线任意点P,连接AP,弦AP与切线AW所夹的弦切角,称为边PA的偏角Δ,见图3-13。

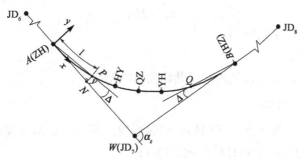

图3-13 缓和曲线中桩的偏角

设P点在y轴方向的支距为y。P点到起点ZH的弧$\overset{\frown}{AP}=l$,弦长$AP=C$。直角三角形ANP中,$\angle PAN=$偏角Δ,$PN=y$。当$\Delta \to 0$,$C \approx l$,存在式(3-45)。

$$\Delta \approx \sin\Delta = \frac{y}{c} \tag{3-45}$$

将式(3-9)中的中心角$\beta = \frac{l^2}{2Rl_h}$和式(3-14)中的$y = \frac{l^3}{6Rl_h}$代入式(3-45),得式(3-46)。

$$\Delta = \frac{l^2}{6Rl_h} = \frac{\beta}{3} \tag{3-46}$$

式中:Δ——缓和曲线任意点P相对于起点ZH的偏角,rad;

其余符号意义同前。

式(3-46)中缓和曲线任意点相应于起点的偏角等于其中心角的1/3。

当$l=l_h$时,式(3-46)可写为式(3-47)。

$$\Delta_0 = \frac{l_h}{6R} = \frac{\beta_0}{3} \tag{3-47}$$

式中:β_0——缓和曲线的总中心角或总螺旋角,rad;

Δ_0——缓和曲线的总偏角,rad;

其余符号意义同前。

缓和曲线的总偏角等于其总中心角的1/3。

2)反偏角

缓和曲线起点与终点的连线AC与缓和曲线终点切线CN的夹角,叫做缓和曲线的反偏角,又称为缓和曲线的总反偏角,用b_0表示,见图3-14。过C点(HY)作其切线CN,交AW连线于N点。三角形ACN中,$\angle ACN = b_0$。

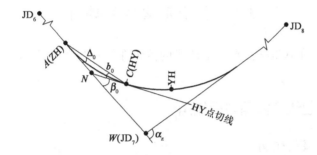

图3-14 缓和曲线的反偏角

借助圆曲线理论,近似地弦切角$\beta_0 = \Delta_0 + b_0$,由式(3-47)$\beta_0 = 3\Delta_0$,得到式(3-48)。

$$b_0 = 2\Delta_0 \tag{3-48}$$

式中:b_0——缓和曲线的反偏角,rad;

其余符号意义同前。

式(3-48)中,缓和曲线的反偏角等于其总偏角的2倍。

3)第二缓和曲线的偏角

第二缓和曲线的偏角计算公式同第一缓和曲线。不同的是第一缓和曲线起点为A(ZH)点,而第二缓和曲线的起点为B(HZ)点,见图3-13。

3.8.2 所夹圆曲线的偏角

所夹圆曲线上任意点相应于HY点的偏角,按一般圆曲线考虑,见式(2-33)或式(2-34)计算,见图3-18。所夹圆曲线上任意点到HY点的弦长,按一般圆曲线考虑,见式(2-31)或式(2-32)计算。

3.9 标准形曲线的坐标

在2.4节中对圆曲线坐标法测设进行了详细介绍,一旦计算出任意点坐标,利用已知控制点就可以测设出该点。问题又归结到坐标计算,因此本节仅介绍标准形曲线的坐标计算。至于坐标计算后如何进行坐标测设,见2.4节。

本节示例仍然以例3-2～例3-4和表3-6中的数据,介绍标准形曲线的坐标计算。

【例3-5】 在例3-2～例3-4中,已知JD_7 K6+920.31。已知JD_6到JD_7的链距501.72m,该边方位角98°19′56″。JD_6(7723.18,8032.11)。JD_7到JD_8的链距932.71m。JD_7的左转角18°23′17″,半径800m,缓和曲线长l_h=160m。已知JD_7的切线长209.67m,主点ZH K6+710.63、HY K6+870.63、QZ K6+919.01、YH K6+967.38、HZ K7+127.38。计算下列内容:

(1)ZH、JD_7和HZ的坐标。
(2)第一缓和曲线的坐标。
(3)所夹圆曲线的坐标。
(4)第二缓和曲线的坐标。

解:下面用节编号,便于厘清条理。

3.9.1 计算路径

同样地,计算标准形曲线的坐标,需要把握坐标计算三要素:起点、方位角和距离。本例沿用例2-13和例2-14风格,采用计算器手算,稍显繁琐,初衷是让读者熟悉坐标计算流程。实际工程中,读者可采用Excel编写简单程序或采用相关软件自动计算坐标。

下面分析标准形曲线的坐标计算路径。

总体计算路径:分顺向计算和逆向计算路径,均开始于JD_6,最终在YH点实现校核,见图3-15和表3-9。

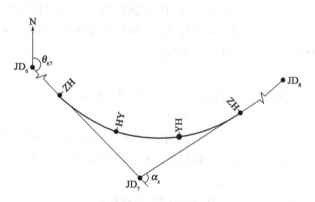

图3-15 标准形曲线的坐标计算路径

顺向计算路径:从ZH～HY,再从HY～YH。其中ZH点的计算路径是从JD_6～ZH。
逆向计算路径:从HZ～YH。其中HZ点的计算路径是从JD_6～JD_7,再从JD_7～HZ。
具体计算路径如下:

(1)计算直线点的坐标(ZH、JD_7和HZ)。

图3-15中,从JD_6→ZH,又从JD_6→JD_7,分别计算ZH和JD_7的坐标,计算起点为JD_6。再从JD_7→HZ,计算HZ的坐标,计算起点为JD_7。ZH、JD_7和HZ都是直线上的点,且ZH和HZ是中线上的点。

(2)计算第一缓和曲线的坐标。

图3-15中,ZH→HY,顺向计算第一缓和曲线的坐标。计算起点为ZH,从K6+720到HY点

的坐标均需计算。

(3)计算所夹圆曲线的坐标。

图 3-15 中,HY→QZ→YH,顺向计算所夹圆曲线的坐标。计算起点为 HY,从 K6+880 到 YH 点的坐标均需计算。

(4)计算第二缓和曲线的坐标。

图 3-15 中,HZ→YH,逆向计算第二缓和曲线的坐标。计算起点为 HZ,从 K7+120 到 YH 点的坐标均需计算。

3.9.2 计算直线的坐标

题干中直线上的点包括 ZH 点、JD$_7$ 和 HZ 点,画出主要点位示意图,见图 3-16。

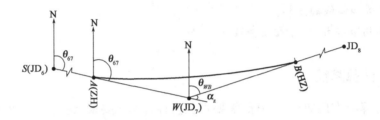

图 3-16 直线上的点位

(1)JD$_7$ 的 ZH 点坐标。

图 3-16 中,JD$_7$ 的 ZH 点坐标计算三要素:起点 JD$_6$(7723.18,8032.11),方位角 θ_{67} = 98°19′56″,距离 $K_{SA}=K_{67}-T_7$=501.72−209.67=292.05(m)。

$$x_A = x_S + \Delta x = x_S + K_{SA} \times \cos\theta_{67} = 7723.18 + 292.05 \times \cos 98°19′56″ = 7680.86(\text{m})$$
$$y_A = y_S + \Delta y = y_S + K_{SA} \times \sin\theta_{67} = 8032.11 + 292.05 \sin 98°19′56″ = 8321.08(\text{m})$$

则,JD$_7$ 的 ZH(7680.86,8321.08),见表 3-7。

(2)JD$_7$ 的坐标。

图 3-16 中,JD$_7$ 的坐标计算三要素:起点 JD$_6$(7723.18,8032.11),方位角 θ_{67}=98°19′56″,距离 K_{67}=501.72m。

$$x_W = x_S + \Delta x = x_S + K_{67} \times \cos\theta_{67} = 7723.18 + 501.72 \cos 98°19′56″ = 7650.47(\text{m})$$
$$y_W = y_S + \Delta y = y_S + K_{67} \times \sin\theta_{67} = 8032.11 + 501.72 \sin 98°19′56″ = 8528.53(\text{m})$$

则,JD$_7$(7650.47,8528.53),见表 3-7。

JD$_7$ 和 ZH 点坐标计算表   表 3-7

桩号	JD$_6$~JD$_7$ 的方位角 θ_{67}	计算点到起点的距离(m)	x(m)	y(m)	备注
JD$_6$			7723.18	8032.11	计算起点
ZH K6+870.63	98°19′56″	292.05	7680.86	8321.08	
JD$_7$ K6+920.31	98°19′56″	501.72	7650.47	8528.53	

(3)JD$_7$ 的 HZ 点坐标计算。

图 3-16 中,JD$_7$ 的 HZ 点坐标计算三要素:起点 JD$_7$(7650.47,8528.53),方位角 θ_{WB}(或 θ_{78}),距离为 JD$_7$ 的切线长 209.67m。

W 到 B 点的方位角 $\theta_{WB}=\theta_{67}-\alpha_z=98°19'56''-18°23'17''=79°56'39''$。

$x_B = x_W + \Delta x = x_W + T_7 \times \cos\theta_{WB} = 7650.47 + 209.67\cos 79°56'39'' = 7687.08(m)$

$y_B = y_W + \Delta y = y_W + T_7 \times \sin\theta_{WB} = 8528.53 + 209.67\sin 79°56'39'' = 8734.98(m)$

则，JD_7 的 HZ(7687.08,8734.98)，见表 3-8。

JD_7 的 HZ 点坐标计算表　　　　　　　　　　　　　　　表 3-8

桩号	$JD_7 \sim JD_8$ 的方位角 θ_{WB}	计算点到起点的距离(m)	$x(m)$	$y(m)$	备注
JD_7			7650.47	8528.53	计算起点
HZ K7+127.38	79°56'39''	209.67	7687.08	8734.98	

3.9.3　计算第一缓和曲线的坐标

以 K6+720，来说明第一缓和曲线任意点的坐标计算过程。

(1) 坐标三要素。

图 3-17 中，K6+720(H_{1Z} 点)坐标计算三要素：起点为 JD_7 的 ZH 点(A 点)，A(7680.86,8321.08)，方位角 $\theta_{AH_{1Z}}$，距离为弦长 AH_{1Z}。

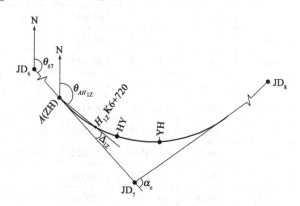

图 3-17　第一缓和曲线的中桩 H_{1Z} K6+720 的坐标计算示意图

(2) 计算方位角。

A 到 H_{1Z} 点的弧长 $l_{1Z}=720-710.63=9.37(m)$。A 到 H_{1Z} 点的方位角 $\theta_{AH_{1Z}}$，等于起始边方位角 θ_{67} 减去偏角 Δ_{1Z}，偏角按式(3-46)计算。

$$\Delta_{1Z} = \frac{\beta}{3} = \frac{l^2}{6Rl_h} = \frac{9.37^2}{6\times 800\times 160}(rad)，换算成度分秒：\Delta_{1Z}=0°00'24''$$

则：

$$\theta_{AH_{1Z}} = \theta_{67} - \Delta_{1Z} = 98°19'56'' - 0°00'24'' = 98°19'32''$$

(3) 计算弦长。

弦长 AH_{1Z} 按两点之间的支距计算：例 3-3 已经计算过，查表 3-6 两点支距分别为 A(0,0)和 $H_{1Z}(9.37,0)$。

$$AH_{1Z} = \sqrt{(x_A - x_{H_1})^2 + (y_A - y_{H_1})^2} = \sqrt{(0-9.37)^2 + (0-0)^2} = 9.37(m)$$

因 H_{1Z} 到 A 点的弧长为 9.37m，不到缓和曲线长 160m 的一半，H_{1Z} 到 A 点近似为直线，由"弦长等于弧长"，直接写出 H_{1Z} 到 A 点的弦长 9.37m。

(4)计算H_{1Z}点的坐标。

$x_{H_{1z}} = x_A + \Delta x = x_A + AH_{1Z} \times \cos\theta_{AH_{1z}} = 7680.86 + 9.37\cos 98°19'32'' = 7679.50(\text{m})$

$y_{H_{1z}} = y_A + \Delta y = y_A + AH_{1Z} \times \sin\theta_{AH_{1z}} = 8321.08 + 9.37\sin 98°19'32'' = 8330.35(\text{m})$

则,H_{1Z} K6+720(7679.50,8330.35),见表3-9。

同理,可计算第一缓和曲线的K6+740、K6+760、…、HY所有中桩坐标,见表3-9。

标准形曲线的坐标计算表(Excel表) 表3-9

中桩桩号	数字桩号	距起点弧长	距起点距离	到起点偏角(rad)	到起点方位角(rad)	x(m)	y(m)	备注
ZHK6710.63	6710.63					7680.86	8321.08	
+720	6720	9.37	9.37	0.000114	1.716107	7679.50	8330.35	计算起点ZH
+740	6740	29.37	29.37	0.001123	1.715098	7676.64	8350.14	计算起点ZH
+760	6760	49.37	49.37	0.003174	1.713047	7673.86	8369.95	计算起点ZH
+780	6780	69.37	69.37	0.006266	1.709955	7671.24	8389.78	计算起点ZH
+800	6800	89.37	89.37	0.010400	1.705821	7668.83	8409.64	计算起点ZH
+820	6820	109.37	109.36	0.015572	1.700649	7666.70	8429.52	计算起点ZH
+840	6840	129.37	129.35	0.021786	1.694435	7664.91	8449.44	计算起点ZH
+860	6860	149.37	149.32	0.029032	1.687189	7663.52	8469.39	计算起点ZH
HYK6+870.63	6870.63	160.00	159.93	0.033304	1.682917	7662.97	8480.01	计算起点ZH
+880	6880	9.37	9.37	0.005856	1.610372	7662.60	8489.37	计算起点HY
+890	6890	19.37	19.37	0.012106	1.604122	7662.32	8499.37	计算起点HY
+900	6900	29.37	29.37	0.018356	1.597872	7662.17	8509.37	计算起点HY
+910	6910	39.37	39.37	0.024606	1.591622	7662.15	8519.37	计算起点HY
QZK6+919.01	6919.01	48.38	48.37	0.030238	1.585991	7662.23	8528.37	计算起点HY
+930	6930	59.37	59.36	0.037106	1.579122	7662.47	8539.36	计算起点HY
+940	6940	69.37	69.35	0.043356	1.572872	7662.82	8549.36	计算起点HY
+950	6950	79.37	79.34	0.049606	1.566622	7663.30	8559.35	计算起点HY
YHK6+967.38	6967.38	96.75	96.69	0.060469	1.555759	7664.42	8576.68	计算起点HY
YHK6+967.38	6967.38	160.00	159.93	0.033304	4.570186	7664.41	8576.66	计算起点HZ
+980	6980	147.38	147.33	0.028263	4.565145	7665.46	8589.24	计算起点HZ
K7+000	7000	127.38	127.36	0.021121	4.558002	7667.50	8609.13	计算起点HZ
+020	7020	107.38	107.38	0.015014	4.551895	7669.92	8628.98	计算起点HZ
+040	7040	87.38	87.38	0.009942	4.546823	7672.68	8648.79	计算起点HZ
+060	7060	67.38	67.38	0.005912	4.542793	7675.71	8668.57	计算起点HZ
+080	7080	47.38	47.38	0.002923	4.539805	7678.94	8688.30	计算起点HZ
+100	7100	27.38	27.38	0.000976	4.537858	7682.33	8708.02	计算起点HZ
+120	7120	7.38	7.38	0.000071	4.536952	7685.79	8727.71	计算起点HZ
HZK7+127.38	7127.38					7687.08	8734.98	

3.9.4 计算所夹圆曲线的坐标

以 $Y_1K6+880$ 为例,来说明所夹圆曲线的坐标计算。

(1)坐标三要素。

图3-18中,$Y_1K6+880$点的坐标计算三要素:起点 $C(HY)(7662.97,8480.01)$,方位角 Q_{CY_1},距离为弦长 CY_1。

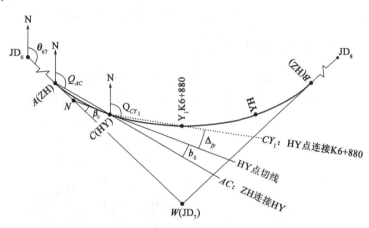

图3-18 所夹圆曲线的 $Y_1K6+880$ 的坐标计算示意图

(2)弦长计算。

①弦长计算方法,C 到 Y_1 点的弧长 l_{jy}=880−870.63=9.37(m)。

②依式(2-31)按照圆曲线考虑计算弦长 CY_1。

$$CY_1 = 2R\sin\frac{\varphi}{2} = 2R\sin\left(\frac{l}{2R} \times \frac{180°}{\pi}\right) = 9.37(m)$$

(3)方位角计算。

图3-18中,计算 C 到 Y_1 点的方位角分为从 AC 边开始计算和从 NC 边开始计算两种计算路径。

下面介绍第一种计算路径(从 AC 边开始计算):

①计算缓和曲线反偏角 b_0,按式(3-47)和式(3-48),得 JD_7 反偏角 b_0。

$b_0 = 2\Delta_0 = \dfrac{l^2}{3Rl_h} \times \dfrac{180°}{\pi}$,即 $b_0 = 3°49'10''$。

②计算边 $AC(ZH \sim HY)$ 的方位角 Q_{AC},$Q_{AC}=\theta_{67}-\Delta_0$。

③计算边 NC(HY点切线)的方位角 θ_{NC}。

$\theta_{NC} = \theta_{AC} - b_0 = \theta_{67} - 3\Delta_0$,即 $\theta_{NC} = 92°36'11''$。

④计算 C(HY点)到 $Y_1K6+880$ 边的偏角 Δ_{jy}。

C(HY点)到 $Y_1K6+880$ 的弧长 l_{jy}=9.37m,按圆曲线考虑其偏角,见式(2-33)。$\Delta_{jy} = \dfrac{l_{CY_1}}{2R} \times \dfrac{180°}{\pi}$,即 $\Delta_{jy} = 0°20'08''$。

⑤计算 C 到 Y_1 点的方位角 Q_{CY_1}。

图3-18中,C(HY)到 $Y_1K6+880$ 点的方位角 Q_{CY_1},等于HY的切线边方位角 θ_{NC} 减去

偏角 Δ_{jy}。

$$Q_{CY_1} = \theta_{NC} - \Delta_{jy} = 92°36'11'' - 0°20'08'' = 92°16'03''。$$

(4) Y_1 K6+880 点的坐标计算。

$$x_{Y_1} = x_C + \Delta x = x_C + CY_1 \cos\theta_{CY_1} = 7662.97 + 9.37\cos 92°16'03'' = 7662.60(\text{m})$$
$$y_{Y_1} = y_C + \Delta y = x_C + CY_1 \sin\theta_{CY_1} = 8480.01 + 9.37\cos 92°16'03'' = 8489.37(\text{m})$$

则 Y_1 K6+880(7662.60,8489.37),见表 3-9。

同理,可计算所夹圆曲线中桩+890、+900、…、YH 的坐标,见表 3-9。

3.9.5 计算第二缓和曲线的坐标

以 H_{1Y} K7+120 为例,来说明第二缓和曲线任意点的坐标计算。

图 3-19 中,H_{1Y} 点坐标计算三要素:起点为 JD_7 的 HZ(7687.08,8734.98),方位角 $\theta_{BH_{1Y}}$,距离为弦长 BH_{1Y}。

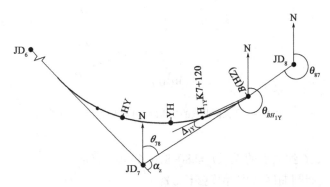

图 3-19 第二缓和曲线 H_{1Y} K7+120 的坐标计算示意图

B 到 H_{1Y} 点的弧长 l_{1Y}=127.38−120=7.38(m)。

B 到 H_{1Y} 点的方位角 $\theta_{BH_{1Y}}$,等于边 $JD_8 \sim JD_7$ 方位角 θ_{87} 加上偏角 Δ_{1Y}。边 $JD_8 \sim JD_7$ 方位角 θ_{87} 与边 $JD_7 \sim JD_8$ 方位角 θ_{78} 方位角相差 180°。偏角 Δ_{1Y} 按式(3-46)计算。

$$\Delta_{1Y} = \frac{\beta}{3} = \frac{l^2}{6Rl_h} = \frac{7.38^2}{6 \times 800 \times 160}(\text{rad}),即 \Delta_{1Y} = 0°00'15''。$$

则:$\theta_{BH_{1Y}} = \theta_{87} + \Delta_{1Y} = (\theta_{78} + 180°) + \Delta_{1Y}$
$= (79°56'39'' + 180°) + 0°00'15'' = 259°56'54''$

弦长 BH_{1Y} 按照两点之间的支距计算。在例 3-3 已经计算过,查表 3-6 两点支距分别为 B(HZ)(0,0) 和 H_{1Y}(7.38,0)。

$$BH_{1Y} = \sqrt{(x_B - x_{H_{1Y}})^2 + (y_B - y_{H_{1Y}})^2} = \sqrt{(0-7.38)^2 + (0-0)^2} = 7.38(\text{m})。$$

这里,因 H_{1Y} 到 B 点的弧长为 7.38m(不足缓和曲线长 160m 的一半),可直接应用弦长=弧长。

H_{1Y} 点的坐标计算:

$$x_{H_{1Y}} = x_B + \Delta x = x_B + BH_{1Y} \times \cos\theta_{BH_{1Y}} = 7687.08 + 7.38\cos 259°56'54'' = 7685.79(\text{m})$$
$$y_{H_{1Y}} = y_B + \Delta y = y_B + BH_{1Y} \times \sin\theta_{BH_{1Y}} = 8734.98 + 7.38\sin 259°56'54'' = 8727.71(\text{m})$$

则:H_{1Y} K7+120(7685.79,8727.71),见表 3-9。

同理,计算第二缓和曲线 K7+100、+080、…、YH 的所有中桩坐标,见表 3-9。

比较YH点的坐标顺向和逆向计算的结果,顺向计算YH(7664.42,8576.68),逆向计算YH(7664.41,8576.66),二者存在微小误差系四舍五入所致,见表3-9。

综上,通过不同路径ZH→HY→YH和HZ→YH,最终汇集在YH点实现校核。

此外,在计算路径ZH→HY→YH下,还可以开辟下列新途径,全部借助支距计算距离和方位角:

(1)保持支距中心ZH(0,0)(图3-13),计算ZH→HY→YH之间的任意点P(包括第一缓和曲线和所夹圆曲线)的支距。

(2)计算任意点P到ZH的弦长(依据支距)。

(3)计算任意点P到ZH点的连线与(支距的)x轴的夹角(依据支距)。

(4)计算ZH点到任意点P相应边的方位角。

(5)计算任意点P的坐标。

3.10 设置缓和曲线时有关曲线的线形

3.10.1 标准形曲线

(1)设计速度大于或等于60km/h时,缓和曲线作为线形要素加以应用。

缓和曲线:圆曲线:缓和曲线的长度以接近1:1:1为宜。两个缓和曲线的参数,也可以根据地形条件,设计成非对称的曲线,但$A_1:A_2$不应大于2.0。

(2)缓和曲线参数,宜根据地形及线形要求确定,并与圆曲线半径相协调。在确定缓和曲线参数时,宜在$R/3 \leq A \leq R$范围内选定,且应满足:

①当R小于100m时,A宜大于或等于R。

②当R接近于100m时,A宜等于R。

③当R较大或接近于3000m时,A宜等于$R/3$。

④当R大于3000m时,A宜小于$R/3$。

3.10.2 两相邻同向圆曲线上卵形曲线

两相邻同向圆曲线径向衔接或插入的直线长度不足6倍设计速度时,可用缓和曲线将两同向圆曲线连接成卵形曲线,有以下规定:

(1)卵形曲线的缓和曲线参数,宜在$R_2/2 \leq A \leq R_2$(R_2为小圆半径)范围的选定。

(2)两圆曲线半径之比,$R_2/R_1=0.2 \sim 0.8$为宜。

(3)两圆曲线的间距,以$D/R_2=0.003 \sim 0.08$为宜,D为两圆曲线最小间距。

3.10.3 两相邻反向圆曲线上S形曲线

两相邻反向圆曲线径向衔接或插入的直线长度不足2设计速度时,可用缓和曲线将两反向圆曲线连接成S形曲线,应满足:

(1)S形曲线的两缓和曲线参数A_1与A_2宜相等。

(2)当两缓和曲线参数不同时,A_1与A_2之比应小于2.0。有条件时,以小于1.5为宜。当$A_2 \leq 200$时,A_1与A_2之比应小于1.5。

（3）两圆曲线半径之比不宜过大，以 R_1 与 R_2 之比≤2.0 为宜（R_1 为大圆曲线半径，R_2 为小圆曲线半径）。

3.10.4 凸形曲线

受地形条件限制时，可将两同向缓和曲线在曲率相同处径相衔接组合为凸形曲线。凸形曲线只有在路线严格受地形限制，且对接点的曲率半径相当大时方可采用。这里凸形曲线是平面上的凸形曲线，注意区别纵断面上的凸形竖曲线，应满足：

（1）凸形曲线的缓和曲线参数及其对接点的曲率半径，应分别符合容许最小缓和曲线参数和圆曲线最小半径的规定。

（2）对接点附近的0.3设计速度长度范围内，应保持以对接点的曲率半径确定的路拱横坡度。

3.10.5 C形曲线

受地形条件或其他特殊情况限制时，可将两同向圆曲线的缓和曲线曲率为零处径相衔接而组合为C形曲线。C形曲线仅限于地形条件特殊困难时方可采用。

3.10.6 复合曲线

受地形条件限制时，大半径圆曲线与小半径圆曲线相衔接处，可采用两个或两个以上同向缓和曲线在曲率相同处径相连接而组合为复合曲线。复合曲线的两个缓和曲线参数指标以小于1.5为宜。复合曲线在受地形条件限制，或互通式立体交叉的匝道设计中可采用。

复习思考题

3.1 标准形曲线的主点有哪些？分别解释这些主点。要求以某具体的交点为例画出平面示意图。

3.2 分别写出圆曲线和标准形曲线的下一个交点里程计算通用公式，举例说明。要求以某具体的交点为例画出平面示意图。

3.3 增设缓和曲线后曲线的变化是什么？

3.4 设置缓和曲线和缓和段的条件分别是什么？

3.5 分别以表格形式完成下列内容：

（1）已知M线为三级公路，设计速度40km/h的，无超高半径600m，半径 R≤250m 需要加宽。交点 JD_4、JD_5、JD_6 和 JD_7 的圆曲线半径分别为200m、300m、500m和800m。这些交点是否加宽与超高？是否设置缓和曲线？

（2）已知N线为四级公路，设计速度30km/h，无超高半径350m，半径 R≤250m 需要加宽。交点 JD_{12}、JD_{13}、JD_{14} 和 JD_{15} 的圆曲线半径分别为200m、300m、500m和800m。这些交点是否加宽与超高？是否设置缓和段？

3.6 如果基于坐标法采用全站仪，标准形曲线的测设流程是什么？

3.7 某三级公路,两个相邻半径相差较大的同向复曲线,其中半径较大的圆曲线半径小于无超高半径,在两个圆曲线的衔接处如何处理?要求以某具体的交点绘制平面示意图。

3.8 以某交点为例绘制第一缓和曲线和第二缓和曲线各自支距系建立的平面示意图。

3.9 写出标准形曲线的曲线要素计算的简化式,分别说明其符号意义。

3.10 写出标准形曲线的所夹圆曲线长度的两个计算公式。

3.11 比较圆曲线和标准形曲线的主点里程计算公式的异同点。

3.12 标准形曲线的中桩分哪几类?

3.13 标准形曲线的测设方法有哪几类?目前常用什么方法?

3.14 已知 JD_7 K6+920.31。JD_6 到 JD_7 的链距 501.72m,该边方位角 98°19′56″。JD_6(7723.18,8032.11)。JD_7 到 JD_8 的链距 932.71m。JD_7 的左转角 18°23′17″,半径 800m,缓和曲线长 160m,切线 209.67m,主点 ZH K6+710.63、HY K6+870.63、QZ K6+919.01、YH K6+967.38、HZ K7+127.38。采用 Excel 计算 JD_7 的标准形曲线的坐标,并在 YH 点实行校核。完善下面的表格,见表3-10。

标准形曲线的坐标计算 Excel 表   表3-10

中桩桩号	数字桩号	距起点弧长	距起点距离	到起点偏角(rad)	到起点方位角(rad)	x (m)	y (m)	备注
ZHK6+710.63						7680.86	8321.08	
+720								计算起点 ZH
+740								计算起点 ZH
+760								计算起点 ZH
+780								计算起点 ZH
+800								计算起点 ZH
+820								计算起点 ZH
+840								计算起点 ZH
+860								计算起点 ZH
HYK6+870.63								计算起点 ZH
+880								计算起点 HY
+890								计算起点 HY
+900								计算起点 HY
+910								计算起点 HY
QZK6+919.01								计算起点 HY

续上表

中桩桩号	数字桩号	距起点弧长	距起点距离	到起点偏角(rad)	到起点方位角(rad)	x (m)	y (m)	备注
+930								计算起点HY
+940								计算起点HY
+950								计算起点HY
YHK6+967.38								计算起点HY
YHK6+967.38								计算起点HZ
+980								计算起点HZ
K7+000								计算起点HZ
+020								计算起点HZ
+040								计算起点HZ
+060								计算起点HZ
+080								计算起点HZ
+100								计算起点HZ
+120								计算起点HZ
HZK7+127.38						7687.06	8734.98	

3.15 已知JD_4 K2+924.77，半径920m，左转角27°16′37″，缓和曲线长120m。链距K_{45}=874.36m。计算并完成下列内容：

(1)计算JD_4的曲线要素。

(2)计算JD_4的主点里程。

(3)布置JD_4的标准形曲线的中桩。

(4)计算JD_5的里程。

3.16 已知JD_4 K2+924.77，半径920m，左转角27°16′37″，缓和曲线长120m，ZH K2+641.39、HY K2+761.39、QZ K2+920.39、YH K3+079.38和HZ K3+199.38，ZH(9736.11，6432.27)。边JD_3到JD_4的方位角106°13′26″。链距K_{45}=874.36m。计算：(1)JD_4的HZ点的坐标。(2)JD_4的标准形曲线的坐标。

3.17 已知JD_7 K5+024.11，半径620m，左转角20°12′55″，缓和曲线长80m，JD_7到JD_8的链距874.36m。JD_7的切线长和外距尾加数分别为40.08m和0.44m。计算并完成下列内容：(1)JD_7的主点里程。(2)JD_8的里程。

3.18 已知JD_7 K5+024.11，半径620m，左转角20°12′55″，缓和曲线长80m，切线长150.60m、曲线长298.75m、外距10.21m。JD_7到JD_8的链距874.36m。计算下列内容：

(1)JD$_7$的缓和曲线的总中心角。

(2)JD$_7$的曲线的内移值。

(3)JD$_7$增设缓和曲线后切线增长值。

(4)JD$_7$的缓和曲线的总偏角。

(5)JD$_7$的缓和曲线的反偏角。

3.19 已知JD$_7$ K5+024.11,半径620m,左转角20°12′55″,缓和曲线长80m,切线长150.60m、曲线长298.75m、外距10.21m,主点ZH K4+873.51、HY K4+983.53、QZ K5+022.89、YH K5+092.27、HZ K5+172.27。JD$_7$到JD$_8$的链距874.36m。存在断链等式改K5+613.72=原K5+500,已知JD$_8$的ZY K5+661.72。分析计算:

(1)计算改K5+613.72=原K5+500的断链长度,分析断链类型。

(2)计算JD$_7$的ZH到JD$_8$的ZY之间的实际长度。

(3)分别计算JD$_7$的ZH到JD$_8$的ZY的曲线、缓和曲线、圆曲线、直线长度。

(4)分析JD$_7$的ZH到HZ之间任意两个中桩的实际长度与断链有关联吗?

(5)断链桩宜设置在哪些位置?

3.20 已知JD$_7$到JD$_8$的链距932.71m。JD$_7$ K6+920.31,左转角18°23′17″,半径800m,缓和曲线长160m,切线和外距分别为209.67m和11.76m,主点ZH K6+710.63、HY K6+870.63、QZ K6+919.01、YH K6+976.38和HZ K7+127.38。已知K$_{67}$=501.72m,边JD$_6$至JD$_7$的方位角98°19′56″,JD6(7723.18,8032.11)。要求绘出该交点平面示意图,并标识出主要点位。按照先后顺序依次计算JD$_7$及其ZH、QZ和K6+720的坐标。

3.21 已知某线起点K1+256.32,JD$_7$ K6+920.31,终点K68+526.89。K$_{67}$=501.72m,K$_{78}$=932.71m。已知JD$_6$(7723.18,8032.11),边JD$_6$~JD$_7$的方位角98°19′56″。JD$_7$的左转角18°23′17″,圆曲线半径800 m,缓和曲线长160 m,JD$_7$的切线长和外距的尾加数分别为80.18m和1.35m。全线存在唯一断链:改K2+320=原K3+320。完成下列内容:

(1)画出全线平面示意图,要求包含起点、断链桩、终点,包含JD$_6$、JD$_7$和JD$_8$,包含JD$_7$的标准形曲线的主点。绘制平面示意图应依据边JD$_6$~JD$_7$的方位角大致方向。

(2)写出JD$_7$的QZ点的坐标计算路径。

(3)画出JD$_7$的QZ点的坐标计算大样图,计算JD$_7$的QZ点的坐标。

扩展阅读

[1] 中华人民共和国交通运输部.公路路线设计规范:JTG D20—2017[S].北京:人民交通出版社股份有限公司,2017.

[2] 中华人民共和国交通运输部.公路工程技术标准:JTG B01—2014[S].北京:人民交通出版社,2014.

［3］唐心能,王毅,黄显彬.线路设计中圆曲线和缓和曲线里程计算的CASIOFX-4500P程序编制及应用[J].黑龙江交通科技,2011,207(5):2-3.

［4］张驰,潘兵宏,杨宏志.道路勘测设计[M].6版.北京:人民交通出版社股份有限公司,2023.

［5］孙家驷,李松青,王卫花.道路勘测设计[M].4版.北京:人民交通出版社股份有限公司,2020.

第 4 章 弯道加宽与超高

弯道加宽与超高隶属平面设计和横断面设计,鉴于涉及内容多且难度大,把这部分内容剥离出来,单列成章。

弯道加宽与超高是本书的重点章之一,主要阐述了圆曲线的全加宽、线性渐变方式加宽、基于边轴旋转法的圆曲线全超高、基于边轴旋转法的缓和段超高,诠释了设计高程、特征点和特征值,介绍了加宽值的确定、四次抛物线渐变方式加宽、有中间带公路的缓和曲线超高。

4.1 弯道加宽

4.1.1 加宽值的确定

汽车在圆曲线(弯道)上行驶时,由于各个轮的轮迹半径不同,导致车体占有的宽度比在直线上行驶时要宽。为确保行车安全,当圆曲线半径较小时,需要对弯道的行车道进行加宽处理。车辆在小半径圆曲线转弯时,前后轮会划过不同的曲线轮迹,由于车体外廓是矩形刚体,导致部分车身横向移出车道;同时车辆一定转速的前轴操纵使车身也存在一定的摆幅,在圆曲线路段进行加宽,就是为了给车辆转弯提供合理的空间。弯道加宽一般指行车道加宽,又称为路面加宽。路肩一般不加宽。

图 4-1 表示四级公路(代表无中央分隔带的公路)正常路拱示意图。其中,B 为路基宽度,b 为行车道宽度,a 为路肩宽度,i_1 为路拱横坡段,i_0 为路肩横坡段,h_0 为车道中线的特征值,$Z(Y)$ 表示左(右)侧路基边缘点,O 表示车道中线点,$C(D)$ 表示左(右)侧路面边缘点(见 4.2.1 节)。

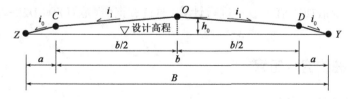

图 4-1 正常路拱示意图

图 4-2 表示四级公路(代表无中央分隔带的公路)弯道加宽示意图。其中,JD_2 为交点(编号为 2),ZY、QZ 和 YZ 分别为圆曲线主点(见 2.3.1 节),b_j 为圆曲线全加宽值(见 4.1.2 节),l_h 为缓和段长度(见 4.1.3 节)。

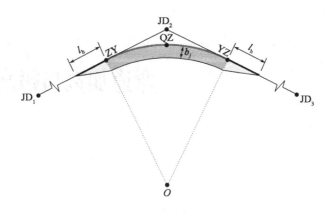

图 4-2 弯道加宽示意图

图 4-3 中,对于单车道,汽车沿中线方向行驶,若前保险杠 A 保持在中线上,后保险杠 B 偏离中线,需要增加行车道加宽值 e_d。在直角三角形 ABO 中,$OA^2=OB^2+AB^2$,得式(4-1)。

$$R^2 = (R - e_d)^2 + L^2 \quad (4-1)$$

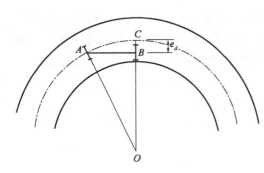

图 4-3 加宽值公式计算示意图

式中:L——汽车前后保险杠之间的距离,m;
e_d——单车道的行车道加宽值,m;
其余符号意义同前。

式(4-1)中,e_d 较小,因此 $e_d^2 \approx 0$,整理得式(4-2)。

$$e_d = \frac{L^2}{2R} \quad (4-2)$$

理论上讲,对于双车道,加宽值 e_s 为单车道加宽值 e_d 的 2 倍,见式(4-3)。

$$e_s = 2e_d = \frac{L^2}{R} \quad (4-3)$$

交通部门综合考虑圆曲线半径和设计速度引起的摆动值,按式(4-4)计算。

$$e_s = \frac{L^2}{R} + \frac{0.05v_s}{\sqrt{R}} \quad (4-4)$$

式中:e_s——双车道加宽值,m;
v_s——设计速度,km/h;
其余符号意义同前。

实际工程中,弯道加宽值一般不进行计算,通过查询《规范》(JTG D20—2017)直接确定,见表 4-1。

4.1.2 圆曲线的全加宽

1)《规范》规定的加宽值

当二级、三级和四级公路的圆曲线半径小于或等于 250m 时,应设置加宽。双车道公路路面加宽值,见表 4-1。高速公路和一级公路一般不加宽,因其车道本身就比一般道路宽,且车道数量更多。

双车道路面加宽值　　　　　　　　　　　　表4-1

加宽类别	设计车辆	圆曲线半径(m)							
		200~250	150~200	100~150	70~100	50~70	30~50	25~30	20~25	15~20
1	小客车	0.4	0.5	0.6	0.7	0.9	1.3	1.5	1.8	2.2
2	载重汽车	0.6	0.7	0.9	1.2	1.5	2.0	—	—	—
3	铰接列车	0.8	1.0	1.5	2.0	2.7	—	—	—	—

圆曲线加宽值应根据公路功能、技术等级和实际交通组成确定，并应符合下列规定：

(1)作为干线的二级公路，应采用第3类加宽值。

(2)作为集散的二级公路和三级公路，在考虑铰接列车通行时，应采用第3类加宽值；不考虑铰接列车通行时，应采用第2类加宽值。

(3)作为支线的三级、四级公路可采用第1类加宽值。

(4)有特殊车辆通行的专用公路应根据特殊车辆验算确定其加宽值。

显然，车辆越大，加宽值越大；半径越小，加宽值越大。

2)加宽设置

《规范》(JTG D20—2017)规定：分向行驶的公路通常按内、外两侧分别加宽。同向双车道，一般采用平均分配的方式加宽内、外两个车道。为了简便，本教材仅考虑在弯道内侧加宽，不考虑内、外两侧分别加宽，也不考虑平均分配的方式加宽。在纬地软件中，通过数据文件实现加宽设置，设计人员可以根据需要设置宽度参数。

加宽设置要求如下：

(1)圆曲线半径 $R \leqslant 250$m 时，二级、三级和四级公路需要设置加宽。

(2)在圆曲线 ZY~YZ 范围内为恒定不变的全加宽值 b_j，见图4-2。

(3)加宽部分的路面厚度和结构与行车道匹配，加宽部分的横坡度与其相应断面的行车道横坡度一致，见图4-7c)和图4-7d)。

4.1.3 缓和段(缓和曲线)分类及长度

1)缓和段(缓和曲线)的分类

按是否加宽与超高，将缓和段(缓和曲线)分为三类：加宽缓和段、超高缓和段(缓和曲线)、同时具有加宽和超高的缓和段(缓和曲线)。下面针对无中央分隔带的公路(简称一般公路)分析这几种分类。有中央分隔带公路的超高，见4.2.5节。

(1)加宽缓和段。

加宽缓和段，指仅需要设置加宽、无须设置超高的缓和段。"加宽缓和段"单独应用的场景较少，只有在设计速度为20km/h的四级公路中，于以两种情况可能出现：

①当路拱横坡度 $\leqslant 2\%$ 且 $150\text{m} < R \leqslant 250\text{m}$(无超高半径150m)，可能出现加宽缓和段。

②当路拱横坡度 $> 2\%$ 且 $200\text{m} < R \leqslant 250\text{m}$(无超高半径200m)，可能出现加宽缓和段。

(2)超高缓和段(缓和曲线)。

超高缓和段(缓和曲线)，指仅需要设置超高、无须设置加宽的缓和段(缓和曲线)。"超高缓和段(缓和曲线)"单独应用的情况也是比较少的，只有在设计速度30km/h的三级公路(三级公路设缓和曲线)或四级公路(四级公路设缓和段)中，于以下两种情况可能出现：

①当路拱横坡度≤2%且250m<R<350m(无超高半径350m),可能出现"超高缓和段(缓和曲线)"。

②当路拱横坡度>2%且250m<R<450m(无超高半径450m),可能出现"超高缓和段(缓和曲线)"。

(3)加宽超高缓和段(缓和曲线)。

加宽超高缓和段(缓和曲线),指在这一缓和过程中,既有加宽的同时又有超高。

符合"加宽超高缓和段"的情形是较为常见的。

2)缓和段(缓和曲线)长度

为了简便,上述几种情况下的缓和段(缓和曲线)长度本书统一采用l_h表示。

(1)缓和曲线长度l_h,按式(3-6)计算。同一设计速度下,圆曲线半径越小,缓和曲线就越长。

(2)缓和段(缓和曲线)长度应不小于《规范》规定的最小值,见表3-4。

(3)加宽缓和段(缓和曲线)长度,按1:15加宽渐变率计算,且不小于10m。

(4)超高缓和段(缓和曲线)长度,按式(4-5)计算。

$$l_c = \frac{b'\Delta_i}{p} \tag{4-5}$$

式中:b'——超高旋转中心轴至行车道(设路缘带时为路缘带)外侧边缘宽度,m;

Δ_i——超高横坡度i_b与路拱横坡度i_1的代数差,%,当绕内边轴旋转时,$\Delta_i = i_b$,i_b指超高横坡度;当绕中轴旋转时,$\Delta_i = i_b + i_1$;

p——超高渐变率,见表4-2;

其余符号意义同前。

超高渐变率   表4-2

设计速度(km/h)	超高旋转轴位置	
	(车道)中线	(内侧车道)边线
120	1/250	1/200
100	1/225	1/175
80	1/200	1/150
60	1/175	1/125
40	1/150	1/100
30	1/125	1/75
20	1/100	1/50

(5)加宽超高缓和段(缓和曲线)长度,取加宽缓和段(缓和曲线)长度和超高缓和段(缓和曲线)中的较大者,常取10m倍数。

(6)考虑标准形曲线中三段曲线长度大致接近,即缓和曲线:圆曲线:缓和曲线大致比例1:1:1。

4.1.4 线性渐变方式加宽

《规范》(JTG D20—2017)要求加宽过渡段的渐变应尽量保证变化自然、平滑,避免突变以满足安全行车的需要,这里加宽过渡段指加宽缓和段(缓和曲线)。加宽过渡的渐变方式可根据需要采用线性或高次抛物线方式。高速公路(包括主线收费站、互通立交收费站等位置)、一级公路以及对路容有要求的其他公路的加宽过渡通常采用四次抛物线渐变方式。二级、三级和四级公路的加宽过渡也有采用线性渐变方式加宽的。设置超高缓和段(缓和曲线)时,加宽过渡段长度应采用与超高过渡段长度相同的数值,即在同一个过渡段内既可以满足加宽又能够满足超高过渡的要求。

线性加宽渐变方式,分为三角形比例法和缓和切线法。

1)三角形比例法

实际工程中,为了计算和施工方便,二级、三级和四级公路的加宽过渡常采用三角形比例法。

三角形比例法简单、直观,便于计算和施工,但是会在 ZY 点和 YZ 点形成拐点,见图 4-2 和图 4-4。

图 4-4 中,b_j 为圆曲线从 ZY 到 YZ 的行车道全加宽值,l_h 为缓和段长度,x 为缓和段任意点 P 到缓和段起点 O 的距离,其相应的加宽值为 b_x。在直角三角形 OAB 和 OPQ 中,按照三角形比例法,容易推出式(4-6)和式(4-7)。

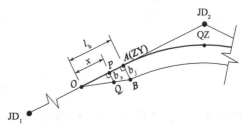

图 4-4 三角形比例法示意图

$$\frac{b_x}{b_j} = \frac{x}{l_h} \tag{4-6}$$

$$b_x = \frac{x}{l_h} b_j \tag{4-7}$$

式中:b_x——缓和段任意点 P 的行车道内侧加宽值,m;

x——缓和段任意点 P 到缓和段起点 O 的距离(中线长度),m;

其余符号意义同前。

2)缓和切线法

为了消除缓和段 ZY 和 YZ 断面的拐点,可采用缓和切线法(图 4-5)。

(1)缓和切线法的绘图步骤。

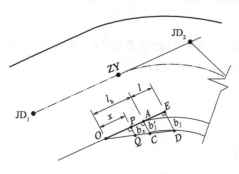

图 4-5 缓和切线法示意图

图 4-5 中,在内侧车道边缘的缓和段起点 O,沿圆曲线起点 A(未加宽前 ZY 断面相应内侧车道边缘点),连接 OA。沿着未加宽前内侧路面边缘方向 OA 延长到 E,使 $AE = l$;过 E 作 $ED \perp OE$,并截取 $ED = b_j$(圆曲线的全加宽值)。连接 OD,即为加宽后的内侧路面边缘,此时 D 点是直线 OD 和全加宽内侧路面边缘相切点。过 A 作 $AC \perp OE$,AC 交 OD 于 C 点,$AC = b_j'$,即为 ZY 断面的加宽值。缓和段任意点 P 到缓和段起点距离(中线长度)为 x,过 P 作 $PQ \perp OE$,PQ 交 OD 于 Q,$PQ = b_x$,即缓和段任意点的加宽值。

(2)延长线长度 l 的计算。

延长线 AE 的长度 l,按式(4-8)计算。

$$l = K \times \frac{R}{l_j} \times b_j \tag{4-8}$$

式中：l——延长线 AE 长度，m；

K——修正系数，见表4-3；

其余符号意义同前。

缓和切线法修正系数 K 表4-3

加宽缓和段长度		10m	15m	20m	25m	≥30m
圆曲线半径	≤30m	0.90	0.94	0.95	0.96	0.97
	>30m	0.80	0.88			

圆曲线起点 A（ZY 断面相应点）加宽值 b_j' 的计算按照图 4-5 中直角 △OAC 和直角 △OED 三角形比例进行推导计算，推导出式(4-9)和式(4-10)。

$$\frac{b_j'}{b_j} = \frac{l_h}{l_h + l} \tag{4-9}$$

$$b_j' = \frac{l_h}{l_h + l} b_j \tag{4-10}$$

式中：b_j'——圆曲线起点 A（ZY 相应断面）的加宽值，m；

l——按式(4-8)计算延长线的长度，m；

其余符号意义同前。

（3）缓和段任意点 P 加宽值 b_x 的计算。

缓和段任意点 P 的加宽值，依据直角 △OPQ 和直角 △OED 比例关系，推导出式(4-11)和式(4-12)。

$$\frac{b_x}{b_j} = \frac{x}{l_h + l} \tag{4-11}$$

$$b_x = \frac{x}{l_h + l} b_j \tag{4-12}$$

式中：b_x——缓和段任意点 P 的加宽值，m；

x——缓和段任意点到缓和段起点的距离（中线长度），m；

其余符号意义同前。

从式(4-7)可以看出，基于三角形法，ZY 断面的加宽值等于圆曲线的全加宽值 b_j。从式(4-10)可以看出，基于缓和切线法，ZY 断面的加宽值 b_j' 并不等于圆曲线的全加宽值 b_j。

4.1.5 四次抛物线渐变方式加宽

四次抛物线渐变方式设计的加宽过渡段，按式(4-13)计算加宽值。

$$b_x = \left[4\left(\frac{x}{l_h}\right)^3 - 3\left(\frac{x}{l_h}\right)^4 \right] \times b_j \tag{4-13}$$

式中：b_x——缓和曲线任意点的加宽值，m；

b_j——标准形曲线从 HY 到 YH 的全加宽值，m；

x——缓和曲线任意点 P 到缓和曲线起点 ZH 或 HZ 的距离（中线长度），m；

l_h——缓和曲线长度，m。

4.2 弯道超高

4.2.1 设计高程与特征值

1）设计高程

(1)《规范》(JTG D20—2017)规定的设计高程。纵断面上的设计高程,即路基设计高程:路基设计高程应符合下列规定。

①新建公路的设计高程。高速和一级公路宜采用中央分隔带的外侧边缘高程;二级、三级和四级公路宜采用路基边缘高程,在设置加宽、超高路段为设加宽、超高前该处边缘高程。

②改建公路的路基设计高程。宜按新建公路的规定执行,也可视具体情况而采用中央分隔带中线或行车道中线高程。

(2)设计上采用的设计高程。

对于新建和改建的二级、三级和四级公路,设计上常采用路面结构层顶面的行车道中线高程作为设计高程,如图4-6中所示设计高程点为 O 点。当设计高程采用路面结构层顶面高程时,计算土石方时填方体积应减去路槽体积,挖方体积应加上路槽体积。

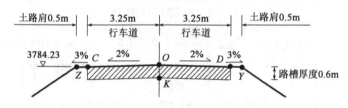

图4-6 K26+360路面结构示意图

事实上,对于一个固定的中桩,只要确定了其设计高程点及其对应的设计高程,其余特征点的高程就可以依据这个设计高程点的设计高程进行换算,具体方法可参见复习思考题4.17。

2）设计高程点的位置

为了清晰展示一般公路(二级、三级和四级公路)的设计高程点特征,特绘制了典型路基断面图示,具体如图4-7所示。关于该图以三级公路为例,其设计速度为30km/h,双车道,一个车道宽度为3.25m,硬路肩宽度为0.5m(《规范》中规定三级公路可不设置硬路肩),土路肩宽度为0.5m,路拱横坡度为2%,路肩横坡度为3%,路基宽度为8.50m。

(1)改建公路的设计高程点。

当为改建公路时,采用路面结构层顶面的行车道中线的高程作为设计高程,图4-7a)、图4-7b)、图4-7c)和图4-7d)的设计高程点为 O 点。填方高度或挖方深度为 O 点到 M 点的高差, M 点为中桩的地面点。

(2)新建公路的设计高程点。

当为新建公路时,按《规范》上宜采用路基边缘高程作为设计高程。

①新建公路正常路拱的填方路堤(代表性中桩K6+560),设计高程点为土路肩边缘 Z 点和 Y 点,见图4-7a)。填方高度为 Z 点或 Y 点到 M 点的高差。

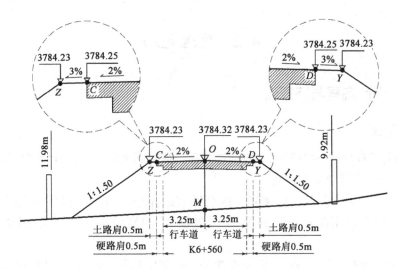

a) 正常路拱的填方路堤

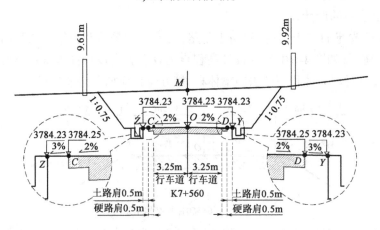

b) 正常路拱的挖方路堑

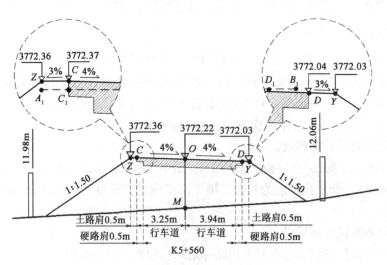

c) 加宽超高路拱的填方路堤

图 4-7

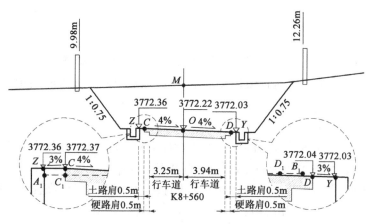

d)加宽超高路拱的挖方路堑

图 4-7 典型路基横断面图

②新建公路正常路拱的挖方路堑(代表性中桩 K7+560),设计高程点为土路肩边缘 Z 点和 Y 点,见图 4-7b)。挖方深度为 Z 点或点 Y 到点 M 的高差。

③新建公路的加宽超高路拱的填方路堤(代表性中桩 K5+560),设计高程点为加宽未超高前的路基边缘的 A_1 点或 B_1 点,见图 4-7c)。填方高度为 A_1 点或 B_1 点到 M 点的高差。

④新建公路的加宽超高路拱的挖方路堑(代表性中桩 K8+560),设计高程点为加宽未超高前的路基边缘的 A_1 点或 B_1 点,见图 4-7d)。挖方深度为 A_1 点或 B_1 点到 M 点的高差。

3)特征点

这里,引入"特征点"新术语。特征点指具有特定结构层及特定位置的点位,它既可以指路面特征点,又可以指路基特征点。

(1)一般公路的特征点。

从宽度来说,特征点包括左侧路基边缘点、行车道中线点、右侧路基边缘点等点位,必要时也可包括左侧路面边缘点、右侧路面边缘点等点位。

从结构来说,下面以"行车道中线点"为例来分析特征点:当仅考虑路基(不考虑路面)时,"行车道中线点"指"路基结构层顶面的行车道中线点"。当仅考虑路面(不考虑路基)时,"行车道中线点"指"路面结构层顶面的行车道中线点"。

一般公路的特征点,常用左侧路基边缘点、行车道中心点(又称中线点)和右侧路基边缘点,分别简称左基点、中心点和右基点。其中,左侧路基边缘点指左侧路肩(土路肩或硬路肩)外边缘点;右侧路基边缘点指右侧路肩(土路肩或硬路肩)外边缘点。

对于无加宽无超高断面,左基点 Z、中心点 O、右基点 Y,见图 4-1。对于有加宽超高断面,左基点 Z、中心点 O、右基点 Y,见图 4-8。

(2)有中央分隔带公路的特征点。

有中央分隔带公路的特征点包括中央分隔带中线点、中央分隔带外侧边缘点、行车道左(右)侧路缘带右边缘点、左(右)侧硬路肩右边缘点(即土路肩左边缘点)、土路肩右侧边缘点等,

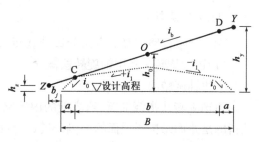

图 4-8 全超高全加宽路拱的特征点

见图 4-18。

4)特征值

在"特征点"基础上,延伸引出"特征值"新术语。特征值指特征点与其设计高程的高差。图 4-1 和图 4-8 中,左基点 Z 的特征值用 h_z 表示,中心点 O 的特征值用 h_0 表示,右基点 Y 的特征值用 h_y 表示。

一个固定的中桩,其特征值大小与其位置的相互关系如下:

(1)特征值 $h>0$,表示该特征点的高程大于设计高程,该点位于设计高程点之上。如图 4-1 中的中心点 O 和 h_0、图 4-8 中的中心点 O 和 h_0、右基点 Y 和 h_y。

(2)特征值 $h=0$,表示该特征点的高程等于设计高程,该点与设计高程点等高。如图 4-1 中的左基点 Z 和 $h_z=0$、右基点 Y 和 $h_y=0$。

(3)特征值 $h<0$,表示该特征点的高程小于设计高程,该点位于设计高程点之下。

4.2.2 超高方式与超高设置

1)超高方式分类

(1)无中间带公路的超高方式。

当超高横坡度等于路拱坡度时,将外侧车道绕路中线旋转,直至超高横坡度;当超高横坡度大于路拱横坡度时,应采用绕内侧车道边缘旋转、绕路中线旋转或者绕外侧车道边缘旋转的方式,设计中应视情况确定。

①新建公路的超高方式。

新建公路常采用绕内侧车道边缘旋转的超高方式,简称边轴旋转法。本教材重点介绍边轴旋转法。

②改建公路的超高方式。

改建公路常采用绕路中线旋转的超高方式,简称中轴旋转法。

此外,路基外缘高程受限制或路容美观有特殊要求时,可采用绕外侧车道边缘旋转的方式。

(2)有中间带公路的超高方式。

有中间带公路的超高方式,应采用绕中间带的中心线旋转、绕中央分隔带边缘旋转或分别绕行车道中线旋转的方式,设计中应视下列情况确定。

①有中间带的公路均可采用绕中央分隔带边缘旋转的方式(常用)。

②中间带宽度较小的公路还可采用绕中间带中心线旋转的方式。

③车道数大于4条的公路可采用分别绕车道中心线旋转的方式。

(3)采用分离式路基断面的公路,其超高过渡方式宜按无中间带公路分别予以过渡。

2)边轴旋转法

无中间带公路超高的方法分边轴旋转法和中轴旋转法。

(1)边轴旋转法和中轴旋转法概念。

①边轴旋转法。

边轴旋转法指绕加宽、超高前的内侧路面边缘为旋转中心轴完成超高的方法。旋转中心轴指的是路面结构层顶面的内侧车道边缘(图 4-8 中的 C 点)。

②中轴旋转法。

中轴旋转法指绕路中线为旋转中心轴完成超高的方法。旋转中心轴指的是路面结构层顶面的路中线。

(2)边轴旋转法的超高设置。

对于无中间带的新建公路,比较超高横坡度i_b和路拱横坡度i_1的大小,按下面三种情况进行超高设置。

①当$i_b>i_1$时,按i_b完成超高设置。

此时可以理解为圆曲线半径较小,超高横坡度较大,$i_b>i_1$,按超高横坡度i_b完成超高设置。完成超高总体有两个循序渐进过程:

第一个过程,将外侧车道绕路中线(路面顶面的车道中线)旋转,由外侧路拱横坡度$-i_1$旋转直至内侧路拱横坡度$+i_1$,$-i_1$中的"$-$"表示与内侧路拱横坡度或超高横坡度方向相反的路拱横坡度方向。

第二个过程,将整个路拱绕旋转中心轴(路面顶面的内侧路面边缘)旋转,直至超高横坡度i_b。

②当$i_b=i_1$时,按i_b或i_1完成超高设置。

此时可以理解为圆曲线半径匹配有超高,但超高横坡段不大,恰好$i_b=i_1$,应按超高横坡度i_b或路拱横坡度i_1完成超高设置。将外侧路拱绕路面中心(路面顶面的车道中线)旋转,由外侧路拱横坡度$-i_1$旋转直至内侧路拱横坡度$+i_1$,这就完成了缓和段的超高。

③当$i_b<i_1$时,按i_1完成超高设置。

此时可以理解为圆曲线半径较大,超高横坡度很小,$i_b<i_1$,应按照路拱横坡度i_1完成超高设置,这与上述情况②基本相同。

3)超高横坡度

最大超高超高横坡度按《规范》(JTG D20—2017)取值,见表2-1。不同设计速度的圆曲线半径与相应的超高横坡度,参见《规范》条文说明中的圆曲线半径与超高值表。

4.2.3 基于边轴旋转法的圆曲线全超高

本节主要以下列背景分析新建公路基于边轴旋转法的全超高:四级公路的小半径圆曲线,超高横坡度i_b大于路拱横坡度i_1,同时具有加宽和超高,设置缓和段。

1)全超高范围

(1)设置缓和段时的全超高范围。

圆曲线的起终点(ZY~YZ)之间的断面设置全超高,其超高横坡度i_b。

(2)设置缓和曲线时的全超高范围。

当二级和三级公路设置标准形曲线时,所夹圆曲线起终点(HY~YH)之间的断面设置全超高,其超高横坡度i_b。缓和曲线全超高的设置和计算与缓和段基本相同。

2)全超高断面的特征值

图4-9中,加宽值b_j绘在路基边缘外侧,这是为了便于分析计算。

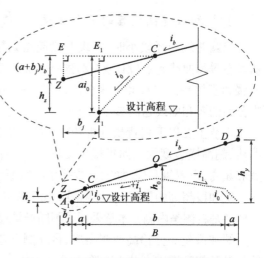

图4-9 全加宽全超高断面的特征点及特征值

前述,有加宽超高的路基设计高程,指加宽未超高前的路基边缘的高程。计算时考虑该设计高程点为基准点,该设计高程点的设计高程为基准高程。

特征值计算应抓住设计高程点和旋转中心轴两个关键点。按照"特征值=横向宽度×横坡度"比较容易计算特征点的特征值(高差),计算方法如下。

(1)外侧路基边缘点的特征值。

结合图4-9分析全加宽全超高的外侧路基边缘点的特征值,见式(4-14)。

$$h_w^q = ai_0 + bi_b + ai_b = ai_0 + (a+b)i_b \tag{4-14}$$

式中:h_w^q——全加宽全超高断面的外侧路基边缘点的特征值,m;这里h_w^q,w表示外侧,q表示全加宽全超高;h_w^q在图4-9中为右基点Y的特征值h_y;

其余符号意义同前。

(2)中心点的特征值。

结合图4-9分析全加宽全超高断面的中心点的特征值,见式(4-15)。

$$h_0^q = ai_0 + \frac{b}{2}i_b \tag{4-15}$$

式中:h_0^q——全加宽全超高断面的中心点的特征值,m;这里h_0^q,0表示行车道中心点,q表示全加宽全超高;h_0^q在图4-9中为中心点O的特征值h_0;

其余符号意义同前。

(3)内侧路基边缘点的特征值。

结合图4-9分析全加宽全超高的内侧路基边缘点的特征值,见式(4-16)。

$$h_n^q = ai_0 - (a+b_j)i_b \tag{4-16}$$

式中:h_n^q——全加宽全超高的内侧路基边缘点的特征值,m;这里h_n^q,n表示内侧,q表示全加宽全超高;h_n^q在图4-9中为左基点Z的特征值h_z;

其余符号意义同前。

4.2.4 基于边轴旋转法的缓和段超高

1)缓和段超高设置的三个阶段

当圆曲线半径较小时,在缓和段起点到缓和段终点(ZY或YZ)之间设置缓和段。标准形曲线在缓和曲线起点(ZH或HZ)到缓和曲线终点(HY或YH)之间设置缓和曲线。本节主要介绍缓和段超高。二级和三级公路的缓和曲线超高的设置与计算与缓和段基本相同。有中间带公路的缓和曲线超高参见4.2.5节。

本节主要以下列背景分析新建公路基于边轴旋转法的缓和段超高:四级公路的小半径圆曲线,超高横坡度大于路拱横坡度($i_b > i_1$),路肩横坡度大于路拱横坡度($i_0 > i_1$),同时具有加宽和超高,设置缓和段,加宽过渡采用线性渐变方式中的三角形比例法。

缓和段超高的设置过程,见图4-10和图4-11。为了让读者厘清加宽和超高的侧别(左侧是内侧还是右侧是内侧),本章采用了不同场景,图4-10表示左侧为内侧,图4-11表示右侧是内侧。

缓和段超高分抬高两侧路肩、将外侧车道绕路中线逐渐旋转到临界断面和绕内侧车道边缘旋转到超高横坡度共三个阶段。

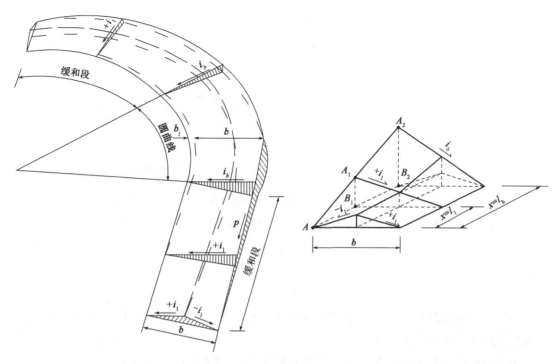

图4-10 弯道的加宽超高效果图　　　　图4-11 缓和段超高立体图

(1)第一个阶段。

第一个阶段是抬高两侧路肩。

在缓和段起点之前的 $l_0=1\sim2m$ 范围内,将两侧路肩(i_0)逐渐抬高到两侧路拱同一坡度(i_1)。一般路肩和路拱横坡度差值很小,该过渡时程短,施工单位自行考虑过渡,此过程参与考虑不参与计算,见图4-12。

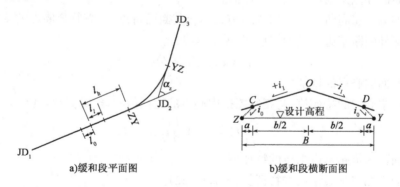

a)缓和段平面图　　　　b)缓和段横断面图

图4-12 缓和段超高的阶段(抬高两侧路肩)

(2)第二个阶段。

第二个阶段是将外侧车道绕车道中线逐渐旋转到临界断面。

第二个阶段从缓和段起点开始,将外侧路拱(连同已经抬高的外侧路肩)$-i_1$,绕路中线,逐渐旋转到临界断面$+i_1$,见图4-10、图4-11和图4-13。

①临界断面与临界长度。

内侧路拱与外侧路拱均为单向路拱横坡度,且等于$+i_1$时的断面,称为临界断面。从缓和段起点到临界断面的长度,称为临界长度,用l_1表示,见图4-10、图4-11和图4-13。

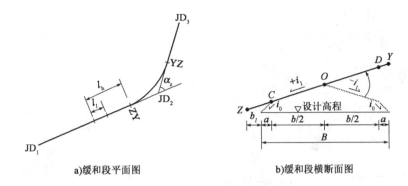

a)缓和段平面图　　　　　b)缓和段横断面图

图4-13　缓和段超高的阶段(将外侧车道绕车道中线逐渐旋转到临界断面)

对于$i_b > i_1$，图4-11中直角三角形AA_1B_1和AA_2B_2容易推导出式(4-17)和式(4-18)。

$$\frac{l_l}{l_h} = \frac{bi_1}{bi_b} \quad (4\text{-}17)$$

$$l_l = \frac{i_1}{i_b} l_h \quad (4\text{-}18)$$

计算出来的临界长度不应大于缓和段长度。当$i_b \leq i_1$时，不按式(4-18)计算临界长度，此时临界长度取缓和段长度($l_l = l_h$)。

由式(4-17)和式(4-18)，推导临界断面加宽值，见式(4-19)。

$$b_l = \frac{l_l}{l_h} b_j \quad (4\text{-}19)$$

式中：l_l——临界长度，即缓和段起点到临界断面的距离(中线长度)，m；

　　　b_l——临界断面的加宽值，m；

其余符号意义同前。

②临界断面外侧路基边缘点的特征值。

参考全加宽全超高断面公式(4.2.3节)，结合其断面特点，计算临界断面的特征值。

临界断面外侧路基边缘点的特征值，见式(4-20)。

$$h_w^l = ai_0 + (a+b)i_1 \quad (4\text{-}20)$$

③临界断面中心点的特征值。

临界断面中心点的特征值，与正常路拱中心点的特征值一样，见式(4-21)。

$$h_0^l = ai_0 + \frac{b}{2}i_1 \quad (4\text{-}21)$$

④临界断面内侧路基边缘点的特征值。

临界断面内侧路基边缘点的特征值，见式(4-22)。

$$h_n^l = ai_0 - (a+b_l)i_1 \quad (4\text{-}22)$$

式中：h_w^l——临界断面外侧路基边缘点的特征值，m；h_w^l中，w表示外侧路基，l表示临界断面；

　　　h_0^l——临界断面中心顶面点的特征值，m；h_0^l中，0表示行车道中心，l表示临界断面；

　　　h_n^l——临界断面内侧路基边缘点特征值，m；h_n^l中，n表示内侧，l表示临界断面；

其余符号意义同前。

(3)第三个阶段。

第三个阶段是绕内侧车道边缘旋转到超高横坡度。

第三阶段从临界断面$+i_1$开始，绕加宽、未超高前的内侧车道边缘点逐步旋转，直至全加宽、全超高断面(i_b),见图4-14。

有关全加宽、全超高断面(ZY~YZ)的特征值,见4.2.3节中的式(4-14)、式(4-15)和式(4-16)。

2)缓和段的五类断面

缓和段五类断面包括缓和段起点断面($x=0$)、内断面($0<x<l_l$)、临界断面($x=l_l$)、外断面($l_l<x<l_h$)、缓和段终点断面($x=l_h$)。这里,x为缓和段任意点到缓和段起点的距离(中线长度),见图4-4和图4-11。下面就这五类断面的路面宽度、路基宽度和特征值计算进行阐述,以图4-12、图4-13和图4-14的交点JD_2起点方向(ZY)的缓和段为例,JD_2左转角,左侧为内侧。五类断面的特征值公式,集中用表格汇总,见表4-4、表4-5和表4-6。

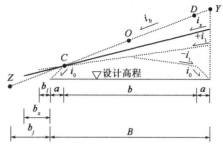

图4-14 缓和段超高的阶段(绕内侧路面边缘旋转到超高横坡度)

(1)第一类断面。

第一类断面为缓和段起点断面($x=0$)。

该断面是缓和段和直线正常路拱的交会断面,其路基路面宽度和特征值的计算与正常路拱断面一样,见图4-12。

①缓和段起点断面的路基路面宽度。

路面加宽值$b_x = 0$,左侧路面宽度$b_z = \dfrac{b}{2}$,右侧路面宽度$b_y = \dfrac{b}{2}$。

整个路面宽度$b_m = b_z + b_y = \dfrac{b}{2} + \dfrac{b}{2} = b$。

左侧路基宽度$B_z = \dfrac{B}{2} = \dfrac{b}{2} + a$,$B$为正常路基宽度;右侧路基宽度$B_y = \dfrac{B}{2} = \dfrac{b}{2} + a$。

整个路基宽度$B_J = B_z + B_y = \dfrac{B}{2} + \dfrac{B}{2} = B = \left(\dfrac{b}{2} + a\right) + \left(\dfrac{b}{2} + a\right) = b + 2a$。

②缓和段起点断面特征值。

左基点的特征值$h_z = 0$,中心点的特征值$h_0 = ai_0 + \dfrac{b}{2}i_1$,右基点的特征值$h_y = 0$,见图4-12。

(2)第二类断面。

第二类断面为内断面($0<x<l_l$)。

该断面典型特点:内侧路拱横坡度等于正常路拱横坡度($+i_1$),外侧路拱($-i_1$)逐渐绕车道中线旋转到与内侧路拱同一坡度($+i_1$),见图4-13和图4-15。车道中线(路面结构层顶面)的特征值同正常路拱。

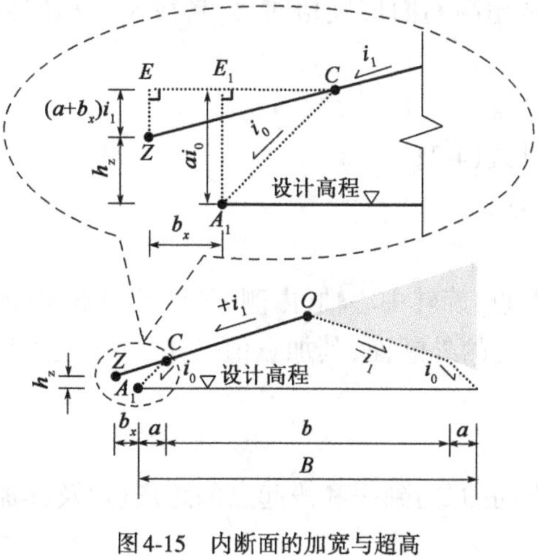

图4-15 内断面的加宽与超高

①内断面路基路面宽度。

路面加宽值$b_x = \dfrac{x}{l_h}b_j$;内侧路面宽度$b_z = \dfrac{b}{2} + b_x$;外侧路面宽度$b_y = \dfrac{b}{2}$。整个路面宽度$b_m = b_z + b_y = \left(\dfrac{b}{2} + b_x\right) + \dfrac{b}{2} = b + b_x$。

内侧路基宽度 $B_z = \dfrac{B}{2} + b_x = \dfrac{B}{2} + a + b_x$;外侧路基宽度 $B_y = \dfrac{B}{2} = \dfrac{B}{2} + a$。整个路基宽度 $B_J = B_z + B_y = \dfrac{B}{2} + b_x + \dfrac{B}{2} = B + b_x = b + 2a + b_x$。

②内断面特征值。

内断面的内侧路基边缘点(图4-15为左基点)特征值计算,见式(4-23)。

$$h_n = ai_0 - (a + b_x)i_1 \tag{4-23}$$

内断面的中心点的特征值与正常路拱一样,见式(4-24)。

$$h_0 = ai_0 + \dfrac{b}{2}i_1 \tag{4-24}$$

外侧路基边缘点的特征值,近似按全加宽全超高断面特征值的比例计算,见式(4-25)。

$$h_w = \dfrac{x}{l_h} h_w^q \tag{4-25}$$

式中:h_n——内断面的内侧路基边缘点的特征值,m;

h_0——内断面的中心点的特征值,m;

h_w——内断面的外侧路基边缘点的特征值,m;

其余符号意义同前。

(3)第三类断面。

第三类断面为临界断面($x = l_l$)。该断面特点:内外侧路拱横坡度一致,且等于正常路拱横坡度值(i_1)。

①临界断面路基路面宽度。

按临界断面加宽值 $b_l = \dfrac{l_l}{l_h} b_j$;内侧路面宽度 $b_z = \dfrac{b}{2} + b_l$;外侧路面宽度 $b_y = \dfrac{b}{2}$;整个路面宽度 $b_m = b_z + b_y = \dfrac{b}{2} + b_l + \dfrac{b}{2} = b + b_l$。

内侧路基宽度 $B_z = \dfrac{B}{2} + b_l = \dfrac{B}{2} + a + b_l$;外侧路基宽度 $B_y = \dfrac{B}{2} = \dfrac{B}{2} + a$。

整个路基宽度 $B_J = B_z + B_y = \dfrac{B}{2} + b_l + \dfrac{B}{2} = B + b_l = b + 2a + b_l$。

②临界断面特征值。

前面已经介绍,临界断面特征值计算与全加宽全超高断面形式相同,只是横坡度和加宽值不同。

临界断面的内侧路基边缘点的特征值,见式(4-22)。

临界断面的中心点的特征值,与正常路拱一致,见式(4-21)。

临界断面的外侧路基边缘点的特征值,见式(4-20)。

(4)第四类断面。

第四类断面为外断面($l_l < x < l_h$)。该断面典型特点:旋转中心轴(内侧车道边缘)不变;内外侧路拱横坡度一致(i_x),且 $i_1 < i_x < i_b$。对于一个固定的外断面,其加宽值(b_x)是一个定值,路拱横坡度(i_x)也是一个定值。

①外断面路基路面宽度。

外断面路基路面宽度计算与内断面基本相同,不同的是:到缓和段起点的距离(x)及其加宽值(b_x)大小不同。

②外断面特征值。

外断面特征值的计算可采用比例法和参照法两种方法。

首先介绍比例法。

比例法是大多数教材推荐的方法。比例法指按照计算断面与全加宽、全超高断面的比例进行近似计算。

外断面的内侧路基边缘点(图4-16为左基点)的特征值,见式(4-26)。

$$h_n = ai_0 - (a + b_x)\frac{x}{l_h}i_b \tag{4-26}$$

外断面的中心点的特征值,见式(4-27)。

$$h_0 = ai_0 + \frac{b}{2}\frac{x}{l_h}i_b \tag{4-27}$$

外断面的外侧路基边缘点(图4-16为右基点)的特征值,见式(4-28)。

$$h_w = \frac{x}{l_h}h_w^q \tag{4-28}$$

式中:h_n——外断面上内侧路基边缘点的特征值,m;

h_0——外断面上路面中心点的特征值,m;

h_w——外断面上外侧路基边缘点的特征值,m;

其余符号意义同前。

其次介绍参照法。

这里引入新方法"参照法"计算外断面特征值,拓展读者的思维。参照法指参照全加宽全超高断面特征值的计算思路和公式计算外断面的特征值的方法。把式(4-14)、式(4-15)和式(4-16)中的路面加宽值更换成b_x,路拱横坡度更换成i_x,见图4-16、图4-17和表4-5。

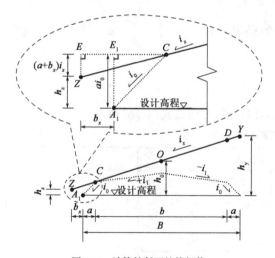

图4-16 计算外断面的特征值　　　　图4-17 计算外断面超高横坡度i_x

外断面上,一个确定断面的超高横坡度i_x,通过内插法(图4-17),按式(4-29)。

$$\frac{\Delta_{i_x}}{i_b - i_1} = \frac{x - l_l}{l_h - l_l}, \Delta_{i_x} = \frac{x - l_l}{l_h - l_l} \times (i_b - i_1)$$

$$i_x = i_1 + \Delta_{i_x} = i_1 + \frac{x - l_l}{l_h - l_l} \times (i_b - i_1) \tag{4-29}$$

式中:x——缓和段外断面上任意点到缓和段起点的距离(中线距离),m;

i_x——外断面的路拱横坡度,%;

其余符号意义同前。

计算出超高横坡度i_x后,就可以依据参照法计算外断面的特征值。参照全加宽全超高断面的特征值的计算思路,参照式(4-14)、式(4-15)和式(4-16),下面分别计算外断面的特征值,图4-16和表4-5。

外断面的内侧路基边缘点(图4-16为左基点)的特征值,见式(4-30)。

$$h_n = ai_0 - (a + b_x)i_x \tag{4-30}$$

外断面的路面中心点的特征值,见式(4-31)。

$$h_0 = ai_0 + \frac{b}{2}i_x \tag{4-31}$$

外断面的外侧路基边缘点(图4-16为右基点)的特征值,见式(4-32)。

$$h_w = ai_0 + (a + b)i_x \tag{4-32}$$

(5)第五类断面。

第五类断面为全加宽全超高断面($x = l_h$)。该断面特点:内侧车道边缘为全加宽值(b_j);内外侧路拱横坡度一致,且等于全超高横坡度值(i_b)。

全加宽全超高断面,即缓和段终点断面($x = l_h$)。圆曲线ZY~YZ断面的路基路面宽度和特征值计算与全加宽全超高断面相同。

①全加宽全超高断面路基宽度。

路面加宽值b_j;内侧(图4-9为左侧)路面宽度$b_z = \frac{b}{2} + b_j$;外侧(图4-9为右侧)路面宽度$b_y = \frac{b}{2}$。整个路面宽度$b_m = b_z + b_y = \left(\frac{b}{2} + b_j\right) + \frac{b}{2} = b + b_j$。

内侧路基宽度$B_z = \frac{B}{2} + b_j = \frac{b}{2} + a + b_j$;外侧路基宽度$B_y = \frac{B}{2} = \frac{b}{2} + a$。整个路基宽度$B_J = B_z + B_y = \frac{B}{2} + b_j + \frac{B}{2} = B + b_j = b + 2a + b_j$。

②全加宽全超高断面特征值。

全加宽全超高断面的特征值(图4-9),见式(4-14)、式(4-15)、式(4-16)和表4-4。

一般新建公路基于边轴旋转法的特征值　　　　表4-4

断面类型	代号	特征值计算公式		备注
		内断面($0 \leq x \leq l_l$)	外断面($l_l \leq x \leq l_h$)	
ZY~YZ	h_w^q	$ai_0 + (a+b)i_b$		
	h_0^q	$ai_0 + \frac{b}{2}i_b$		
	h_n^q	$ai_0 - (a+b_j)i_b$		$b_x = \frac{x}{l_h}b_j$
缓和段	h_w	$\frac{x}{l_h}h_w^q$或$a(i_0-i_1)+[ai_1+(a+b)i_b]\frac{x}{l_h}$		$l_l = \frac{i_1}{i_b}l_h$
	h_0	$ai_0 + \frac{b}{2}i_1$	$ai_0 + \frac{b}{2}\frac{x}{l_h}i_b$	
	h_n	$ai_0 - (a+b_x)i_1$	$ai_0 - (a+b_x)\frac{x}{l_h}i_b$	

注:本表采用比例法计算外断面的特征值。

一般新建公路基于边轴旋转法的外断面特征值 表4-5

断面类型	代号	外断面	计算方法	备注
缓和段	h_w	$ai_0 + (a+b)i_x$	参照法	$l_l \leq x \leq l_h$ $i_x = i_1 + \dfrac{x - l_l}{l_h - l_l} \times (i_b - i_1)$
	h_0	$ai_0 + \dfrac{b}{2}i_x$		
	h_n	$ai_0 - (a+b_x)i_x$		

改建公路,绕中轴旋转,其特征值推导思路与边轴旋转法近似,见表4-6。

改建公路基于中轴旋转法的特征值 表4-6

断面类型	代号	特征值公式 内断面($0 \leq x \leq l_l$)	特征值公式 外断面($l_l \leq x \leq l_h$)	备注
ZY ~ YZ	h_w^q	$a(i_0 - i_1)$	$\left(a + \dfrac{b}{2}\right)(i_1 + i_b)$	$b_x = \dfrac{x}{l_h} b_j$ $l_l = \dfrac{2i_1}{i_1 + i_b} l_h$
	h_0^q		$ai_0 + \dfrac{b}{2}i_1$	
	h_n^q		$ai_0 + \dfrac{b}{2}i_1 - \left(a + \dfrac{b}{2} + b_j\right)i_b$	
缓和段	h_w		$\dfrac{x}{l_h} h_w^q$ 或 $a(i_0 - i_1) + \left(a + \dfrac{b}{2}\right)(i_1 + i_b)\dfrac{x}{l_h}$	
	h_0		$ai_0 + \dfrac{b}{2}i_1$	
	h_n	$ai_0 - (a + b_x)i_1$	$ai_0 + \dfrac{b}{2}i_1 - \left(a + \dfrac{b}{2} + b_x\right)\dfrac{x}{l_h}i_b$	

注:本表采用比例法计算外断面的特征值。

4.2.5 有中间带公路的缓和曲线超高

1)概述

超高过渡宜在缓和曲线全长范围内进行。当缓和曲线过长,超高渐变率过小,将导致曲线路段路面排水不畅,应按照排水要求的最小坡率0.3%计,故超高渐变率不得小于0.3%,即$\dfrac{1}{330}$。对于一个固定的交点,其超高渐变率与缓和段长度都是固定的常数。因考虑路容等因素导致缓和曲线较长时,其超高过渡段应在缓和曲线的某一区段范围内,而不是在整个缓和曲线长度内。实际工程中,针对缓和曲线较长的情形,缓和曲线起点(ZH或HZ)~H点这一范围可以不进行超高,可以从H点~HY点(或YH点)进行超高过渡。H点要求:纵向超高渐变率范围$\dfrac{1}{330}$~p,p为《规范》(JTG D20—2017)规定的超高渐变率(表4-2)。

有中间带的公路往往等级较高,半径小于无超高半径和250m时设置缓和曲线(3.1.1节),在4.2.2节中提及设有中间带的公路超高方式有三种,本节主要介绍常用的绕中央分隔带边缘旋转方式。

绕中央分隔带边缘旋转的超高方式,是将两侧车道分别绕中央分隔带边缘旋转,使之各自成为独立的单向超高断面,此时中间带维持原有水平状态。各种宽度中间带的公路均可采用此种方式。

有中间带公路缓和曲线的超高计算方法,与无中间带公路的缓和段的边轴旋转法相似(4.2.4节)。有中间带公路缓和曲线的超高计算思路:左侧或右侧车道看成各自独立的单向超高断面,分别绕其旋转中心轴(中央分隔带边缘)旋转,参照无中间带公路的超高计算其特征值,特征值计算基本公式仍然采用特征值=横向宽度×横坡度。

绕中央分隔带边缘旋转的特征值,见表4-7。有中间带公路的特征点,见图4-18。

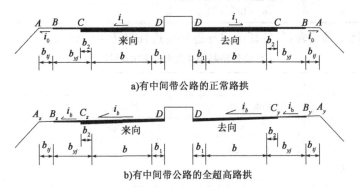

图4-18 有中间带公路的特征点

2)正常路拱的特征值

有中间带公路的设计高程为超高前中央分隔带外侧边缘点的高程(D点),见图4-18。前述,一般有中央分隔带的公路不考虑加宽(4.1节)。

图4-18a)为有中间带的公路的正常路拱,D点为中央分隔带外侧边缘点(路面顶面),D点是设计高程点。该断面分别有向外侧倾斜的路拱横坡度(i_1)和路肩横坡度(i_0),其中行车道、路缘带和硬路肩的路拱横坡度均为i_1,只有土路肩的横坡度为i_0。b_1表示左侧路缘带宽度,b表示行车道宽度,b_2表示右侧路缘带宽度,b_{yj}表示右侧硬路肩宽度,b_{tj}表示土路肩宽度。C点表示行车道右侧路缘带右边缘点;B点表示右侧硬路肩右边缘点,也是土路肩左边缘点;A点表示土路肩右侧边缘点。

特征点与设计高程点的高差为特征值。正常路拱各个特征点D、C、B、A的特征值,见式(4-33)~式(4-36)。

$$h_D = 0 \tag{4-33}$$

$$h_C = -(b_1 + b + b_2) \times i_1 \tag{4-34}$$

$$h_B = -(b_1 + b + b_{yj}) \times i_1 \tag{4-35}$$

$$h_A = -[(b_1 + b + b_{yj}) \times i_1 + b_{tj} \times i_0] \tag{4-36}$$

3)缓和曲线超高路拱的特征值

(1)超高过程的横坡度变化趋势。

下面公式推导涉及硬路肩和土路肩的横坡度与规范规定不一致的,可参照下面的推导思路从规范的规定(7.1.3节)。

图4-18b)为有中间带的公路全超高断面(整体断面),把i_b换成i_x就变成缓和曲线的任意断面。假定缓和曲线任意断面的硬路肩和土路肩的横坡度与相应侧别的行车道的超高横坡度(i_x)一致。图4-18b)左侧为内侧车道,右侧为外侧车道,D点为中央分隔带边缘点(路面顶面)。D点既是路基设计高程点,又是旋转中心轴。

缓和曲线的超高过程与缓和段(4.2.4节)相似,有中间带公路(缓和曲线)的外侧车道超高与四级公路(缓和段)的外侧路拱相似,有中间带公路(缓和曲线)的内侧车道超高与四级公路(缓和段)的内侧路拱相似。

对于有中间带公路,设计上常用"绕中央分隔带边缘旋转"方式,下面介绍这种超高方式。

①外侧车道绕其中央分隔带外边缘旋转,图4-18b)中的中央分隔带的右侧 D 点就是旋转中心轴。由外侧车道的路拱横坡度($-i_1$)旋转到与内侧车道的路拱横坡度一致(i_1),然后再由路拱横坡度(i_1)旋转到超高横坡度(i_b)。

②内侧车道绕其中央分隔带外边缘旋转,图4-18b)中的中央分隔带的左侧 D 点就是旋转中心轴。在外侧车道从其缓和曲线起点到临界断面这一历程中,内侧车道不超高。内侧车道从临界断面开始逐步超高,由内侧路拱横坡度(i_1)旋转到超高横坡度(i_b)。

图4-18b)中,C_y点表示去向行车道右侧路缘带右边缘点;B_y点表示去向右侧硬路肩右边缘点,也是去向右侧土路肩左边缘点;A_y点表示去向土路肩右侧边缘点。C_z点表示来向行车道右侧路缘带右边缘点;B_z点表示来向右侧硬路肩右边缘点,也是来向右侧土路肩左边缘点;A_z点表示来向土路肩右侧边缘点。

图4-19a)表示有中间带公路的缓和曲线超高横坡度的总体变化趋势,将其分解成图4-19b)和图4-19c)。

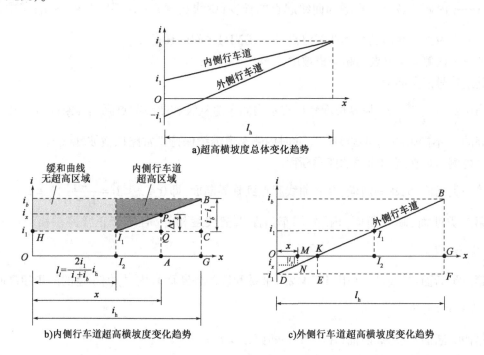

图4-19 超高过程的横坡度变化趋势

图4-19b)表示内侧行车道的超高过程的横坡度变化趋势($i_1 \rightarrow i_1 \rightarrow i_b$)。理论上,内侧车道应在缓和曲线全长范围内逐步超高。限于"内侧与外侧车道同步超高"的要求,在图4-19b)中的"缓和曲线无超高区域"不超高,即在外侧车道从其缓和曲线起点(i_1)到临界断面(i_1)这一历程中,内侧车道仍然保持正常路拱横坡度($i_1 \rightarrow i_1$)。只有当外侧车道由外侧路拱横坡度($-i_1$)超高到与内侧车道同一坡度($+i_1$)以后,在图4-19b)中的"内侧行车道超高区域",内侧车道开始启动超高,且与外侧车道同步超高($i_1 \rightarrow i_b$)。

图 4-19c)表示外侧行车道的超高过程的横坡度变化趋势($-i_1 \to 0 \to i_1 \to i_b$)。外侧车道在缓和曲线全长范围内逐步超高。先从正常的外侧路拱横坡度超高到与内侧路拱横坡度一致,中间经历一个平坡过渡断面($-i_1 \to 0 \to i_1$)。后从临界断面超高到超高横坡度($i_1 \to i_b$)。外侧路拱在超高过渡过程中,有一段路拱横坡度很小,其中一个断面甚至平坡0%。在纵坡度较为平缓的情况下,为了避免外侧路拱超高横坡度为0%及前后段落排水不畅,可以采取减小超高过渡段长度、加大超高渐变率、在缓和曲线某一区段内设置超高等措施,还可以采取在行车道中间增设路拱线以减小流水行程,从而减轻路面积水。

(2)内侧车道的超高横坡度和特征值。

①内侧车道的超高横坡度。

图4-19b)中,采用内插法,直角三角形 I_1PQ 和 I_1BC 中,有 $\frac{PQ}{BC} = \frac{I_1Q}{I_1C}$,即 $\frac{\Delta i_x}{i_b - i_1} = \frac{x - OI_2}{l_h - OI_2} = \frac{x - l_l}{l_h - l_l}$,其中 $OI_2 = l_l = \frac{2i_1}{i_1 + i_b} l_h$ 由图4-19c)计算得来。由 $i_x = i_1 + \Delta i_x$,容易推导内侧车道超高区域的超高横坡度,见式(4-37)。

$$i_x = \frac{x}{l_h}(i_1 + i_b) - i_1 \tag{4-37}$$

式中:x——内侧车道 P 点到缓和曲线起点的长度(中线长度),m,$\frac{2i_1}{i_1+i_b}l_h \leq x \leq l_h$;其中,$P$ 点为临界断面到缓和曲线终点(HY 或 YH)之间的任意点;

i_x——内侧车道 P 点的超高横坡度,$i_1 \leq i_x \leq i_b$,%;

其余符号意义同前。

当 $0 \leq x < \frac{2i_1}{i_1+i_b}l_h$(临界长度)时,表示内侧车道从缓和曲线起点到临界断面,这一区段是不超高的,i_x 不能采用式(4-37)计算,此时内侧车道继续保持正常路拱横坡度(i_1)。

②内侧车道在缓和曲线的四类断面。

第一类断面:无超高断面,缓和曲线起点到临界断面,即 $0 \leq x < l_l = \frac{2i_1}{i_1+i_b}$,$i_x \equiv i_1$。

第二类断面:临界断面,内、外侧车道路拱横坡度相等,且等于正常路拱横坡度 i_1,$x = \frac{2i_1}{i_1+i_b}l_h$,$i_x = i_1$。

第三类断面:超高断面(相当于4.2.4节缓和段的外断面),内、外侧车道的同步超高断面,$\frac{2i_1}{i_1+i_b}l_h < x < l_h$,$i_1 < i_x < i_b$。

第四类断面:全超高断面(HY~YH)断面,$x = l_h$,$i_x = i_b$。

③内侧车道的特征值。

这里的特征值计算针对有中间带公路的内侧车道的第三类断面。内侧车道的超高断面的特征值,见表4-7。

分析特征点 D、C_y、B_y、A_y 和 C_z、B_z、A_z,见图4-18b)。D 点(旋转中心轴和设计高程点)的特征值 $h_D = 0$。结合图4-18b)容易推导内侧车道的特征值,见式(4-38)、式(4-39)和式(4-40)。

$$h_{C_z} = -(b_1 + b + b_2) \times i_x \tag{4-38}$$

$$h_{B_z} = -(b_1 + b + b_{yj}) \times i_x \tag{4-39}$$

$$h_{A_z} = -(b_1 + b + b_{yj} + b_{tj}) \times i_x \tag{4-40}$$

式中：h_{C_z}——内侧车道路缘带外边缘的特征值，m；

h_{B_z}——内侧车道硬路肩外边缘的特征值，m；

h_{A_z}——内侧车道土路肩外边缘的特征值，m；

其余符合意义同前。

(3)外侧车道的超高横坡度和特征值。

①超高横坡度。

在图4-19c)中，直角三角形 DKE 与 DBF，有 $\frac{DE}{DF} = \frac{KE}{BF}$，$DE = OK$，即 $\frac{OK}{l_h} = \frac{i_1}{i_1 + i_b}$，则 $OK = \frac{i_1}{i_1 + i_b} \times l_h$，显然 $OI_2 = 2 \times OK = l_l = \frac{2i_1}{i_1 + i_b} l_h$，$l_l$ 指临界长度。采用内插法，在直角三角形 KMN 和 KOD 中，可推出式(4-41)。式(4-41)与式(4-37)形式上一样，但其意义不同。

$$i_x = \frac{x}{l_h} \times (i_1 + i_b) - i_1 \tag{4-41}$$

式中：x——外侧车道缓和曲线任意点 M 到缓和曲线起点(ZH 或 HZ)之间的距离(中线长度)，$0 \leq x \leq l_h$，m；

i_x——外侧车道缓和曲线任意点相应断面的超高横坡度，$-i_1 \leq i_x \leq i_b$，%；

其余符号意义同前。

②外侧车道的七类断面。

外侧车道分下面七类断面，其中第二、三和四类断面统称为外侧车道的内断面。

第一类断面：缓和曲线起点断面，即 $x = 0$，$i_x = -i_1$。

第二类断面：内断面之负坡度断面，即 $0 < x < \frac{i_1}{i_1 + i_b} l_h$，$-i_1 < i_x < 0$。

第三类断面：内断面之平坡(0%)断面，即 $x = \frac{i_1}{i_1 + i_b} l_h$，$i_x = 0$。

第四类断面：内断面之正坡度断面，即 $\frac{i_1}{i_1 + i_b} l_h < x < \frac{2i_1}{i_1 + i_b} l_h$，$0 < i_x < i_1$。

第五类断面：临界断面，即 $x = \frac{2i_1}{i_1 + i_b} l_h$，$x = i_1$。

第六类断面：外断面，即 $\frac{2i_1}{i_1 + i_b} l_h < x < l_h$，$i_1 < i_x < i_b$。

第七类断面：全超高断面(包括 HY ~ YH 断面)，即 $x = l_h$，$i_x = i_b$。

③外侧车道的特征值。

此处特征值针对有中间带公路的外侧车道的第六类断面推导出来的(相当于四级公路缓和段的外断面)，见表4-7。

根据式(4-41)计算超高横坡度 i_x 后，就可计算外侧车的道特征点的特征值。

结合图4-18b)和图4-19c)，容易推导外侧车道特征点 C_y、B_y、A_y 的特征值，见式(4-42)、式(4-43)和式(4-44)。实际计算时，需要区分左侧是内侧还是外侧。外侧车道的 i_x，在负坡度断面 $i_x<0$，在正坡度断面和外断面 $i_x>0$；排水不良时，平坡断面应满足最小合成坡度的要求。式(4-44)中，当土路肩横坡度 i_0 与超高横坡度 i_x 不一致时，根据规范要求按实际情况计算。

$$h_{C_y} = (b_1 + b + b_2) \times i_x \tag{4-42}$$

$$h_{B_y} = (b_1 + b + b_{yj}) \times i_x \qquad (4\text{-}43)$$

$$h_{A_y} = (b_1 + b + b_{yj} + b_{tj}) \times i_x \qquad (4\text{-}44)$$

式中:i_x——缓和曲线的外侧车道超高路拱横坡度,%;

h_{C_y}——外侧车道路缘带外边缘点的特征值,m;

h_{B_y}——外侧车道硬路肩外边缘点的特征值,m;

h_{A_y}——外侧车道土路肩外边缘点的特征值,m;

其余符号意义同前。

绕中央分隔带外边缘旋转的特征值公式　　　　　　　　　　　　　表 4-7

侧别与点位		特征值计算公式(m)	超高横坡度 i_x(%)	备注
外侧车道	A_y	$h_{A_y} = (b_1 + b + b_{yj} + b_{tj}) \times i_x$	$i_x = \dfrac{x}{l_h} \times (i_1 + i_b) - i_1$	当 $x < \dfrac{i_1}{i_1 + i_b} \times l_h$ 时,$i_x < 0$
	B_y	$h_{B_y} = (b_1 + b + b_{yj}) \times i_x$		当 $x = \dfrac{i_1}{i_1 + i_b} \times l_h$ 时,$i_x = 0$
	C_y	$h_{C_y} = (b_1 + b + b_2) \times i_x$		当 $x > \dfrac{i_1}{i_1 + i_b} \times l_h$ 时,$i_x > 0$
	D	0	—	设计高程点
内侧车道	D	0	—	设计高程点
	C_z	$h_{C_z} = -(b_1 + b + b_2) \times i_x$	$i_x = \dfrac{x}{l_h} \times (i_1 + i_b) - i_1$	$\dfrac{2i_1}{i_1 + i_b} l_h \leqslant x \leqslant l_h$
	B_z	$h_{B_z} = -(b_1 + b + b_{yj}) \times i_x$		$i_1 \leqslant i_x \leqslant i_b$
	A_z	$h_{A_z} = -(b_1 + b + b_{yj} + b_{tj}) \times i_x$		

注:表中 y 表示外侧车道,图 4-18b)中为右侧车道;z 表示内侧车道,图 4-18b)中为左侧车道。

4.2.6 基于边轴旋转法的缓和段加宽超高计算示例

本节以新建四级公路的缓和段为例,分析缓和段加宽超高的计算过程。

【例 4-1】 已知某新建双车道四级公路,设计速度为 20km/h,一个行车道宽度 3m,路肩宽度 0.25m,路拱横坡度 3%,路肩横坡度 4%,JD_8 到 JD_9 的链距 246.78m。JD_8 K2+327.11,左转角 24°46′36″,半径 140m,超高横坡度 3%,全加宽值 0.8m,缓和段长度 20m。JD_9 K2+572.93,右转角 35°26′42″,半径 46m,全加宽值 1.4m,超高横坡度 6%,缓和段长度 30m。缓和段加宽过渡采用三角形比例法,缓和段超高过渡采用边轴旋转法。要求完成下列内容并写出计算过程,保留两位小数。将计算结果填入路基设计表,见表 4-8。

(1)计算正常路拱的路基路面宽度和特征值。

(2)计算 JD_8 的 ZY~YZ 范围及其缓和段的路基路面宽度和特征值。

(3)计算 JD_9 的 ZY~YZ 范围及其缓和段的路基路面宽度和特征值。

解:本题针对新建四级公路,圆曲线半径较小时设置缓和段,其设计高程采用的是路基边缘高程,其超高方式采用绕内侧车道边缘旋转的边轴旋转法。为了简便,本题仅考虑在弯道内侧加宽,不考虑内、外两侧分别加宽,也不考虑平均分配的方式加宽。

(1)计算正常路拱的路基路面宽度和特征值。

正常路拱包括直线上无加宽无超高的中桩和圆曲线上无加宽无超高的中桩。有加宽超高的缓和段和圆曲线全加宽全超高圆曲线不属于正常路拱范畴。

①正常路拱的路基路面宽度。

左侧路面宽度 $b_z = \dfrac{b}{2} = 3.00(\text{m})$；右侧路面宽度 $b_y = \dfrac{b}{2} = 3.00(\text{m})$。

整个路面宽度 $b_m = b_z + b_y = \dfrac{b}{2} + \dfrac{b}{2} = b = 6.00(\text{m})$。

左侧路基宽度 $B_z = \dfrac{B}{2} = \dfrac{b}{2} + a = 3.00 + 0.25 = 3.25(\text{m})$；

右侧路基宽度 $B_y = \dfrac{B}{2} = \dfrac{b}{2} + a = 3.00 + 0.25 = 3.25(\text{m})$。

整个路基宽度 $B_J = B_z + B_y = B = b + 2a = 6.00 + 2 \times 0.25 = 6.50(\text{m})$。

②正常路拱特征值。

左基点的特征值 $h_z = 0$。

中心点的特征值 $h_0 = ai_0 + \dfrac{b}{2}i_1 = 0.25 \times 4\% + \dfrac{6.00}{2} \times 3\% = 0.10(\text{m})$。

右基点的特征值 $h_y = 0$。

(2) 计算 JD_8 的 ZY~YZ 范围及其缓和段的路基路面宽度和特征值。

① JD_8 的全加宽全超高断面的路基路面宽度和特征值。

首先，计算 JD_8 的 ZY~YZ 范围全加宽断面的路基路面宽度。

JD_8 为左转角，左侧即内侧，见图 4-20。

左侧路面宽度 $b_z = \dfrac{b}{2} + b_j = 3.00 + 0.80 = 3.80(\text{m})$；右侧路面宽度 $b_y = \dfrac{b}{2} = 3.00(\text{m})$。

整个路面宽度 $b_m = b_z + b_y = \dfrac{b}{2} + b_j + \dfrac{b}{2} = b + b_j = 6.00 + 0.80 = 6.80(\text{m})$。

左侧路基宽度 $B_z = \dfrac{B}{2} + b_j = \dfrac{b}{2} + a + b_j = 3.00 + 0.25 + 0.80 = 4.05(\text{m})$。

右侧路基宽度 $B_y = \dfrac{B}{2} = \dfrac{b}{2} + a = 3.00 + 0.25 = 3.25(\text{m})$。

整个路基宽度 $B_J = B_z + B_y = B + b_j = b + 2a + b_j = 6.00 + 2 \times 0.25 + 0.80 = 7.30(\text{m})$。

其次，计算 JD_8 的 ZY~YZ 范围全加宽全超高断面的特征值。

根据题意，JD_8 的 $i_b = i_1 = 3\%$，按 3% 设置超高。按式(4-14)、式(4-15)和式(4-16)计算特征值。

左基点(此处为内侧)的特征值：

$h_n^q = ai_0 - (a + b_j)i_b = 0.25 \times 4\% - (0.25 + 0.8) \times 3\% = -0.02(\text{m})$。

中心点的特征值：$h_0^q = ai_0 + \dfrac{b}{2}i_b = 0.25 \times 4\% + \dfrac{6.00}{2} \times 3\% = 0.10(\text{m})$。

右基点(此外为外侧)的特征值：

$h_w^q = ai_0 + (a + b)i_b = 0.25 \times 4\% + (0.25 + 6) \times 3\% = 0.20(\text{m})$。

②计算 JD_8 的缓和段的中桩+280 的路基路面宽度和特征值。

首先，判断缓和段上的中桩。

因 $l_h = 20\text{m}$，JD_8 的 ZY K2+296.36，路线起点方向的缓和段起点为 K2+276.36。YZ K2+356.90，路线终点方向的缓和段起点为 K2+376.90。在路线起点方向的缓和段上有中桩 K2+280，路线终点方向的缓和段没有中桩，见图 4-20。

其次，计算缓和段中桩 K2+280 断面路基路面宽度。

K2+280到缓和段起点K2+276.36的距离 $x = 280 - 276.36 = 3.64(\mathrm{m})$。

K2+280路面加宽值，$b_x = \dfrac{x}{l_h} b_j = \dfrac{3.64}{20} \times 0.80 = 0.15(\mathrm{m})$。则：

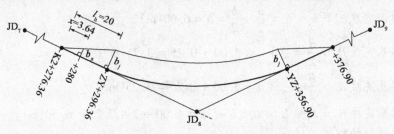

图4-20　JD$_8$的全加宽全超高及其缓和段

左侧路面宽度 $b_z = \dfrac{b}{2} + b_x = 3.00 + 0.15 = 3.15(\mathrm{m})$；右侧路面宽度 $b_y = \dfrac{b}{2} = 3.00(\mathrm{m})$。

整个路面宽度 $b_m = b_z + b_y = \dfrac{b}{2} + b_x + \dfrac{b}{2} = b + b_x = 6.00 + 0.15 = 6.15(\mathrm{m})$。

左侧路基宽度 $B_z = \dfrac{B}{2} + b_x = \dfrac{6.50}{2} + 0.15 = 3.40(\mathrm{m})$。

右侧路基宽度 $B_y = \dfrac{B}{2} = \dfrac{6.50}{2} = 3.25(\mathrm{m})$。

整个路基全宽 $B_J = B_z + B_y = 3.40 + 3.25 = 6.65(\mathrm{m})$。

最后，计算缓和段中桩K2+280的特征值。

因JD$_8$的 $i_b = i_1 = 3\%$，$l_l = l_h = 20\mathrm{m}$，缓和段上全部为内断面。按式(4-23)、式(4-24)和式(4-25)计算特征值。

左基点(此处为内侧)的特征值：
$h_n = ai_0 - (a + b_x)i_1 = 0.25 \times 4\% - (0.25 + 0.15) \times 3\% = 0.00(\mathrm{m})$。

中心点的特征值：$h_0 = ai_0 + \dfrac{b}{2} i_1 = 0.25 \times 4\% + \dfrac{6.00}{2} \times 3\% = 0.10(\mathrm{m})$，与正常路拱相同。

右基点的特征值：$h_w = \dfrac{x}{l_h} h_w^q = \dfrac{3.64}{20} \times 0.20 = 0.04(\mathrm{m})$。

(3)计算JD$_9$的ZY~YZ范围及其缓和段的路基路面宽度和特征值。

①计算JD$_9$的全加宽和全超高特征值。

首先，计算JD$_8$的ZY~YZ范围全加宽断面的路基路面宽度。

JD$_9$为右转角，左侧即外侧，见图4-21。

左侧路面宽度 $b_z = \dfrac{b}{2} = 3.00(\mathrm{m})$；右侧路面宽度 $b_y = \dfrac{b}{2} + b_j = 3.00 + 1.40 = 4.40(\mathrm{m})$。

整个路面宽度 $b_m = b_z + b_y = \dfrac{b}{2} + \dfrac{b}{2} + b_j = b + b_j = 6.00 + 1.40 = 7.40(\mathrm{m})$。

左侧路基宽度 $B_z = \dfrac{B}{2} = \dfrac{b}{2} + a = 3.00 + 0.25 = 3.25(\mathrm{m})$。

右侧路基宽度 $B_y = \dfrac{B}{2} + b_j = \dfrac{b}{2} + a + b_j = 3.00 + 0.25 + 1.4 = 4.65(\mathrm{m})$。

整个路基宽度 $B_J = B_z + B_y = B + b_j = b + 2a + b_j = 6.00 + 2 \times 0.25 + 1.40 = 7.90(\mathrm{m})$。

其次，计算JD$_9$的ZY~YZ范围全加宽全超高断面的特征值。

JD$_9$的超高横坡度6%大于路拱横坡度3%,即$i_b > i_1$,按$i_b = 6\%$超高。按式(4-14)、式(4-15)和式(4-16)计算特征值。

左基点(此处为外侧)的特征值:

$h_w^q = ai_0 + (a+b)i_b = 0.25 \times 4\% + (0.25 + 6) \times 6\% = 0.39(m)$。

中心点的特征值:$h_0^q = ai_0 + \dfrac{b}{2}i_b = 0.25 \times 4\% + \dfrac{6}{2} \times 6\% = 0.19(m)$。

右基点(此处为内侧)的特征值:

$h_n^q = ai_0 - (a+b_j)i_b = 0.25 \times 4\% - (0.25 + 1.4) \times 6\% = -0.09(m)$。

②判断JD$_9$的缓和段上的中桩。

因$l_h = 30$ m,JD$_9$的 ZY K2+558.23,路线起点方向的缓和段起点为 K2+528.23。YZ K2+586.69,路线终点方向的缓和段起点为 K2+616.69。在路线起点方向的缓和段有中桩 K2+540,在路线终点方向的缓和段有中桩 K2+600,见图4-21。

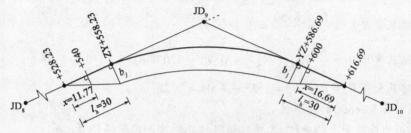

图4-21 JD$_9$的全加宽全超高及缓和段

③计算缓和段的中桩 K2+540 的路基宽度和特征值。

因JD$_8$的$i_b > i_1$,$l_l = \dfrac{i_1}{i_b}l_h = \dfrac{3\%}{6\%} \times 30 = 15(m)$。K2+540到缓和段起点 K2+528.23 的距离$x = 540 - 528.23 = 11.77(m)$。$x < l_l$,K2+540在内断面上。

首先,计算缓和段的中桩 K2+540 的路基宽度。

K2+540 路面加宽值,$b_x = \dfrac{x}{l_h}b_j = \dfrac{11.77}{30} \times 1.4 = 0.55(m)$。

左侧路面宽度$b_z = \dfrac{b}{2} = 3.00(m)$。

右侧路面宽度$b_y = \dfrac{b}{2} + b_x = 3 + 0.55 = 3.55(m)$。

整个路面宽度$b_m = b_z + b_y = \dfrac{b}{2} + \dfrac{b}{2} + b_x = b + b_x = 6 + 0.55 = 6.55(m)$。

左侧路基宽度$B_z = \dfrac{B}{2} = \dfrac{6.50}{2} = 3.25(m)$。

右侧路基宽度$B_y = \dfrac{B}{2} + b_x = \dfrac{6.50}{2} + 0.55 = 3.80(m)$。

整个路基全宽$B_j = B_z + B_y = 3.25 + 3.80 = 7.05(m)$。

其次,计算缓和段中桩 K2+540 的特征值。

因该中桩在内断面上,其特征值按式(4-23)、式(4-24)和式(4-25)计算。

左基点(此外为外侧)的特征值:$h_w = \dfrac{x}{l_h}h_w^q = \dfrac{11.77}{30} \times 0.39 = 0.15(m)$。

中心点的特征值:$h_0 = ai_0 + \dfrac{b}{2}i_1 = 0.25 \times 4\% + \dfrac{6}{2} \times 3\% = 0.10(m)$,与正常路拱相同。

右基点(此处为内侧)的特征值:
$h_n = ai_0 - (a + b_x)i_1 = 0.25 \times 4\% - (0.25 + 0.55) \times 3\% = -0.01(\text{m})$。

④计算缓和段的中桩K2+600的路基宽度和特征值。

首先,计算计算K2+600的路基宽度。K2+600到缓和段起点K2+616.69的距离 $x = 616.69 - 600 = 16.69(\text{m})$。$x > l_l = 15\text{m}$,该中桩在外断面上。

K2+600路面加宽值,$b_x = \dfrac{x}{l_h} b_j = \dfrac{16.69}{30} \times 1.4 = 0.78(\text{m})$。

左侧路面宽度 $b_z = \dfrac{b}{2} = 3.00(\text{m})$。

右侧路面宽度 $b_y = \dfrac{b}{2} + b_x = 3 + 0.78 = 3.78(\text{m})$。

整个路面宽度 $b_m = b_z + b_y = \dfrac{b}{2} + \dfrac{b}{2} + b_x = b + b_x = 6 + 0.78 = 6.78(\text{m})$。

左侧路基宽度 $B_z = \dfrac{B}{2} = \dfrac{6.50}{2} = 3.25(\text{m})$。

右侧路基宽度 $B_y = \dfrac{B}{2} + b_x = \dfrac{6.50}{2} + 0.78 = 4.03(\text{m})$。

整个路基全宽 $B_J = B_z + B_y = 3.25 + 4.03 = 7.28(\text{m})$。

其次,计算K2+600的特征值。

K2+600为外断面上的中桩,其特征值可按比例法和参照法计算。

a)利用比例法计算K2+600的特征值。

因该中桩在外断面上,其特征值按式(4-26)、式(4-27)和式(4-28)计算。

左基点(此处为外侧)的特征值:$h_w = \dfrac{x}{l_h} h_w^q = \dfrac{16.69}{30} \times 0.39 = 0.22(\text{m})$。

中心点的特征值:$h_0 = ai_0 + \dfrac{b}{2} \dfrac{x}{l_h} i_b = 0.25 \times 4\% + \dfrac{6}{2} \times \dfrac{16.69}{30} \times 6\% = 0.11(\text{m})$。

右基点(此处为内侧)的特征值:

$h_n = ai_0 - (a + b_x)\dfrac{x}{l_h} i_b = 0.25 \times 4\% - (0.25 + 0.78) \times \dfrac{16.69}{30} \times 6\% = -0.02(\text{m})$。

b)利用参照法计算K2+600的特征值。

按式(4-29)计算超高路拱横坡度。

$i_x = i_1 + \dfrac{x - l_l}{l_h - l_l} \times (i_b - i_1) = 3\% + \dfrac{16.69 - 15}{30 - 15} \times (6\% - 3\%) = 3.338\%$。

按参照法的公式计算其特征值,见式(4-30)、式(4-31)和式(4-32)

左基点(此处为外侧)的特征值:

$h_w = ai_0 + (a + b)i_x = 0.25 \times 4\% + (0.25 + 6) \times 3.338\% = 0.22(\text{m})$。

中心点的特征值:$h_0 = ai_0 + \dfrac{b}{2} i_x = 0.25 \times 4\% + \dfrac{6}{2} \times 3.338\% = 0.11(\text{m})$。

右基点(此处为内侧)的特征值:

$h_n = ai_0 - (a + b_x)i_x = 0.25 \times 4\% - (0.25 + 0.78) \times 3.338\% = -0.02(\text{m})$。

上述两种计算结果一致,允许存在四舍五入导致的尾数误差。

将本题计算结果填入表4-8。

路基设计表(单位:m)　　表4-8

桩号	桩号数字	半径及转角		坡度/坡长		竖曲线		地面高程	路基设计高程				填高	挖深	路基宽度			特征值			备注
		左转	右转			凹	凸		切线高程	修正值		设计高程			左宽	右宽	全宽	左基点	中心点	右基点	
										凹+	凸-										
1	2	3	4	5	6	7	8	9	10	11	12	13	14	15	16	17	18	19	20	21	22
K2+200	200						SZY K2+210	622.89				623.56	0.67		3.25	3.25	6.50	0.00	0.10	0.00	
+220	220			624.76				623.20	624.16		0.05	624.11	0.91		3.25	3.25	6.50	0.00	0.10	0.00	
+240	240			B K2+240			$R_s=1000$ $T_s=30$	623.32	624.76		0.45	624.31	0.99		3.25	3.25	6.50	0.00	0.10	0.00	
+260	260							626.12	624.16		0.05	624.11		2.01	3.25	3.25	6.50	0.00	0.10	0.00	
+280	280						SYZ K2+270					623.56			3.40	3.25	6.65	0.00	0.10	0.04	缓和段
ZY+296.36	296.36											623.07			4.05	3.25	7.30	−0.02	0.10	0.20	
+300	300											622.96			4.05	3.25	7.30	−0.02	0.10	0.20	
+310	310											622.66			4.05	3.25	7.30	−0.02	0.10	0.20	
+320	320											622.36			4.05	3.25	7.30	−0.02	0.10	0.20	$i_b=3\%$
QZ+326.63	326.63	JD_8 $R=140$		−3%	260							622.16			4.05	3.25	7.30	−0.02	0.10	0.20	$b_j=0.8m$
+330	330											622.06			4.05	3.25	7.30	−0.02	0.10	0.20	$l_h=20m$
+340	340											621.76			4.05	3.25	7.30	−0.02	0.10	0.20	
+350	350											621.46			4.05	3.25	7.30	−0.02	0.10	0.20	
YZ+356.90	356.9											621.25			4.05	3.25	7.30	−0.02	0.10	0.20	
+380	380											620.56			3.25	3.25	6.50	0.00	0.10	0.00	
+400	400											619.96			3.25	3.25	6.50	0.00	0.10	0.00	
+420	420											619.36			3.25	3.25	6.50	0.00	0.10	0.00	
+440	440											618.76			3.25	3.25	6.50	0.00	0.10	0.00	
+460	460						SZY K2+468					618.36			3.25	3.25	6.50	0.00	0.10	0.00	
+480	480								617.56		0.05	617.61			3.25	3.25	6.50	0.00	0.10	0.00	
+500	500			616.96			$R_s=1600$ $T_s=32$		616.96		0.32	617.28			3.25	3.25	6.50	0.00	0.10	0.00	
+520	520			C K2+500					617.16		0.05	617.21			3.25	3.25	6.50	0.00	0.10	0.00	
+540	540						SYZ K2+532					617.36			3.25	3.80	7.05	0.15	0.10	−0.01	缓和段
ZY+558.23	558.23											617.54			3.25	4.65	7.90	0.39	0.19	−0.09	
+560	560											617.56			3.25	4.65	7.90	0.39	0.19	−0.09	
+565	565											617.61			3.25	4.65	7.90	0.39	0.19	−0.09	
+570	570											617.66			3.25	4.65	7.90	0.39	0.19	−0.09	$i_b=6\%$
QZ+572.46	572.46	JD_9 $R=46$		+1%	140							617.68			3.25	4.65	7.90	0.39	0.19	−0.09	$b_j=1.4m$
+575	575											617.71			3.25	4.65	7.90	0.39	0.19	−0.09	$l_h=30m$
+580	580											617.76			3.25	4.65	7.90	0.39	0.19	−0.09	
+585	585											617.81			3.25	4.65	7.90	0.39	0.19	−0.09	
YZ+586.69	586.69											617.83			3.25	4.65	7.90	0.39	0.19	−0.09	
+600	600						SZY K2+610					617.96			3.25	4.03	7.28	0.22	0.11	−0.02	缓和段
+620	620								618.16	0.02		618.18			3.25	3.25	6.50	0.00	0.10	0.00	
+640	640			618.36			$R_s=3000$ $T_s=30$		618.36	0.15		618.51			3.25	3.25	6.50	0.00	0.10	0.00	
+660	660			D K2+640					618.96	0.02		618.98			3.25	3.25	6.50	0.00	0.10	0.00	
+680	680						SYZ K2+670					619.56			3.25	3.25	6.50	0.00	0.10	0.00	

复习思考题

4.1 按是否加宽与超高,将缓和段(缓和曲线)分为哪三类?

4.2 线性加宽渐变方式有哪两类?工程中常采用哪一类?

4.3 判断正误。对二级、三级和四级公路(包括高等级公路的分离式路幅),新建公路的正常路拱的设计高程指路基边缘的高程,改建公路的正常路拱的设计高程指行车道中线高程。

4.4 判断并改正。某断面路面中心点特征值为0.35m,表示该路基填方0.35m。

4.5 什么是边轴旋转法?它适用于什么公路?

4.6 什么是特征点和特征值?

4.7 分析特征值的大小与特征点的位置关系。

4.8 什么是缓和段的临界断面和临界长度?

4.9 缓和段的超高完成顺序是什么?

4.10 四级公路的缓和段有哪五类断面?

4.11 某四级公路,部分路段经过较为平坦地区(平原微丘地形),另一部分路段经过地形比较复杂地区(山岭重丘地形)。下列两个同学开展毕业设计,分析其选线的合理性。

(1)A同学认为加宽超高比较麻烦,平面选线时,全线全部选择较为理想的半径,所有交点的半径均大于无加宽半径250m,且大于无超高半径。

(2)B同学认为加宽超高使用更为熟练,平面选线时,全线全部选择小圆曲线半径,所有交点的半径均小于无加宽半径250m,且小于无超高半径。

4.12 基于边轴旋转法,当超高横坡度不同时如何设置超高?

4.13 分析临界长度计算公式,超高横坡度小于路拱横坡度时的临界长度还按照这个公式计算吗?

4.14 已知某四级公路,行车道宽度6m,路肩宽度0.75m。JD_1 K0+000,起始边JD_1到JD_2的链距378.46m。JD_2的右转角22°16′18″,圆曲线半径80m,圆曲线的切线长15.74m、曲线长31.10m、外距1.54m。JD_2的全加宽值1m,缓和段长度20m。边JD_2到JD_3的链距268.71m。计算下列内容:

(1)K0+200的路基路面宽度。

(2)K0+380的路基路面宽度。

(3)K0+400的路基路面宽度。

(4)JD_2的圆曲线上加宽面积。

(5)路线起点到JD_2的YZ的方向的缓和段起点的正常路面面积。

(6)路线起点到JD_2的YZ方向的缓和段起点的路面面积。

4.15 已知新建交通四级公路,行车道宽度6m,路肩宽度0.50m,路拱横坡度3%,路肩横坡度4%。JD_{32}的缓和段长度30m。计算表4-9中桩K9+200到+420的路基宽度和特征值,保留2位小数。要求写出计算过程,并将计算结果填入表4-9。

题4.15 路基宽度和特征值计算表　　　　　　　　　　　表4-9

桩号	圆曲线		路基宽度(m)			特征值(m)			备注
	左转	右转	左宽	右宽	全宽	左基点	中心点	右基点	
K9+200									
+250									
ZY+263.21									
+280	JD$_{32}$								i_b=2%
...									b_j=0.60m
YZ+382.16									
+400									
+420									

4.16 已知某新建四级公路行车道宽度6m,路肩宽度0.75m,路拱横坡度3%,路肩横坡度4%。JD$_{56}$的缓和段长度40m。计算本题表4-10中K37+290到+460的中桩的路基宽度和特征值,保留2位小数。要求写出计算过程,并将计算结果填入表4-10。

题4.16 路基宽度和特征值表　　　　　　　　　　　　表4-10

桩号	圆曲线		路基宽度(m)			特征值(m)			备注
	左转	右转	左宽	右宽	全宽	左基点	中心点	右基点	
K37+290									
ZY+321.97									
+340									
...	JD$_{56}$								i_b = 5%,
YZ+402.05									b_j = 1.00m
+410									
+460									

4.17 某交通三级公路设计速度30km/h,双车道,一个车道宽度3.25m,土路肩宽度0.5m,路基宽度7.50m。路拱横坡度2%,土路肩横坡度3%。路面(路槽)厚度0.6m。K26+360路面结构,见图4-6。

(1)当设计高程采用路基边缘高程时,已知设计高程点Z的高程3784.230m:
①计算路面结构层顶面的特征点C、O、D、Y的特征值和设计高程。
②计算路基结构层顶面特征点K的特征值和设计高程。

(2)当设计高程采用行车道中线高程时,已知设计高程点O的高程3784.310m:
①计算路面结构层顶面的特征点Z、C、D、Y的特征值和设计高程。
②计算路基结构层顶面特征点K的特征值和设计高程。

4.18 什么是设计高程?为了简便,对于一般公路,设计上常采用什么高程?一个固定的中桩的设计高程是变化的吗?

扩 展 阅 读

［1］中华人民共和国交通运输部.公路路线设计规范：JTG D20—2017［S］.北京：人民交通出版社股份有限公司,2017.

［2］中华人民共和国交通运输部.公路工程技术标准：JTG B01—2014［S］.北京：人民交通出版社股份有限公司,2014.

［3］中华人民共和国交通部.公路工程名称术语：JTJ 002—1987［S］.北京：中国标准出版社,1987.

第5章 行车视距

本章主要阐述了《规范》对行车视距的规定、设计视距、弯道上视距的保证,介绍了行车视距概念及分类、与弯道视距有关的几个基本概念。

5.1 概述

5.1.1 行车视距概念及分类

在汽车行驶时,当驾驶人看到前方一定距离的公路及公路上的障碍物或对面来车,至及时采取措施(如刹车或绕过)防止发生交通事故,汽车在这段时间内行驶的必要安全距离,称为行车视距。

按照采取的措施,行车视距分为停车视距、会车视距、超车视距、错车视距、下坡段货车停车视距和识别视距共六类。按照空间位置,行车视距分为平面视距、纵断面视距和空间视距共三类。

1)停车视距

停车视距,指驾驶人发现前方障碍物后立即制动,并且能够在障碍物前安全停下的最短距离,见图5-1。停车视距由反应距离、理论制动距离和安全距离三部分组成。停车视距由式(1-15)推导而来,见式(5-1)。

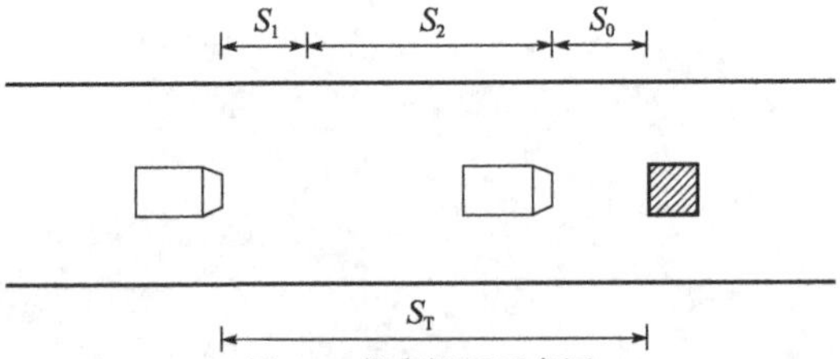

图5-1 停车视距示意图

$$S_T = S_1 + S_2 + S_0 = \frac{v_1}{3.6}(t_1 + t_2) + \frac{v_1^2}{254(\varphi - i)}k + S_0 \tag{5-1}$$

式中:S_T——停车视距,m;

　　　S_1——反应距离,包括驾驶人心理反应和从踏制动器开始到生效这一段时间汽车行驶的距离,m;

φ——附着系数;

i——坡道纵坡度,%;

S_2——理论制动距离,m;

S_0——安全距离,交通部门一般取 5~10m;

v_1——汽车制动前的行驶速度,km/h,一般采用设计速度;

k——制动系数。

2)会车视距

汽车在单车道上或没有分隔的双车道上行驶,遇到对面来车,由于不能或来不及错车,双方只能采取制动措施,以确保安全通过所需的最短距离,称为会车视距,见图5-2。会车视距公式依据式(5-1)推导而来,见式(5-2)。

会车视距由双方驾驶人员反应时间所行驶的距离、双方汽车的制动距离和安全距离三部分组成。

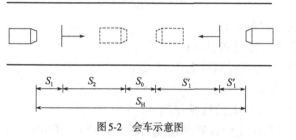

图5-2 会车示意图

$$S_H = \frac{v_1}{3.6}(t_1+t_2) + \frac{v_1^2}{254(\varphi-i)}k + \frac{v_2}{3.6}(t_1+t_2) + \frac{v_2^2}{254(\varphi-i)}k + S_0 \qquad (5-2)$$

式中:S_H——会车视距,m;

S_0——安全距离,m,交通部门不小于10m;

v_1——左侧车辆制动前的行驶速度,km/h;

v_2——右侧车辆制动前的行驶速度,km/h;

其余符号意义同前。

3)超车视距

在一般双车道公路上行驶着各种不同速度的车辆,当快速车辆追赶上慢速车辆以后,需要占用对向车道进行超车,见图5-3。为了安全,驾驶人必须能看清楚前方超车视野的车流,以便在相邻车道上没有出现对向驶来的车辆之前完成超车,这种快速车辆超越前面慢速车辆后再回到原来车道所需要的最短距离,称为超车视距。

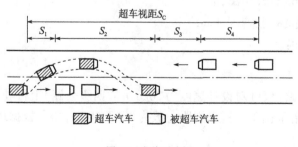

图5-3 超车示意图

超车视距的全程可分初始加速移向距离、超车车辆在对向车道上行驶的距离、超车结束后超车车辆与对向车辆之间的安全距离和对向车辆的行驶距离共四个部分。超车视距计算公式,见式(5-3)。

$$S_C = S_1 + S_2 + S_3 + S_4 \tag{5-3}$$

式中:S_C——超车视距,m;

S_1——初始加速移向距离,m;

S_2——超车车辆在对向车道上的行驶距离,m;

S_3——超车结束后超车车辆与对向车辆之间的安全距离,m;

S_4——对向车辆的行驶距离,m。

(1)初始加速移向距离。

当超车车辆通过仔细观察超车视野,驾驶人判断有超车条件时,初始加速并移动到对向车道,超车车辆在这段时间内行驶的距离,称为初始加速移向距离,见式(5-4)。

$$S_1 = \frac{v_0}{3.6}t_1 + at_1^2 \tag{5-4}$$

式中:S_1——初始加速移向距离,m;

v_0——超车车辆的行驶速度,km/h;

t_1——加速时间,s,计算时可取2.7~4.2s;

a——平均加速度,m/s²。

(2)超车车辆在对向车道上的行驶距离。

超车车辆需要在对向车道以较高的速度行驶,这段距离按式(5-5)计算。

$$S_2 = \frac{v}{3.6}t_2 \tag{5-5}$$

式中:S_2——超车车辆在对向车道上的行驶距离,m;

v——超车车辆的行驶速度,km/h;

t_2——超车车辆在对向车道的行驶时间,s,计算时可取7.6~10.4s。

(3)超车结束后超车车辆与对向车辆之间的安全距离。

超车临近结束,超车车辆与对向车辆之间需要保持一段必要的安全距离,用S_3表示,一般取30~100m。

(4)对向车辆的行驶距离。

超车车辆从开始加速到超车结束这一时间范围内,对向车辆始终在按照自己的正常行驶速度行驶,在这段时间内对向车辆的行驶距离,见式(5-6)。

$$S_4 = \frac{v}{3.6}(t_1 + t_2) \tag{5-6}$$

式中:S_4——对向车辆的行驶距离,m;

v——对向车辆的行驶速度,km/h;

其余符合意义同前。

4)错车视距

汽车在单车道公路(仅针对设计速度为20km/h的四级公路)上行驶,遭遇对向来车,往往需要错车,错车需要错车视距。错车视距一般为300~500m,需要根据地形、转弯等实际情况确定。

5)下坡段货车停车视距

下坡段货车停车视距指货车下坡行驶路段,货车在适当位置停车所需要的必要安全距离。高速公路、一级公路以及大型货车行驶比例高的二级公路、三级公路的下坡路段,应采用下坡段货车停车视距对相关路段进行检验。

6)识别视距

车辆以一定速度行驶时,驾驶人能够自看清前方分流、合流、交叉、渠化、交织等各种行车条件变化时的导流设施、标志、标线,便于及时做出制动减速、变换车道等操作,至变化点前使车辆达到必要的行驶状态所需要的最短行驶距离,称为识别视距。

5.1.2 《规范》对行车视距的规定

1)停车视距

高速公路、一级公路的停车视距应不小于表5-1规定。

高速公路、一级公路停车视距 表5-1

设计速度(km/h)	120	100	80	60
停车视距(m)	210	160	110	75

对于停车视距,《规范》(JTG D20—2017)对式(5-1)进行了简化,简化后的停车视距由驾驶人在反应时间内行驶的距离和从开始制动到停车这段时间内所行驶的距离两部分组成,见式(5-7)。

$$S_{\mathrm{T}} = \frac{v}{3.6}t + \frac{\left(\frac{v}{3.6}\right)^2}{2g \times f_1} \tag{5-7}$$

式中:S_T——停车视距,m;

v——汽车行驶速度,km/h,一般取设计速度,见表5-2;

t——驾驶人的反应时间,s,一般取2.5s,其中判断时间1.5s,运行时间1.0s;

f_1——纵向摩阻系数,依车速及路面状况而定,见表5-2。

潮湿状态下的停车视距 表5-2

设计速度 (km/h)	行驶速度 (km/h)	反应时间 (s)	纵向摩阻系数	反应距离 (m)	制动距离 (m)	停车视距(m) 计算值	停车视距(m) 规范值
120	102	2.5	0.29	70.83	141.09	211.92	210
100	85	2.5	0.30	59.03	94.71	153.74	160
80	68	2.5	0.31	47.22	58.66	105.88	110
60	54	2.5	0.33	37.50	34.75	72.25	75
40	36	2.5	0.38	25.00	13.41	38.41	40
30	30	2.5	0.44	20.83	8.04	28.88	30
20	20	2.5	0.44	13.89	3.58	17.46	20

2)会车视距

会车视距一般不小于停车视距的2倍。二级、三级和四级公路停车视距与会车视距,见表5-3。

二级、三级、四级公路的停车视距与会车视距　　　　　　　　表5-3

设计速度(km/h)	80	60	40	30	20
会车视距(m)	220	150	80	60	40
停车视距(m)	110	75	40	30	20

3)超车视距

具有干线功能的二级公路宜在3min的行驶时间内,提供一次满足超车视距要求的超车路段。超车视距最小值见表5-4。

二级、三级、四级公路超车视距最小值　　　　　　　　表5-4

设计速度(km/h)	80	60	40	30	20
超车视距一般值(m)	550	350	200	150	100
超车视距极限值(m)	350	250	150	100	70

注:"一般值"为正常情况下的采用值;"极限值"为条件受限时可采用的值。

4)错车视距

错车视距仅仅针对单车道公路,错车视距一般为300～500m,因此一般每间隔300～500m设置一个错车道。两个相邻错车道应互相通视,并应满足错车视距要求。

5)下坡段货车停车视距

下坡段货车停车视距,见表5-5。

下坡段货车停车视距(单位:m)　　　　　　　　表5-5

设计速度(km/h)		120	100	80	60	40	30	20
纵坡坡度(%)	0	245	180	125	85	50	35	20
	3	265	190	130	89	50	35	20
	4	273	195	132	91	50	35	20
	5	—	200	136	93	50	35	20
	6	—	—	139	95	50	35	20
	7	—	—	—	97	50	35	20
	8	—	—	—	—	—	35	20
	9	—	—	—	—	—	—	20

6)识别视距

不同设计速度对应的识别视距,应符合表5-6的规定。

不同设计速度下的识别视距要求　　　　　　　　表5-6

设计速度(km/h)	120	100	80	60
一般环境识别视距(m)	350	290	230	170
复杂环境识别视距(m)	460	380	300	240

注:复杂环境识别视距指行车环境复杂、路侧出口提示信息较多时应采取的视距值。

受地形、地质等条件下限制路段,识别视距可采用1.25倍的停车视距,但应进行必要的限速控制和管理措施。

7)平面交叉口视距

(1)引道视距要求。

每条岔路上部都应提供与行驶速度相适应的引道视距,见图5-4。

引道视距在数值上等于停车视距,但量取标准为视高1.2m、物高0m。各种设计速度所对应的引道视距及相应的凸形竖曲线最小半径视距应符合规定,见表5-7。

引道视距及相应的凸形竖曲线最小半径视距　　　　表5-7

设计速度(km/h)	100	80	60	40	30	20
引道视距(m)	160	110	75	40	30	20
引导凸形竖曲线最小半径(m)	10700	5100	2400	700	400	200

(2)通视三角区。

两平面交叉公路,由各自停车视距所组成的三角形区内不得存在任何有碍通视的物体,见图5-5。

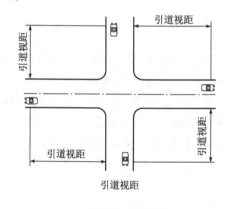

图5-4　引道视距

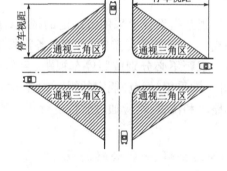

图5-5　通视三角区

条件受限制不能保证由停车视距所构成的通视三角区时,则应保证主要公路的安全停车视距和次要公路至主要公路边车道中心线5~7m所组成的通视三角区。安全交叉停车视距值应符合表5-8的规定。

安全交叉停车视距　　　　表5-8

设计速度(km/h)	100	80	60	40	30	20
停车视距视距(m)	160	110	75	40	30	20
安全交叉停车视距(m)	250	175	115	70	55	35

8)互通式立体交叉口视距

互通式立体交叉区域应具有良好的通视条件。

主线分流鼻前应保证判断出口所需的识别视距,应符合表5-6的要求。条件受限时,识别视距应大于1.25倍的主线停车视距。

互通式立体交叉的匝道全长范围内的停车视距,应不小于表5-9的规定。

互通式立体交叉的匝道停车视距　　　　　　　　　　表 5-9

设计速度(km/h)	80	70	60	50	40	35	30
停车视距(m)	110	95	75	65	40	35	30
积雪冰冻地区停车视距不小于(m)	135	120	100	70	45	35	30

汇流鼻前,匝道与主线间应具有如图 5-6 的通视三角区。

匝道出口位置应明显、易于识别,宜将出口分流鼻设置在跨线桥前;当设置在跨线桥后时,匝道出口至跨线桥的距离不应小于 150m。

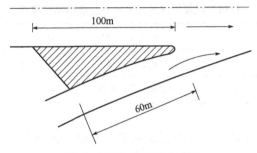

图 5-6　汇流鼻前的通视三角区

5.1.3　设计视距

设计视距指设计上采用或确定的视距,用 S_s 表示。设计视距应不低于《规范》的规定值。一条路线中,设计视距是确定的,该线各路段相应视距应不低于设计视距。

设计视距不必分别按照停车视距、会车视距、超车视距等公式计算,直接查询《规范》即可,设计上常采用《规范》规定的视距或者略大一些的视距作为设计视距。对于可能存在视距不良的路段和位置,均应通过软件进行相应视距检验,包括平面视距、纵断面视距和空间视距检验。

1)高速公路、一级公路的设计视距

具有中间带的高速公路和一级公路,不存在一般公路的会车、占用对向车道超车等问题,仅存在停车及其由此引起的涉及安全的停车视距问题。高速公路、一级公路的设计视距应采用停车视距,见表 5-1。

2)二级、三级和四级公路的设计视距

(1)一般公路的设计视距。因无中间带的二级、三级和四级公路存在会车情况,一般公路的设计视距应采用会车视距,见表 5-3。

(2)超车视距。无中间带的一般公路,符合超车条件时,车辆可能会超车。超车需要较长的超车视距,超车视距比停车视距和会车视距大得多,一条路并非要求全部按照超车视距作为设计视距,而是仅在符合超车条件的、较长直线路段等位置考虑超车视距。在通视条件不佳的、半径较小的弯道处不宜设置超车路段。二级、三级和四级公路的双车道公路,应间隔设置满足超车视距的路段,超车视距应符合表 5-4 的规定。设置超车视距的路段,其相应的设计视距由一般设计视距升格为超车视距(超车视距控制),一般路段仍然按设计视距控制。

5.2 弯道上视距的保证

一般来说，直线上视距容易保证，视距障碍主要聚焦在弯道内侧。本节着重分析弯道内侧的平面视距及其保证，空间视距参见11.6.3节。

5.2.1 基本概念

1）行车轨迹线

行车轨迹线（又称视点轨迹线）指汽车在弯道上行驶，且距未加宽前车道内侧路面边缘1.5m的曲线，见图5-7。根据相关研究，小客车驾驶人视点在横断面上的位置为未加宽前的行车道左侧边缘1.2m，大型车驾驶人视点在横断面上的位置为未加宽前的行车道左侧边缘1.5m，从安全角度考虑，横线位置宜按1.5m考虑。

2）视线

视线指驾驶人能够看到前方一定距离的行车或障碍物的直线。以通行小轿车为主的道路，视线距路面高1.2m。这里假定某公路设计速度60km/h的设计视距S_s=200m，应保证行车轨迹线上的线段$ii'(i=1,2,3,\cdots)$等于设计视距200m，驾驶人的视线应不小于此设计视距200m，见图5-7。

3）视距包络线

在行车轨迹线上，为了保证设计视距，与所需要的各个线段ii'（长度等于设计视距）相切的一条曲线，称为视距包络线，见图5-7。

4）横净距

横净距指横断面方向行车轨迹线到视距包络线的距离，用Z表示。其中最大的叫做最大横净距Z_{max}，出现在QZ点断面。横净距最小值为0，出现在圆曲线起点ZY或终点YZ断面。

5）虚横净距

虚横净距指横断面方向行车轨迹线到障碍物的距离，用Z_0表示。

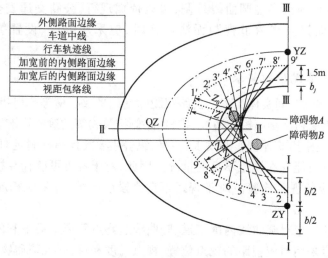

图5-7 弯道内侧平面视距示意图

5.2.2 弯道内侧视距的保证

1)清除障碍物范围

(1)当$Z>Z_0$时,需要清除障碍物,清除范围为$Z\sim Z_0$,因此图5-7中障碍物A需要清除。

(2)当$Z<Z_0$时,不需清除障碍物。图5-7中,在视距包络线以内,不影响设计视距的障碍物B不必清除。

2)最大横净距

(1)当行车轨迹线上的圆曲线长度大于设计视距时的最大横净距。

当行车轨迹线上的圆曲线长度$l_g>$设计视距S_S时,按式(5-8)计算最大横净距Z_{max}。

$$Z_{max} = \frac{l_g^2}{8R_g} \tag{5-8}$$

(2)当行车轨迹线上的圆曲线长度小于设计视距时的最大横净距。

当行车轨迹线上的圆曲线长度$l_g<$设计视距S_S时,按式(5-9)计算最大横净距Z_{max}。

$$Z_{max} = \frac{l_g}{8R_g}(2S_S - l_g) \tag{5-9}$$

式中:Z_{max}——该交点的QZ断面对应的最大横净距;

S_S——设计视距,m;

R_g——行车轨迹线半径,m,$R_g = R - \frac{b}{2} + 1.5$,其中$R$为该交点的圆曲线半径,$b$为行车道宽度;

l_g——该交点的转角为α、半径为R_g时,相应行车轨迹线的圆曲线长度$l_g = \frac{\pi \alpha R_g}{180°}$。

3)弯道内侧视距的保证

设计上,在确保弯道内侧视距的情况下,往往采用同心圆清除法,每一个断面均按照该交点的QZ断面对应的最大横净距进行清除。同心圆清除法更加方便快捷,只是费用略有增加。

当会车视距不足的小半径圆曲线外侧,可以依据现行《公路交通安全设施设计规范》(JTG D81)设置凸面镜。当弯道视距无法保证时,应采用限速、设置警示、警告标志等措施。

4)《规范》对保证视距的要求

公路是三维立体的空间实体工程。公路视距除受到平、纵、横等几何指标、参数和平纵组合等影响外,还可能受到路侧填挖方边坡、护栏、路侧构筑物等的遮挡影响。通过对我国部分山区高速公路进行视距检验评价实践发现:在平、纵等主要几何指标满足对应标准、规范指标要求的情况下,仍有可能存在视距不良的情况。因此,对于各类可能存在视距不良的路段和位置,均应进行对应的视距检验。对于视距不良路段或区域,应采取相应的技术措施予以改善。

公路视距检验时,应对圆曲线内侧车道、竖曲线起终点等视距最不利的车道或位置进行逐桩位的检查,并应采用对应视距的视点位置、视点高度和目标(或障碍物)的物高。视点位置应取车道宽度的 1/2 处(即车道中心线),小客车视点高度取高出路面 1.2m,货车高出路面 2.0m。目标(或障碍物)的位置应取路面两侧对应的车道边缘线,停车视距的物高取高出路面 0.1m,识别视距的物高取 0m(路面标线的高度),超车视距的物高取对向车辆(小客车)的前灯高度 0.6m。

5)基于设计视距清除障碍物示例

下面用示例分析基于设计视距的填方和挖方路段弯道内侧的横向清除范围。

(1)填方路段。

对于低填方、小半径圆曲线,其弯道内侧区域的障碍物容易遮挡视线影响视距。图 5-8 中,路基边缘 Y 点,加宽后的内侧路面边缘 B 点,加宽前的内侧路面边缘 C 点,行车轨迹线 D 点。虚横净距 Z_0,横净距 Z,行车轨迹线上的视线高度 1.2m。依据清除范围为 $Z-Z_0$,路堤坡脚以外的第 Ⅰ 排树木需要额外清除。

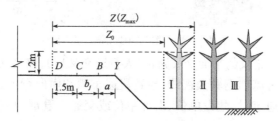

图 5-8 填方路段弯道内侧的横向清除范围

(2)挖方路段。

对于挖方路堑的小半径圆曲线,其弯道内侧区域的障碍物容易遮挡视线影响视距。图 5-9 中路基边缘 Y 点,加宽后的内侧路面边缘 B 点,加宽前的内侧路面边缘 C 点,行车轨迹线 D 点。虚横净距 Z_0,横净距 Z,行车轨迹线上的视线高度 1.2m。依据清除范围为 $Z-Z_0$,阴影部分表示需要在正常边坡率基础上额外清除(土石方)范围。其中防止碎落的超挖深度 y,挖土时 y 不小于 0.3m,挖石时 y 不小于 0.1m。

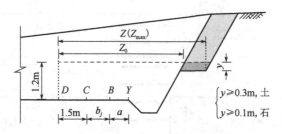

图 5-9 挖方路段弯道内侧的横向清除范围

5.3 其他视距保证

其他有视距要求的地方较多,例如平面交叉口、高速公路立体交叉出口匝道、服务区、停车区等。本节以平面交叉口视距的保证为例,说明视距处理方式。

前述存在视距难以保证的情况主要是弯道内侧,直线路段视距容易保证。但有时候直线路段也可能出现视距不良的情况,这种安全隐患值得设计人员和有关部门注意。

例如某平原区公路,设计速度80km/h,双向4车道,设置宽度2.0m的中央分隔带,绿化植物高度超过2.0m。该公路属于城市区间快速通道,同时在部分平面交叉路口设置有人行道,见图5-10。

图5-10 某快速通道的中央分隔带及人行道

在图5-10中,在前方路段的平面交叉路口(人行道交叉口),该交叉口位于直线路段、无红绿灯,高大绿化植物容易遮挡驾驶人视线,导致快速车辆和横向行人之间产生冲突。基于上述原因,设计类似快速通道时,建设单位、设计单位或交通主管部门应充分考虑安全和视距,可以采取下列措施。

(1)不宜设计超过小轿车视线高度1.20m及其以上的绿化植物。

(2)如果不得不采用超过视线高度1.20m及其以上的绿化植物,在交叉口应满足设计视距的要求。在交叉口的设计视距范围内,不得种植超过视线高度1.20m及其以上的绿化植物。

图5-10中,交叉口采用了较高的绿化植物,影响交叉口视距,人为造成安全隐患。建议采用图5-11的处理方式保证视距,交叉口的"通视三角区"内应保证设计视距,植物高度不宜超过1.2m。

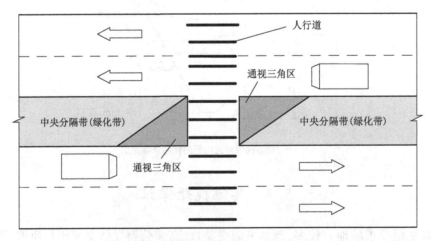

图5-11 有中央分隔带的平面交叉口的通视三角区

(3)在交叉口设置红绿灯管控交通。

复习思考题

5.1 判断题。有中间带的高速公路和一级公路,分向分车道行驶,不存在一般公路有对向来车的会车视距问题,也不存在占用对向车道超车视距问题,因此其设计视距以停车视距控制。

5.2 高速公路、一级公路的设计视距应采用什么视距?

5.3 二级、三级和四级公路的设计视距应采用什么视距?

5.4 判断题。无中间带的一般公路,设计视距一般采用超车视距。

5.5 一条路线中既有设计视距,又有超车视距,应采用哪个视距?

5.6 判断题。对于公路视距,不仅需要满足平面视距的要求,还应满足纵断面视距和空间视距的要求。

扩 展 阅 读

[1] 中华人民共和国交通运输部.公路路线设计规范:JTG D20—2017[S].北京:人民交通出版社股份有限公司,2017.

[2] 中华人民共和国交通运输部.公路工程技术标准:JTG B01—2014[S].北京:人民交通出版社股份有限公司,2014.

[3] 中华人民共和国住房和城乡建设部.城市道路交通标志和标线设置规范:GB 51038—2015[S].北京:中国计划出版社,2015.

[4] 张志清.道路勘测设计[M].2版.北京:科学出版社,2012.

[5] 裴玉龙.道路勘测设计[M].北京:人民交通出版社,2009.

[6] 中华人民共和国交通运输部.公路交通安全设施设计规范:JTG D81—2017[S].北京:人民交通出版社股份有限公司,2017.

[7] 张驰,潘兵宏,杨宏志.道路勘测设计[M].6版.北京:人民交通出版社股份有限公司,2023.

第6章 纵断面设计

纵断面设计是本书的重点章之一。本章主要阐述了纵坡、坡长、合成坡度、纵坡设计和竖曲线设计等内容。针对纵断面概念因抽象而难以理解的问题，本章配有相关微课"如何理解纵断面"，有助于读者直观清晰地理解纵断面。

纵断面设计高度关联平面设计、横断面设计和选线的相关知识，因此本章应紧密结合第2章平面设计、第7章横断面设计、第8章线形设计和第9章选线等进行理解和学习。此外，为了设计、修改、出图更为高效快捷，宜结合第11章计算机辅助设计采用专业软件进行纵断面设计。

6.1 概述

6.1.1 基本概念

1）纵断面

在工程中，为了完整表达一个几何体的形态与结构需要从多个角度进行视图展示。仅仅依赖平面设计图来描述公路是远远不够的，还需要纵断面图和横断面图来详细展示其高度和宽度等设计细节，必要时还可通过剖面图、大样图等补充视图提供更加全面和精确的设计信息。

微课6-1：如何理解纵断面，请扫描二维码学习。

微课6-1：如何理解纵断面

为了理解无中间带公路的纵断面，我们想象一下，虚拟一把中心曲面刀，将中心曲面刀沿垂直于平面图的中线砍下去并与天然地面相交的线，称为空间地面线。此时的空间地面线在平面上的投影表现为中线（直线和圆曲线），在纵断面上的投影表现为起伏不平的、杂乱无章的"似地面线"。中心曲面刀砍下去后与公路中心相交的线，称为空间设计线（又称为中心线）。此时的空间设计线在平面上的投影也表现为中线（直线和圆曲线），在纵断面上的投影表现为起伏不平的、规则的"似设计线"。上述"似地面线"和"似设计线"，不是真正意义上的纵断面地面线和纵断面设计线。

进一步想象，中心曲面刀垂直于平面图的中线砍下去以后，将砍出来的剖切曲面连同中心曲面刀(以下把"砍出来的剖切曲面连同中心曲面刀"合称"中心曲面刀")沿水平方向拉伸拉直,并展开在竖直面上,此时中心曲面刀演变成类似于竖直的、无限大的、垂直于水平面的立面(对应上面的高程不变,纵向不变,横向拉伸,三维变二维),这个立面就是纵断面。在这个纵断面上,原来曲面上的"似地面线"和"似设计线"演变成真正意义上的纵断面地面线和纵断面设计线。把中心曲面刀沿水平方向拉伸拉直,并竖直展开在立面,平面上的中线(直线和圆曲线)全部被拉伸拉直蜕变成直线。纵断面上的"似设计线"经过水平方向拉伸拉直后蜕变成纵断面设计线。

综上,纵断面就是中心曲面刀沿水平方向拉伸拉直后投影在立面上形成的纵向断面。纵断面上代表线形包括纵断面地面线和纵断面设计线,纵断面设计线可近似代表纵断面。因此,纵断面指公路中心线经中心曲面刀拉伸拉直后在立面上的投影。

通常,纵断面也可以指沿着道路中线竖直剖切然后展开在立面上的投影。设计上常用纵断面图表征纵断面。纵断面图包含立面上的地面高程、设计高程、高差、填挖值等重要信息,也包含平面上的中桩位置、桩号、直线、圆曲线、缓和曲线等重要信息。

2)纵坡

(1)纵坡度。

道路的坡度表示方法具有多样性,此处仅介绍用百分比表示的坡度。坡度指坡段的高差占水平距离的百分比,通常用 i 表示,可用于表示道路纵坡度和横坡度。纵坡度指纵断面上纵向坡段的坡度,简称纵坡。

如图6-1所示,坡段 AB 之间的纵坡度按式(6-1)计算。

$$i = \frac{h}{l} \times 100\% \qquad (6-1)$$

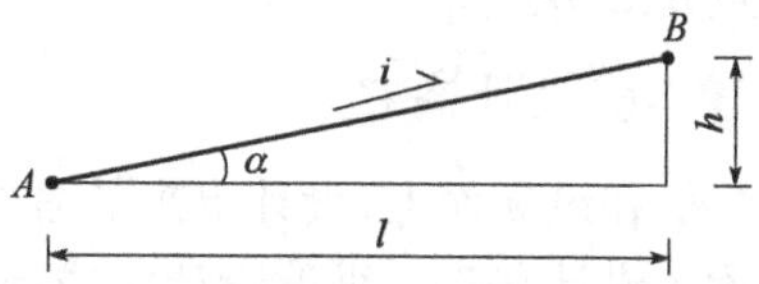

式中: i ——坡段 AB 之间的纵坡度, %;

　　l ——坡段 AB 之间的坡长, m;

　　h ——坡段 AB 之间的高差, m。

图6-1　坡段 AB 及其纵坡度

α-坡角

对于纵坡度 i 相应的坡段,指相邻变坡点组成的坡段,一般指直坡段。必要时,也可以指折线坡段,中间包含若干有起伏坡段的指定路段起止点之间的坡段。坡长 l 指相邻两个变坡点 A、B 之间的水平直线距离,如图6-1所示。坡长是水平距离,不是斜长。在平面上,坡长指相邻两个变坡点之间相应的平面中线距离(直线和曲线);在纵断面上,坡长指相邻两个变坡点之间的直线距离,因为平面上的中线在纵断面上全部被拉伸拉直成直线。根据坡段的两个相邻变坡点 A、B 落在平面上的状态,可能出现下列几种情况:当坡段 AB 在平面上为直线时,坡长 l 指平面上 A、B 两点之间的直线长度,坡段 AB 就是直线段;当坡段 AB 在平面上为曲线时,坡长 l 指平面上 A、B 两点之间的曲线长度,坡段 AB 就是曲线段(圆曲线或缓和曲线);当 A、B 两点之间在平面上既有直线又有曲线时,坡长 l 指平面上 A、B 两点之间的直线与曲线的长度之和,坡段 AB 就是直线和曲线组成的复合曲线段。

(2)纵坡分类。

按照纵坡度的大小,纵坡可分为上坡、平坡和下坡。纵断面上从道路起点向终点的前进方向,某确定坡段的起点高程小于终点高程,其相应的纵坡称为上坡,如图6-2中的 AB 和 DE 坡段的纵坡度分别为上坡5%和上坡3%;某确定坡段的起点高程等于终点高程,该坡段无高差,其相应的纵坡称为平坡,又称为0坡,平坡路段上各中桩设计高程相等,如图6-2中的 CD 坡段的纵坡度为0%;某确定坡段的起点高程大于终点高程,其相应的纵坡称为下坡,如图6-2中的BC坡段的纵坡度为下坡-6%。这里的确定坡段,指的是该坡段起终点之间只有一个确定纵坡度的单一坡段,即相邻变坡点之间的坡段,如图6-2中的AB、BC等坡段。有时候为了分析某路段起终点之间的平均纵坡,这时候该起终点之间的坡段则包含若干个小的单一坡段,即中间包含若干个变坡点,如图6-2中的AE坡段包含AB、BC、CD和DE共四个单一坡段。

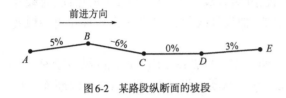

图6-2 某路段纵断面的坡段

3)纵断面地面线

纵断面地面线指纵断面图上各中桩地面高程点的连线,一般为起伏不平的折线。

4)纵断面设计线

纵断面设计线指纵断面图上设计出来的、有规律的坡度线。有时候,纵断面设计线指纵断面设计坡段的连线(变坡点的依次连线),在纵坡设计和分析时可只考虑坡段暂不考虑竖曲线,见图6-2中的AB、BC、CD和DE坡段。有时候,纵断面设计线指纵断面上各中桩设计高程的连线,在中桩设计高程计算和填挖值计算时应考虑竖曲线。

5)变坡点

变坡点又称转坡点,指纵断面上相邻坡段相交的点(纵坡度变化的点),见图6-2中的变坡点B、C、D。

6)设计高程

在纵断面上,设计出来的各中桩的高程,或纵断面设计线上计算出来的各中桩的高程,也称为设计高程。纵坡设计完成后,可计算出每一个变坡点乃至每一个中桩(包括竖曲线)的设计高程。这个设计高程与4.2.1节中的设计高程是一脉相承的,一个固定中桩的设计高程是一个定值。

7)施工高度

施工高度指中桩的设计高程与地面高程之差,按式(6-2)计算。

$$h_{sg} = H_s - H_d \tag{6-2}$$

式中:h_{sg}——施工高度,m,当$h_{sg}>0$,表示填方路基,简称路堤,见图6-3a);当$h_{sg}<0$,表示挖方路基,简称路堑,见图6-3b);当$h_{sg}=0$,表示零填挖路基或半填半挖路基,见图6-4;

H_s——中桩设计高程,m;

H_d——中桩地面高程,m,纸上选线的H_d由数字地形图通过数模自动采集或自动内插得到,实地选线的H_d通过现场水准测量实测得到。

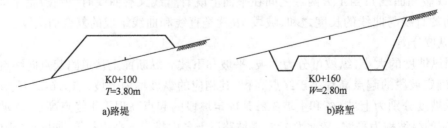

a)路堤   b)路堑

图6-3 路堤和路堑的横断面图

a) 零填挖路基　　　　　　　b) 半填半挖路基

图 6-4　零填挖路基和半填半挖路基的横断面图

6.1.2　一般规定和要求

纵断面设计的一般规定和要求如下。

1) 路基设计洪水频率

路基设计洪水频率,应符合表 6-1 要求。

路基设计洪水频率　　　　　　　　表 6-1

公路等级	高速公路	一级公路	二级公路	三级公路	四级公路
设计洪水频率	1/100	1/100	1/50	1/25	按具体情况确定

注：区域内唯一通道的公路路基设计洪水频率可采用高一个等级公路的标准。

(1) 沿河及可能受水浸淹的路段,按设计高程推算的最低路侧边缘高程,应高出表 6-1 规定的洪水频率计算水位加壅水高度、波浪侵袭高度和 0.50m 的安全高度。壅水是指因水流受阻而产生的水位升高现象。

(2) 沿水库上游岸边的路段,按设计高程推算的路基最低侧边缘高程,应考虑水库水位升高后地下水位壅升,以及水库淤积后壅水曲线抬高及浪高的影响;在寒冷地区还应考虑冰塞壅水对水位增高的影响。

(3) 大、中桥桥头引道(在洪水泛滥范围内)按设计高程推算的路基最低侧边缘高程,一般应高于该桥设计洪水位(包括壅水高度和波浪侵袭高度)至少 0.50m。

(4) 小桥涵附近的路基最低侧边缘高程,应高于桥涵前壅水水位至少 0.50m(不计浪高)。

(5) 城市周边地区的公路路基设计洪水频率应结合城市防洪标准,考虑救灾通道、排洪和泄洪需求综合确定。

2) 设计纵断面全盘综合考虑

为使纵坡设计技术经济合理,必须在全面掌握勘测资料基础上,结合选线意图、地形、地质水文条件、气候,经过全盘综合分析、反复比较定出设计纵坡度、坡长及变坡点位置。

3) 纵坡设计

(1) 纵坡设计必须满足规范中的相应要求。

(2) 纵坡设计应满足行车平顺舒适的要求。

为保证车辆能以一定速度安全舒适地行驶,纵坡应具有一定的平顺性,起伏不宜过大且不宜过于频繁。应避免采用极限纵坡值,纵坡度较陡较长时应合理安排缓和坡段。克服高程的连续升坡或降坡路段,应避免设置反坡。越岭线的垭口附近的纵坡尽量平缓。纵坡设计应遵循"缓坡宜长、陡坡宜短"的原则。

4) 土石方工程量要求

尽量减小土石方工程量,避免大填、大挖,尽量减小借方、弃方和土石方工程量。

5) 选线要求

选线应注重生态环保,尽量减少永久占地和临时征地。

6) 平原微丘区纵坡设计要求

平原微丘区地下水埋深较浅,池塘、湖泊分布较广,纵坡除应满足最小纵坡要求外,还应满足最小填土高度要求,从而保证路基处于干燥或中湿状态并提高路基稳定性。

6.2 纵坡

6.2.1 最大纵坡

最大纵坡,用 i_{max} 表示,有两种含义:第一种含义为《规范》规定的各级设计速度下允许使用的最大坡度值,一般是不允许超过的;第二种含义为该路线所有坡段纵坡度中最大的纵坡度。

最大纵坡是公路纵断面设计的主要控制指标之一,它直接影响路线的长短、使用质量的好坏、运营成本及工程造价的高低等方面。

《规范》中对各级公路的最大纵坡规定,见表6-2。设计速度越大,《规范》规定的最大纵坡就越小,如设计速度20km/h时最大纵坡9%,设计速度120km/h时最大纵坡3%。在山岭重丘区、地形陡峭地区,按照《规范》中的最大纵坡规定自然展线较为困难,这就是高速公路常采用桥梁或隧道方式越岭的原因,有的高速公路桥隧长度占路线长度的比例超过80%。

最大纵坡　　　　　　　　　　　　　　　表6-2

设计速度(km/h)	120	100	80	60	40	30	20
最大纵坡(%)	3	4	5	6	7	8	9

6.2.2 高原地区最大纵坡折减

高原地区,随着海拔高度逐渐增加,大气压力和气温逐渐降低,空气密度逐渐减小,导致汽车的动力性能下降。经常使用低挡高转速,容易使发动机过热,汽车水箱容易沸腾,甚至影响冷却系统。位于海拔3000m以上的高原地区公路,当设计速度小于或等于80km/h时,最大纵坡应按《规范》予以折减,见表6-3。最大纵坡折减后小于4%时,应采用4%。

高原纵坡折减值　　　　　　　　　　　　表6-3

海拔高度(m)	3000～4000	4000～5000	5000以上
纵坡折减(%)	1	2	3

6.2.3 最小纵坡

为了保证车辆行驶的快速性、安全性和舒适性,设计人员倾向于将公路纵坡设计得尽可能平缓。但是,在特定地形与路基条件下,如路堑、零填挖路基、半填半挖路基的半挖部分、矮路堤以及其他排水不畅的路段,纵坡的设计应保证满足排水要求,防止积水影响行车安全。

《规范》规定公路纵坡不宜小于0.3%。在横向排水不畅的路段或长路堑路段,采用平坡或小于0.3%的纵坡时,其边沟应进行纵向排水设计。

对于填方较高的路堤、沿河路基(路基临河侧)、傍山路基(路基临崖侧)、桥梁等横向排水通畅的路基,一般排水条件相对较好,其纵坡设计可以相对灵活,可以不受最小纵坡限制,有时甚至可以设计成平坡,但也需要根据具体情况进行综合考虑和精心设计。

6.2.4 平均纵坡

1)平均纵坡的概念

平均纵坡指在一定路段范围内,路段两端点的高差占其路线长度的百分比,也可以理解为各坡段纵坡的加权平均值或平均值,用i_p表示。

平均纵坡是衡量较长的连续升坡(或连续降坡)路段设计质量的重要指标之一。

2)平均纵坡的作用

对于连续升坡(或连续降坡)路段,即使没有超过《规范》规定的最大纵坡和坡长限制,也难以保证行车安全、舒适。如果连续升坡路段过长,平均纵坡较大,汽车上坡挂二挡或一挡的时间较长,发动机长时间发热,易导致汽车水箱沸腾、气阻。如果连续降坡路段过长,频繁制动会导致制动蹄片过热,甚至可能烧毁,进而引发制动失灵等严重安全问题。因此,必须对较长的连续升坡(或连续降坡)路段的平均纵坡予以限制,以确保行车安全、舒适和车辆性能的稳定。

3)平均纵坡的计算

对连续升坡(或连续降坡)路段的平均纵坡计算,可以采用三种方法:

(1)按照定义计算(路段两端点的高差占路线长度的百分比)平均纵坡。

(2)按各坡段的纵坡的平均值计算平均纵坡。

(3)按各坡段纵坡的加权平均值计算,见式(6-3)。

$$i_p = \frac{i_1 \times l_1 + i_2 \times l_2 + \cdots + i_n \times l_n}{l_1 + l_2 + \cdots + l_n} \tag{6-3}$$

式中:i_p——连续升坡(或连续降坡)路段纵坡的加权平均值,%;

i_1——第1坡段的纵坡度,%;

l_1——第1坡段的坡长,m;

i_2——第2坡段的纵坡度,%;

l_2——第2坡段的坡长,m;

i_n——第n坡段的纵坡度,%;

l_n——第n坡段的坡长,m。

4)《规范》规定的平均纵坡

计算和分析平均纵坡时,连续升坡与降坡路段应分开考虑,不宜混搭。对于二级、三级和四级公路的越岭路线,连续升坡(或连续降坡)路段应符合下列规定:

(1)相对高差为200~500m时,平均纵坡不应大于5.5%。

(2)相对高差大于500m时,平均纵坡不应大于5%。

(3)任意连续3km路段的平均纵坡不宜大于5.5%。

6.2.5 桥隧纵坡

1)桥上及桥头路线的纵坡规定

(1)小桥处的纵坡应随路线纵坡设计。

(2)桥梁及其引道的平、纵、横技术指标应与路线总体布设相协调,各项技术指标应符合路线布设的规定。大、中桥上的纵坡不宜大于4%,桥头引道纵坡不宜大于5%,引道紧接桥头部分的线形应与桥上线形相配合。

(3)易结冰、积雪的桥梁,桥上纵坡宜适当减小。

(4)位于城镇混合交通繁忙处的桥梁,桥上及桥头引道纵坡均不得大于3%。

2)隧道及其洞口两端路线的纵坡规定

(1)隧道内的纵坡应大于0.3%且小于3%,但短于100m的隧道不受此限。

(2)高速公路、一级公路的中、短隧道,当条件受限制时,经技术经济论证后,最大纵坡可适当加大,但不宜大于4%。

6.3 坡长

6.3.1 坡长限制

按照坡长的大小(长短),坡长限制分为最小坡长限制和最大坡长限制两类。

1)最小坡长限制

纵坡设计时,坡长不宜过短。如果坡段长度设计过短,纵断面上变坡点过密,坡段呈现锯齿形状,不利于平顺行车。上坡时频繁换挡,下坡时频繁制动,不断改变行车状况,增加驾驶难度。《规范》对各级公路的最小坡长予以限制,见表6-4。

最小坡长 表6-4

设计速度(km/h)	120	100	80	60	40	30	20
最短坡长(m)	300	250	200	150	120	100	60

2)最大坡长限制

(1)《规范》规定的最大坡长限制。

①最大坡长限制。

纵坡设计时,对最大坡长应予以限制。《规范》规定了各级公路的不同纵坡度下,相应的最大坡长,见表6-5。

不同纵坡的最大坡长(单位:m) 表6-5

设计速度(km/h)		120	100	80	60	40	30	20
纵坡坡度(%)	3	900	1000	1100	1200	—	—	—
	4	700	800	900	1000	1100	1100	1200
	5	—	600	700	800	900	900	1000

续上表

设计速度(km/h)		120	100	80	60	40	30	20
纵坡坡度(%)	6	—	—	500	600	700	700	800
	7	—	—	—	—	500	500	600
	8	—	—	—	—	300	300	400
	9	—	—	—	—	—	200	300
	10	—	—	—	—	—	—	200

表6-5中,设计速度大于或等于60km/h,纵坡大于或等于3%时为陡坡,其相应的最大坡长应予以限制。如当纵坡坡度为3%时,设计速度分别为60km/h、80km/h、100km/h和120km/h的坡长限制分别为1200m、1100m、1000m和900m。

设计速度小于或等于40km/h,纵坡大于或等于4%时为陡坡,其相应的最大坡长应予以限制。如当纵坡坡度为4%时,设计速度分别为40km/h、30km/h和20km/h的坡长限制分别为1100m、1100m和1200m。

②二级及二级以下公路的纵坡设计与控制。

对于二级及以下公路,由于通行条件和车型组成等与高速公路和一级公路存在不同,在连续纵坡路段的设计中,仍依据表6-5的规定值进行上、下行方向的纵坡设计与控制。

③对于货车混入率较低的高速公路和一级公路的纵坡设计。

对于货车混入率较低的高速公路和一级公路,在上坡路段建议仍采用表6-5的规定值,即采用以两轴载重汽车性能条件为基础提出的陡坡坡长限制指标为基础进行纵坡设计。

(2)对于货车混入率较高的高速公路和一级公路的陡坡坡长限制。

《规范》分析了对于货车混入率较高的高速公路和一级公路基于六轴铰接列车实际的爬坡能力和条件,专题论证提出了对高速公路连续纵坡路段上坡的不同纵坡的纵坡坡长等指标建议。此时,可参考表6-6提供的货车主导性车型的性能条件及与之对应的纵坡坡长等参数、指标进行纵坡设计,并对路段通行能力和服务水平进行检验分析。最大坡长指标是在对原《规范》规定的高速公路上坡方向容许速度进行必要的调整基础上提出的,见表6-7。其中允许货车上坡速度折减量为20km/h,见表6-8。

不同纵坡最大坡长(铰接列车,单位:m) 表6-6

设计速度(km/h)		120	100	80	60
纵坡坡度(%)	2.0	不限	不限	不限	不限
	2.5	1000	不限	不限	不限
	3.0	680	910	不限	不限
	3.5	520	570	930	不限
	4.0	420	440	560	不限
	4.5	—	360	410	540
	5.0	—	300	320	370
	5.5	—	—	—	290
	6.0	—	—	—	240

上坡方向容许最低速度(单位:km/h)　　　　　　　表6-7

设计速度	120	100	80	60
容许最低速度	60	50	40	35

货车上坡速度折减量(单位:km/h)　　　　　　　表6-8

设计速度	120	100	80	60
货车运行速度	80	70	60	55
最小允许速度	60	50	40	35
货车速度折减量	20	20	20	20

6.3.2 缓和坡段

缓和坡段指纵坡度较小,能够使陡坡得到缓和,从而改善行车状况的坡段。

《规范》规定:各级公路的连续上坡路段,应根据载重汽车上坡时的速度折减变化,在不大于表6-5规定的纵坡长度之间设置缓和坡段。其设置应符合下列规定。

1)缓和坡度的纵坡度

(1)设计速度小于或等于80km/h时,缓和坡段的纵坡应不大于3%。

(2)设计速度大于80km/h时,缓和坡段的纵坡应不大于2.5%。

2)缓和坡段的坡长

缓和坡段的坡长应大于表6-4中最小坡长的规定。纵坡设计时应尽量增加缓和坡段的坡长。

纵坡设计时,应避免"陡缓陡"组合。这里的"陡"指陡坡坡长达到最大坡长限制值(表6-5或表6-6),即陡坡的坡长很长。这里的"缓"指缓和坡段的坡长达到最小坡长限制值(表6-4),即缓和坡段的坡长很短。

为了重载货车能够在陡坡上的行驶速度能够恢复到容许最低速度以上,纵坡设计宜遵循"陡坡宜短,缓坡宜长"的原则。

6.3.3 爬坡车道

四车道高速公路、四车道一级公路以及二级公路连续上坡路段,符合下列情况之一时,宜在上坡方向行车道右侧设置爬坡车道。

(1)沿连续上坡方向载重汽车的运行速度降低到容许速度以下,见表6-9。

上坡方向容许最低速度(单位:km/h)　　　　　　　表6-9

设计速度	120	100	80	60	40
容许最低速度	60	55	50	40	25

(2)单一纵坡坡长超过表6-5的规定或上坡路段的设计通行能力小于设计小时交通量。

(3)经设置爬坡车道与改善主线纵坡不设爬坡车道技术经济比较论证,设置爬坡车道的效益费用比、行车安全性较优。

对于整体式或分离式路基路段,均应重点对上行方向的通行能力与服务水平的行车安全性进行检验与评价。

6.3.4 连续长陡下坡

1)连续长陡下坡的平均坡度和坡长限制

高速公路、一级公路连续长陡下坡路段的平均坡度与连续坡长不宜超过表6-10的规定。超过时,应进行交通安全性评价,提出路段速度控制和通行管理方案,完善交通工程和安全设施,并论证增设货车强制停车区。

连续长陡下坡的平均坡度和连续坡长　　表6-10

平均坡度(%)	<2.5	2.5	3.0	3.5	4.0	4.5	5.0	5.5	6.0
连续坡长(km)	不限	20.0	14.8	9.3	6.8	5.4	4.4	3.8	3.3
相对高差(m)	不限	500	450	330	270	240	220	210	200

2)安全性检验与评价

对于整体式或分离式路基路段,均应重点对下行方向的通行能力与服务水平的行车安全性进行检验与评价。

6.4 合成坡度

6.4.1 概念与计算

1)概念

合成坡度指路线纵坡度与超高或路拱横坡度合成的坡度。处在平面小半径圆曲线和纵断面陡坡的复杂路段,设计时限制合成坡度更具现实意义。此时,合成坡度指同时具有超高和陡坡的复杂路段,超高横坡度与路线纵坡度合成的坡度。

2)计算

合成坡度的计算公式,见式(6-4)。

$$i_h = \sqrt{i_b^2 + i^2} \tag{6-4}$$

式中:i_h——合成坡度,%;
i_b——超高横坡度,%;
i——路线纵坡度,%。

6.4.2 最大合成坡度

1)合成坡度的意义

在具有超高圆曲线上,最大坡度不是纵坡方向,也不是超高横坡度方向,而是合成坡度方向。合成坡度过大,说明平面上转急弯,纵断面上有陡坡,车辆可能沿着合成坡度方向滑移。因此平面上转急弯的地方,纵断面上就不宜再设计成陡坡。将合成坡度限制在某一范围之内的目的是限制陡坡与急弯相重合的线形,尽可能地避免陡坡与急弯的组合对行车产生的不利影响。

2)规范对最大合成坡度的规定

(1)《规范》规定的各级公路最大合成坡度,见表6-11。

各级公路的最大合成坡度　　　　　　　　　　表6-11

公路分级	高速公路和一级公路				二级公路、三级公路和四级公路				
设计速度(km/h)	120	100	80	60	80	60	40	30	20
合成坡度(%)	10.0	10.0	10.5	10.5	9.0	9.5	10.0	10.0	10.0

(2)困难情况下合成坡度的规定。

当陡坡与小半径圆曲线相重叠时,宜采用较小的合成坡度。下述情况的合成坡度必须小于8.0%:

①冬季路面有结冰、积雪的地区;

②自然横坡较陡峻的傍山路段;

③非汽车交通量较大的路段。

6.4.3 最小合成坡度

各级公路最小合成坡度不宜小于0.5%。在超高过渡的变化处,合成坡度不应设计为0%。当合成坡度小于0.5%时,应采取综合排水措施,保证路面排水畅通。

6.5 纵坡设计

纵坡设计是纵断面设计重要的工作之一。在纵断面图上设计变坡点、坡长和纵坡度等一系列工作,称为纵坡设计,俗称拉坡。因为纵坡设计是纵断面设计主要的、代表性的工作,故又称为纵断面设计。

纵坡设计应结合现行规范、标准,综合考虑技术指标、地形条件、地质水文条件、工程量、桥梁隧道、控制点、控制性填高或挖深、高填或深挖、现场实际情况等影响因素,应与已经设计完成的平面、即将设计的横断面的地面情况统筹安排,顺应选线意图,力求技术经济合理、环境影响最小、社会效益最大化。

变坡点位置、坡段纵坡度及坡长是纵坡设计的关键要素,纵坡设计主要就是围绕这三个关键要素开展工作。

本节以实地选线为例介绍纵坡设计。纸上选线的纵坡设计与实地选线思路、要求基本相同,使用相关专业软件进行纸上选线更为便捷,参见11.4节。

纵坡设计主要包括准备工作、标注控制点、试拉坡、调坡、校坡和定坡等步骤。

1)准备工作

(1)搜集资料。

①平面图。

②初步设计批复文件等。

③水准测量成果,包括高程控制测量(基平测量)记录表和中桩高程测量(中平测量)记录表等。

④中线测量成果,包括圆曲线中桩记录表和标准形曲线中桩记录表等。
⑤横断面测量成果,包括中桩横断面地面线测量记录表。
⑥其他外业勘测成果,包括桥涵、挡土墙、排水沟、截水沟等的现场测设资料。
⑦大中桥及隧道地质勘测报告。

(2)纵断面图中下部分表。

①画出图框线(内图框),必要时画出图幅线(外图框)。

②画出纵断面图的下部分表。

③写出路线平面、中桩里程、地面高程、设计高程等横栏的标题,见图6-15。

④填写中桩里程并点出中桩位置。

从圆曲线中桩记录表和标准形曲线中桩记录表查询中桩里程。在纵断面图的下部分表中的"中桩里程"栏,首先写出公里桩、百米桩(水平距离比例一般为1∶2000)。按照确定比例逐一点出中桩位置。

⑤画出路线平面。

在纵断面图下部分表中画出"路线平面"栏,见图6-5。中间水平直线表示圆曲线之间的间直线,如JD_1的YZ~JD_2的ZY之间的间直线。如果平面上的交点左转,圆曲线画成"凹"形,如JD_1的圆曲线画成下凹5mm。在平面图上的ZY~YZ画成圆曲线(其长度为圆曲线长),在纵断面图上的ZY~YZ画成直线(其长度仍然等于平面上的圆曲线长),这是因为纵断面是"中心曲面刀"沿水平方向拉伸拉直后投影在立面上所致。如果平面上的交点右转,圆曲线画成"凸"形,如JD_2的圆曲线画上凸5mm。带有缓和曲线的交点,在平面上画成"斜凸"或"斜凹"形,斜线表示缓和曲线,中间的直线表示所夹圆曲线(HY~YH),如JD_3(右转)的缓和曲线画成斜凸5mm。

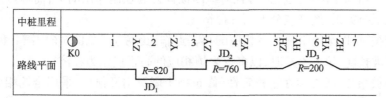

图6-5 纵断面图中"中桩里程"和"路线平面"栏

在纵断面图上,存在断链时仍按照中线实际长度绘制。为了防止在纵坡设计时漏掉断链造成里程或坡长计算错误,宜在断链位置适当断开约2cm,并醒目标识出断链分子式,见图6-15和图2-44。

⑥写出中桩地面高程。

从野外水准测量的中桩高程测量记录表查询中桩地面高程,在纵断面图的下部分表"地面高程"栏,逐一写出中桩对应的地面高程。为了节省空间和便于浏览,中桩地面高程数字宜竖向书写,见图6-15。

(3)纵断面图中上部分图。

①绘制高程比例尺。

纵断面高程比例一般为1∶200。

在图6-15的上部分图中,从路线平面的起点(K0+000)对应位置,向上绘制高程比例尺线,写出基本高程(平面图中的计曲线高程)1310、1320和1330等(单位:m)。

分析中桩地面高程的最大、最小值,合理确定高程比例尺线上的首个高程"1310"(单位:m)

位置(图6-15),目的是使纵断面图上的内容基本位于图框中部。

注意断高和移高的区别,工程上很少使用断高,而移高的使用较为普遍。断高,是由于高程测量或计算错误,导致纵断面高程中断,需要在纵断面上进行"高程断链"处理,类似于平面上的"里程断链"。移高,则是由于地面高差很大,需要重新移动高程比例尺,避免纵断面地面线和纵断面设计线超出图框。如图6-15中,首根高程比例尺线上的1310、1320和1330。第一次移高后,高程比例尺线上的高程变成1330、1340和1350。第二次移高后,高程比例尺线上的高程变成1340、1350和1360。

②绘制纵断面地面线。

根据中桩的地面高程及高程比例(1:200),在纵断面图的上部分图中点出相应中桩的地面线,见图6-15中的细实折线。

2)标注控制点

控制点分为技术控制点和经济控制点。控制点确定后,应标注在纵断面图中适当位置,便于纵坡设计时充分考虑控制点的影响。

(1)技术控制点。

技术控制点指满足技术要求且对纵断面设计起控制作用的点,简称技术点。技术点包括起终点、中间点、垭口、大中桥、隧道、不良地质地段、最小或最大填高、最小或最大挖深、路线交叉点、路基设计洪水位要求的高程、平面交叉要求、立体交叉净空要求、建筑限界要求、通过的建筑物等控制性点位。

(2)经济控制点。

经济控制点指为了降低工程造价且对纵断面设计起控制作用的点,简称经济点。根据路基纵横向填挖平衡关系,经济点分下面三种情况。

①横坡较缓时,以填挖平衡关系相应的高程点作为经济点,见图6-6中第Ⅱ种方案。

②地面横坡较陡、填方不易时,以多挖少填相应的高程点作为经济点。

③地面横坡很陡,填方存在不稳定性,修筑挡土墙费用又很高,采用全挖相应的高程点为经济点,见图6-6中第Ⅲ种方案。

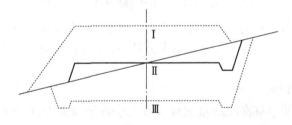

图6-6 不同填挖高度的横断面图比较

3)试拉坡

试拉坡指继准备工作、标准控制点后,尝试开展纵坡设计工作。

试拉坡应结合《规范》的规定。不同等级、不同地点公路,具有各自特点。试拉坡时,需要综合考虑全面布局、逐段安排和选线意图,还应结合下列实际情况。

(1)平原区宜采用以填方为主的包线设计,纵断面设计线在纵断面地面线之上。

平原区的中低等级公路一般采用低填方、平面交叉设计方案。

平原区的高速公路,大多涉及与原有道路立体交叉。为了适应立体交叉的纵断面线形设计,非交叉部分往往填方较高,可以考虑以下两种方案:

①高填方路基方案。填方较高,路基填方的填料用量较大,占地较宽,总体造价较低。

②高架桥方案。占地较少,桥下空间可以适当利用,总体造价较高。

(2)山岭区根据地形地质情况综合考虑,地面横坡较陡时可考虑以挖方为主的割线设计,其设计线在地面线之下(即需要割挖适当深度),挖方过大时还应考虑山坡的稳定性及对环境的影响。

(3)叉线、低等级公路以工程量经济为主要标准,技术指标和设计标准一般不高,尽量少拆迁,经过山岭时宜绕山嘴、山弯。

(4)中高等级公路尽量采用大半径圆曲线,尽量高标准,因此拆迁相对较多,桥隧比例较大。

(5)紧密结合地形、地质水文等现场情况,注意地形较陡、自然灾害严重地段。

(6)结合控制点情况,本着以控制点为依据的原则,考虑大多数技术点和经济点,力求达到技术经济合理。

(7)结合平面设计,注意平面、纵断面组合情况,特别是合成坡度的选用。避免陡坡与急弯相重合的线形,避免"陡缓陡"组合。

(8)结合横断面,避免高填深挖,注意地面横向坡度较陡时高路堤的稳定性。

4)调坡

调坡指检查调整纵坡设计,以达到预期要求。试拉坡后,初步的纵断面设计线可能存在不尽完善的部分,经检查发现有错误或不合理的设计,需要进行调整。调整时应注意:

(1)检查调整选线意图结合情况;

(2)检查调整变坡点位置、坡段纵坡度和坡长;

(3)检查调整纵断面与平面组合情况;

(4)检查调整结合控制点情况,多照顾控制点,少脱离控制点。

5)校坡

校坡指校对纵坡设计。检查调整纵坡设计后,需要再次校对纵坡设计。重点校核下面内容:

(1)校对横断面图上的高填、深挖路段。包括填挖是否过大,高填方路堤是否稳定,坡脚是否落空,深挖路堑边坡(包括稳定性及环保设计)是否稳定、经济。

(2)校对挡土墙路段。包括挡土墙是否过高、过长,位置是否合理。

(3)校对桥涵路段。包括桥涵位置是否恰当,桥梁跨径和结构是否合理。注意小桥涵的位置,忌讳因外业调查失误或疏漏导致设计中出现"旱桥涵"和"缺桥涵"。"旱桥涵"指不该修建桥涵的地方却设计了桥涵,以至于桥涵下无水可流。"缺桥涵"指应该修建桥涵的地方却没有设计桥涵,以至于雨季洪水无处可流,甚至冲毁路基。

6)定坡

定坡指确定纵坡设计,主要是确定变坡点位置、坡段纵坡段和坡长。定坡后就可以开展下列后续工作。

(1)计算变坡点桩号和设计高程。

(2)竖曲线设计,包括选择竖曲线半径和计算竖曲线要素。

(3)计算中桩设计高程。

逐一计算中桩的设计高程,包括直坡段上和竖曲线上的中桩设计高程。分别填写在纵断面图中的下部分表和路基设计表中的"设计高程"栏(表4-8)。

(4)完善纵断面图。

①在纵断面图的上部分图中画出竖曲线。

②在纵断面图的上部分图中绘出桥涵位置。

③在纵断面图的上部分图中画出水准点、断链桩等。

6.6 竖曲线设计

6.6.1 概述

1)竖曲线的概念

竖曲线指在纵断面图上的变坡点处插入的竖向曲线。第2章平面设计中介绍的圆曲线相对于竖曲线而言,又称为平曲线(平面上的圆曲线)。圆曲线是在平面上考虑问题,而竖曲线是在纵断面上考虑问题。公路纵坡变更处(变坡点)均应设置竖曲线,竖曲线可采用圆曲线或二次抛物线,实际设计中一般采用近似圆曲线。

圆曲线有直圆点ZY、曲中点QZ和圆直点YZ共三个主点,其中QZ是ZY和YZ的对称中心点,见图2-16。竖曲线也有竖直圆点SZY、竖曲中点SQZ和竖圆直点SYZ共三个主点,其中SQZ不一定是SZY和SYZ的对称中心点。

2)竖曲线的类型

按照曲线形状,竖曲线分凸形竖曲线和凹形竖曲线。

3)竖曲线的作用

(1)缓和变坡点处的突变情况,改善线形。

(2)保证行车视距,改善妨碍视线的不良条件。

(3)减少冲击和颠簸,增加行车舒适感。

6.6.2 变坡角

1)变坡角的概念

图6-7中,变坡点A、B、C,坡段AB为上坡,坡段BC为下坡,路线前进方向为$A \rightarrow B \rightarrow C$,坡段$AB$延长线为$BP$。在变坡点$B$处,线段$BP$与坡段$BC$的夹角就是变坡角。

变坡点处后一坡段的延长线绕该变坡点旋转,旋转到与前一坡段相重合,所旋转出来的角度,称为变坡角,又称为转坡角,用$|w|$表示。

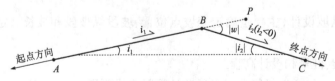

图6-7 变坡点处的变坡角

2)变坡角$|w|$的计算

(1)计算公式。

变坡角计算有多种方法,这里仅介绍较为简单、直观的纵坡度代数差法。为了便于计算和判断竖曲线的类型,这里计算的变坡角w从数值上有正有负,变坡角用其代数值的绝对值$|w|$表示。

从图6-7中,可以看出,上坡段AB的纵坡度$i_1>0$,下坡段BC的纵坡度$i_2<0$。因纵坡度较小,$i\to 0$,则坡段AB与水平线所夹的角度近似为i_1,坡段BC与水平线所夹的角度近似为$|i_2|=-i_2$。变坡角的代数值w按纵坡度代数差法计算,见式(6-5)。

$$w = i_1 + |i_2| = i_1 - i_2 \tag{6-5}$$

式中:w——变坡点处的变坡角的代数值,计算时中间的减号"-"保留;

i_1——变坡点处后一坡段的纵坡度,上坡取正(+),下坡取负(-);

i_2——变坡点处前一坡段的纵坡度,上坡取正(+),下坡取负(-)。

(2)不同类型的变坡角计算示例。

图6-8和图6-9中前进方向为从左向右。

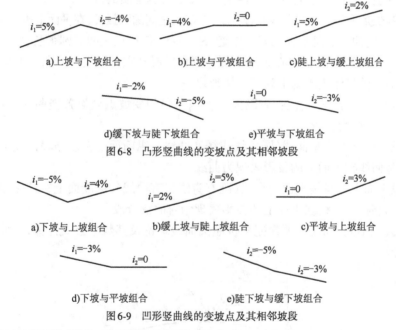

图6-8 凸形竖曲线的变坡点及其相邻坡段

图6-9 凹形竖曲线的变坡点及其相邻坡段

【例6-1】 计算图6-8中a)~e)各变坡点处变坡角的代数值w。

解:按式(6-5),得到:

图6-8a)中,$w=i_1-i_2=5\%-(-4\%)=9\%>0$。

图6-8b)中,$w=i_1-i_2=4\%-(0\%)=4\%>0$。

图6-8c)中,$w=i_1-i_2=5\%-(2\%)=3\%>0$。

图6-8d)中,$w=i_1-i_2=-2\%-(-5\%)=3\%>0$。

图6-8e)中,$w=i_1-i_2=0\%-(-3\%)=3\%>0$。

显然图6-8中各变坡点处均设凸形竖曲线,相应变坡角的代数值$w>0$。

【例6-2】 计算图6-9中a)~e)各变坡点变坡角的代数值w。

解：按式(6-5)，得到：

图6-9a)中，$w=i_1-i_2=-5\%-(4\%)=-9\%<0$。

图6-9b)中，$w=i_1-i_2=2\%-(5\%)=-3\%<0$。

图6-9c)中，$w=i_1-i_2=0\%-(3\%)=-3\%<0$。

图6-9d)中，$w=i_1-i_2=-3\%-(0\%)=-3\%<0$。

图6-9e)中，$w=i_1-i_2=-5\%-(-3\%)=-2\%<0$。

显然图6-9中各变坡点处均设凹形竖曲线，相应变坡角的代数值$w<0$。

6.6.3 竖曲线要素

1)竖曲线要素及其理解

变坡点处的竖曲线要素包括切线长、曲线长、纵距(竖向修正值)y，见图6-10。有时候，为了便于区别可以在前面加一个"竖"字，变成"竖切线长"和"竖曲线长"。从形式上看，竖曲线与圆曲线的曲线长差别不大，都是水平距离，但二者有着本质的区别。

(1)圆曲线长是平面上的圆曲线起(ZY)终(YZ)点之间的圆弧长，在平面上表现为圆弧曲线。

(2)理论上，竖曲线长是竖向的竖曲线起(SZY)终(SYZ)点之间的圆弧长，投影在纵断面上是直线距离，因为纵断面图是中心曲面刀拉伸拉直后展开在立面上的。某一具体变坡点处的竖曲线，在平面上的投影表现为下列三种情形之一：

①该路段平面上本身是直线，纵断面上在该路段的变坡点处设置竖曲线。此时，竖曲线在平面上的投影表现为直线。

②该路段平面上本身是曲线(圆曲线或缓和曲线)，纵断面上在该路段的变坡点处设置竖曲线。此时，竖曲线在平面上的投影表现为曲线。

③该路段平面上本身是直曲混合段(既有直线又有曲线)，纵断面上在该路段的变坡点处设置竖曲线。此时，竖曲线在平面上的投影表现为直曲混合段。

(3)计算公式不同，圆曲线要素完全按照圆曲线理论及其数学公式计算，竖曲线要素则按照近似公式计算。

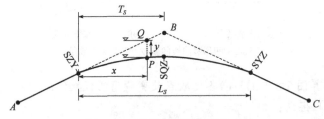

图6-10 变坡点及其竖曲线的主点

2)竖曲线要素计算

因纵坡度较小，$i \to 0$，$|w| \to 0$，近似有$L_s \approx T_s+T_s$。设竖曲线半径为R_s，近似有式(6-6)~式(6-8)。式(6-8)是用二次抛物线推导出来的，实际上由于变坡点前后坡差很小，抛物线呈非常平缓的线形，因曲率变化较小，抛物线与圆曲线几乎相同。实际工程中一般为了计算方便而采用圆曲线，式(6-8)也适用于竖曲线为圆曲线的情形。分析图6-10，P点为竖曲线上任

意点,Q 点为 P 点在竖曲线的切线坡段上竖直方向相应点,P、Q 两点的平面位置相同而竖向位置不同,这两点高程相差一个纵距 y(又称修正值)。

$$L_s = R_s |w| \tag{6-6}$$

$$T_s = \frac{R_s |w|}{2} \tag{6-7}$$

$$y = \frac{x^2}{2R_s} \tag{6-8}$$

式中:R_s——变坡点处的竖曲线半径,m,类似于圆曲线半径确定(2.2.4 节),竖曲线半径确定需要设计人员根据实际情况并结合现行规范综合考虑,《规范》规定的最小竖曲线半径,见表 6-12;

|w|——变坡点处的变坡角,rad;

L_s——竖曲线长,m;

T_s——竖切线长,m;

x——竖曲线上任意点 P 到最近的竖曲线起点(SZY)或终点(SYZ)之间的距离,m;以竖曲中点 SQZ 为界(图 6-10),如果 P 点到竖曲线起点(SZY)距离更近,则 x 为 P 点到竖曲线起点(SZY)之间的距离;如果 P 点到竖曲线终点(SYZ)距离更近,则 x 为 P 点到竖曲线终点(SYZ)之间的距离;x 的最大值,用 x_{max} 表示,近似等于切线长 T_s;

y——竖曲线上任意点 P 的纵距(P、Q 两点的高差),m;y 的最大值 y_{max} 表示该变坡点到竖曲中点 SQZ 之间的高差。

竖曲线最小半径与长度 表 6-12

设计速度(km/h)		120	100	80	60	40	30	20
凸形竖曲线最小半径(m)	一般值	17000	10000	4500	2000	700	400	200
	极限值	11000	6500	3000	1400	450	250	100
凹形竖曲线最小半径(m)	一般值	6000	4500	3000	1500	700	400	200
	极限值	4000	3000	2000	1000	450	250	100
竖曲线长度(m)	一般值	250	210	170	120	90	60	50
	极限值	100	85	70	50	35	25	20

3)变坡点处的桩号及纵距

(1)变坡点和竖曲中点的桩号。

在平面图中,变坡点和竖曲中点投影在同一个平面位置,所以二者桩号相同。如图 6-10 中 B 点和 SQZ 点桩号相同。

(2)变坡点处的纵距。

在纵断面图中,变坡点和竖曲中点投影不在同一个竖向位置,二者相差纵距最大值 y_{max}。如图 6-10 中 B 点和 SQZ 点之间的高差为 y_{max}。

工程竣工后,道路顶面就是竖曲线,车辆并非沿着变坡点 B 而是沿着竖曲线行驶,SQZ 点的高程才是道路设计高程。

4)竖曲线半径和长度

《规范》规定的竖曲线最小半径和长度,见表 6-12。各级公路的竖曲线最小半径的"极限值",只是在地形等特殊原因不得已时方可采用。

在实际设计中,为了安全和舒适,应采用表中所列"一般值"的 1.5~2.0 倍或更大值。事实上,为了满足竖曲线长度,当变坡角很小时竖曲线半径应足够大,类似于圆面上的圆曲线长控制半径(2.2.4节)。圆曲线和竖曲线组合时,竖曲线半径往往比圆曲线半径大得多。

5)竖曲线上中桩的设计高程

竖曲线上的切线坡段上Q点在直坡段上,Q点高程比较容易计算。竖曲线上中桩P点的设计高程可根据Q点高程进行计算,见图6-10。

凸形竖曲线上任意点的设计高程应按式(6-9)计算。凹形竖曲线上任意点的设计高程应按式(6-10)计算。

$$凸形竖曲线上中桩设计高程=相应切线高程-纵距y \qquad (6-9)$$

$$凹形竖曲线上中桩设计高程=相应切线高程+纵距y \qquad (6-10)$$

式中:凸形竖曲线上中桩设计高程——位于凸形竖曲线上中桩的设计高程,见图6-10中的P点高程,m;

凹形竖曲线上中桩设计高程——指位于凹形竖曲线上中桩的设计高程,m;

相应切线高程——竖曲线上中桩P点的切线坡段上竖直方向相应点的高程,m,见图6-10中的Q点高程;

y——竖曲线上任意点的纵距,m。

6.6.4 竖曲线计算示例

【例6-3】 某公路起点K0+000,该路线变坡点A、B、C、D、E,如图6-11所示。上坡段AB纵坡度3%,坡长800m。变坡点A桩号K1+440。变坡点B设计高程624.76m,竖曲线半径1000m。下坡段BC纵坡度-3%,坡长260m。变坡点C竖曲线半径1600m。上坡段CD纵坡度1%,坡长140m。变坡点D竖曲线半径3000m。上坡段DE纵坡度3%,坡长300m。计算该路段中桩的设计高程,并填入路基设计表,见表4-8。

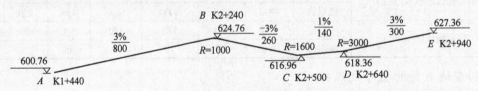

图6-11 变坡点A至E之间的坡段

解:

(1)变坡点桩号及设计高程。

①计算各变坡点桩号。

计算变坡点桩号的规律:下一个相邻变坡点桩号等于上一个相邻变坡点桩号加上该坡段的坡长。

已知变坡点A的桩号K1+440,AB坡段坡长800m,则变坡点B到路线起点距离为1440+800=2240m,变坡点B桩号K2+240。同理可以顺序计算出其他变坡点桩号。

题目中,各个变坡点A、B、C、D、E的桩号分别为K1+440、K2+240、K2+500、K2+640、K2+940,见图6-11。

②计算各变坡点设计高程。

计算变坡点设计高程的规律:高差=坡长×坡度,上坡高差为正(+),下坡高差为负(-)。下一个相邻变坡点的设计高程=上一个相邻变坡点的设计高程+该坡段高差。

已知变坡点 B 的设计高程 624.76m，AB 坡段坡长 800m，纵坡 3%，变坡点 A 相对于变坡点 B 是下坡。则边坡点 A 的设计高程=变坡段 B 的设计高程-高差=624.76-3%×800=600.76m。同理可以计算其他边坡点的设计高程。

题目中，各个变坡点 A、B、C、D、E 的设计高程分别为 600.76m、624.76m、616.96m、618.36m、627.36m，见图 6-11。

(2) 变坡点 B 竖曲线范围中桩的设计高程。

变坡点 B 特点：设凸形竖曲线，变坡点前后坡度绝对值相等符号相反，表现出对称性，见图 6-12。

① 变坡点 B 的竖曲线要素及主点。

由式 (6-5)，$w=i_1-i_2=3\%-(-3\%)=6\%>0$，变坡点 B 设凸形竖曲线。

由式 (6-7)，变坡点 B 的竖曲线切线长，$T_S=\dfrac{1000\times 6\%}{2}=30(m)$。

因变坡点 B 桩号 K2+240，则竖曲线主点里程：SZY K2+210、SQZ K2+240 和 SYZ K2+270。注意区别变坡点 B K2+240 和 SQZ K2+240 两个桩号：变坡点 B K2+240 不在竖曲线上，而在变坡点位置；SQZ K2+240 在竖曲线上；二者桩号相同、竖向高差为 y_{max}。

在该竖曲线范围内有 K2+220、K2+240 和 K2+260 共三个中桩。

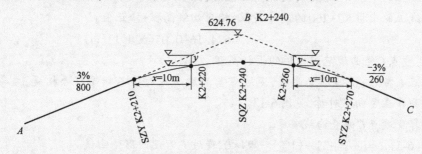

图 6-12 变坡点 B 相应竖曲线范围内的中桩

② 计算竖曲线上的中桩 K2+220。

中桩 K2+220，位于变坡点 B K2+240 的左半竖曲线内，见图 6-12。x 为 K2+220 到 SZY K2+210 的距离，即：

$$x=2220-2210=10(m)$$

由式 (6-8) 得：

$$y=\dfrac{10^2}{2\times 1000}=0.05(m)$$

中桩 K2+220 相应切线高程，可以从变坡点 A 计算，也可以从变坡点 B 计算。

K2+220 相应切线高程=600.76+3%×(2220-1440)=624.16(m)

或者

K2+220 相应切线高程=624.76-3%×(2240-2220)=624.16(m)

竖曲线上的中桩 K2+220 的设计高程，由式 (6-9) 计算。

竖曲线上的中桩 K2+220 的设计高程=相应切线高程-修正值 y
$$=624.16-0.05=624.11(m)$$

③中桩K2+240的设计高程。

竖曲线上中桩K2+240,正好在变坡点下面。

由式(6-8),中桩K2+240的修正值按式(6-8)计算。

$$y_{max} = \frac{30^2}{2 \times 1000} = 0.45(m)$$

中桩K2+240的设计高程=变坡点K2+240的设计高程-y_{max}
$$= 624.76 - 0.45 = 624.31(m)$$

④计算竖曲线上的中桩K2+260。

中桩K2+260,位于变坡点B K2+240的右半竖曲线内,见图6-12。

x为K2+260到SYZ K2+270的距离,即:

$x=2270-2260=10(m)$,由式(6-8)得:

$$y = \frac{10^2}{2 \times 1000} = 0.05(m)$$

中桩K2+260相应切线高程,可以从变坡点B计算,也可以从变坡点C计算。

K2+260相应切线高程=624.76-3%×(2260-2240)=624.16(m)

或者

K2+260相应切线高程=616.96+3%×(2500-2260)=624.16(m)

竖曲线上的中桩K2+260的设计高程,由式(6-9)计算。

竖曲线上的中桩K2+260的设计高程=相应切线高程-修正值y
$$= 624.16 - 0.05 = 624.11(m)$$

(3)变坡点C竖曲线范围中桩的设计高程。

变坡点C特点:设凹形竖曲线,变坡点前后坡度绝对值不相等符号相反,左半竖曲线和右半竖曲线在竖向不对称,见图6-13。

①计算变坡点C的竖曲线要素。

由式(6-5),$w=i_1-i_2=-3\%-(1\%)=-4\%<0$,变坡点C设凹形竖曲线。

由式(6-7),变坡点B的竖曲线切线长$T_s = \frac{1600 \times 4\%}{2} = 32(m)$。

因变坡点C桩号K2+500,竖曲线主点里程:SZY K2+468、SQZ K2+500和SYZ K2+532。

在该竖曲线范围内有K2+480、K2+500和K2+520共三个中桩。

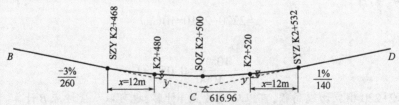

图6-13 变坡点C相应竖曲线范围内的中桩

②计算竖曲线上的中桩K2+480。

中桩K2+480,位于变坡点C的左半竖曲线内,见图6-13。

x为K2+480到SZY K2+468的距离,即:$x=2480-2468=12(m)$。

由式(6-8)得:

$$y = \frac{12^2}{2 \times 1600} \approx 0.05(m)$$

中桩 K2+480 相应切线高程，可以从变坡点 B 计算，也可以从变坡点 C 计算。
　　K2+480 相应切线高程=624.76−3%×(2480−2240)=617.56(m)
或者
　　K2+480 相应切线高程=616.96+3%×(2500−2480)=617.56(m)
　　竖曲线上的中桩 K2+480 的设计高程，由式(6-10)计算。
　　竖曲线上的中桩 K2+480 的设计高程=相应切线高程+修正值 y
　　　　　　　　　　　　　　　　　　　=617.56+0.05=617.61(m)
③中桩 K2+500 的设计高程。
　　竖曲线上中桩 K2+500，正好在变坡点上面。
　　由式(6-8)，中桩 K2+500 的修正值按式(6-8)计算

$$y_{\max}=E=\frac{32^2}{2\times1600}=0.32(\mathrm{m})$$

中桩 K2+500 的设计高程=变坡点 K2+500 的设计高程+$y_{\max}$
　　　　　　　　　　　=616.96+0.32=617.28(m)
④计算竖曲线上的中桩 K2+520。
　　竖曲线上的中桩 K2+520，位于变坡点 C 的右半竖曲线内，见图 6-13。
　　x 为 K2+520 到 SYZ K2+532 的距离，即：
　　　　　　　　　　x=2532−2520=12(m)
　　由式(6-8)得：

$$y=\frac{12^2}{2\times1600}\approx0.05(\mathrm{m})$$

中桩 K2+520 相应切线高程，可以从变坡点 D 计算，也可以从变坡点 C 计算。
　　K2+520 相应切线高程=616.96+1%×(2520−2500)=617.16(m)
或者
　　K2+260 相应切线高程=618.36−1%×(2640−2520)=617.16(m)
　　竖曲线上的中桩 K2+520 的设计高程，由式(6-10)计算。
　　竖曲线上的中桩 K2+520 的设计高程=相应切线高程+修正值 y
　　　　　　　　　　　　　　　　　　　=617.16+0.05=617.21(m)
(4)变坡点 D 竖曲线上中桩的设计高程。
　　变坡点 D 特点：设凹形竖曲线，变坡点前后坡度均在上坡，见图 6-14。

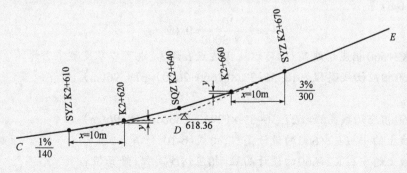

图 6-14　变坡点 D 相应竖曲线内的中桩

①计算变坡点 D 的竖曲线要素。

由式(6-5), $w=i_1-i_2=1\%-(3\%)=-2\%<0$,变坡点 D 设凹形竖曲线。

由式(6-7),变坡点 D 的竖曲线切线长 $T_s=\dfrac{3000\times2\%}{2}=30(\text{m})$。

因变坡点 D 桩号 K2+640,竖曲线主点里程:SZY K2+610、SQZ K2+640 和 SYZ K2+670。

在该竖曲线范围内有 K2+620、K2+640 和 K2+660 共三个中桩。

②计算竖曲线上的中桩 K2+620。

计算竖曲线上的中桩 K2+620,位于变坡点 D 的左半竖曲线内,见图6-14。

x 为 K2+620 到 SZY K2+610 的距离,即:
$$x=2620-2610=10(\text{m})$$

由式(6-8)得:
$$y=\dfrac{10^2}{2\times3000}\approx 0.02(\text{m})$$

中桩 K2+620 相应切线高程,可以从变坡点 C 计算,也可以从变坡点 D 计算。

K2+620 相应切线高程=616.96+1%×(2620-2500)=618.16(m)

或者

K2+620 相应切线高程=618.36-1%×(2640-2620)=618.16(m)

竖曲线上的中桩 K2+620 的设计高程,由式(6-10)计算。

竖曲线上的中桩 K2+620 的设计高程=相应切线高程+修正值 y
$$=618.16+0.02=618.18(\text{m})$$

③中桩 K2+640 的设计高程。

竖曲线上中桩 K2+640,正好在变坡点上面。

由式(6-8),中桩 K2+240 的修正值按式(6-8)计算。
$$y_{\max}=E=\dfrac{30^2}{2\times3000}=0.15(\text{m})$$

中桩 K2+640 的设计高程=变坡点 K2+640 的设计高程+$y_{\max}$
$$=618.36+0.15=618.51(\text{m})$$

④计算竖曲线上的中桩 K2+660。

中桩 K2+660,位于变坡点 D 的右半竖曲线内,见图6-14。

x 为 K2+660 到 SYZ K2+670 的距离,即:

$x=2670-2660=10(\text{m})$

由式(6-8)得:
$$y=\dfrac{10^2}{2\times3000}=0.02(\text{m})$$

中桩 K2+660 相应切线高程,可以从变坡点 D 计算,也可以从变坡点 E 计算。

K2+660 相应切线高程=618.36+3%×(2660-2640)=618.96(m)

或者

K2+660 相应切线高程=627.36-3%×(2940-2660)=618.96(m)

竖曲线上的中桩 K2+660 的设计高程,由式(6-10)计算。

竖曲线上的中桩 K2+660 的设计高程=相应切线高程+修正值 y
$$=618.96+0.02=618.98(\text{m})$$

(5)直坡段(非竖曲线)上中桩的设计高程。

在表4-8中,排除变坡点 B 竖曲线上中桩K2+220、K2+240、K2+260,排除变坡点 C 竖曲线上中桩K2+480、K2+500、K2+520,排除变坡点 D 竖曲线上中桩K2+620、K2+640、K2+660。其余所有中桩均为非竖曲线上的直坡段上的中桩,包括平面直线上的中桩和JD_8、JD_9的圆曲线范围内的中桩。

以K2+280为例,说明纵断面上直坡度段上中桩的设计高程计算。结合图6-11和图6-12,容易分析出K2+280在下坡段BC直坡段上,可以从变坡点 B 计算其设计高程,也可以从变坡点 C 计算其设计高程。

K2+280的设计高程=624.76-3%×(2280-2240)=623.56(m)

或者

K2+280的设计高程=616.96+3%×(2500-2280)=623.56(m)

其余直坡段上中桩设计高程计算,同K2+280,计算结果见表4-8。

6.7 纵断面设计成果

纵断面设计成果包括路线平纵缩图、路线方案纵断面图(一般1:10000)、纵断面图(常用)、工程地质纵断面图、纵坡竖曲线表等。路基设计表中也含有部分纵断面设计成果。本节主要介绍纵断面图,简介路基设计表。

6.7.1 纵断面图

1)纵断面图的内容

纵断面图由上部分图和下部分表两部分组成,一般采用A3规格,见图6-15、图2-44和图2-47。这些纵断面图的比例为水平距离1:2000、高程1:200。

图6-15为本教材主编黄显彬早期勘测设计的某旅游便道(单车道)的纵断面图。手工计算、CAD绘制,纵断面及相应的平面指标很低,包含的内容较为丰富。该图地形复杂,纵断面高程比例尺采用两次移高,设置错车道和断链。

图2-44为采用纬地软件绘制的四级公路纵断面图。地形较为复杂,自然展线无法克服高差,平面采用回头展线,小半径圆曲线设置缓和段。上部分图中设置了断链,下部分表中绘制了超高。

图2-47为采用纬地软件绘制的高速公路纵断面图。路线布置在山沟地面横坡较缓的一侧坡面上,JD_8设置缓和曲线。上部分图在K20+491.600设置通道桥,下部分表中设置了超高。

(1)上部分图。

纵断面图的上部分图,应示出网格线、高程、地面线、设计线、竖曲线及其要素、桥涵、隧道、路线交叉的位置、水准点(位置、编号、高程)及断链等。其中,桥梁按桥型、孔数及孔径标绘,注明桥名、结构类型、中心桩号、设计水位;跨线桥示出交叉方式;隧道按长度、高度标绘,注明名称;涵洞通道按桩号及底高绘出,注明孔数及孔径、结构类型。

(2)下部分表。

纵断面图的下部分表,各栏示出地质概况、填高、挖深、地面高程、设计高程、坡长及坡度、直线及圆曲线(包括缓和曲线)、超高、桩号。为了节省空间和便于阅读,一般地面高程、设计高程、填高、挖深等的数字竖向书写。为了便于醒目阅读和寻找桩号,公里桩、百米桩和平面曲线主点桩标注在"中桩里程"栏外侧的"路线平面"栏,并紧贴"中桩里程"栏,见图6-15。

2)纵断面图的绘制

(1)绘制纵断面图的基本要求。

纬地软件绘制纵断面图过程,见11.4节和11.7节。

纵断面图的绘图顺序是从左到右。纵断面地面线和纵断面设计线尽量居于上部分图的中部适当位置,不宜太靠近上图框线,也不宜太靠近下边界线。当地面高差起伏较大时可采用移高。适当压缩下部分表的空间,尽量腾出上部分图的绘图空间。

工程设计图常用A3图幅。根据现行《道路工程制图标准》(GB 50162),A3图幅规格为420mm×297mm,其左侧图框线与图幅线间距30mm,其余三边间距为10mm。根据需要,图幅长边可以按照210mm的整倍数加长,图幅的短边不加长。

(2)纵断面的绘图比例。

纵断面图的水平距离比例尺宜与平面图一致,垂直比例尺可视具体情况采用1:200、1:400或1:500。纵断面图常用比例尺为水平距离1:2000,高程1:200。

6.7.2 路基设计表

路基设计表是一个道路设计重要的表格之一,它可近似替代平面、纵断面和横断面,见表4-8。根据需要,该表可以增加"边坡坡率""边沟"等栏。

(1)路基设计表可近似代替平面设计图。

路基设计表中"桩号""半径及转角"等栏,能够体现平面的基本信息。

(2)路基设计表可近似替代纵断面设计图。

路基设计表中"桩号""坡度/坡长""竖曲线""地面高程""路基设计高程""填高""挖深"等栏,能够体现纵断面的基本信息。

(3)路基设计表能够近似代替横断面设计图。

路基设计表中"桩号""路基宽度""特征值"等栏,能够体现横断面的基本信息。

复习思考题

6.1 什么是纵断面?

6.2 什么是纵坡度?按照纵坡度的大小,纵坡可分哪几类?

6.3 什么是上坡、平坡和下坡?

6.4 什么是纵断面地面线和纵断面设计线?

6.5 判断并改正。纵断面变坡点处,变坡角较大时需要设置竖曲线,变坡角较小时不设竖曲线。

6.6 纵坡设计原则是什么?

6.7 判断题。坡段的相邻变坡点A、B落在平面上的状态,可能有下面几种线形:当A、B两点之间在平面上为直线时,这两点之间就是直线段。当A、B两点之间在平面上为曲线时,这两点之间就是曲线段(圆曲线或缓和曲线)。当A、B两点之间在平面上既有直线又有曲线时,这两个点之间就是直线和曲线组成的平面复合线。

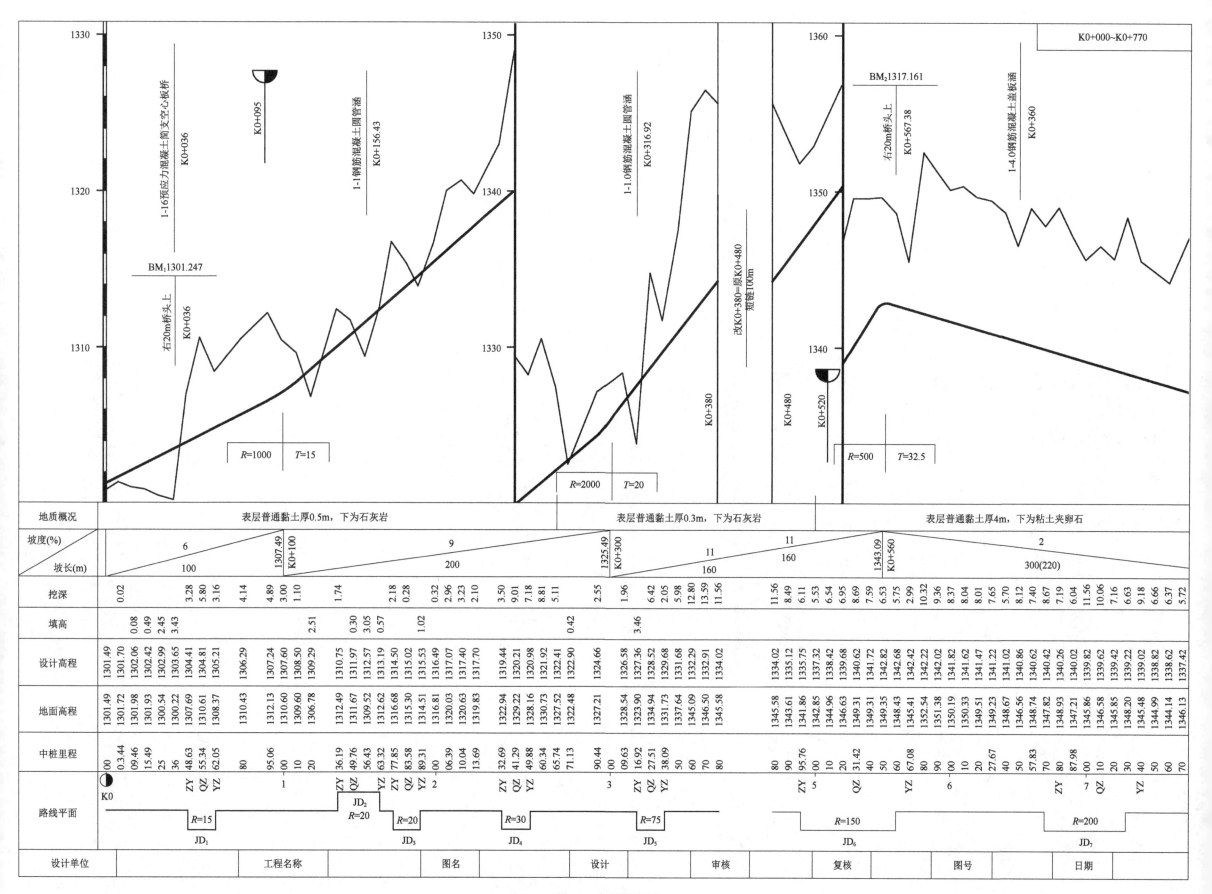

图 6-15 纵断面设计图

6.8 判断题。坡段的两个相邻变坡点A、B落在平面上的状态,可能出现下列几种线形长度:当A、B两点之间在平面上为直线时,坡长指平面上A、B两点之间的直线长度。当A、B两点之间在平面上为曲线时,坡长指平面上A、B两点之间的曲线长度。当A、B两点之间在平面上既有直线又有曲线时,坡长指平面上A、B两点之间的直线与曲线长度之和。

6.9 判断并改正。关于坡长,在纵断面上,坡长,就是斜长。

6.10 《规范》规定的最小纵坡是多少?哪些地方有最小纵坡要求?哪些地方不受最小纵坡限制?

6.11 《规范》对平均纵坡是怎么规定的?

6.12 什么是缓和坡段?《规范》对缓和坡段的纵坡度有何规定?

6.13 判断并改正。纵坡设计时提倡"陡缓陡"组合。

6.14 什么是合成坡度?合成坡度过大说明什么?

6.15 纵坡设计包括哪些步骤?

6.16 什么是变坡角?写出变坡角代数值计算公式,并根据变坡角的代数值分析竖曲线的凹凸。

6.17 纵断面图中上部分图和下部分表的内容有哪些?

6.18 纵断面图的常用比例是多少?

6.19 判断并改正。对于里程,当平面上两个中桩跨越断链桩时,这两个桩之间的长度应按照实际长度计算。当纵断面上两个中桩跨越断链桩时,这两个桩之间的长度不按照实际长度计算。

6.20 某公路依次相连的四个变坡点A、B、C、D。已知变坡点A的里程和设计高程分别为K0+000和625.29m,下坡段AB的坡度和坡长分别为-2%和550m。上坡段BC的坡度和坡长分别为2%和680m。上坡段CD的坡度和坡长分别为4%和500m。变坡点B和C的竖曲线半径分别为5000m和8000m。计算并完成下列内容:

(1)画出坡段示意图,计算变坡点B、C、D的桩号和设计高程。

(2)计算变坡点B的竖曲线要素,计算其竖曲线起终点桩号。

(3)计算变坡点C的竖曲线要素,计算其竖曲线起终点桩号。

(4)计算坡段BC之间的直坡段的起止点桩号和长度。

(5)计算K0+500~K1+300之间的直坡段和竖曲线坡段的长度。

6.21 纵断面坡段相邻变坡点A、B、C。变坡点A的桩号和设计高程分别为K0+000和1307.49m。坡段AB上坡2%,坡长300m。坡段BC上坡4%,坡长296.21m。在坡段BC之间存在断链桩改K0+476.21=原K0+580。变坡点B的竖曲线半径8000m。计算并完成下列内容:

(1)计算变坡点B的桩号和设计高程。

(2)判断断链的类别,计算断链长度。

(3)计算变坡点C的桩号和设计高程。

(4)在中桩K0+260~K0+600的路旁边沟或边坡上拟平行于中线铺设一条光缆线,光缆线设计高程比中桩设计高程矮1.00m,光缆线的路线长度与中线相应中桩之间的长度相等,计算该段光缆线的平均纵坡度。

6.22 某公路因为局部改线而发生断链,断链等式改 K5+293.78=原 K5+260,全线仅有一处断链。依次相连的四个变坡点 A、B、C、D。已知变坡点 A 的里程和设计高程分别为 K6+320 和 863.23m,变坡点 A 位于该断链桩前进方向的前方(路线终点方向)。下坡段 AB 的坡度和坡长分别为 -4% 和 460m。平坡段 BC 的坡度和坡长分别为 0% 和 380m。下坡段 CD 的坡度和坡长分别为 -5% 和 300m。变坡点 B 和 C 的竖曲线半径分别为 6000m 和 4000m。计算并完成下列内容:

(1)计算变坡点 B、C、D 的桩号和设计高程。

(2)计算从本线起点 K0+000 到变坡点 D 的长度。断链对该题中的变坡点 B 和 C 点的竖曲线及其相应中桩的设计高程计算有无影响?

(3)分别计算中桩 K6+700、K6+800、K7+000、K7+100 的设计高程,计算结果填入表 6-13。

中桩设计高程一览表　　　　　　　　　　　表 6-13

中桩	K6+700	K6+800	K7+000	K7+100	备注
设计高程(m)					

6.23 某公路相邻变坡点 A、B、C、D。已知变坡点 B 的桩号和设计高程分别为 K8+000 和 736.26m。变坡点 C 的桩号 K8+700。下坡段 AB 的坡长和纵坡度分别为 400m 和 -3%。坡段 BC 之间存在断链等式改 K8+231.76=原 k8+400,全线仅有一个断链,坡段 BC 的纵坡度为上坡 4%。坡段 CD 的坡长和纵坡度分别为 600m 和下坡 2%。已知变坡点 B 和 C 的竖曲线半径均为 2000m。计算并完成下列内容:

(1)画出题目中的坡段示意图。计算坡段 BC 的坡长。这个长度指的是水平距离还是斜长?

(2)计算 K7+000~K9+000 的长度。计划在 K7+000~K9+000 修筑一条灌溉渠,灌溉渠也当作路基边沟,灌溉渠中线与道路中线平行。灌溉渠的起终点 K7+000、K9+000 高程分别为 723.71m、756.35m,计算该灌溉渠的平均纵坡度是否在 $1\%\sim3\%$ 之间。

(3)计算题目中所有变坡点的桩号和设计高程。

(4)计算 K7+950、K8+000、K8+050 的设计高程。

(5)计算断链桩的设计高程。假设该断链桩的地面高程 746.53m,该中桩应填方还是挖方?

(6)计算 K8+660、K8+700、K8+740 的设计高程。

6.24 已知某路线相邻变坡点 A、B、C。起点 K0+000 设计高程 520.86m。变坡点 A 的桩号 K8+460,设计高程 526.86m。坡段 AB 为 4% 的上坡,坡长 800m。坡段 BC 为 -2% 的下坡,坡长 1200m。变坡点 B 的竖曲线半径为 2000m。全线存在唯一断链改 K9+623.17=原 K10+400,断链位置位于 BC 坡段之间。下列中桩,除能够明确竖曲线上的中桩以外,均为非竖曲线上的中桩。计算并完成下列内容:

(1)画出题目中坡段示意图。计算变坡点 B 的竖曲线主点桩号。

(2)计算 K8+500 和 K8+540 的设计高程。

(3)计算变坡点 C 的桩号和设计高程。

(4)已知 K15+200 的设计高程为 525.82m,计算起点 K0+000 到 K15+200 的平均纵坡。

6.25 已知某线起点 K6+123.72,终点 K72+986.62,见图 6-16。相邻坡段的变坡点 A、B、C、D、E、F。A 点设计高程 726.12m。坡段 AB 下坡 -4%,坡长 300m。坡段 BC 为平坡

0%,坡长200m。坡段CD上坡1%,坡长400m。坡段DE上坡3%,坡长300m。坡段EF下坡-3%,坡长300m。在坡段CD的正中间,存在断链等式改K10+100=原K10+000,全线只有一个断链。计算结果保留2位小数。计算并完成下列内容:

(1)计算变坡点B、C、D、E、F的设计高程。
(2)判断断链属性(长链还是断链),并说明理由。
(3)计算断链数值,把断链属性及断链数值补充在图6-16中的断链分子式中。
(4)计算题目中所有变坡点的桩号。
(5)计算全线实际长度。

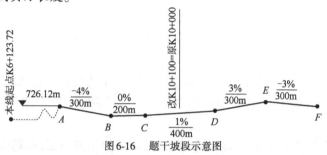

图6-16 题干坡段示意图

6.26 某线相邻变坡点A、B、C。变坡点A桩号K8+920,设计高程520.78m。变坡点B的竖曲线半径10000m。坡段AB下坡-3%,坡长600m。坡段BC上坡1%,坡长700m。在坡段AB之间存在断链桩改K9+420=原K10+420。中桩K9+400在断链桩后面,且位于变坡点A方向。中桩K10+440在断链桩前面,且位于变坡点C方向。分析并计算下列内容:

(1)画出坡段AB和BC示意图,要求包含断链桩、变坡点B的竖曲线主点桩、K9+400、K10+440。
(2)计算变坡点B和C的桩号和设计高程。
(3)计算变坡点B的竖曲线的主点桩号。
(4)计算中桩K9+400的设计高程。
(5)计算中桩K10+440的设计高程。

6.27 在图2-16中JD$_4$和QZ各是什么点?分析JD$_4$到QZ点之间的距离。在图6-10中B和SQZ各是什么点?分析B到SQZ点之间的距离。

扩展阅读

[1] 中华人民共和国交通运输部.公路路线设计规范:JTG D20—2017[S].北京:人民交通出版社股份有限公司,2017.

[2] 中华人民共和国交通运输部.公路工程技术标准:JTG B01—2014[S].北京:人民交通出版社股份有限公司,2014.

[3] 孙家驷.道路勘测设计[M].4版.北京:人民交通出版社股份有限公司,2019.

[4] 杨少伟.道路勘测设计[M].3版.北京:人民交通出版社,2009.

[5] 国家技术监督局、中华人民共和国建设部.道路工程制图标准:GB 50162—1992[S].北京:中国标准出版,1992.

第7章 横断面设计

横断面设计是本书重点章节之一。本章主要阐述了边沟形式及边沟纵坡、横断面设计、土石方计算和调配,介绍了横断面组成、路基路面宽度、路拱横坡、公路用地范围及建筑限界、横断面设计成果。

横断面设计高度关联选线、平面设计、纵断面设计的相关内容,本章应密切结合第2章平面设计、第6章纵断面设计、第8章线形设计和第9章选线进行理解与学习。

7.1 概述

7.1.1 横断面组成

1)横断面概念及方向

(1)概念。

公路主要研究其体信息,将公路实体解剖成平面、纵断面和横断面三个面,横断面是指垂直于公路中线的横向剖面。

平面、纵断面把公路视作一条空间曲线,主要研究其线信息,而横断面是公路的一个面,反映具有一定宽度路基的横向形状和尺寸。平面是将空间曲线直接正投影在水平面上,主要研究其正投影的中线。纵断面是将空间曲线沿水平方向上拉直后正投影在立面上,主要研究其正投影的纵断面设计线。横断面则是公路的横向剖面,主要研究其路幅组织及宽度、边坡形式等面信息。

(2)方向及地面线。

横断面的方向指垂直于公路的中线方向,即道路中线的法线方向,见图7-1。横断面地面线的基点是中桩。

对于实地选线,把中桩测量到地面后,就可以实地测量横断面地面线。

对于纸上选线,有两种情况:

第一种情况,平面选线后如果要实测中桩,应先实地放样中桩,基于中桩再实测横断面地面线;

第二种情况,基于道路专业软件数模(即数字地面模型),在符合精度要求的三维数字地形图上自动插值,自动绘制横断面地面线。

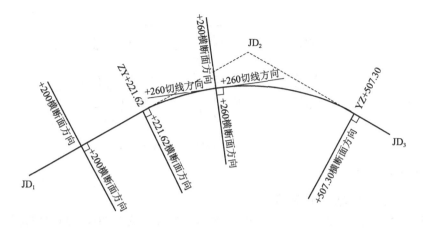

图7-1 横断面方向

2)路基标准横断面

公路路基横断面形式应根据公路功能、技术等级、交通量和地形等条件确定,不同等级公路路基标准横断面形式如下。

(1)高速公路、一级公路的路基标准横断面分为整体式和分离式两类。

整体式路基的标准横断面应由车道、中间带(中央分隔带、左侧路缘带)、路肩(右侧硬路肩、土路肩)等部分组成,见图7-2。其中,行车方向右侧硬路肩兼作应急车道、救援车道。

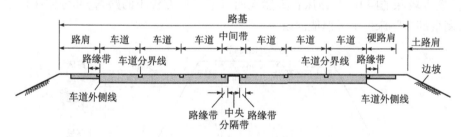

图7-2 高速公路、一级公路整体式路基横断面形式

分离式路基的标准横断面应由车道、路肩(右侧硬路肩、左侧硬路肩、土路肩)等部分组成,见图7-3。其中行车方向右侧硬路肩兼作应急车道、救援车道。

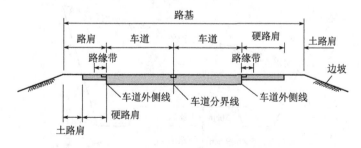

图7-3 高速公路、一级公路分离式路基横断面形式(右幅断面)

(2)二级公路路基标准横断面应由车道、路肩(硬路肩、土路肩)等部分组成,见图7-4。

(3)三级、四级公路路基的标准横断面应由车道、路肩等部分组成,见图7-4。

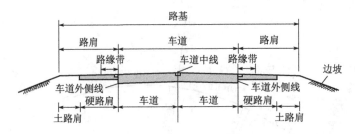

图7-4 二级、三级、四级公路路基横断面形式

3)路基及路床概念

从宽度来说,路基包括车道和路肩等。

从结构来说,结合《规范》和现行《公路路基施工技术规范》(JTG/T 3610)的相关条例解释以下概念。

(1)路基。

路基指按照路线位置和一定技术要求修筑的带状构造物,它是路面的基础,并承受由路面传递而来的上部荷载(包括路面恒载和车辆活载)。

(2)路床。

路床指(路面结构层底面)路基结构层顶面以下0.80m或1.20m范围内的路基部分。路床分为上路床和下路床两层,其中上路床厚度0.30m;轻/中交通公路的下路床厚度0.50m,特重、极重交通公路的下路床厚度0.90m,见图7-5和图7-6。填方较高的路基,其路床在天然地面以上。挖方较深的路基,其路床在天然地面以下。填方较小的路基,部分路床位于天然地面以上,剩余部分路床位于天然地面以下。

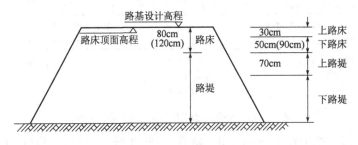

图7-5 轻/中交通公路填方路基结构图(括号内为特重/极重交通)

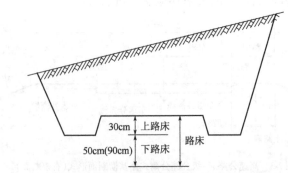

图7-6 轻/中交通公路挖方路基结构图(括号内为特重/极重交通)

路基工作区,又称路基受力区,指汽车荷载通过路面传递到路基的应力与路基土自重应力之比大于0.1的应力分布深度范围。路基工作区可以这样理解:行车荷载所产生的垂直应

力随着深度的增加而减小,自重应力则随着深度的增加而增大。因此,到某一深度 Z_a 处(即路基工作区深度),行车荷载所产生的垂直应力仅为路基自重应力的 $\frac{1}{10} \sim \frac{1}{5}$ 时,可忽略行车荷载对路基的影响。这一深度范围称为行车荷载对路基有影响的深度范围,称为路基工作区。

(3)路堤。

广义上,路堤指高于原地面的填方路基。

结构上,填方较高的路基分为路床和路堤,路堤位于路床之下,见图7-5。其中,路堤分为上路堤和下路堤,上路堤是指路床底面以下0.70m厚度范围内的路基部分,下路堤是指上路堤以下的路基部分。当填方高度较小时,路基可能没有下路堤。

(4)路堑。

路堑指低于原地面的挖方路基,路堑也有路床,见图7-6。

4)常见路基

(1)填方路堤。

根据填方高度,路堤可分为一般路堤、矮路堤和高路堤。根据天然地面情况,路堤可分为平坡路堤、缓坡路堤和陡坡路堤。

矮路堤,又称为低路堤,指填土高度小于路基工作区深度的路堤。当矮路堤的填方高度小于0.5m时,应设置边沟。高路堤指路基填土边坡高度大于20m的路堤。陡坡路堤指地面斜坡陡于1:1.25的路堤。

高路堤和陡坡路堤根据填方高度和实地情况可以采取护坡(矩形网格护坡、拱形护坡、铺砌等)、增设护坡道平台、挡土墙、护脚、放缓边坡等措施来增加稳定性。

(2)挖方路堑。

挖方路基,又称为路堑。根据挖方深度,路堑分为浅路堑、一般路堑、深路堑。深路堑指土质挖方边坡高度大于20m或岩石挖方边坡高度大于30m的路堑。

浅路堑和一般路堑根据实际情况处理。必要时,可采取对原地表土清表(清除表层虚土、腐植土、树根、灌木等)、夯实、换填、设置边沟、设置路堑挡土墙等措施。

深路堑也应根据实际情况处理。必要时,可采取夯实、换填、设置路堑挡土墙和山坡挡土墙、设置护坡道平台、放缓边坡、护坡(网格护坡、拱形护坡、框架梁护坡、铺砌)、锚杆和注浆、设置主动防护网和被动防护网等措施。

(3)零填挖路基。

零填挖路基指地面较为平坦,且路基填挖值很小的路基,见图6-4a)。零填挖路基的处理方式可参照矮路堤。路基纵坡和边沟纵坡均应满足最小纵坡要求。

(4)半填半挖路基。

半填半挖路基指位于斜坡上的路基,其横断面体现出部分填方、部分挖方状态,见图6-4b)。其半填部分处理方式可参照路堤,半挖部分处理方式可参照路堑。

(5)挡土墙路基。

对于陡坡上的路基,当土体侧压力较大时,可根据具体情况设计挡土墙路基。

挡土墙指承受土体侧压力的墙式构造物,挡土墙与一般护肩、护脚外观上似乎差别不大,但事实上二者是有本质区别的。挡土墙需要承受土体的侧压力(即水平推力),因此墙体尺寸较大、费用较高;而护肩、护脚不需承受土体侧压力,因此其截面尺寸较小、费用较低。

根据所处位置,挡土墙分为路肩挡土墙、路堤挡土墙、路堑挡土墙和山坡挡土墙等。按使用材料,挡土墙分为钢筋混凝土挡土墙、水泥混凝土挡土墙、片石混凝土挡土墙和石砌挡土墙等。

(6)护脚路基或护肩路基。

当路基不需要承受土体侧压力时,仅需防护路基边坡冲刷、滑落等病害,可以采用护脚路基或护肩路基。护肩高度不宜超过2m,顶面宽度不应计入硬路肩、路缘带、行车道的范围。

(7)挖台阶路基。

现行《公路路基设计规范》(JTG D30)规定:在稳定的斜坡上,地面横坡缓于1:5时,清除地表草皮、腐殖土后,可直接填筑路堤。地面横坡为1:5~1:2.5时,原地面应挖成台阶,台阶宽度不应小于2m,见图7-7。当基岩面上的覆盖层较薄时,宜先清除覆盖层再挖台阶;当覆盖层较厚且稳定时,可予保留。地面横坡陡于1:2.5地段的陡坡路堤,需验算路堤整体沿基底及基底下软弱层滑动的稳定性,抗滑稳定系数不得小于规范规定值,否则应采取改善基底条件或设置支挡结构物等防滑措施。当地下水影响路堤稳定时,应拦截或引排地下水,或在路堤底部填筑透水性好的填料(透水路堤)。

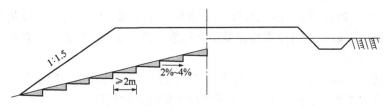

图7-7 挖台阶路基

(8)截水沟路基。

挖方路堑坡顶的山坡上流水丰富,必要时可在路堑坡顶1m以外设置截水沟,将雨水纵向或横向排走,见图7-8。

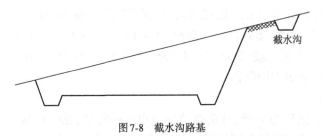

图7-8 截水沟路基

7.1.2 路基路面宽度

1)行车道

(1)分析双车道公路的行车道宽度。

双车道公路有两个行车道,行车道宽度包括汽车宽度和富余宽度。汽车宽度取载重汽车车厢的总宽度2.5m。富余宽度是指对向行驶时两车厢之间的安全间隙、汽车轮胎至路面边缘的安全距离,见图7-9、式(7-1)和式(7-2)。

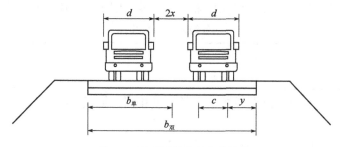

图7-9 双车道公路的行车道宽度

c-汽车轮距

$$b_单 = d + 2y \tag{7-1}$$

式中：$b_单$——单车道的车道宽度，m；
　　　d——车厢宽度，m；
　　　y——轮胎与路面边缘之间的安全距离，m。

根据大量试验观测，得到x、y的经验公式，见式(7-2)。

$$x = y = 0.50 + 0.005v_s \tag{7-2}$$

式中：v_s——设计速度，km/h。

(2)双车道的行车道宽度确定。

双车道的车道宽度，见式(7-3)。

$$b_双 = 2d + 2x + 2y \tag{7-3}$$

式中：$b_双$——双车道的行车道宽度，m。
　　　$2x$——两车厢之间的安全间隙，m；
　　　其余符号意义同前。

(3)规范规定的行车道宽度。

设计上并非采用式(7-1)和式(7-3)计算车道宽度，而是依据《标准》和《规范》的相关内容，见表7-1。

车道宽度　　　　　　　　　　　　　　　　　　　　　　表7-1

设计速度(km/h)	120	100	80	60	40	30	20
车道宽度(m)	3.75	3.75	3.75	3.50	3.50	3.25	3.00

八车道及以上公路在内侧车道(内侧第1、2车道)仅限小客车通行时，其车道宽度可采用3.50m。

以通行中、小型客运车辆为主且设计速度为80km/h及以上的公路，经论证后车道宽度可采用3.50m。

四级公路采用单车道时，车道宽度应采用3.50m。

设置慢车道的二级公路，慢车道宽度应采用3.50m。

需要设置非机动车道和人行道的公路，非机动车道和人行道的宽度应视实际情况确定。

(4)车道数。

各级公路的车道数应符合表7-2的要求，并应符合下列规定：高速公路和一级公路各路段车道数应根据设计交通量、设计通行能力确定，且应不少于四车道。当车道增加时，应按双数、两侧对称增加。二级和三级公路应为双车道。四级公路一般路段应采用双车道，交通量小或工程特别艰巨的路段可采用单车道,采用单车道的四级公路应设置错车道。

各级公路车道数　　　　　　　　　　　　　　　表7-2

公路等级	高速公路、一级公路	二级公路	三级公路	四级公路
车道数	≥4	2	2	2(1)

多车道的行车道宽度计算(假设各个车道宽度相同),见式(7-4)。

$$b_{多} = nb_1 \tag{7-4}$$

式中:n——公路车道数,n 常采用双数,可查表7-2;

b_1——一个车道的行车道宽度,m,可查表7-1;

$b_{多}$——多车道的行车道宽度,m。

2)中间带

(1)整体式路基的中间带宽度。

高速公路、一级公路整体式路基必须设置中间带,中间带由两侧的左侧路缘带和中央分隔带组成。高速公路和作为干线的一级公路,中央分隔带宽度应根据在公路项目中的功能确定。作为集散的一级公路,中央分隔带宽度应根据中间隔离设施的宽度确定。左侧路缘带宽度不应小于表7-3的规定。

左侧路缘带宽度　　　　　　　　　　　　　　　表7-3

设计速度(km/h)		120	100	80	60
左侧路缘带宽度(m)	一般值	0.75	0.75	0.50	0.50
	最小值	0.50	0.50	0.50	0.50

(2)分离式路基的间距。

分离式路基的间距应满足设置必要的排水和安全防护设施等的需要,且与地形和周围景观相配合。

(3)中央分隔带开口。

互通式立体交叉、隧道、特大桥、服务区设施等构造物的前后,以及整体式路基、分离式路基的分离(汇合)处,应设置中央分隔带开口。

中央分隔带开口应设置在视线良好的路段。若开口设于曲线路段时,该圆曲线半径的超高值不宜大于3%。

中央分隔带开口长度不宜大于40m;八车道高速公路开口长度可适当增长,但不应大于50m。中央分隔带开口处应设置活动护栏。

中央分隔带开口间距应视需要而定,最小间距2km。当中央分隔带宽度小于3.0m时,其开口端部的形式可采用半圆形。当中央分隔带宽度大于或等于3.0m时,宜采用弹头形。

(4)分离式路基应在适当位置设横向连接道,以供养护、维修或抢险时使用。

3)路肩

(1)路肩的作用。

路肩的作用如下:保护路面;供临时停车之用,高速公路的硬路肩可作为应急车道、救援车道;作为侧向余宽的一部分,路肩能增加驾驶的安全和舒适感;在挖方路段,路肩可改善弯道内侧视距;路肩可提供道路养护作业、埋设地下管线的场地;对未设置人行道的道路,路肩可供行人及非机动车使用。

(2)路肩的分类。

按照作用,路肩可分为全路肩、半路肩、窄路基和保护性路肩。全路肩宽度为2.25～3.28m,可供各种车辆临时停车,高速公路可供应急车道和救援车道。半路肩宽度为1.25～1.75m,可供小型车辆临时停车。窄路肩宽度为0.50～0.75m,行车必须的路肩宽度。保护性路肩宽度为0.50m,为了保护行车道所必须的宽度。

(3)右侧路肩。

公路路肩分布在左侧和右侧,对于不常见的四级公路(单车道)是可以这样理解的。公路路肩分为左侧路肩和右侧路肩。从行车方向来说,路肩分布在行车方向的右侧,所以称为右侧路肩,其宽度称为右侧路肩宽度。当然,高速公路和一级公路分离式路基的行车方向左侧也有左侧路肩,相比右侧路肩而言,左侧路肩宽度要窄一些。

各级公路右侧路肩宽度应符合表7-4和表7-5的规定。

高速公路、一级干线公路右侧路肩宽度 表7-4

公路等级(功能)		高速公路			一级公路(干线功能)	
设计速度(km/h)		120	100	80	100	80
右侧硬路肩宽度(m)	一般值	3.00(2.50)	3.00(2.50)	3.00(2.50)	3.00(2.50)	3.00(2.50)
	最小值	1.50	1.50	1.50	1.50	1.50
土路肩宽度(m)		0.75	0.75	0.75	0.75	0.75

注:高速公路和一级干线公路以通行小客车为主时,右侧硬路肩宽度可采用括号内数值。高速公路、一级公路应在右侧硬路肩宽度内设右侧路缘带,其宽度为0.50m。

一级集散公路、二级公路、三级公路和四级公路右侧路肩宽度 表7-5

公路等级(功能)		一级公路(集散功能)和二级公路		三级公路和四级公路		
设计速度(km/h)		80	60	40	30	20
右侧硬路肩宽度(m)	一般值	1.50	0.75	—	—	—
	最小值	0.75	0.25	—	—	—
土路肩宽度(m)	一般值	0.75	0.75	0.75	0.50	0.25(双车道) 0.50(单车道)
	最小值	0.50	0.50			

分析表7-4、表7-5和图7-2、图7-3、图7-4,高速公路、一级干线公路的右侧路肩分为硬路肩和土路肩。其中,右侧硬路肩内包括0.50m的右侧路缘带,右侧硬路肩作为应急车道、救援车道。一级集散公路和二级公路的右侧路肩分为硬路肩和土路肩,右侧路肩内包括右侧路缘带。三级公路和四级公路的路肩为土路肩,无硬路肩。高速公路和一级公路设置左侧路缘带,其余等级公路不设左侧路缘带。

(4)左侧路肩。

高速公路、一级公路的左侧路肩宽度应符合下列规定。

高速公路、一级公路的分离式路基,应设置左侧路肩,其宽度应符合表7-6规定。左侧硬路肩内含左侧路缘带,左侧路缘带宽度为0.50m。

高速公路整体式路基双向八车道及以上路段,宜设置左侧硬路肩,其宽度应不小于2.50m。

高速公路分离式路基单幅同向四车道及以上的路段,左侧硬路肩宽度不宜小于2.50m。

高速公路、一级公路分离式路基的左侧路肩宽度　　　　表7-6

设计速度(km/h)	120	100	80	60
左侧硬路肩宽度(m)	1.25	1.00	0.75	0.75
左侧土路肩宽度(m)	0.75	0.75	0.75	0.50

分析表7-6和图7-2、图7-3,高速公路、一级公路分离式路基才有左侧路肩,其左侧路肩分为硬路肩和土路肩,其中左侧硬路肩内包括左侧路缘带;左侧硬路肩比右侧硬路肩宽度要小一些。

(5)紧急停车带。

高速公路和作为干线的一级公路的右侧硬路肩宽度小于2.50m时,应设紧急停车带。紧急停车带宽度不应小于3.50m,有效长度不应小于40m,间距不宜大于500m,并应在其前后设置不短于70m的过渡段。

高速公路、一级公路的特大桥、特长隧道,根据需要可设置紧急停车带,其间距不宜大于750m。

二级公路根据需要可设置紧急停车带,其间距按实际情况确定。

4)路基宽度

《规范》规定:公路路基宽度为行车道宽度与路肩宽度之和。当设有中间带、加(减)速车道、爬坡车道、紧急停车带、错车道、超车道、侧分隔带、非机动车道(或慢车道)和人行道时,应包括上述部分的宽度。

非机动车、行人密集公路和城市出入口的公路,可根据需要设置侧分隔带、非机动车道和人行道。

一级公路在慢行车辆较多时,可利用右侧硬路肩(宽度不足时应加宽)设置慢车道,并应在车道和慢车道之间设置隔离设施。

二级公路在慢行车辆较多时,可根据需要采用加宽硬路肩的方式设置慢车道,并应增加必要的交通安全设施,加强交通组织管理。

路基宽度,见图7-2、图7-3和图7-4。

一般公路的路基宽度,按式(7-5)计算。

$$B = b + 2a \tag{7-5}$$

式中:B——一般公路的路基宽度,m;

b——行车道宽度,多个车道时为一个车道宽度乘以车道数,m;

a——(车道行车方向的)右侧路肩宽度,m。

四级公路路基宽度采用单车道时,应在不大于300～500m的距离内选择有利地点设置错车道,使驾驶人能看到相邻两错车道之间的车辆。设置错车道路段的路基宽度应不小于6.5m,有效长度不应小于20m。

7.1.3 路拱横坡、边沟及边坡

1)路拱及路肩横坡

为了迅速排除路面上的雨水,一般公路将路面做成中间高两边低的横向坡度,形成路拱。

路拱虽然对排水有利,但对行车不利。这是由于汽车自身的重力沿着路拱横坡方向的分力增加了行车的不平稳性,且当路面有水时路面与轮胎间的横向附着系数变小,更增加了发生倾斜滑移的可能性。因此,在选择路拱的形状和大小时,应该在保证排水的情况下,兼顾行车需求,对于不同的路面类型和行车宽度,结合当地自然条件,降雨强度等采用不同的路拱横坡度。路拱横坡度参考值见表7-7。

路拱横坡度参考值　　　　　　　表7-7

路面类型	路拱横坡度
沥青混凝土、水泥混凝土	1% ~ 2%
其他沥青类路面	1.5% ~ 2.5%
半整齐石块	2% ~ 3%
碎、砾石等粒料路面	2.5% ~ 3.5%
低级路面	3% ~ 4%

(1)《规范》对路拱横坡度的要求。

高速公路、一级公路整体式路基的路拱宜采用双向路拱横坡度,由路中央向两侧倾斜。位于中等强度降雨地区时,路拱坡度宜为2%;位于降雨强度较大地区时,路拱横坡度可适当增大。

高速公路、一级公路分离式路基的路拱,宜采用单向路拱横坡度(分别指向右侧硬路肩方向),并向路基外侧倾斜,也可采用双向路拱横坡度。积雪、冰冻地区,宜采用双路拱横坡度。

双向六车道及以上车道数的公路,当超高过渡段的路拱横坡度过于平缓时,可采用双向路拱横坡度。路拱坡度过于平缓的路段应进行路面排水分析。

二级、三级和四级公路的路拱应采用双向路拱横坡度,由路中央向两侧倾斜。路拱横坡度应根据路面类型和当地自然条件确定,但不应小于1.5%。

(2)《规范》对路肩横坡度的要求。

直线路段的硬路肩应设置向外倾斜的横坡度,其坡度值应与车道横坡度值相同。当路线纵坡平缓,且设置拦水带时,路肩横坡度宜采用3% ~ 4%。

曲线路段内、外侧硬路肩的横坡度及其方向:当曲线超高小于或等于5%时,其路肩横坡度和方向应与相邻车道相同;当曲线超高大于5%,其路肩横坡度应不大于5%,且方向相同。

硬路肩的横坡度应随邻近车道的横坡度一同过渡,其过渡段的纵向渐变率应控制在 $\frac{1}{330} \sim \frac{1}{150}$ 之间。

土路肩的横坡:位于直线路段或曲线路段内侧,且车道或硬路肩的横坡度大于或等于3%时,土路肩的横坡度应与车道或硬路肩横坡度相同。小于3%时,土路肩的横坡度应比车道或硬路肩的横坡度大1%或2%。位于曲线路段外侧的土路肩横坡度,应采用3%或4%的反向横坡度。

(3)大中桥、隧道区段的硬路肩横坡度,应与车道相同。

2)边沟

路基地表排水设施包括边沟、截水沟、排水沟、跌水与急流槽、蒸发池、油水分离池、排水泵站等,应结合地形和天然水系统布设,并做好进出口的位置选择和处理,防止产生堵塞、溢流、渗漏、淤积、冲刷和冻结。这里主要介绍边沟。

(1)边沟的作用。

边沟是路堑、零填挖路基、矮路堤和半填半挖路基的半挖部分等路基两侧或一侧设置的纵向排水沟。其作用是排除路面、边坡和山坡汇集的地表水和雨水,确保路基的强度和稳定性。有的边沟专做或兼做排水沟、灌溉沟渠。

(2)边沟设计。

边沟断面形式及尺寸应根据降雨强度、汇水面积、地形地质条件以及对路侧安全与环境景观的影响程度等确定。一般公路边沟截面常用倒梯形,见图7-10。高速公路有的路段采用矩形盖板沟,见图2-48。条件许可时,可采用三角形、浅碟形等其他截面。

倒梯形边沟的底宽和沟深一般不宜小于0.4m,具体尺寸应根据实际情况确定,流量大的边沟尺寸应大一些,边沟的内坡1:1,见图7-10。

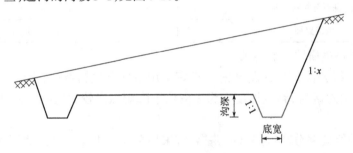

图7-10 倒梯形边沟

除了涵洞进出口外,边沟纵坡通常与路中线纵坡一致,并不宜小于0.3%。

当边沟冲刷强度超过表7-8的明沟允许最大流速时,应采取必要的防护加固措施。当边沟纵坡超过3%时,应根据具体情况采取夯实、干砌、浆砌、跌水、急流槽等加固措施。边沟的纵向长度不宜过长,当边沟纵坡较大时,为了防止暴雨冲刷破坏边坡危及路基稳定性,边沟纵向长度一般不宜超过300m。边沟纵向长度达到一定限度时,可以将边沟水流汇入桥涵所在的沟渠、河流等,也可设置逐渐远离路基的斜向排水沟(与路中线成锐角的排水沟)、横向排水沟(与路中线垂直方向)等将边沟水流分流排走。边沟达到一定长度,或有一沟、一渠、一河时,需要设计桥梁、涵洞或横向排水沟进行斜向或横向排水。

明沟允许最大流速　　　　　　　　表7-8

明沟类型	最大允许流速(m/s)	明沟类型	最大允许流速(m/s)
细粒土砂	0.8	片碎石(卵砾石)加固	2.0
低液限粉土、低液限黏土	1.0	干砌片石	2.0
高液限黏土	1.2	浆砌片石	3.0
草皮护坡	1.6	水泥混凝土	4.0

高速公路、一级公路挖方路段矩形边沟宜增设带泄水孔的钢筋混凝土盖板或增设路侧护栏,钢筋混凝土盖板的强度和厚度应满足承载汽车荷载的要求。

季节冻土地区,浅碟形边沟下的暗埋管(沟)应设置在最大路基冻深线以下,暗埋管(沟)出水口应采取保温防冻措施。

3)一般路基边坡

按照复杂程度,路基分为一般路基和特殊路基。特殊路基包括填土边坡高度大于20m的高路堤、土质挖方边坡高度大于20m或岩石挖方边坡高度大于30m的深路堑、位于特殊土(岩)地段、不良地质地段及受水、气候等自然因素影响强烈的地段的路基。特殊路基,需要进行特殊设计,并验算其稳定性。

一般路基设计时,其边坡率可参考现行《公路路基设计规范》(JTG D30)。一般路基设计较为简单,也可根据设计经验、邻近公路的路基边坡率、《公路路基设计手册》等推荐的边坡率直接进行设计,无需验算。下面仅简介一般路基边坡率。

(1)路堤边坡。

填方不高的填土路堤边坡率,常采用1:1.5。

路堤边坡形式和边坡率应根据填料的物理力学性质、边坡高度和工程地质条件综合确定,并应符合下列规定。

当地质条件良好,边坡高度不大于20m时,边坡率不宜陡于表7-9的规定。

路堤的边坡率 表7-9

填料类别	边坡率	
	上部高度($H \leqslant 8m$)	下部高度($H \leqslant 12m$)
细粒土	1:1.5	1:1.75
粗粒土	1:1.5	1:1.75
巨粒土	1:1.3	1:1.5

对边坡高度大于20m的路堤,边坡形式宜采用阶梯型,边坡率应按照规定进行稳定性分析计算确定,并进行工点设计。

浸水路堤在设计水位以下的边坡率不宜陡于1:1.75。

(2)路堑边坡。

挖方不深的土质路堑边坡率常用1:1。

土质路堑边坡形式及边坡率应根据工程地质与水文地质条件、边坡高度、排水防护措施、施工方法等,并结合自然稳定边坡、人工边坡的调查及力学分析综合确定。边坡高度不大于20m时,边坡率不宜陡于表7-10的规定。

土质路堑的边坡率 表7-10

土的类别		边坡坡率
黏土、粉质黏土、塑性指数大于3的粉土		1:1
中密以上的中砂、粗砂、砂砾		1:1.5
卵石土、碎石土、圆砾土、角砾土	胶结和密实	1:0.75
	中密	1:1

土质路堑边坡高度大于20m时,其边坡形式及边坡率按深路堑进行设计,并验算其稳定性。

岩石路堑边坡形式及边坡率应根据工程地质与水文地质条件、边坡高度、排水防护措施、施工方法等,结合自然稳定边坡和人工边坡的调查综合确定。必要时可采用稳定分析方法予以验算。无外倾软弱结构面的边坡,边坡高度不大于30m时,其边坡率可按表7-11确定。

岩质路堑的边坡率　　　　表7-11

边坡岩体类型	风化程度	边坡率	
		$H<15m$	$15m \leq H \leq 30m$
Ⅰ类	未风化、微风化	1:0.1~1:0.3	1:0.1~1:0.3
	弱风化	1:0.1~1:0.3	1:0.3~1:0.5
Ⅱ类	未风化、微风化	1:0.1~1:0.3	1:0.3~1:0.5
	弱风化	1:0.3~1:0.5	1:0.5~1:0.75
Ⅲ类	未风化、微风化	1:0.3~1:0.5	—
	弱风化	1:0.5~1:0.75	—
Ⅳ类	弱风化	1:0.5~1:1	—
	弱风化	1:0.75~1:1	—

7.1.4 路基填料选择

路基填料选择应满足现行《公路路基设计规范》(JTG D30)和现行《公路路基施工技术规范》(JTG/T 3610)要求。相关试验参照现行《公路土工试验规程》(JTG 3430)和现行《公路路基路面现场测试规程》(JTG 3450)执行。一般来说,施工前应在拟用填料位置现场取样,并在室内开展含水量、液限、塑限、颗粒分析、击实、强度(CBR试验)等试验,以判断选择何种路基填料以及所选择的填料是否满足相应路基结构层次填料的技术要求。后期在试验路段和路基竣工路段还需进行压实度(筑路材料压实后的干密度与标准最大干密度之比)试验、承载能力试验(弯沉试验),以判断施工质量是否满足规范和设计要求。

路基填料的最小强度和最大粒径要求,见表7-12。土质路基压实度标准,参见表7-13。

路基填料的最小强度和最大粒径　　　　表7-12

填料应用部位(路面底面以下深度)(m)			填料最小承载比(CBR)(%)			最大粒径(mm)
			高速公路一级公路	二级公路	三级公路四级公路	
填方路基	上路床	0~0.30	8	6	5	100
	下路床 轻、中及重交通	0.30~0.80	5	4	3	100
	下路床 特重、极重交通	0.30~1.20				
	上路堤 轻、中及重交通	0.80~1.50	4	3	3	150
	上路堤 特重、极重交通	1.20~1.90				
	下路堤 轻、中及重交通	>1.50	3	2	2	150
	下路堤 特重、极重交通	>1.90				

续上表

填料应用部位(路面底面以下深度)(m)			填料最小承载比(CBR)(%)			最大粒径(mm)
			高速公路 一级公路	二级公路	三级公路 四级公路	
零填及挖方路基	上路床		0~0.30	8	6	5	100
	下路床	轻、中及重交通	0.30~0.80	5	4	3	100
		特重、极重交通	0.3~1.20				

土质路基的压实度标准 表7-13

填料应用部位(路面底面以下深度)(m)			压实度(%)		
			高速公路 一级公路	二级公路	三级公路 四级公路
填方路基	上路床		0~0.30	≥96	≥95	≥94
	下路床	轻、中及重交通	0.30~0.80	≥96	≥95	≥94
		特重、极重交通	0.30~1.20	≥96	≥95	—
	上路堤	轻、中及重交通	0.80~1.50	≥94	≥94	≥93
		特重、极重交通	1.20~1.90			—
	下路堤	轻、中及重交通	>1.50	≥93	≥92	≥90
		特重、极重交通	>1.90			
零填及挖方路基	上路床		0~0.30	≥96	≥95	≥94
	下路床	轻、中及重交通	0.30~0.80	≥96	≥95	—

分析表7-12和表7-13、图7-5和图7-6,以填方路基(填筑砂砾石)为例,从下路堤到上路床,越靠近路基顶面,要求路基填料越好,级配越好,最大粒径越小,强度越高,压实度越大。公路等级越高,要求路基填料越好,强度越高,压实度越大。填土和土石混填路基在分层检测压实效果时,往往采用灌砂法。填石路堤不宜采用灌砂法,可采用轮迹法(沉降差)肉眼判断其压实度。

7.2 公路用地范围及建筑限界

7.2.1 公路用地范围

《规范》规定:公路用地应遵照保护、开发土地资源,合理利用土地,切实保护耕地,促进社会经济可持续发展的原则,合理拟定公路建设规模、技术指标、设计施工方案,确定公路用地范围。公路用地范围应符合下列规定:

(1)公路用地范围为公路路堤两侧排水沟外边缘(无排水沟时为路堤或护坡道坡脚)以外,或路堑坡顶截水沟外边缘(无截水沟为坡顶)以外不小于1m范围内的土地。在有条件的地段,高速公路和一级公路不小于3m、二级公路不小于2m范围内的土地。

(2)在风沙、雪害等特殊地质地带,需设置防护林,种植固沙植物,安装防沙或防雪栅栏以及设置反压护道等设施时,应根据实际需要确定其用地范围。

(3)桥梁、隧道、互通式立体交叉、分离式立体交叉、平面交叉、交通安全设施、服务设施、管理设施、绿化以及料场、苗圃等,应根据实际需要确定其用地范围。

(4)有条件或环境保护要求种植多行林带的路段,应根据实际情况确定其用地范围。

公路用地图,又称为红线图,又可称为征地拆迁红线图。同一条公路的不同断面的公路用地范围有所不同,需要通过横断面图进行计算,见图7-11和图7-12。显然填方越高或挖方越深,边坡放坡时延伸越远,占地面积越大。

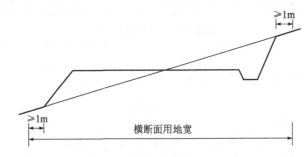

图7-11 横断面图上的公路用地范围

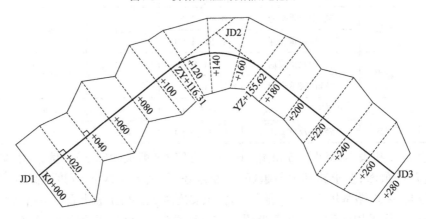

图7-12 平面图上的公路用地范围

7.2.2 公路建筑限界

《标准》和《规范》规定的建筑限界,见图7-13。

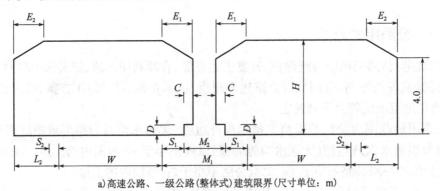

a)高速公路、一级公路(整体式)建筑限界(尺寸单位:m)

图 7-13

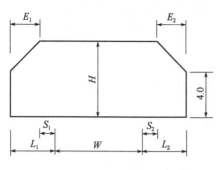

b) 高速公路、一级公路(分离式)建筑限界

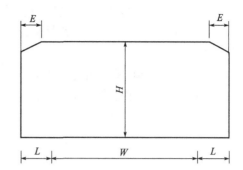

c) 二、三、四级公路建筑限界

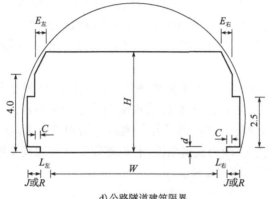

d) 公路隧道建筑限界

图 7-13 建筑限界示意图(尺寸单位:m)

W-行车道宽度;L_1-左侧硬路肩宽度;L_2-右侧硬路肩宽度;S_1-左侧路缘带宽度;S_2-右侧路缘带宽度;L-侧向宽度。二级公路的侧向宽度为硬路肩宽度。三、四级公路的侧向宽度为路肩宽度减去 0.25m。设置护栏时,应根据护栏需要的宽度加宽路基;$L_左$-隧道内左侧侧向宽度;$L_右$-隧道内右侧侧向宽度;C-当设计速度大于 100km/h 时为 0.5m,小于或等于 100km/h 时为 0.25m;D-路缘石高度,小于或等于 0.25m。一般情况下,高速公路可不设路缘石;M_1-中间带宽度;M_2-中央分隔带宽度;J-检修道宽度;R-人行道宽度;d-检修道或人行道高度;E-建筑限界顶角宽度,当 $L \leq 1m$ 时,$E=L$,当 $L>1m$ 时,$E=1m$;E_1-建筑限界左顶角宽度,当 $L_1<1m$ 时,$E_1=L_1$,或 $S_1+C<1m$ 时,$E_1=S_1+C$,当 $L_1 \geq 1m$ 或 $S_1+C \geq 1m$ 时,$E_1=1m$;E_2-建筑限界右顶角宽度,$E_2=1m$;$E_左$-建筑限界左顶角宽度,当 $L_左 \leq 1m$ 时,$E_左=L_左$,当 $L_左>1m$ 时,$E_左=1m$;$E_右$-建筑限界右顶角宽度,当 $L_右 \leq 1m$ 时,$E_右=L_右$,当 $L_右>1m$ 时,$E_右=1m$;H-净空高度。

公路建筑限界范围内不得有任何障碍物侵入。公路标志、护栏、照明灯柱、电杆、管线、绿化、行道树以及跨线桥的梁底、桥台、桥墩的任何部分不得侵入公路建筑限界。建筑界限设计应注意以下内容。

(1)设置加(减)速车道、紧急停车带、爬坡车道、错车道、慢车道、车道隔离设施等的路段,行车道应包括该部分的宽度。

(2)八车道及以上的高速公路(整体式),设置左侧硬路肩时,建筑限界应包括左侧硬路肩宽度。

(3)隧道的最小侧向余宽(又称侧向宽度),并符合表 7-14 的要求。

隧道的最小侧向宽度 表 7-14

设计速度(km/h)	高速公路、一级公路				二级、三级、四级公路				
	120	100	80	60	80	60	40	30	20
左侧侧向宽度 $L_左$(m)	0.75	0.50	0.50	0.50	0.75	0.50	0.25	0.25	0.50
右侧侧向宽度 $L_右$(m)	1.25	1.00	0.75	0.75	0.75	0.50	0.25	0.25	0.50

(4)桥梁、隧道设置检修道、人行道时,建筑限界应包括相应部分的宽度。

(5)一条公路应采用同一净高。高速公路、一级公路、二级公路的净高为5.0m;三级、四级公路的净高为4.5m。

(6)人行道、自行车道、检修道与行车道分开设置时,其净高应为2.5m。

(7)路基、桥梁、隧道相互衔接处,其建筑限界应按过渡段处理。

7.3 横断面设计

横断面设计,俗称戴帽子。无论是基于实测还是基于数模插值,都是在中桩的横断面地面线基础上进行横断面设计的。在平面图和纵断面图设计完成以后,再进行横断面设计。

横断面图数量较多,一般中桩(间距20m)均应进行横断面设计,并绘制横断面图,且应在相应横断面图上注明桩号、路基中心填挖值、填方或挖方面积、路面设计高程或路基设计高程等信息。

对于为防止坍方、滑坡和泥石流等需要注浆、锚杆、抗滑桩等方案处理的路基,以及需要进行稳定性验算的高填方、深路堑、不良地质水文条件等特殊路基,一般横断面图难以展现其完整信息,需要进行专门设计。在桥梁、涵洞、隧道等结构物范围内的中桩,不必按照一般路基格式设计横断面,即使勉强画出其横断面图,也难以完整体现其实际结构和尺寸,应在相应的设计图上进行构造设计和结构设计。

7.3.1 准备工作

横断面设计本身比平面设计、纵断面设计简单,但涉及的桩号多、断面多,不同断面的参数可能不一致,因此横断面设计准备工作就显得尤为重要。横断面设计的准备工作主要是资料的准备,包括外业勘测资料、外业调查资料和内业设计资料。

(1)中桩记录表,含圆曲线和标准形曲线中桩记录表,包括中桩里程、圆曲线主点、标准形曲线的主点、圆曲线半径、超高加宽值、缓和曲线或缓和段长度。

(2)各中桩的填挖高度,可以从路基设计表中直接查询,也可从纵断面图中下面部分的表格中查询。

(3)行车道、路肩、路基宽度,含圆曲线上的全加宽、缓和曲线或缓和段的加宽值。

(4)各中桩的特征值,可以从路基设计表中直接查询。

(5)路基设计表(从该表可以查询平面、纵断面和横断面)的基本信息、附近公路的设计资料(参考某设计高程、使用状况、防排水情况、路基边坡率、路基稳定性、路基病害等)。

(6)弯道上视距保证的横向清除范围。

(7)外业调查的护坡道、截水沟等。

(8)外业调查的不良地质水文地段及其经过技术经济比较后的处理方案。

(9)外业调查的路基填土来源、取土方式、运输距离、数量。

(10)外业调查的路基取(弃)土方式及地点、运输距离、数量。

(11)永久用地、临时用地等的批复文件、会议纪要。

(12)其他资料准备。

7.3.2 横断面设计手段及步骤

1）概述

（1）横断面设计手段。

横断面设计手段灵活多样，可以采用传统手工设计、CAD设计，也可以采用人工辅助软件设计。

横断面设计特点：断面数量多，设计参数变化频繁，设计工作量大，无法完全依靠软件设计。不同横断面的设计参数变化频繁，如果仅采用软件自动设计，其设计结果是不符合实际情况的，基本上是无法使用的。需要结合所在路段实际情况，给定横断面所需的一系列参数（边坡率、边沟底宽及沟深等），才能实现自动横断面设计。如果仍不理想，设计者可调整相关参数或直接手动修改CAD图。调整或修改完善以后，按照设置好的参数就能够实现自动出图。采用人工辅助软件进行横断面设计，具体参见11.5节和11.7节。

本节主要介绍采用传统手工设计、CAD设计横断面。

（2）横断面图比例。

手工设计或CAD设计横断面，宜在厘米方格纸或画有厘米方格的CAD界面上进行。

横断面图，常用绘图比例为1∶200。当中桩填挖值较小时，可采用1∶100；当中桩填挖值较大时，可采用1∶400。

（3）横断面图绘制顺序。

在A3图幅上绘制横断面图的顺序：竖行方向，由近到远（若图纸在黑板上竖向搁置就是由下到上）；横排方向，从左到右，见图7-22（已缩放）、图2-45和图2-48。对于每一页A3设计图，摆放多少个横断面需要根据填挖值和图纸空间确定，以在图上稀疏适宜、美观为度。

（4）横断面图编号。

横断面图中的横断面数量较多，以常用桩距20m为例，每公里大概50个中桩，一般说来这些中桩是需要绘制横断面图的。为了便于查询，在每一张横断面图的右上侧进行编号。横断面图编号，可采用下列方式。

起止桩方式，如：K0+360～K0+400，第4页共36页。

分数方式，如："$6\dfrac{5}{9}$"，"6"表示6km（含K6+000）到7km（不含K7+000）范围内的中桩，一般指K6+000～K6+980上的中桩；"9"表示K6+000～K6+980有9张横断面图；"5"表示K6+000～K6+980上的第5张横断面图。

2）横断面的断面类型

按照路拱是否加宽超高，横断面的断面类型可归纳为三种：正常横断面、全加宽全超高横断面、缓和段（缓和曲线）的横断面。

（1）正常横断面。

正常横断面，包括下面两类：

直线上的无加宽无超高的正常横断面；圆曲线上的无加宽无超高的正常横断面。

（2）全加宽全超高横断面。

全加宽全超高横断面，包括下面两类：

圆曲线上的ZY～YZ之间的全加宽全超高横断面；标准形曲线的所夹圆曲线HY～YH之

间的全加宽全超高横断面。

(3)缓和段(缓和曲线)的横断面。

缓和段(缓和曲线)的横断面,包括下面两类:

第一类,缓和段的横断面。四级公路且圆曲线半径较小,需要设置缓和段,它是指从缓和段起点到缓和段终点之间的横断面。

第二类,缓和曲线的横断面。高速公路、一级、二级和三级公路,且圆曲线半径较小,需要设置缓和曲线,它是指从缓和曲线起点到缓和曲线终点之间的横断面。

3)正常横断面的设计步骤

以手工设计、CAD设计手段为例,介绍一般公路的横断面设计步骤,见图7-14和图7-15。在学习手工设计或CAD设计手段并领会其设计流程后,再学习专业软件开展横断面设计,才能夯实基础、融会贯通。利用软件进行横断面设计,参见11.5节。

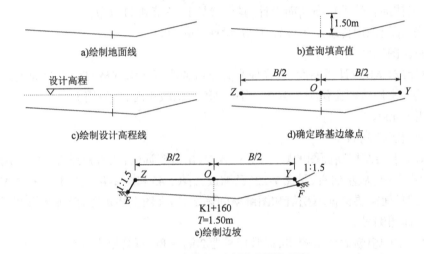

图7-14 正常横断面(路堤)的设计步骤

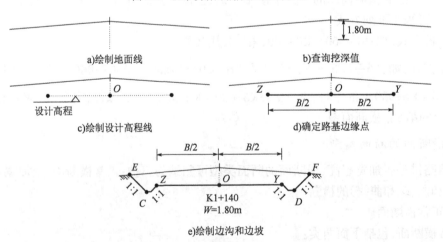

图7-15 正常横断面(路堑)的设计步骤

(1)确定中桩位置并绘制地面线。

在厘米格纸上定出中桩位置,写出桩号,按1∶200的比例画出中桩横断面地面线,见图7-14a)和图7-15a)。实地选线时,由实测得到横断面地面线;纸上选线时,在地形图上自动插值得到横断面地面线。

(2)查出中桩填挖值。

填挖值可以在路基设计表或纵断面图中的下部分表中查出,见图7-14b)和图7-15b)。

(3)绘制设计高程线。

填方时设计高程线在中桩的地面线上方,挖方时设计高程线在中桩的地面线下方,见图7-14c)和图7-15c)。按1:200的比例画出填挖值的竖线和与之垂直的水平线,这一水平线就是设计高程线,其相应高程为该中桩的设计高程。

(4)确定路基边缘点。

在设计高程线上,定路面中心点O。在设计高程线上,从路面中心点O分别量出左侧、右侧路基宽度($B/2$),定左侧路基边缘点Z和右侧路基边缘点Y,见图7-14d)和图7-15d)。事实上,中心点O(路面结构层顶面)不在设计高程线上,略比设计高程线高出一个特征值$h_0\left(ai_0+\dfrac{b}{2}i_1\right)$。这个数值很小,在1:200的图上几乎无法体现。

(5)画出边坡线。

对于填方路堤,过左侧路基边缘点Z和右侧路基边缘点Y,作边坡(例如填土边坡1:1.5),交于横断面地面线的坡脚点E、F,见图7-14e)。

对于挖方路堑,过左侧路基边缘点Z和右侧路基边缘点Y,作内坡(1:1)和边沟(例如沟深0.50m,底宽0.50m)。过沟底左边缘点C和沟底右边缘点D,作挖方路堑边坡(例如挖土边坡1:1),交于横断面地面线的坡顶E、F两点,见图7-15e)。

(6)其他设计。

必要时,根据具体情况考虑填方路堤设计护坡道、挖方路堑设计截水沟、设计挡土墙路基、设计护肩路基、设计护脚路基等。

4)全加宽全超高横断面设计步骤

以手工设计、CAD设计手段为例,介绍无中央分隔带的新建公路的全加宽全超高(边轴旋转法)横断面的设计步骤,见图7-16。

(1)同正常横断面设计的第(1)步,见7-16a)。
(2)同正常横断面设计的第(2)步,见7-16b)。
(3)同正常横断面设计的第(3)步,见7-16c)。
(4)确定旋转中心轴。

在设计高程线上,过路基中心向内侧量出内侧行车道宽度的一半$\left(\dfrac{b}{2}\right)$,定旋转中心轴$C$点,即加宽未超高前的内侧路面边缘点,见图7-16d)。

(5)画出超高横坡度线。

过旋转中心轴C点,画超高横坡度i_b线(外侧高内侧低),见图7-16e)。

(6)确定路基边缘点。

在超高横坡度线上,确定中心点O,见图7-16f)。

在超高横坡度线上,从中心点,量出内侧路基宽度$B_n=\dfrac{b}{2}+a+b_j$,定内侧路基边缘点Z,见图7-16f)。

在超高横坡度线上,从中心点,量出外侧路基宽度 $B_w = \dfrac{b}{2} + a$,定外侧路基边缘点 Y,见图 7-16f)。

(7)画出边坡线。

同正常路基横断面的第(5)步,定坡脚点 E、F,见图 7-16g)。

(8)其他设计。

同正常横断面的第(6)步。

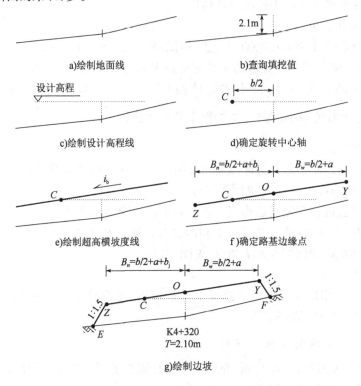

图 7-16 全超高全加宽横断面(路堤)的设计步骤

5)缓和段(缓和曲线)的横断面设计步骤

缓和段(缓和曲线)的横断面设计比较繁琐,需要分清内断面和外断面。为了简便,可以直接利用路基设计表(表 4-8)中的路基宽度和特征值画出特征点。

(1)同正常横断面设计的第(1)步,见图 7-17a)。

(2)同正常横断面设计的第(2)步,见图 7-17b)。

(3)同正常横断面设计的第(3)步,见图 7-17c)。

(4)查出各个特征点的特征值。

在路基设计表中查询出左侧、右侧路基宽度和左基点、中心点与右基点的特征值。

(5)绘制特征点在设计高程线上投影点。

在设计高程线上,定(路面结构层顶面的)中心点在设计高程线上的投影点 O_1,见图 7-17d)。

在设计高程线上,从中心点 O_1 点量出内侧(该图为左侧)路基宽度 $B_z = \dfrac{b}{2} + a + b_x$,定内侧路基边缘点在设计高程线上的投影点 A_1，见图7-17d)。

在设计高程线上，从中心点量出外侧(该图为右侧)路基宽度 $B_y = \dfrac{b}{2} + a$，定外侧路基边缘点在设计高程线上的投影点 B_1，见图7-17d)。

(6)绘制特征点。

过 A_1 点，向上竖直量出内侧(该图为左侧)路基边缘点的特征值 h_z，定左侧路基边缘点 Z (左基点)，见图7-17e)。

过 O_1 点，向上竖直量出中心点的特征值 h_0，定路面中心点 O，见图7-17e)。

过 B_1 点，向上竖直量出外侧(该图为右侧)路基边缘点的特征值 h_y，定右侧路基边缘点 Y (右基点)，见图7-17e)。

(7)连接相邻特征点。

连接相邻特征点 ZO 和 OY，确定路拱线，见图7-17f)。

(8)画出边坡线。

同正常横断面的第(5)步，过左侧路基边缘点 Z 点和右侧路基边缘点 Y 画路堤边坡(例如填土边坡1:1.5)，定左侧、右侧坡脚 E、F 两点，见图7-17g)。

(9)其他设计。

同正常横断面的第(6)步。

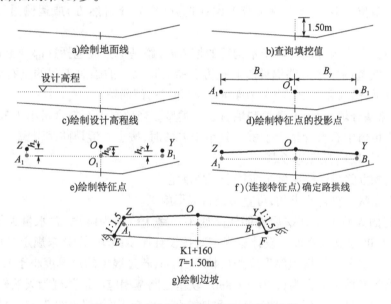

图7-17 缓和段(缓和曲线)横断面的设计步骤

7.4 土石方计算与调配

7.4.1 横断面面积计算

1)横断面面积计算方法

横断面的面积计算方法有积距法、求积仪法、方格网法、几何图形法。在没有CAD等制图软件之前,积距法是手工计算的主要方法。横断面主体面积通过积距法计算,少量边角部分可以通过几何图形法和方格网法补充计算。随着计算机技术的飞速发展,各种软件应运而生,在 CAD 或专业软件上绘制的横断面图,可以迅速地计算出任意横断面面积。

2) 横断面面积(含土石方)计算注意事项

横断面面积(含土石方)计算,应遵循《公路工程标准施工招标文件 2018 版.第一册》、《公路工程标准施工招标文件 2018 版.第二册》、《公路工程标准施工招标文件 2018 版.第三册》、现行《公路路基设计规范》(JTG D30)和现行《公路路基施工技术规范》(JTG/T 3610)等的相关规定。

(1) 计算面积时,其长度、宽度等应按图纸尺寸线计算,对于面积在 1m² 以下的固定物(如检查井等)不予扣除。

(2) 填方和挖方分开计算。各种不同类别的挖方和填方,应以图纸所示界线为限,而且应在横断面图上标明。挖方按照天然密实方计算,填方按照压实方计算。

挖方(土方或石方)依据图纸所示地面线、路基横断面图、路基土石比例,采用平均断面法计算,包括边沟、排水沟、截水沟的土方,天然密实体积以 m³ 为单位计算。

用于填方的土方量,依据图纸所示地面线、路基设计横断面图,按平均断面法计算压实的体积,以 m³ 为单位计算。施工单位应考虑在挖方(松方或自然方)或运输过程中引起的体积差。

当设计图上有边沟、截水沟、排水沟等的挖方时,路基挖方应包括这部分土石方。路基土石方不包括红线范围内填方路堤坡脚和挖方路堑坡顶以外的临时工程的土石方。路基土石方也不包括桥梁、涵洞和挡土墙等结构物的基础和"三背"回填。

(3) 填方路基分填土、土石混填和填石三种类型。当填料中石料含量小于 30% 时,按填土路基考虑。当填料中石料含量大于 30% 且小于 70% 时,按土石混填路基考虑。当填料中石料含量大于 70% 时,按填石路基考虑。

(4) 零填、挖方路段的路床施工应符合下列规定:

路床范围原状土符合要求的,可直接进行成形施工。

并非所有的天然地面开挖后就能修路通车。路床范围为淤泥、含水量大的土等过湿土时,应将该软基进行换填处理。设计有规定时按设计厚度换填,设计未规定时按下列要求换填:高速公路、一级公路的换填厚度宜为 0.80~1.2m,若过湿土的总厚度小于 1.5m,宜全部换填。二级公路的换填厚度宜为 0.50~0.8m。软基指路基相应的地基层为天然软弱土层,不宜直接作为路基的地基。工程上,软基需要采取换填、注浆加固等措施处理,其中软基换填是可靠的、质量容易控制的、价格容易被接受的常规措施。软基换填指将软弱地基挖除,采用较好的、符合地基填料的材料替换填筑,如含水量适中的黏土、页岩、级配砂砾石、块状石料等。其中,级配砂砾石为优质的软基换填材料,具有强度高、容易分层碾压密实、透水性好等优点。此外,桥梁、小桥涵和挡土墙等结构物的软基换填和这些结构物的"三背"(桥背、涵背和墙背)回填,可优先使用级配砂砾石。

(5) 在地面横坡为 1:5~1:2.5 时的原地面填筑路基时,应将原地面挖台阶,再行填筑路基,见图 7-7。挖台阶部分既要计算挖方,又要计算填方。

(6) 挡土墙涉及的基础挖方在挡土墙设计图的实体体积中考虑,而不在路基土石方中考虑。挡土墙墙身在地面线以上的部分要扣除土石方。

(7)大、中桥起终点之间的土石方不在路基土石方计算范围内,而是在桥梁设计图的实体体积中考虑。

(8)与路基相连的结构物台背回填,不计入路基土石方,按结构物台背回填单列。依据图纸所示结构物台背回填数量,按照压实的体积以 m³ 为单位计算。挡土墙墙背回填不需另行计算,而是在挡土墙实体体积中考虑。

(9)锥形护坡及台前溜坡填土,不计入路基土石方,在锥坡及台前溜坡填土中单列。锥坡及台前溜坡填土,依据图纸所示锥坡及台前溜坡的填土数量,按照压实的体积以 m³ 为单位计算。

横断面面积计算的准确性,并不主要取决于计算,而是取决于横断面地面线的精度。对于纸上选线而言,横断面地面线的精度取决于地形图的精度,地形图误差越大,横断面面积计算误差就越大。对于实地选线而言,横断面地面线的精度取决于外业测量的精度,外业测量误差越大,横断面面积计算误差就越大。

7.4.2 路基土石方计算

计算横断面面积目的是为了计算路基土石方,路基土石方指路基上填或挖土石的体积(方量)。

公路路基土石方的计算方法有平均断面法和棱台体积法,一般常用平均断面法。棱台体积法精度高,计算时稍显麻烦,在发生争议需要仲裁时应采用棱台体积法。

1)平均断面法

平均断面法按式(7-6)计算,见图 7-18。

$$V = \frac{1}{2}(A_1 + A_2) \times l \tag{7-6}$$

式中:V——相邻两个中桩之间的土石方的体积(方量),m³;

A_1——后一个中桩的横断面面积,m²;

A_2——前一个中桩的横断面面积,m²;

l——相邻两个中桩之间的中线距离,m。

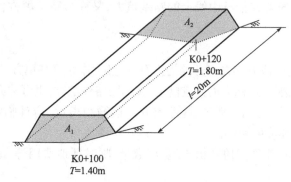

图 7-18 平均断面法计算土石方示意图

由于地面起伏不规则,中桩间距越密,土石方精度就越高。

2)棱台体积法

棱台体积法按式(7-7)计算。

$$V = \frac{1}{3}(A_1 + A_2 + \sqrt{A_1 A_2}) \times l = \frac{1}{3}(A_1 + A_2) \times \left(1 + \frac{\sqrt{m}}{1+m}\right) \times l \qquad (7-7)$$

式中：A_1——相邻两个中桩当中较小的横断面面积，m^2；

A_2——相邻两个中桩当中较大的横断面面积，m^2；

m——比例系数，$m = \frac{A_1}{A_2}(A_2 > A_1)$；

其余符号意义同前。

7.4.3 土石方调配

初学者有必要熟悉土石方调配的基本原理，本节和下一节介绍土石方调配的基本原理和示例，在熟悉土石方调配的基本原理基础上，可手工结合纬地软件的"纬地土石方调配系统"开展公路的土石方计算与调配，较为方便快捷，见11.5.4节。

1)基本概念

(1)挖方。

按照开挖区域，挖方分为红线内挖方和红线外挖方。其中，红线内挖方又分为路基挖方和路基以外的临时挖方(如临时便道挖方)。红线外挖方分为就近挖方和其他挖方，其中就近挖方称为借方。

为了区分，本教材的挖方指沿中线上的路基挖方，又称为路基挖方，不包括路基以外的临时挖方。

(2)填方。

按照填筑区域，填方分为红线内填方和红线外填方。其中，红线内填方又分为路基填方和路基以外的临时填方(如临时便道填方)。

按照填筑对象，填方分为路基填方、结构物填方和临时工程填方。其中，结构物填方又分为结构物的基础填方和"三背"回填等。

为了区分，本教材的填方指沿中线上的路基填方，又称为路基填方，不包括路基以外的临时填方。

(3)借方。

路基红线以外就近的地方存在可开挖的土石方，且可作为路基填方，考虑就近借土(包括土方和石方)填方，这种调配方式称为借方或借土，又称为路外挖方，也可称为红线以外就近挖方。

借方特点：路外(红线以外)挖方(就近挖方)、运输距离近，应计临时征地费用和挖方费用，应考虑借土对生态环境的影响。

借土前，应与当地有关部门协商借土地点、数量、临时征地费用等。借方与外购(土石方)应进行论证与比选。

(4)欠方。

某段路基需要填方，经横向调配后，仍然亏欠土石方，这种亏欠的土石方称为欠方，又称为填缺方。欠方一般需要根据具体情况采取纵向调配、借方和外购等处理措施。

(5)弃方。

某路段存在多余的挖方,经过横向调配、纵向调配后,仍然剩余土石方,只有考虑将其丢弃,这样的土石方称为弃方,又称为弃土(包括弃土方和石方)。应会同有关部门协商弃土地点。

(6)余方。

某路段存在多余的挖方,经过横向和纵向调配以后,仍然还有剩余的土石方,这种剩余的土石方称为余方,又称为挖余方。余方根据实际情况可采取弃方等处理措施。

(7)纵向调配土石方。

某路段的路堑有多余挖方且可作为路基填方,拟沿中线方向将其调配到另一填方路段,这种调配称为纵向调配土石方,简称纵向调配。

纵向调配特点:不计挖方费用(其挖方费用已经包含在路基的挖方中)。

纵向调配需要考虑相应的运输方式和调配距离。实际工程中,需要比较弃土、借土、外购等方案,也要考虑环境保护、农田水利保护、征地拆迁等因素。

(8)横向调配土石方。

某路段为半挖半填的横断面,其挖方位置有多余的土石方且可作为路基填方,考虑将挖出来的土石方就近横向调配到该路段填方位置,横向移挖作填,这种调配方式称为横向调配土石方,简称横向调配,又称为本桩利用。这里的"本桩"指本段桩,这是由于一个横断面只有面积没有土石方。

横向调配特点:不计挖方费用(其挖方费用已经包含在路基挖方中),调配距离最短、最经济。

(9)竖向调配土石方。

某路段在山坡上盘旋,其回头曲线存在上线挖方、下线填方,将上线挖方路段的多余土石方竖向沿山坡推向下线填方路段的欠方区域,这种调配方式称为竖向调配土石方,简称竖向调配。

竖向调配特点:不计挖方费用(其挖方费用已经包含在路基挖方中)、下坡运输。竖向调配较少,本书不考虑竖向调配。

2)土石方调配原则

土石方调配原则:调配至填方路段的填料应满足相应路基结构层次填料的技术要求,调运距离较近,运至现场的填料较为经济,对周围生态环境影响较小。土石方调配还应注意以下问题:

(1)半挖半填断面,首先考虑横向调配(本桩利用),横向移挖作填。

(2)一般不宜跨越大沟、大河调配,有可利用的便道(便桥)除外。

(3)减少上坡调配土石方,避免长大陡坡运土。

(4)根据地形条件和施工条件,比较纵向调配和路外借土,综合考虑经济运距、借土占地、赔偿青苗损失以及对农业生产的影响。

(5)妥善处理取土场和弃土场,兼顾临时征地、安全、环保等影响因素。

3)土石方调配方法和步骤

土石方调配方法有计算表调配法、调配图法、累计曲线法和软件法,常用计算表调配法。计算表调配法简单、直观、调配路线清晰、精度较高。计算表调配法采用路基土石方数量计算表,见表7-15(此表不考虑外购土石方)。计算表调配法是一种传统的方法,稳妥可靠,手工操作,调配速度较慢。

近年来,在计算表调配法基础上,开发出软件法。软件法指利用专业软件计算和调配土石方的方法。

实际工程中,采用专业软件,结合人工干预和调整,把实际工程相应参数录入,能够快速实现土石方计算与调配,参见11.5.4节。纬地软件的"纬地土石方调配系统"是基于计算表调配法,开展可视化调配,本质上是表格计算,形象地引入图形显示和基于图形的调配过程。采用图形方式显示各断面土石方数量,用户只需通过简单的鼠标拖放操作,便可轻松快捷地完成全线的土石方计算与调配,得到Excel格式的土方数量计算表(含纵向调配图)、每公里土方数量表和运量统计表等。

基于计算表调配法(手工操作)的土石方计算和调配的步骤如下:

(1)土石方数量的计算与复核,确认和复核表7-15中的第2、3、4、5、6、7、8、9等纵向栏。

(2)将可能影响运输调配的桥涵位置、陡坡、大沟等标注在备注栏(表7-15的第37栏)内。

(3)弄清各段桩的填挖情况。当半填半挖路段的挖方可作填方时,先进行横向调配,横向移挖作填。

(4)横向调配后,应明确本路段利用方、欠方、挖余方及纵向调配方。

(5)计算经济运距。

(6)根据欠方、纵向调配方的分布情况,结合路线纵坡和自然条件,具体拟定调配方案(包括纵向调配、路外借土、外购、弃土等),达到技术经济合理。

纵向调配具体方法:逐桩、逐段地将相邻路段的可作纵向调配的土石方,就近纵向调配到欠方段内,加以纵向利用,把具体调配方向和数量用箭头和数字标注在"远运利用纵向调配示意"栏(表7-15的第30栏)内,计算土石方调配级数n,并标注在相应位置。

(7)经过初步的纵、横向调配,如果仍有欠方,可考虑借方。如果仍有余方,可考虑弃方。计算借方或弃方的调配级数n,借土和弃土分别标注在"借方数量"和"弃方数量"栏(表7-15的第31、32、33、34栏)内。

(8)校核。

土石方校核分为横向校核、纵向校核和总体校核,其中横向校核为相邻两个中桩的横向一栏,而纵向校核为所有横向校核累计到横向的小计栏(表7-15的横向"小计"栏)内,横向校核和纵向校核的公式相同。

对于横向和纵向校核,按式(7-8)和式(7-9)计算。

$$挖方=本(段)桩利用方+挖余方 \tag{7-8}$$

$$填方=本(段)桩利用方+填缺方 \tag{7-9}$$

对于总体校核,按式(7-10)和式(7-11)计算。

$$填方=纵向调配方+横向调配方+借方 \tag{7-10}$$

$$填方+弃方=挖方+借方 \tag{7-11}$$

校核注意事项:校核时可以土石一起校核,也可以土石分开校核。调配至上公里的土石方,针对全线是纵向调配方,针对本段(或本页)是弃方。以石代土的土石方加括号

"()",注意区分什么时候按土计算,什么时候按石计算。星号"*"表示砌筑石料,简称砌石。

计算某路段路基土石方时,注意每一页路基土石方数量计算表的起止桩号。本页起始桩号,应与上一页的终止桩号一致,本页的终止桩号应与下一页的起始桩号一致。例如:本页起始桩号为K6+000、终止桩号为K6+200,则下一页起始桩号应为K6+200,见图7-19a);如果下一页起始桩为K6+220,将会漏算K6+200~K6+220之间的土石方,见图7-19b)。

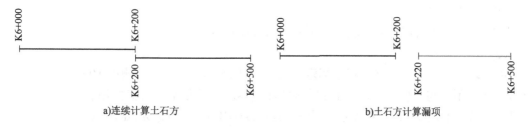

图7-19 路基土石方连续计算示意图

此外,计算路基土石方跨越桥梁、隧道等结构物时,应扣除这些结构物起终点之间的土石方。例如:某路线经过青城大桥,青城大桥起止桩号为K14+123、K15+327,见图7-20a)。路基土石方数量计算表在本页的起始桩号为K14+000、终止桩号为K14+123,这一页有多少桩就写多少桩;则下一页起始桩号应为K15+327,见图7-20b)。青城桥起终点K14+123~K15+327之间如果有土石方(例如桥台基础挖土石方),不计入路基土石方,在桥梁工程数量表中单列。

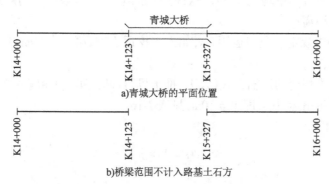

图7-20 路基土石方计算(桥梁起终点之间)断开示意图

(9)校核无误后,分别计算运距、运量,编制预算。

4)经济运距、免费运距与运量

(1)经济运距。

路基填方的填料来源包括纵向调配、横向调配、借土(路外挖方)、外购和竖向调配等。本章主要比较纵向调配和借土,不讨论外购和竖向调配。

纵向调配土石方发生的费用(包括运输费用和装卸费用),与路外借土发生的费用(包括临时征地、挖方费用、运输费用和装卸费用)相等时,纵向调配土石方的这一运输距离,称为经济运距,用l_{jj}表示。

当纵向调配距离l_d<经济运距l_{jj}时,纵向调配经济。

当纵向调配距离 $l_d >$ 经济运距 l_{jj} 时,路外借土经济。

当纵向调配距离 $l_d =$ 经济运距 l_{jj} 时,二者同等经济。

经济运距按式(7-12)计算。

$$l_{jj} = \frac{B}{T} + l_m \tag{7-12}$$

式中:l_{jj}——经济运距,m;

l_m——免费运距,m;

B——借土单价,元/m³;

T——运输单价(包括运输费用、装卸费),元/(m³·m)。

(2)免费运距。

免费运距,指现行《公路工程预算定额(上、下册)》(JTG/T 3832)中规定的不计运输费用的距离。这个距离与相应的运输工具比较是短的,本质上不是不计运输费用,而是包含在挖方费用中。以下把《公路工程预算定额(上、下册)》(JTG/T 3832)简称为《定额》。

(3)运量。

运量,指土石方调配数量与调配级数的乘积。

土石方调配级数,按式(7-13)计算。

$$n = \frac{\bar{l} - l_m}{N} \tag{7-13}$$

式中:n——土石方调配级数;

$\bar{l}$——运输土石方的平均距离,m,一般指调配路段中挖方段的中间点到填方段的中间点之间的距离;

l_m——《定额》中规定的免费运距,m,如人工挖运土方,第一个20m,免费运距 l_m=20m,见表7-16;

N——《定额》中规定的运输方式(人工、推土机、自卸汽车等)相应的增运距离,m,如手推车运土每增运10m,即 $N = 10$m,见表7-16。

运量按式(7-14)计算。

$$Q = V \times n \tag{7-14}$$

式中:Q——运量,级·m³;

V——运输的土石方数量,m³;

其余符号意义同前。

分析式(7-13)和式(7-14),只有当运距超过免费运距时,才计算运量和运费。免费运距以内的运输,不计运量和运费。

7.4.4 土石方计算与调配示例

【例7-1】 假设路基土石方数量计算表(表7-15)中的土方,为人工挖运土方(人工挖土/手推车运土)。查询《定额》,人工挖运土方规定的定额,见表7-16。

路基土石方数量计算表 表7-15

桩号	横断面面积(或为半面积)(m²)			平均面积(m²)			距离(m)	挖方分类及数量表(m³)														填方数量(m³)		利用方数量(m³)及运距(单位)								借方数量(m³)及运距(单位)		废方数量(m³)及运距(单位)		总运量(m³)(单位)		备注
	挖	填		挖	填			总数量	土						石									本桩利用		填缺		挖余t		远运利用纵向调配示意							
		土	石		土	石			松土		普通土		硬图		软石		次坚石		坚石			土	石	土	石	土	石	土	石		土	石	土	石	土	石	
									%	数量	%	数量	%	数量	%	数量	%	数量	%	数量																	
1	2	3	4	5	6	7	8	9	10	11	12	13	14	15	16	17	18	19	20	21	22	23	24	25	26	27	28	29	30		31	32	33	34	35	36	37
K14+000	60.0			71.1			17	1209		242		121				604		242								363		846			土:363 石:500 调至上公里			$\frac{346}{③}$			1038	
+017	82.2			84.3	5.0 *2.0		8	674	20↓	135	10↓	67				337	20↓	135				40 *16			56			202	416		土:202 石:(87)			$\frac{329}{③}$			987	
+025	86.4	10.0 *4.0		43.2	39.0	5.0 *2.0	12	518		103		52				259		104				468	60 *24	155 (279)	84		34				石:(34)							
+037	78.0			73.8			4															295				295												
+041	69.6			39.2	34.8		9	353				71				176		106				313		71 (242)				40			石:(40)							
+050	78.4			56.4			10	564				113				282		169								113		451		538	土:113 石:8			$\frac{443}{②}$			886	
+060	34.4			60.6			12	727				145				364		218								145		582		336	土:145 石:(44)							
+072	86.8			55.9			8	447				89	50↓			224		134								89		358			土:89 石:(22)							
+080	25.0			12.5	12.3	27.3	6	75				15				37		23				74	164	15	60	59	104			①							8	
+086		24.6	54.6		26.3	55.3	8				20↓											210	442			210	442			②					226			
+094		28.0	56.0		24.0	56.0	6							30↓								144	336			144	336										33	
+100		20.0	56.0		22.0	50.0	8															176	400			176	400			①						35	206	
+108		24.0	44.0	12.0	12.0	22.0 *1.0	6	72				14				36		22				72	132 *6	14	58	58	80			②								
+114	24.0		*2.0	35.0		*1.5	10	350				70				175		105					*15		15			70	265	215	土:70 石:265							
+124	46.0		*1.0	31.0	4.0	*0.5	16	496				99				248		149				64	*8		64	8		35	389		土:35 石:(129)					45		
+140	16.0	8.0		29.0	7.0		20	580				116				290		174				140		116 (24)					440							440		
+160	42.0	6.0		52.0	3.0		20	1040				208				520		312				60		60				148	832							148	332	
+180	62.0			38.0	10.5		10	380				76				190		114				105		76 (29)					275		石:(215)					60		
+190	14.0	21.0		7.0	28.5		10	70				14				35		21				285		14 (56)			215											
+200		36.0																																				
小计							200	7555				480				1270		3777		2028		2406	1574 *69	585 (630)	281	1191	1362	1165	4894		土:654 石:1362 (537)			148	2495	35	3384	

注: 1. (4)、(7)、(23)栏中"*"表示砌石。

2. (24)、(30)栏中"( )"表示以石代土。

3. (31)、(32)、(33)、(34)栏中分子为数量,分母为运距。

4. (31)、(32)栏系指普通土和次坚石,如有不同,须加注明。

5. (30)、(31)、(32)、(33)、(34)栏中"○"内数字为平均超运运距单位数。

计算: 复核:

人工挖运土方

表7-16

工程内容：人工挖运土方：1)挖松；2)装土；3)运送；4)卸出；5)空回

单位：1000m³天然密实方

顺序号	项目	单位	代号	第一个20m			手推车运土每增运10m
				松土	普通土	硬土	
				1	2	3	4
1	人工	工日	1001001	113.7	145.5	174.6	5.9
2	基价	元	9999001	12084	15464	18556	627

假设人工运输土方经济运距 l_{ij}=100m。完成下列内容：

(1)开展表7-15中的土石方(土石合并)校核。

(2)计算表7-15中的K14+050～K14+094之间的第30栏的运量，假设该段土石方可利用。

(3)表7-15中的K14+000～K14+017之间的调配至上公里后，废弃石方346m³，分析其弃方至中线的横向运距。

解：

(1)土石方校核。

①横向校核。

校核K14+000～K14+017之间的土石方：

按式(7-8)和式(7-9)计算，存在：

挖方=1209m³，本(段)桩利用方+挖余方=0+363+846=1209(m³)。

等式"挖方=本(段)桩利用方+挖余方"成立。

填方=0m³，本(段)桩利用方+填缺方=0+0=0(m³)。

等式"填方=本(段)桩利用方+填缺方"成立。

校核K14+017～K14+025之间的土石方：

按式(7-8)和式(7-9)计算，存在：

挖方=674m³，本(段)桩利用方+挖余方=56+(202+416)=674(m³)。

等式"挖方=本(段)桩利用方+挖余方"成立。

填方=40+16=56m³，本(段)桩利用方+填缺方=56+0=56(m³)。

等式"填方=本(段)桩利用方+填缺方"成立。

其余路段，横向逐段进行校核，校核方法与K14+000～K14+017、K14+017～K14+025同理。

②纵向校核。

纵向校核考虑水平栏的最后一栏(小计栏)，即所有横向校核的小计就是纵向校核，按式(7-8)和式(7-9)计算。

挖方=7555m³，本(段)桩利用方+挖余方=(585+630+281)+(1165+4894)=7555(m³)。

显然，等式"挖方=本(段)桩利用方+挖余方"成立。

填方=2406+1574+69=4049(m³)，本(段)桩利用方+填缺方=(585+630+281)+(1191+1362)=4049(m³)。

等式"填方=本(段)桩利用方+填缺方"成立。

③总体校核。

总体校核，按式(7-10)和式(7-11)计算，直接校核所有横向栏的总体(小计栏)。

填方 =2406+1574+69=4049（m³），纵向调配方+横向调配方+借方=[654+1362+(537)]+[585+(630)+281]+0=4049（m³）。这里纵向调配方，即第30栏对应的最下面的小计数字；横向调配方，即第24栏、25栏对应的最下面的小计数字。

等式"填方=纵向调配方+横向调配方+借方"成立。

填方+弃方=4049+(148+2495+363+500)=7555（m³）。调配至上公里的土363m³和石500m³，针对本段而言是弃方。挖方+借方=7555+0=7555（m³）。

等式"填方+弃方=挖方+借方"成立。

综上，横向校核、纵向校核和总体校核等式成立，说明表7-15中土石方计算正确。

(2)计算表7-15中的K14+050~K14+094之间的第30栏的运量。

绘制该段土方运距计算示意图，见图7-21。从表7-15中看出，K14+050~K14+094之间有2项纵向调配，一项是调配石方8m³，另一项是调配土方113m³。查表7-16，得到：人工挖运土方，第一个20，即$l_m=20$；手推车运土每增运10m，即$N=10$m，见表7-16。

①计算调配石方8m³的运量。

$$\bar{l} = \frac{10}{2} + 12 + 8 + \frac{6}{2} = 28(\text{m}), n = \frac{\bar{l} - l_m}{N} = (28-20)/10 = 0.8 \approx 1$$，用①表示，见表7-15纵向栏第30栏。按式(7-14)，调配石方8m³的运量=8×①=8（级·m³）。

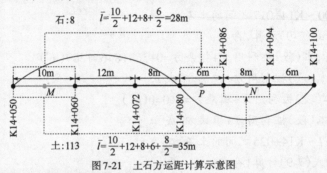

图7-21 土石方运距计算示意图

②计算调配土方113m³的运量。

$\bar{l}=\frac{10}{2}+12+8+6+\frac{8}{2}=35$（m），$n=\frac{\bar{l}-l_m}{N}=(35-20)/10=1.5\approx2$，用②表示，见表7-15纵向栏第30栏。

按式(7-14)，调配土方113m³的运量=113×②=226（级·m³）。

将计算出来的运量填入总运量第35栏或36栏，见表7-15。

③表7-15中的K14+000~K14+017之间的调配至上公里后，废弃石方346m³，分析其弃方至中线的横向运距。

由式(7-13)得，$\bar{l}=nN+l_m=$③×10+20=50（m）。

石方346m³废弃至中线横向距离约为50m。

7.5 横断面设计成果

横断面设计成果包括路基设计表、路基标准横断面图、一般路基设计图（又称逐桩横断面图）、超高方式图、高填深挖路基设计图、路基土石方数量表、路基每公里土石方数量表等。

本节主要介绍横断面图、路基土石方数量计算表。

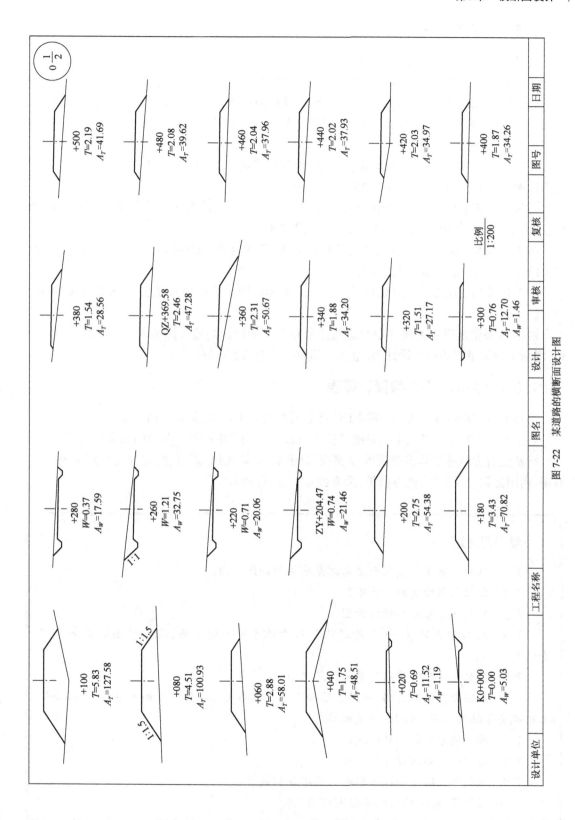

图 7-22 某道路的横断面设计图

7.5.1 横断面图

路基横断面图中的内容包括图和文字两部分。

横断面图应示出加宽、超高、边坡及坡率（包括各分级边坡）、边沟、截水沟、碎落台、护坡道、边坡平台、路侧取土坑（如果有）、开挖台阶及视距台等，注明用地界。挡土墙、护面墙、护脚、护肩、护岸、边坡加固、边沟（排水沟）及截水沟加固等均绘制在横断面图上，并注明起讫桩号、防护类型及断面尺寸。

高速公路、一级公路还应标出设计高程，路基边缘高程，边沟（排水沟）底设计高程。横断面图比例尺1:100~1:400，常用1:200。

一般公路横断面图中，应画出横断面设计线和中桩法向地面线等，写出桩号、填挖值、面积、边坡率等。横断面图，见图7-22、图2-45和图2-48。

图7-22为早期勘测设计的某道路的横断面图，手工计算CAD绘制。本图的原图为1:200的A3规格，现已缩放成教材纸张大小。

图2-45采用道路专业软件绘制的四级公路横断面图。地形较为复杂，部分路段采用砌石护肩。

图2-48采用道路专业软件绘制的高速公路横断面图。高速公路横断面图除了文字和图外，增加了中间带和盖板沟设计图，增加了相应中桩的参数表格。

7.5.2 路基土石方数量计算表

路基土石方数量计算表，主要用于计算和调配路基土石方，见表7-15。

路基土石方数量计算表主要基础数据来自横断面图当中的桩号及横断面面积计算。

路基土石方数量计算表包括桩号、横断面面积、平均面积、距离、挖方分类及数量表、填方数量、利用方数量及运距、借方数量、废方数量、总运量和备注等。

复习思考题

7.1 判断并改正。横断面方向就是中桩的切线方向。

7.2 怎么获取横断面地面线？

7.3 哪些地方应绘制横断面图？

7.4 从结构上来说，什么是路基？对于填方较高的路基，其结构层次是怎么划分的？

7.5 什么是路床？其结构层次是怎么划分的？

7.6 判断题。高速公路、一级公路和二级公路路肩包括硬路肩和土路肩，三级公路和四级公路路肩只有土路肩，不设硬路肩。

7.7 哪些地方需要设置边沟？

7.8 边沟纵坡如何设计和处理？

7.9 一般填土路堤和挖土路堑边坡率分别是多少？

7.10 《规范》对公路用地范围有何规定？

7.11 判断并改正。采用软件设计道路,其横断面设计不需要借助人工,可以完全由软件完成设计。

7.12 横断面图常用比例是多少?

7.13 按照路拱是否超高加宽,横断面的断面类型归纳起来有哪三种?

7.14 简述正常横断面的设计步骤,要求画出设计步骤示意图。

7.15 简述全加宽全超高横断面的设计步骤,要求画出设计步骤示意图。

7.16 简述横断面面积(含土石方)计算注意事项。

7.17 路基土石方计算方法有哪些?路基土石方调配方法有哪些?

7.18 基于计算表调配法(手工操作)的土石方计算和调配的步骤是什么?

7.19 什么是经济运距和免费运距?

7.20 路基土石方不包括红线范围内的填方路堤坡脚和挖方路堑坡顶以外的临时工程的土石方。路基土石方也不包括桥梁、涵洞和挡土墙等结构物的基础和"三背"回填。上述结论正确吗?

7.21 当设计图上有边沟、截水沟、排水沟等的挖方时,路基挖方应包括这部分土石方吗?

7.22 某公路,中桩K6+400填方填石面积为18m²,填方砌石面积为26m²,挖方挖土方面积为86m²。中桩K6+420挖方挖土面积为18m²。该段地下全部为松土。画出断面示意图,计算并完成下列内容:

(1)计算该段路基土石方。

(2)该段是否有本桩利用?如果没有说明理由,如果有计算其本桩利用方。

(3)如果该段挖方全部弃方,弃土场横向距中线左侧下坡50m,计算该弃方的运量。已知人工挖运土方的免费运距20m、增运距离10m。

7.23 某公路,中桩K2+400~K2+480在平面上为直线。中桩K2+400,挖方面积86m²,填方填土面积32m²,填石面积为28m²。中桩K2+480,挖方面积46m²,填方填石面积为32m²。挖方中普通土占45%、次坚石占55%。在中桩K2+400~K2+480之间,存在断链桩改K2+418.72=原K2+470。分别画出断面示意图和中线示意图。计算并完成下列内容:

(1)计算该段路基土石方。

(2)该段是否有本桩利用?如果没有说明理由,如果有计算其本桩利用方。

(3)计算本段桩的余方、欠方(如果有)。

(4)分析余方、欠方(如果有)的处理措施。

7.24 某路线路基土石方数量计算表,见表7-17。表中,土石方单位为m³,()表示以石代土,*表示砌石,③表示土石方调配级数为3。计算并完成下列内容(土石合并):

(1)横向校核。

(2)纵向校核。

(3)总体校核。

(4)计算弃石346m³至中线的横向距离。已知人工挖运土方的免费运距20m、增运距离10m。

路基土石方数量计算表(单位:m³)　　表7-17

桩号	挖方分类				填方		本桩利用		填缺		挖余		纵向调配示意	借方		弃方	
	土		石														
	普土	硬土	次坚石	坚石	土	石	土	石	土	石	土	石		土	石	土	石
1	2	3	4	5	6	7	8	9	10	11	12	13	14	15	16	17
K14+000																	
	242	121	604	242							363	846	土363/石500			346/③	
+017																	
	135	67	337	135	40/*16			56			202	416				329/③	
+025																	
……																	
+180																	
		76	190	114	105		76	(29)				275				60	
+190																	
		14	35	21	285		14	(56)			215						
+200																	
小计	480	1270	3777	2028	2406	1574/*69	585	(630)	281		1191	1362	1165	4894	土654/石1362 (537)		148	2495

7.25　判断并改正。路床属于路面结构层范畴,基层属于路基结构层范畴。

扩展阅读

[1] 杨少伟.道路勘测设计[M].3版.北京:人民交通出版社,2009.
[2] 中华人民共和国交通运输部.公路路基设计规范:JTG D30—2015[S].北京:人民交通出版社股份有限公司,2015.
[3] 中华人民共和国交通运输部.公路路线设计规范:JTG D20—2017[S].北京:人民交通出版社股份有限公司,2017.

[4] 中华人民共和国交通运输部.公路路基施工技术规范:JTG/T 3610—2019[S].北京:人民交通出版社股份有限公司,2019.

[5] 中华人民共和国交通运输部.公路工程技术标准:JTG B01—2014[S].北京:人民交通出版社股份有限公司,2014.

[6] 中华人民共和国交通运输部.公路土工试验规程:JTG 3430—2020[S].北京:人民交通出版社股份有限公司,2020.

[7] 中华人民共和国交通运输部.公路路基路面现场测试规程:JTG 3450—2019[S].北京:人民交通出版社股份有限公司,2019.

[8] 中华人民共和国交通运输部.公路工程标准施工招标文件(2018版.第一册)[M].北京:人民交通出版社股份有限公司,2018.

[9] 中华人民共和国交通运输部.公路工程标准施工招标文件(2018版.第二册)[M].北京:人民交通出版社股份有限公司,2018.

[10] 中华人民共和国交通运输部.公路工程标准施工招标文件(2018版.第三册)[M].北京:人民交通出版社股份有限公司,2018.

[11] 许金良.道路勘测设计[M].5版.北京:人民交通出版社股份有限公司,2019.

[12] 中华人民共和国交通运输部.公路工程预算定额(上、下册):JTG/T 3832—2018[S].北京:人民交通出版社股份有限公司,2018.

[13] 吴万平,廖朝华.公路路基设计手册(上、下册)[M].3版.北京:人民交通出版社股份有限公司,2021.

第8章 线形设计

本章主要阐述路线线形设计和其他线形设计的相关知识。路线线形设计不是独立抽象的工作,它与平面、纵断面、横断面和选线紧密相关,本章应结合第2章平面设计、第6章纵断面设计、第7章横断面设计和第9章选线进行理解与学习。

8.1 一般规定

一般规定介绍如下。

(1)线形设计就是做好平面中线、纵断面设计线和横断面三者间的组合设计,并同自然环境相协调。

(2)线形设计应符合机动车行驶中的力学特性及驾驶人的视觉、心理和生理要求,满足道路使用的安全性、舒适性和经济性需要。

(3)线形设计的要求与内容应根据公路功能和设计速度的不同而各有侧重。

①对于高速公路和具有干线功能的一级公路、二级公路,应注重立体线形设计,做到线形连续、指标均衡、视觉良好、景观协调、安全舒适。设计速度越大,线形设计组合要求越高。

②对于具有集散功能的一级、二级公路,应根据混合交通情况确定公路横断面布置设计,并注重路线交叉等处的线形设计组合,以保障通视良好、行驶安全、畅通。

③对于设计速度小于或等于40km/h的双车道公路,在保证行驶安全的前提下,应正确运用线形要素的规定值,合理组合各线形要素。

④遵循以设计路段确定公路等级、设计速度的原则,设计路段的长度不宜过短(一般不短于15km),且线形技术指标保持相对均衡。

⑤不同设计路段相衔接处前后的平、纵、横技术指标,应随设计速度由高到低(或反之)而逐渐由大向小(或反之)变化,使行驶速度自然过渡。相衔接处附近不宜采用该路段设计速度的最小或最大平、纵技术指标值。

(4)路线交叉前后的线形应选用较高的平、纵技术指标,使之具有良好的通视条件。

(5)各级公路均应采用运行速度方法,对平、纵线形组合设计、技术指标的协调性和一致性、视距以及路线视觉连续性等进行检验,依此优化线形设计、调整技术指标、完善交通工程与安全设施。

8.2 路线线形设计

8.2.1 平面线形设计

1)一般规定

(1)平面线形应直捷、连续、均衡,并与地形相适应,与周围环境相协调。
(2)各级公路不论转角大小均应敷设圆曲线,圆曲线长度应满足《规范》要求。
(3)两相邻同向圆曲线之间,应设置足够长的直线,见2.1节。
(4)两相邻反向圆曲线之间,不应设置短直线,见2.1节。
(5)六车道及以上的高速公路和作为干线的一级公路,同向或反向圆曲线间插入的直线长度,应符合路基外侧边缘的超高过渡渐变率规定,见表4-2和4.2节。
(6)设计速度小于或等于40km/h的双车道公路,两相邻反向圆曲线无超高时可径向衔接。无超高有加宽时,应设置长度不小于10m的加宽过渡段。两相邻反向圆曲线设有超高时,应满足各自的超高缓和段长度要求,地形条件特殊困难的路段直线长度不得小于15m。
(7)设计速度小于或等于40km/h的双车道公路,应避免连续急弯的线形。地形条件特殊困难不得已而设置时,应在曲线间插入规定长度的直线或回旋线,并设置连续急弯等警示标志。

2)直线线形设计

(1)直线应同地形、环境协调与配合,采用直线线形时,其长度不宜过长,参见2.1.2小节。
(2)特长、长隧道或结构特殊的桥梁等构造物所处的路段,以及路线平面交叉点前后的路段宜采用直线线形。
(3)双车道公路为超车所提供的超车路段,宜采用直线。一般不宜设置弯道超车路段。

3)圆曲线线形设计

(1)设置圆曲线时应与地形相适应,宜采用超高为2%~4%对应的圆曲线半径。
(2)应同相衔接路段的平、纵线形要素相协调,使之构成连续、均衡的曲线线形,避免小半径圆曲线与陡坡相重合的线形。
(3)当转角小于7°时,应满足小转角圆曲线长度要求,见2.2.3小节。

4)缓和曲线线形设计

缓和曲线线形,参见3.10节。

8.2.2 纵断面线形设计

1)一般规定

(1)纵断面线形应平顺、圆滑、视觉连续,与地形相适应,与周围环境相协调。
(2)纵坡设计应考虑填挖平衡,利用挖方(可作填料时)就近作为填方,以减轻对自然地面横坡与环境的影响。避免大填、大挖。
(3)相邻纵坡之代数差小时,应采用大的竖曲线半径,应满足竖曲线长度要求,必要时以竖曲线长度控制竖曲线半径。

(4)连续设置长、陡纵坡的路段,上坡方向应满足通行能力的要求,下坡方向应考虑行车安全,并结合前后路段各技术指标设置情况,采用运行速度对连续上坡方向的通行能力及下坡方向的行车安全性进行检验。

(5)路线交叉处前后的纵坡应平缓,并应满足设计视距的要求。

(6)位于积雪或冰冻地区的公路,应采用平缓纵坡,避免采用陡坡。

2)纵断面线形设计

纵断面线形设计应充分结合沿线有利地形、地质水文等条件,宜采用平缓的纵坡。对于排水不良路段,最小纵坡不宜小于0.3%;平坡(0%)或小于0.3%的纵坡路段,应作专门的排水设计。各级公路不宜采用最大纵坡值和不同纵坡的最大坡长值,只有在为争取高度利用有利地形或避开工程艰巨地段等特殊情形下,方可采用。

3)纵坡设计要求

(1)平原地形(包括平原微丘区和山区的地形平坦地段)的纵坡应均匀、平缓。

(2)丘陵地形的纵坡应避免过度迁就地形而导致起伏过大。

(3)越岭线的纵坡应力求均匀。不宜采用最大值或接近最大值的坡度,更不宜连续采用不同纵坡最大坡长值的陡坡夹短距离缓坡的纵坡线形,避免使用"陡缓陡"的纵坡组合设计。

(4)纵坡设计宜遵循"缓坡宜长,陡坡宜短"的原则。

(5)山脊线和山腰线处尽可能采用平缓的纵坡。

4)竖曲线设计要求

(1)设计速度大于或等于60km/h的公路,竖曲线设计宜采用长的竖曲线和长直线坡段的组合。有条件时宜采用大于或等于表8-1所列视觉所需的竖曲线半径值。

视觉所需要的最小竖曲线半径值 表8-1

设计速度(km/h)	竖曲线半径(m)	
	凸形	凹形
120	20000	12000
100	16000	10000
80	12000	8000
60	9000	6000

(2)竖曲线应选用较大的半径。当条件受限制时,宜采用大于或接近于竖曲线最小半径的一般值。地形条件特殊困难时,方可采用竖曲线最小半径的极限值。

(3)相邻同向竖曲线间,特别是同向凹形竖曲线之间,直线坡段接近或达到最小坡长时,宜合并设置为单曲线或复曲线。

(4)双车道公路在有超车需求的路段,应考虑超车视距要求,采用较大的凸形竖曲线半径或设置必要的标志、标线等设施。

8.2.3 与线形有关的横断面设计

1)一般规定

(1)纵断面设计时,应结合横断面设计并尽可能减小路基填挖值,使得公路横断面设计时路堤填方不过高、路堑挖方不过深,注意保护生态环境,使公路融入自然。条件受限制时,高填、深挖应与高架桥、隧道、分离式路基等其他方案进行比选。

(2)路基横断面布设应结合沿线地面横坡、自然条件、工程地质条件等进行设计。自然横坡较缓时,以整体式路基断面设计为宜。横坡较陡、工程地质条件复杂时,高速公路宜采用分离式路基断面设计。

(3)整体式路基的中间带宽度宜保持等值。

(4)公路横断面设计应注重路侧安全,做好中间带、加(减)速车道、路肩以及渠化、左(右)转弯车道、交通岛等各组成部分的细节设计。有条件时,可采用宽中央分隔带、低路基、缓边坡、宽浅边沟的理想断面形式。

2)中间带设计

(1)中央分隔带形式。中央分隔带宽度大于或等于3.0m时宜用弹头形,中央分隔带宽度小于3.0m时可采用半圆形。对于存在风沙和风雪影响的路段,宜采用平齐式。

(2)中央分隔带缘石。中央分隔带宽度大于或等于3.0m时、或存在风沙和风雪影响的路段,宜采用平齐式。中央分隔带宽度小于3.0m时可采用平齐式或斜式。

(3)中央分隔带表面处理。中央分隔带大于或等于3.0m时宜植草皮,中央分隔带宽度小于3.0m时可栽植灌木或铺面封闭。

3)排水设计

公路横断面范围内的排水设计应自成体系且满足功能要求。一般公路的边沟截面,常采用倒梯形。一般高速公路填挖不大路段的边沟,常采用矩形盖板沟。

设置在紧靠停车道的边沟,其断面宜采用浅蝶形(图8-1)或漫流(散流)等方式。当采用矩形或梯形边沟时,应加盖板。

图8-1 浅碟形边沟(底部设碎石盲沟)示意图

8.2.4 线形组合设计

1)一般规定

(1)线形组合设计中,各技术指标除应分别符合平面、纵断面规定外,还应考虑横断面对线形组合与行驶安全的影响。应避免平面、纵断面、横断面的最不利值组合设计。

(2)在确定平面、纵断面的各相对独立的技术指标时,除应各自相对均衡、连续外,还应考虑与之相邻路段的各技术指标值的均衡、连续。

(3)线形组合设计除应保持各要素之间内部的相对均衡与变化节奏的协调外,还应注意同公路外部沿线自然景观的协调和地质条件等的配合。

(4)路线线形应能自然地诱导驾驶人的视线,并保持视觉的连续性。

2)线形组合设计要求

(1)平、纵线形宜互相对应,且圆曲线宜比竖曲线长(即平包竖),见图8-2。当平、竖线半径均较小时,其对应程度应较严格;随着圆、竖曲线半径的同时增大,其对应程度可适当放宽;当圆、竖曲线半径均较大时,可不严格相互对应。

(2)应保持圆曲线与竖曲线的均衡。根据经验,平曲线半径如果大于1000m,竖曲线半径为圆曲线半径的10~20倍,便可达到均衡。

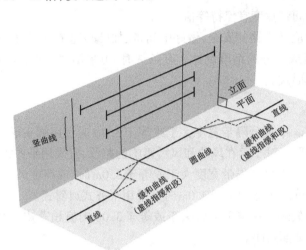

图8-2 组合得当的线形设计在平面图和纵断面图中的正投影

(3)长直线不宜与陡坡或半径小且长度短的竖曲线组合。

(4)较长的圆曲线内不宜包含多个较短的竖曲线,较短的圆曲线不宜与较短的竖曲线组合。

(5)半径较小的圆曲线的起讫点,不宜接近或设在凸形竖曲线的顶部或凹形竖曲线的底部。

(6)较长的竖曲线内不宜设置半径较小的圆曲线。

(7)凸形竖曲线的顶部或凹形竖曲线的底部,不宜同反向圆曲线的拐点重合。

(8)复曲线、S形曲线中的左转圆曲线不设超高时,应采用运行速度对其安全性予以验算。

(9)应避免出现长下坡路段、长直线路段或大半径圆曲线路段的末端接小半径圆曲线的组合。

(10)设计速度大于或等于60km/h的公路,应注重路线平、纵线形组合设计;设计速度小于或等于40km/h的公路,可参照执行。

3)其他线形组合要求

在高填方路堤设置圆曲线时,宜采用较大半径的圆曲线,并设置具有诱导功能的交通设施。

六车道及以上的高速公路,应重视直、曲线(含平、纵面)间的组合与搭配,应在曲线间设计足够长的缓和曲线或直线,使其衔接过渡顺适,路面排水良好。

8.3 其他线形设计

8.3.1 线形与桥梁、隧道的配合设计

1)桥头引道与桥梁线形

(1)桥梁及其引道的位置、线形应与路线线形相协调,使之视野开阔,视线诱导良好。各

项技术指标应符合路线布设与总体设计的相关规定,并遵循"大中桥符合路线总方向,路桥综合考虑"的原则,见9.1.2节。

(2)高速公路、一级公路和承担干线功能的二级公路上的桥梁线形应与路线线形相协调,且应连续、顺畅。

(3)桥梁、涵洞等人工构造物同路基的衔接,其平、纵线形应符合路线布设的有关规定。

2)隧道洞口连接线与隧道线形

(1)隧道位置和隧道洞口连接线应与路线线形相协调,以利于行车的安全与舒适。各项技术指标应符合路线布设与总体设计的相关规定。

(2)设置曲线隧道时,宜采用不设超高的圆曲线半径。受条件限制需采用设超高的圆曲线时,其超高横坡度不宜大于4%,并需对停车视距进行验算,避免采用需加宽的圆曲线半径。

(3)隧道洞口外连接线应与隧道洞口内线形相协调,隧道洞口外侧各3s设计速度行程长度范围的平、纵面线形应一致,特殊困难路段经技术经济比较论证后,洞口内外圆曲线可采用缓和曲线,但应增加线形诱导设施的布设。洞口的纵断面线形宜采用直坡段,需设置竖曲线时,宜采用较大的竖曲线半径。

(4)高速公路、一级公路上的隧道分为上、下行分离的双洞时,其洞口连接线的布设应与路线整体线形相协调,并就近在适宜位置设置联络车道。

(5)隧道洞口同路基的衔接应符合路线布设的有关规定。隧道洞口同路基衔接处的宽度不一致时,在隧道洞口外设置不小于3s设计速度行程长度的过渡段,且过渡段的最小长度不应小于50m。

8.3.2 线形与沿线设施的配合设计

一般设计原则如下。

(1)线形设计应考虑到主线收费站、服务区、停车区、客运汽车停靠站等沿线设施布设的要求。

(2)主线收费站范围内路线宜为直线或不设超高的曲线,不应将收费站设置在凹形竖曲线的底部。

(3)路线设计时应考虑标志、标线的位置。交通安全设施设计应与路线同步设计,充分体现路线设计意图。路侧设计受限制的路段,应合理设置相应防护设施。

8.3.3 线形与环境的协调设计

一般设计原则如下。

(1)线形设计应充分考虑到速度对视觉的影响,设计速度较高的公路,其线形设计和周围环境协调性配合的要求应更高。

(2)公路线形应充分利用地形、自然风景,尽量少改变周围的地貌、地形、天然森林、建筑物等景观,使公路与自然融为一体,最大限度地保护环境。

(3)公路防护工程应采用工程防护与生态防护相结合的方式,减少对自然景观的影响,加大恢复力度,使公路工程与自然环境相协调。

(4)宜适当放缓路堑边坡或将边坡的变坡点修整圆滑,使其形态更接近自然地面,增进路容的美观。

(5)公路两侧的绿化带应作为诱导视线、点缀风景以及改造环境的一种措施而进行专门设计。

> **复习思考题**
>
> 8.1 判断题。线形设计,就是做好平面中线、纵断面设计线和横断面三者各自独立的设计,并同自然环境相协调。
>
> 8.2 判断题。线形组合设计中,各技术指标除应分别符合平面、纵断面规定外,还应考虑横断面对线形组合与行驶安全的影响。应避免平面、纵断面、横断面的最不利值组合的设计。
>
> 8.3 判断正误并改正。转角小于5°可以不敷设圆曲线。
>
> 8.4 判断正误并改正。相衔接路段的平、纵线形要素应协调,使曲线线形连续、均衡,提倡陡坡与急弯相重合的线形。
>
> 8.5 判断正误并改正。各级公路应提倡采用最大纵坡值和不同纵坡最大坡长值等极限值。在为争取高差利用有利地形或避开工程艰巨地段等情形下,不可采用极限值。
>
> 8.6 判断正误并改正。路基横断面布设应结合沿线地面横坡、自然条件、工程地质条件等进行设计。自然横坡较缓时,以分离式路基断面为宜。横坡较陡、工程地质复杂时,高速公路宜采用整体式路基断面。
>
> 8.7 判断正误并改正。平、纵线形宜相互对应,且圆曲线宜比竖曲线短(竖包平)。
>
> 8.8 判断正误并改正。长的圆曲线内宜包含多个短的竖曲线;短的圆曲线宜与短的竖曲线组合。
>
> 8.9 判断正误并改正。半径较小的圆曲线的起讫点,宜接近或设在凸形竖曲线的顶部或凹形竖曲线的底部。
>
> 8.10 判断正误并改正。凸形竖曲线的顶部或凹形竖曲线的底部,宜同反向圆曲线的拐点重合。

> **扩展阅读**
>
> [1] 中华人民共和国交通运输部. 公路路线设计规范:JTG D20—2017[S]. 北京:人民交通出版社股份有限公司,2017.
>
> [2] 中华人民共和国交通部. 公路勘测规范:JTG C10—2007[S]. 北京:人民交通出版社,2007.
>
> [3] 张驰,潘兵宏,杨宏志. 道路勘测设计[M]. 6版. 北京:人民交通出版社股份有限公司,2023.

第9章 选线

选线是本书重点章之一。本章深入剖析了桥梁位置与路线的关系，阐述了越岭线选线、沿溪线选线等不同地形的选线原则、方法和步骤。

选线是道路勘测设计的重要工作之一，是前瞻性和基础性的工作。不合理的选线将对公路后续的建设、使用、运营和改扩建等方面产生负面影响。

按照时间顺序，选线后依次开展平面设计、纵断面设计和横断面设计。然而选线并非是孤立的工作，而应在充分考虑平面中线、纵断面设计线、横断面及其线形组合的基础上进行。本章应结合第2章平面设计、第6章纵断面设计、第7章横断面设计和第8章线形设计进行理解与学习。

在熟悉选线基本理论的基础上，结合旷达软件或纬地软件在纸上选线更智能、高效，具体方法参见第11章计算机辅助设计和第14章道路勘测设计前沿方法研讨。

9.1 概述

选线是在规划公路的起终点之间选定一条技术上可行、经济上合理，且符合使用需求的公路中心线。它是公路建设的一项基础工作，在面对复杂的自然环境和社会环境时，需要综合考虑多方面因素。为了保证选线和勘测设计的质量，降低工程造价，必须进行全面综合考虑，遵循由整体到局部（即由面到带、由带到线、由线到点）的原则，以及由粗到细的工作方法，逐步深入。分阶段、分步骤地对比分析，进行多方案比选，才能确定出合理的路线。

选线应包括确定路线基本走向、路线走廊带、路线方案直至选定线位的全过程。选线应根据公路的使用任务、性质、等级和技术标准，在规划的起点和终点之间考虑地形、地质、水文及其他沿线条件，结合平面、纵断面、横断面在实地或纸上选出路线基本走向、路线走向、主要控制点、加密控制点，选出大中桥位、隧道隧位，直至确定该公路的整条路线。选线时应尽量绕避不良地质地段、提高技术标准、降低工程造价，从务实的角度和长远规划的高度，经过技术经济比较和方案比选，在多个方案中择优提出推荐方案。

近年来，随着激光扫描、倾斜摄影新技术的迅速发展，突破了二维选线的技术瓶颈，开创了三维选线技术的新模式。激光扫描可实现对目标从整体到局部的高精度测量，从而获取目标线、面、体和空间等的三维点云数据，利用TerraSolid等软件建立目标三维点云模型；倾斜摄影测量可获取目标全方位的带坐标高程信息的实景照片,利用 Context Capture Center 等软件建立三维实景模型。将三维点云模型、三维实景模型构成的三维高精度地形基础数据导入底层平台,使三维选线设计成为可能,也是道路勘测设计的前沿技术和研究热点。有关激光扫描、倾斜摄影测量技术及三维选线设计等内容,参见第14章道路勘测设计前沿方法研讨。

9.1.1 选线规定及原则

《规范》对公路选线做出了下列规定。

(1)路线基本走向及路线走向控制点。

①路线起点、终点,必须连接的城镇、重要园区、工矿企业、综合交通枢纽,以及特定的特大桥、特长隧道的位置,应为路线基本走向控制点,这些点确定了路线基本走向。

②特大桥、大桥、特长隧道、长隧道、互通式立体交叉、铁路交叉等的位置,应为路线走向控制点,原则上应服从路线基本走向。

③中、小桥涵,中、短隧道,以及一般构造物的位置应服从路线走向。

(2)分阶段优化完善路线方案。

不同的设计阶段,选线工作内容应各有侧重,后一阶段应复查并优化前一阶段的路线方案,使路线线位更臻完善。

(3)公路选线原则。

《规范》要求公路选线应遵循下列原则。

①确定路线走廊带应考虑走廊带内各种运输体系及不同层次路网间的分工与配合,按照其功能统筹规划,近远期结合,合理布局。

②必须由面到带、由带到线,在对地形地貌、地质水文、气候气象、环境敏感区等调查与勘察的基础上论证、确定路线方案。同一起、终点的路段内有多个可行路线方案时,应对各设计方案进行综合比选。

③应考虑同农田与水利建设、矿产资源开发和城市发展等规划的配合。

④应充分利用建设用地,严格保护农用耕地;应保护生态环境,并同当地景观相协调。

⑤应尽可能避让不可移动文物、水源地和自然保护区。

⑥应保持与易燃、易爆等危险源及污染源间的安全距离。

⑦公路改扩建工程应注重节约资源,坚持利用与改扩建相结合的原则,合理、充分利用原有工程。

(4)公路选线要求。

①对路线所经区域、走廊带及其沿线的工程地质和水文地质应进行深入调查、勘察,查清其对公路的影响程度。遇有不良工程地质的地段应视其对路线的影响程度,分别对绕、避、穿等方案进行比选论证。

②调查沿线各类敏感点及矿产资源,并研究其对路线方案的影响,合理选择线位。

③高速公路和一级公路与沿线主要交通源衔接,应利用区域路网或新建连接道路。

④二级、三级公路在遵循项目总体功能和走向的基础上,应尽量避免穿越城镇。

⑤应协调桥梁、隧道、互通式立体交叉、服务区等构造物的位置和高程等关系。

⑥应综合考虑与相关公路、铁路、输电路线、油气管道等的平行或交叉关系,合理利用走廊带资源,节约占地。

⑦平原区选线宜采用较高的技术指标,尽量避免采用长直线或小半径圆曲线。
⑧山岭区选线应充分利用地形条件,合理确定垭口位置,应尽量避免高填深挖等现象。
⑨沿河(溪)线选线时,应根据设计洪水位,结合地形、地质合理确定线位高程,必要时应对桥梁与路基方案进行比选论证。

(5)勿遗漏有价值的路线方案。

公路选线应在广泛搜集与路线方案有关的规划、计划、统计资料,相关部门的各种地形图、地质、气象等资料的基础上,深入调查、勘察,并运用遥感、航测、卫星定位、数字技术等技术,确保其勘察工作的广度、深度和质量,不应遗漏有价值的路线方案。

9.1.2 桥梁位置与路线的关系

1)特大桥、大桥桥位的选择

依据《公路桥涵设计通用规范》(JTG D60—2015),桥梁应根据公路功能、等级、通行能力及抗洪防灾要求,结合水文、地质、通航、环境等条件进行综合设计,并应符合下列规定:

(1)特大桥、大桥桥位应选择在河道顺直稳定、河床地质良好、河槽能通过大部分设计流量的河段。桥位应避开断层、岩溶、滑坡、泥石流等不良地质的河段,不宜选择在河汊、沙洲、古河道、急弯、汇合口、港口作业区及易形成流冰、流木阻塞的河段。

(2)高速公路、一级公路上的桥梁宜设计为上、下行分离的独立桥梁。

(3)桥梁纵轴线宜与洪水主流流向正交。对于通航河流上的桥梁,其墩台沿水流方向的轴线应与最高通航水位时的主流方向一致。

(4)通航内河桥梁的布置应满足《内河通航标准》(GB 50139—2014)的规定,并应充分考虑河床演变和不同通航水位航迹线的变化。

(5)位于通航水域中的桥梁宜减少在通航水域中设置桥墩,并宜设置于浅水区。可能遭受船舶或漂流物撞击的桥墩,应考虑船舶或漂流物的撞击作用,并应设置警示标志和必要的防撞设施(如防撞墩)等。

早期,因受到技术、经济条件等多因素制约,大江大河上的桥梁跨径相对有限。近年来,因受到压缩河道、大吨位船舶、城市规划等限制因素影响,大江大河上的桥梁主跨有增大净空(跨径和高度)的趋势。

要选择一个技术经济合理的桥位,需要根据实际情况拟定多个桥位,进行方案比选。如图9-1中,假设某线沿路线总方向$JD_4 \sim JD_9$跨越岷江,拟在岷江上修建一座特大桥,有4个桥位比选方案。

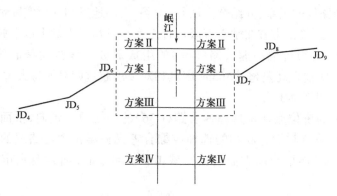

图9-1 某线路线与桥位方案图

综上,特大桥、大桥桥位应综合考虑下列因素:桥位距离路线总方向较近,桥位所在河道顺直、河床地质条件良好,桥梁轴线宜与洪水主流流向正交,河段断面易于布置桥梁孔跨和墩台,考虑原有等级公路的连接等实际情况,择优确定桥位。如图9-1所示,择优选择方案Ⅰ。

2)特大桥、大桥桥位与路线的关系

特大桥、大桥原则上应服从路线的总体走向,路桥综合考虑,可以从下面几个方面理解。

(1)总体上,桥梁服从路线总体走向。

总体上,特大桥、大桥的桥位应符合路线大致走向(路线基本走向、路线走向),不宜偏离路线太远。如图9-1中的矩形方框(虚线)区域,方案Ⅰ、Ⅱ和Ⅲ均在路线总方向上,而方案Ⅳ偏离路线总方向较远,首先舍去方案Ⅳ。

(2)局部而言,路线服从桥位。

从局部而言,假设选定了桥位方案,此时在桥位两端,局部路线应顺接至桥位、结合桥位进行布线,如图9-2所示,为与桥梁接顺,在起点端,新增交点JD_5和JD_6,而在桥梁终点端,新增交点JD_7和JD_8,应满足平面设计指标要求。JD_5和JD_6、JD_7和JD_8就是桥梁两端为满足"路线服从桥位"而新增的交点。

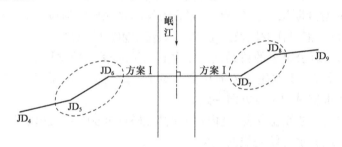

图9-2 局部路线服从特大桥桥位示意图

(3)桥位和路线综合考虑。

桥位和路线二者不是各自独立的。在实际设计中,有时以桥位为主,有时则以路线为主,更多时候需要二者互相协调。设计过程中,既要满足路线平面与纵断面设计标准,又要满足桥下通航的净空要求(针对通航河道)、桥下道路的净空需求(当上跨既有道路时)以及桥上建筑的限界规定等,应结合实际情况进行全面综合的考量。

(4)大峡谷、山谷、山沟的桥位选择。

除了跨越江河的桥梁之外,还有跨越大峡谷、山谷、山沟的桥梁。这些桥梁的位置,可参考前述桥梁位置与路线的关系,并结合大峡谷、山谷、山沟地形和地质实际情况确定。例如北盘江第一桥,是一座连接云南省曲靖市宣威市普立乡与贵州省六盘水市水城区都格镇的特大桥,位于尼珠河之上,为杭瑞高速公路(G56)的组成部分。该桥横跨尼珠河大峡谷,全长1341.4m,桥面至谷底垂直高差超过565m,因其相对高度超过四渡河特大桥,刷新世界第一高桥纪录而闻名中外,见图9-3。

北盘江第一桥的桥位服从杭瑞高速公路(G56)的路线总体走向,桥面设计高程配合路线纵断面设计。其桥位和设计高程的选择应综合考虑桥梁位置与路线的关系及尼珠河大峡谷地形、地质特征,连接云南省曲靖市宣威市普立乡、贵州省六盘水市水城区都格镇等控制点。

图 9-3 北盘江第一桥

3）中、小桥梁的桥位与路线的关系

中、小桥梁的位置应服从路线走向。在满足"服从路线走向"的前提下，在平面上，对于斜交的中、小桥可以布置成"斜桥斜做"和"斜桥正做"两种形式，对于曲线线形的中、小桥则可以布置成"弯桥弯做"和"弯桥正做"两种形式。

(1) 斜桥斜做。

斜桥斜做，即中、小桥与河流斜交。桥梁与路基同宽，桥梁与河流重叠成平行四边形，见图 9-4a)。

(2) 斜桥正做。

斜桥正做，即中、小桥与河流正交。桥梁比正常路基略宽（多出两个直角三角形），桥梁与河流重叠成矩形，由平行四边形和两个直角三角形组成，见图 9-4b)。城市道路桥梁与河流斜交可采用这种形式，多出的两个直角三角形可以作为城市休闲与绿化空间。斜桥正做，为墩台布置、盖梁及支座布置、梁板预制等施工提供便利。

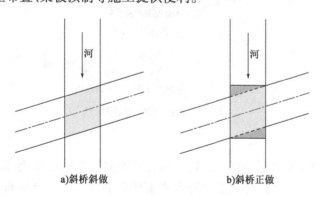

图 9-4 路线斜跨河流时中小桥位与路线关系

(3) 弯桥弯做。

弯桥弯做，即中、小桥曲线跨越河流。桥梁与路基同宽，桥梁与河流重叠成等宽曲线带，见图 9-5a)。

(4) 弯桥正做。

弯桥正做，即中、小桥与河流正交。桥梁比路基略宽（多出两个直角楔形），桥梁与河流重叠成矩形，见图 9-5b)。城市中、小桥曲线跨越河流，可采用这种形式，多余的两个直角楔形可以作为城市休闲与绿化空间。弯桥正做,便于墩台布置、盖梁及支座布置、模板支架、梁板预制等施工,可避免水泥混凝土曲线模板的困扰。

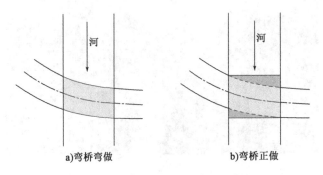

a) 弯桥弯做　　　　　b) 弯桥正做

图 9-5　曲线跨河流时中、小桥位与路线关系

9.1.3　选线步骤

选线步骤分为全面布局、逐段安排和具体选线三个步骤。下面以国道 G213 都(都江堰)汶(汶川)高速公路为例说明道路选线步骤。路线控制点示意图见图 9-6。

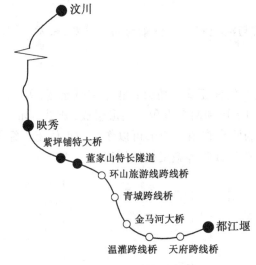

图 9-6　路线控制点示意图

1) 全面布局

全面布局是在搜集资料、信息的基础上,结合公路网规划和地形、地物等复杂的自然环境和社会环境,对路线走向及其控制点进行宏观整体层面的布置。全面布局应解决路线宏观性、方向性问题,主要涉及下列关键问题。

(1) 确定路线起终点。

路线起终点应充分考虑与城市的连通、与已有等级公路的连通、与已有城市环线及绕城高速公路的连通、与城市中长期规划相吻合。图 9-6 中,都汶高速公路确定起点都江堰、终点汶川。其中,起点都江堰顺接成(成都)灌(都江堰)高速公路,衔接地点大致位于成灌高速公路都江堰收费站附近。终点汶川,顺接汶(汶川)马(马尔康)高速公路的汶川特长隧道,同时考虑顺接拟建的汶(汶川)九(九寨沟)高速公路。

(2)确定路线基本走向及其控制点。

《规范》规定了路线基本走向及其控制点的选定要求,见9.1.1节。这些点构成路线基本走向控制点,依次沿着这些点,也就大致确定了路线的基本走向。路线基本走向控制点几乎没有腾挪余地,是路线必须经过的重要地点。

图9-6中,映秀镇是都汶高速公路必须经过的一个路线基本走向控制点,也是通往四川省阿坝藏族羌族自治州小金县和卧龙自然保护区的重要节点。

(3)确定路线走向及其控制点。

《规范》规定了路线走向及其控制点的选定要求,见9.1.1节。这些点构成路线走向控制点,依次沿着这些点就是大致的路线走向。路线走向控制点腾挪余地很小,大多数是路线需经过的地点。

图9-6中,都汶高速都江堰至映秀段跨越董家山和紫坪铺水库,在董家山布置特长隧道,在紫坪铺水库布置特大桥。董家山特长隧道和紫坪铺特大桥即为其路线走向控制点。

2)逐段安排

逐段安排是在全面布局的基础上,以路线起终点、路线基本走向控制点和路线走向控制点为依据,将相邻两个控制点之间的路线带划分成一个段落。全线划分成若干个段落,每一个段落起止点就是这两个相邻的控制点。在这两个相邻的控制点之间,根据现场地形、地物、地质、水文等条件逐步加密控制点。这个"加密控制点"又称为一般控制点或局部控制点。

图9-6中,在都江堰(路线基本走向控制点)和董家山特长隧道(路线走向控制点)之间,加密一般控制点:天府跨线桥(上跨天府大道)、温灌跨线桥(上跨温灌路)、金马河大桥(上跨岷江金马河)、青城跨线桥(上跨都江堰至青城山旅游线)、环山旅游线跨线桥(上跨都江堰至赵公山环山旅游线)等。

3)具体选线

具体选线是在两个相邻的控制点之间,逐一选定交点并确定路线中心线的过程。交点确定后,就可以开展后续工作:测量交点转角和交点之间的距离、确定圆曲线半径、计算曲线主点里程、敷设中桩,进行道路的平面、纵断面和横断面设计。

图9-6中,都江堰(路线基本走向控制点)至天府跨线桥(一般控制点)之间,从起点开始,逐一选定并落实JD_1、JD_2、JD_3等点直至天府跨线桥。

9.1.4 路线方案比选

路线方案,是根据全面布局确定的路线基本走向控制点、路线走向控制点和逐段安排局部加密的一般控制点,它们依据公路的使用任务、性质和在公路网中的作用,考虑社会、经济、生活等各个方面因素和复杂的自然条件等,综合确定的路线设计方案。路线方案应由面到带、由带到线,考虑各类影响因素,通过综合论证确定。路线方案是否合理不仅直接关系到公路工程的项目投资和运输效率,还关系到政治、经济、国防和长远利益,影响路线在公路网中的作用。

路线方案比选是指在深入调查研究的基础上,充分尊重选线意图和建设单位需求,结合实际情况,考虑各方面的影响因素,提出两个以上的路线方案。通过技术经济论证,并经过充分比选,在多个方案中择优,最终提出推荐方案。在路线方案图中,不同的方案宜采用不同色彩、粗细、虚实的线条和文字等进行区分。

1)路线方案比选依据

(1)路线在政治、经济、国防上的意义,国家或地方建设对路线的使用任务、性质的要求,以及路线在体现综合利用和战略方针方面的程度。

(2)路线在铁路、公路、水运、航空等综合交通运输系统中的作用,与沿线工矿企业、城镇等规划的关系,以及与沿线农田水利等设施的协调配合情况。

(3)沿线地形、地质、水文、气象等自然条件的影响。选线时宜考虑绕避严重不良地质地区、缺水地区、高烈度地震区以及高大山岭、困难峡谷等自然障碍区域。

(4)公路要求的路线技术等级与实际可能达到的技术标准,以及这些标准对路线使用任务和性质的影响。

(5)路线的长度、筑路材料来源、施工条件及工程量、主材用量、造价、工期、劳动力等情况对施工、运营、养护等方面的影响。

(6)与沿线旅游景点、历史文物、风景名胜之间联系等其他影响因素。

(7)《规范》对路线比选方案的规定。

①应查明沿线地质、水文情况,重大自然灾害、地质病害的分布、范围、状态及其对工程的影响程度。对路线方案有重大影响的地质灾害,应进行综合评估,并对绕避、穿越及处治方案进行比选论证。

②应研究特大桥、特长隧道等布置方案对路线走廊带及线位布局的影响,并进行方案比选论证。一般桥梁和隧道,其布设宜服从路线总体走向和几何线形设计等要求。

③对于公路路基高填深挖的路段,应进行高填路基与桥梁、深挖路堑与隧道方案的综合比选论证。

2)路线方案比选方法和步骤

推荐方案是通过诸多方案的比选确定的。两个控制点之间的自然条件越复杂、距离越长,可能的比选方案就越多,需要淘汰的方案也就越多。虽然受到设计手段、自然条件和勘测成本等因素的限制,仍要尽可能对每个路线方案进行实地踏勘,尽可能收集已有资料,先在室内进行初步筛选,然后有针对性地对少数几个优选路线方案进行比选。

(1)收集资料。

①各种比例尺的地形图、地质图、卫星像片、航摄像片和以往的勘测设计、规划、计划等有关资料。

②交通量及交通组成等交通调查资料。

③相邻公路的主要技术标准、平面图、纵断面图和横断面图、交通及设计、施工和运营资料。

④路线经过地区的地质、水文、气候等自然条件方面的有关资料。

⑤路线经过地区的城镇、工矿、铁路、航空、水利建设等现状和规划资料。

(2)初步拟定路线方案。

根据确定的路线总方向和公路等级,在适当比例地形图上,结合搜集的资料,初步研究各种可能的路线走向。研究重点应放在地形、地质、地物复杂、外界干扰多和涉及范围广的段落,例如可能沿哪些河流、溪流和沟谷,越过哪些垭口,路线经过城镇时是穿越、靠近用支线连接还是直接绕避。要进行多种方案比选,并提出哪些方案需要实地踏勘。

(3)确定比选方案。

对初步拟定的各种可能的方案,进行详细研究对比,并征询路用单位及可能受到路线影响单位或部门的意见,将劣势明显的方案予以淘汰,并提出应进行现场踏勘的路线方案。对于某些重要的或地形极为复杂、涉及范围较广的路线,有条件时还可以实测三维地形,进行研究和初步比选,最终确定比选方案。

(4)野外踏勘。

按照初步研究比选后确定的比选方案进行实地踏勘,连同野外踏勘中发现的新方案,都必须坚持"跑到、看到、调查到",不遗漏任何一个有价值的方案。

①初步落实各方案的路线基本走向控制点、路线走向控制点和一般控制点的具体位置。路网规划所指定的控制点,如有确实因干扰或技术上有很大困难,必须变动的不合理控制点,应及时反馈。经过分析论证后提出变动理由,报有关部门审定。

②对路线、大桥、隧道应提出推荐方案,对于确实因限于调查条件不能完全取舍的比较方案,应提出进一步勘测比较的范围和方法。

③提出采用技术标准和主要技术指标。

④在深入踏勘的基础上,通过比较,选定路线必须经过的控制点,如越岭线的垭口、跨越较大河流的桥位、与铁路或其他公路交叉地点以及应绕避的城镇及大型不良地质地段等。对于地形、地质、地物情况复杂地区,应提出路线的具体布局意见。

⑤分段估算各种工程量。如路基土石方数量,路面工程量,桥梁、涵洞、隧道、挡土墙等的长度、类型、工程量等。

⑥筑路材料调查。调查当地生产的砂石材料、路基填料,外购材料如水泥与钢材的价格、运距、运输方式、供应数量等情况。

⑦对其他沿线民族风俗习惯、居住、生活供应、水源、运输条件、气候特征、沿线林木覆盖、地形险阻等情况也应进行调查,为下一步勘测和施工奠定基础。

(5)确定推荐方案。

对室内比选及野外踏勘后确定的少数几个较优的方案,进行技术经济指标统计计算,最后经过技术经济指标对比,确定推荐方案。

3)路线方案比选的评价指标

路线方案比选的评价指标包括技术、经济以及环境影响、水土保持等多方面因素。部分工程的评价指标按《公路工程基本建设项目设计文件编制办法》中施工图设计文件的十二篇分列(1.5.2节),下面仅列举其中部分内容。

(1)基本指标。

基本指标包括公路等级、设计速度、路基宽度、占用土地、拆迁建筑物、拆迁电力电信、总造价、每公里造价等。

(2)路线。

路线评价指标包括路线长度、展线系数、平均每公里交点数、圆曲线最小半径、圆曲线占路线总长、直线最大长度、最大纵坡、最短坡长、竖曲线占路线总长、平均每公里纵坡变更次数、竖曲线最小半径(凸形和凹形)等。

(3)路基、路面。

路基、路面评价指标包括土石方数量(包括土方和石方)、平均每公里土石方数量、路面结构类型及面积等。

(4)桥梁、涵洞。

桥梁、涵洞评价指标包括汽车荷载等级、桥梁宽度、特大桥、大桥、中桥、小桥的数量和长度、桥梁合计、平均每公里桥长、涵洞道数、平均每公里涵洞道数等。

(5)隧道。

隧道评价指标包括汽车荷载等级、隧道净宽、特长隧道、长隧道、中隧道、短隧道数量及长度合计、平均每公里隧道长度等。

以上评价指标并非每项都要求比较,可结合具体项目进行取舍。

限于篇幅,这里不对每项评价进行分析,仅分析路线评价指标中的展线系数。

展线系数,指路线起终点之间的中线距离与这两点之间直线距离的比值,按式(9-1)计算。

$$\lambda = \frac{l_{zhong-x}}{l_{zhi-x}} \tag{9-1}$$

式中:λ——展线系数;

$l_{zhong-x}$——路线终点到起点之间的中线距离,m;

l_{zhi-x}——路线终点到起点之间的直线距离,m。

一般说来,$\lambda>1$。λ越小,说明路线终点到起点之间路线越直,转弯越少,车辆在路上行驶时间就越短。

一般说来,地形复杂地区低等级公路的技术指标较低,因绕避复杂地形地质地段,路线往往较长,λ较大。高速公路要求的技术指标较高,常采用隧道翻山越岭、桥梁跨越江河和沟谷,路线往往较短,λ较小。

4)路线方案比选案例

【例9-1】 图9-7为某干线公路,根据公路网规划要求按三级公路标准进行设计,经过研究及现场踏勘,共选定4个比选方案,各个方案的技术经济指标,见表9-1。

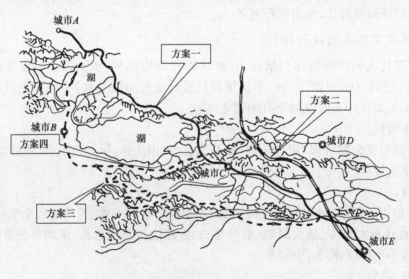

图9-7 四个路线方案比选示意图

某公路各个方案主要技术指标比较   表9-1

指标		单位	方案一	方案二	方案三	方案四
通过县(市)		个	29	29	32	31
路线长度		km	1360	1347	1510	1476
其中:新建		km	133	200	187	193
改建		km	1227	1147	1323	1283
平原、微丘		km	567	677	512	615
山岭、重丘		km	793	670	998	861
用地		km²	1525	1913	2092	1928
工程数量	土方	$10^4 m^3$	382	492	528	547
	石方	$10^4 m^3$	123	75	82	121
	路面	km²	8303	5582	4449	5645
	大中桥	m/座	1542/16	1802/20	1057/13	1207/15
	小桥	m/座	1084/57	846/54	980/52	1566/82
	涵洞	道	977	959	1091	1278
	挡土墙	m³	73530	53330	99770	111960
	隧道	m/个	300/1	—	290/1	—
主材	钢材	t	1539	1963	1341	1469
	木材	m³	18237	19052	18226	19710
	水泥	t	30609	39159	31228	33638
人工		万工日	1617	1773	1750	1920
总造价		万元	5401	5674	5189	5966
推荐方案			√			

通过多方案比选,方案一路线长度较短、新建里程较短、占地较少、人工量较小、总造价较低,综合性价比最高,因此最终推荐方案一。

【例9-2】 某公路在中凹至西渡两点之间,有北线和南线两个方案,如图9-8所示。两个方案的技术经济指标,见表9-2。

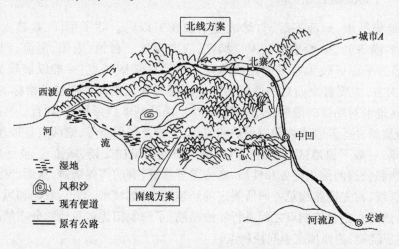

图9-8 两个路线方案比选示意图

某公路北线方案和南线方案主要技术指标比较　　　　　表9-2

指标		单位	南线方案	北线方案
路线长度		km	118	141
其中:新建		km	112	—
改建		km	1	141
工程数量	土方	$10^4 m^3$	83	103
	石方	$10^4 m^3$	15	10
	路面	km^2	708	594
	桥梁	m/座	110/8	84/15
	涵洞	道	236	292
	防护	m^3	6300	1300
推荐方案				√

如果路线仅连接中凹至西渡两地,则南线比北线短23km,更短捷、顺直。但从公路网规划需要考虑从安渡通往城市A,则经南线通往城市A反而绕远11km,远不如北线快捷。两方案都存在积雪问题。南线垭口海拔3000m,北线垭口海拔3300m。南线实地积雪虽较北线薄,且距离短,但越岭地形较陡,需要展线6.5km。同时南线越岭段东侧有一段线形指标低,工程量大,且有岩堆、崩坍、风积沙等病害需要处理。而北线沿线地形平坦,越岭不需展线,线形指标较高。另外,北线全线均有旧路或便道可以利用,中凹至北寨的旧路略加改善即可达到新建标准,比南线工程要节省,施工也更方便。因此,最终推荐北线方案。

9.2 平原区选线

9.2.1 平原区选线特点

平原区地势平坦,地面平缓,自然坡度一般在3°以内。除了沼泽、盐渍土、河谷漫滩、草原、戈壁、沙漠等外,一般平原区人口稠密,农业发达。村镇、农田、河流、湖泊、水塘、沼泽、盐渍土等为平原区较为常见的路线障碍。平原区选线特点:一般纵坡较为平缓,以平面控制设计为主,主要解决面对平原区的路线障碍时如何提高平面技术指标的问题。

平面地区地形对路线的限制较小,高差较小。路线基本线形短捷、顺直。两控制点之间,如无地物、地质条件差等障碍物和应保护的风景、文物及居民点等,则两点直接连接的路线较为理想。但是,一般平原地区,农田密布、灌溉渠道网络纵横交错,城镇、工业区较多,居民点较为稠密。按照公路的使用任务和性质,有的需要靠近,有的需要绕避,从而产生了路线的转折。平原区选线,首先把路线总方向所规定的经过地点(如城市、工厂、农场和风景区等)作为主要控制点,然后在主要控制点之间进行实地踏勘,了解农田优劣及地物分布情况,确定哪些可穿越,哪些应绕避,进而加密中间控制点。

平原区选线要充分考虑近期和远期相结合,在平面、纵断面线形上要尽量采用高标准,以便将来改扩建时能充分利用原有路基、桥梁。

9.2.2 平原区选线要点

1)合理运用技术指标

平原区路线,因地形平坦开阔,起伏不大,选线时没有纵断面高程限制,路线走向可自由选择,平面、纵断面和横断面都容易达到较高设计标准,避免急弯、小半径圆曲线、长直线末端设小半径圆曲线、大填大挖等。

平原区路线经过居民点、河流时,应注意平面技术指标的选用,做到既能满足平面半径、间直线等平面指标,又能与居民点、河流等自然连接、顺畅过渡,处理好桥梁位置与路线的关系。

2)正确处理公路与农业的关系

平原区新建公路可以占用一些农田,但要尽量少占或不占高产优质农田。选线要从路线对国民经济的作用、对支农运输的效果、地形条件、工程数量、后期运营费用等方面全面分析比较,既不能片面强求占用大片农田,也不能片面强调不占某块农田,使路线勉强弯曲,造成行车条件恶化。图9-9中,公路通过某河流附近时,比选方案穿越优质农田,虽然路线短,线形好,但多占优质农田,路堤填筑取土困难;设计方案将路线南移,虽路线长度略有增加,但避开了大片优质高产农田。

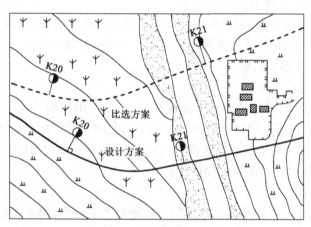

图9-9 绕避优质高产农田路线方案比选示意图

3)正确处理路线与城镇的关系

高等级公路应尽量避免穿越城镇、工矿区及较密集的居民点。同时应考虑便于交通运输,路线应尽量靠近城镇,也可用支线连接。

路线应尽量避开重要的电力、通信设施,必须靠近或穿越时,应保持相关规范规定的最小水平距离和净高。

4)正确处理路线与桥位的关系

9.1.2小节中的桥梁位置与路线的关系,也适用于平原区路线跨越河流的桥梁。

图9-10中,路线跨越河流有三个方案。单就桥位而言,乙线和丙线较好;就路线而言,甲线路线里程最短,但桥梁与河道斜交。综合各方面因素,推荐甲线方案。

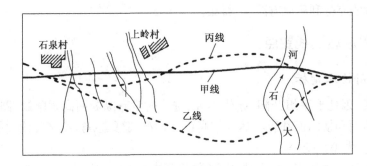

图 9-10　路线与桥位关系示意图

9.3　越岭线选线

9.3.1　概述

1）山岭区选线的限制条件

山岭区包括分水岭、起伏较大的山脊、陡峭的山坡，一般地面自然坡度在 20°以上。山区主要自然特征表现为：

(1) 山高谷深，地形复杂，山脉水系分明。

一方面，由于山区高差大，加之陡峻的山坡和曲折幽深的河谷，形成了错综复杂的地形，使得路线弯急、坡陡、线形差，给公路勘测设计和施工带来难度；另一方面，清晰的山脉水系也给山区公路选线提供了基本走向。

(2) 石多、土薄、地质复杂。

由于山区的地质层理和地壳性质短距离内变化很大，地质构造现象如岩堆、滑坡、碎落、泥石流、冲刷等较多，直接影响着路线的位置和走向及路基稳定性。山区选线的工作中应认真做好地质调查，掌握区域地貌和地质概况，摸清地质不良现象的规律，处理好路线与地质的关系，并在设计中采取必要的防护加固措施。

(3) 水文条件复杂。

山区河流曲折迂回，一般大多是河流的发源地或上游河段，河岸陡峻，河床比降大，水流湍急；雨季暴雨集中，洪水历时短暂，水位猛涨猛落，流速快，流量大，冲刷和破坏力大。这就要求在选线中正确处理好路线和河流的关系，处理好路基和构造物的加固方案，确保路基和桥梁的稳定。

(4) 气候条件多变。

变化多端的山区地形地貌引起多变的气候。一般山区冬季气温较低，容易出现冰雪湿滑现象，昼夜温差大，山高雾大，高海拔地区空气较为稀薄，气压较低。

2）山区选线类型

山区路线布局要与山区地形相适应。山区选线有两大类型方案。

(1) 路线基本走向与分水岭或溪流方向一致。

路线基本走向与分水岭或溪流方向一致，这类路线分为山脊线、山腰线或沿溪线。

(2)路线基本走向与分水岭或溪流方向横交。

路线基本走向与分水岭或溪流方向横交,这类路线分为越岭线、跨河线。

山岭区选线比平原区选线和丘陵区选线更加困难复杂,越岭线和沿溪线是山岭区选线中具有代表性的两大类型,本章主要介绍山岭区选线的越岭线和沿溪线。

3)越岭线选线特点

越岭线选线特点是涉及平面和纵断面的矛盾,体现在平面距离短但纵断面高差大。平面上如何延伸路线长度来克服纵断面上的高差,是越岭线需要解决的关键问题。

如图9-11所示,某一越岭线,拟从山脚 J 经过山顶垭口 D 越过山岭。现场实测山脚 J 到山顶垭口 D 的高差约100m。按照平均纵坡5%要求,两点之间路线需要的水平距离约2000m;然而该山脚 J 到山顶垭口 D 的直线距离仅400m,地面横坡度高达25%,显然两点之间因为地形复杂无法直达,这就需要采用回头曲线、降低山顶垭口的高程或隧道等措施越过山岭。如果仅延长山脚 J 到山顶垭口 D 之间的水平距离,在这个山坡上需要设置多个回头曲线,延伸后路线总长宜大于2000m。如果仅通过深挖山顶垭口 D,山顶垭口挖深将超过50m,相应工程量及对环境的影响是难以想象的。当深挖垭口和回头曲线方案均不理想时,可以考虑隧道过岭,采用适宜的隧址方案,把隧道进出口设置在技术上可行、经济上合理的高程位置。

图9-11 山脚 J 到山顶垭口 D 之间因地形太陡无法直接布线

又如图2-43所示,A、B 两点之间的高差约65m,然而两点之间的直线距离仅210m,地面坡度超过30%,显然 A、B 两点之间无法直达。需要在其间设置回头曲线,延长平面距离以克服高差。实际选线时,在 A、B 两点之间设置了回头曲线及9个交点,回头地点设在 JD_4 和 JD_5 之间,A、B 两点之间的中线长度延伸到1700m,增加了平面路线长度,克服了纵断面高差,大大降低了路线平均纵坡。

(1)越岭线的主要优点。

①路线布局不受河谷限制,布线范围较大。

②路线不受洪水威胁。

③采用隧道方案时,路线短且隐蔽,有利于降低运营成本,减轻冬季路面结冰。

(2)越岭线的主要缺点。

①里程较长、线形较差、指标较低。

由于路线受平面距离和高差矛盾的限制,纵断面线形较差,复杂地形常常出现陡坡与急弯相重合的线形,工程量较大。

②施工、养护、运营条件差。

越岭线线位高,远离河谷,施工用水、砂石材料的运输不方便。回头展线路段,上下线接近重叠,施工较为困难。

③部分路段可能遭遇滑坡、泥石流等自然灾害。

9.3.2 回头曲线

1)概述

回头曲线,指在回头路段不是按照一般路线行进方向(起点往终点路线方向)布设,而是沿着一般路线行进方向的反方向折回来,在合适位置再归顺到一般路线行进方向,这种为了延伸路线长度克服高差而折回来的曲线,称为回头曲线。对于一条较长的路线来说,回头曲线的反方向布设是局部的、临时性的,路线的总方向是前进的。

云南宜良68道拐就是典型的回头曲线。一般道路是前后回头,68道拐为左右回头,以集中克服这一山坡的大高差。云南宜良从县城到静安哨村的盘山公路,垂直高差约500m,短短不到7km长的公路,共有六十八道转弯,称为68道拐,见图9-12。

图9-12 云南宜良68道拐

回头曲线指标低,回头路段安全性差,一般应尽量少设或不设回头曲线。依据《规范》,越岭线应尽量利用有利地形自然展线,避免设置回头曲线。三级、四级公路在自然展线无法争取需要的水平距离以克服高差,或因地形、地质条件所限不能采取自然展线时,可采用回头曲线。高等级公路技术指标偏高,要求圆曲线半径较大,一般应避免设置回头曲线。

2)回头曲线技术指标

(1)两相邻回头曲线之间的长度。

依据《规范》,两相邻回头曲线之间,应有较长的距离。由一个回头曲线的终点至下一个回头曲线起点之间的水平距离(夹直线长度),设计速度为40km/h、30km/h、20km/h时,应分别不小于200m、150m、100m。回头曲线及其夹直线的长度过短,对延长平面距离克服高差效果有限。回头地点地面坡度应较为平缓,最好是足够的台地,且上、下线需要足够的平面空间,不宜将回头地点设置在不良地质(冲刷、滑坡、泥石流、沼泽软土等)地段,也不宜将回头地点设置在地形陡峭地段而导致大填大挖。回头曲线在回头位置需要较大的平面空间,见图9-13和图9-14。

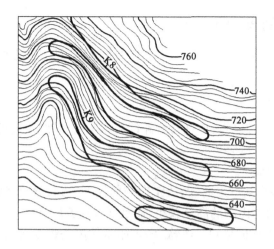

图9-13 利用平缓山坡回头展线

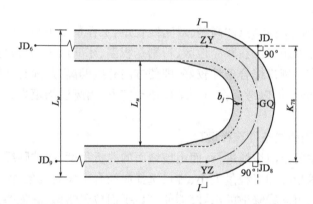

图9-14 回头曲线的回头位置平面示意图

(2)回头曲线各部分的技术指标。

依据《规范》,回头曲线各部分的技术指标,见表9-3。设计速度40km/h的公路,根据地形条件可选用设计速度为35km/h或30km/h的回头曲线。

回头曲线前后的线形应连续、均匀、视距良好,两端宜布设过渡性曲线,且应设置限速标志、交通安全设施等。

回头曲线技术指标 表9-3

主线设计速度(km/h)	40		30	20
回头曲线设计速度(km/h)	35	30	25	20
圆曲线最小半径(m)	40	30	20	15
回旋线最小长度(m)	35	30	25	20
超高横坡度(%)	6	6	6	6
双车道路面加宽值(m)	2.5	2.5	2.5	3.0
最大纵坡(%)	3.5	3.5	4.0	4.5

9.3.3 越岭线路线布局

越岭线路线布局需要解决的关键问题有3个:垭口选择、过岭高程确定和垭口两侧展线。

1)垭口选择

垭口是越岭线的重要控制点,应在符合路线基本走向、路线走向的较大范围内选择,并结合垭口的位置、高程、展线、地形和地质条件等综合考虑。

(1)根据位置选择垭口。

垭口位置在符合路线基本走向、路线走向的前提下,与两侧山坡展线方案结合在一起考虑。首先,考虑山顶垭口与山脚的高差较小,而且展线降坡后能与山下控制点直接衔接,无须延长路线、符合路线总方向的垭口。其次,考虑稍微偏离路线方向,但接线较顺,不致过度延长路线的垭口。

(2)根据高程选择垭口。

垭口的高低及与山下控制点的高差,对路线长短、工程量大小和运营条件有直接的影响,一般应选择高程较低的垭口。在寒冷地区,特别是积雪、冰冻地区,海拔低的垭口对行车条件和道路养护有利。有的垭口综合条件较好,即使方向有些偏离,路线有些绕远,也可考虑绕行高程低的垭口。必要时,可以考虑在山顶垭口适当挖方、山脚适当填方,适当降低山顶垭口与山脚的高差。

(3)根据垭口两侧展线条件选择垭口。

越岭线的设计主要沿山坡线进行,而山坡坡面的曲折程度、横坡陡缓、地质条件优劣等情况直接影响线形技术指标和工程量大小,垭口选择应结合山坡展线条件一起考虑。如有地质条件较好、地形平缓、可展线降坡的山坡,即使垭口平面位置略偏、高程略高,也应开展技术经济比较,不遗漏任何有价值的方案。

(4)根据地质条件选择垭口。

垭口一般是地质构造的薄弱地带,常有不良地质存在,应深入调查研究其地层构造,摸清其性质和对公路的影响。对软弱层型、构造型和松软土侵蚀型的垭口,要注意岩层产状及地下水的影响,一般可以在此处布线。对断层破碎带型及断层陷落型垭口,一般应尽量避开;必须通过时,应查清破碎带的大小及程度,选择有利部位通过,并采取可靠工程措施确保路基稳定。对地质条件恶劣、不具备展线条件的垭口,局部移动路线或采取工程措施也难以解决时,应放弃在此处布线。

2)过岭高程确定

垭口位置确定以后,过岭高程就直接关系到路线的长短、工程量大小、两侧的展线条件等。过岭高程越低,平面与纵断面矛盾就越小,路线就越短。过岭高程应结合公路等级、越岭地段的地形、地质及两侧展线条件、过岭方式等因素,经过技术经济比较后确定。不同的过岭方式会导致相应的过岭高程也有所不同,按不同的过岭高程,越岭线的过岭方式分为浅挖低填、深挖垭口和隧道三种。

(1)浅挖低填。

当垭口高程不高,垭口宽而厚,两侧山坡地形平缓,地质条件较好,展线比较容易时,宜采用浅挖低填的方式过岭,过岭高程基本上就是垭口的高程。

(2)深挖垭口。

当垭口高程较高,垭口呈现薄而尖的瘦削状时,常采用深挖垭口的方式过岭,通过深挖较大幅度降低垭口的高程。垭口越瘦削,越宜深挖。

虽然深挖垭口的土石方工程量比较集中,但由于降低了过岭高程,相应缩短了展线长度,总工程量并不一定增加。即使工程成本有所增加,也可从改善行车条件、节约运营成本中得到补偿。

至于深挖程度,应视垭口高程、地形、地质、气候条件、两侧展线等因素而定,应考虑挖方后的山坡稳定性及对生态环境的影响。

过岭高程是越岭线布线的重要控制因素,过岭高程不同就有不同的展线方案。图 9-15 中,路线通过垭口,根据不同的深挖程度有甲、乙和丙三个比选方案。甲方案挖深 9m,需要设两个回头曲线。乙方案挖深 13m,需一个回头曲线。丙方案挖深 20m,可顺山势布线,不需回头曲线。丙方案线形好,路线最短,有利于行车和节约运营费用,因此推荐丙方案。

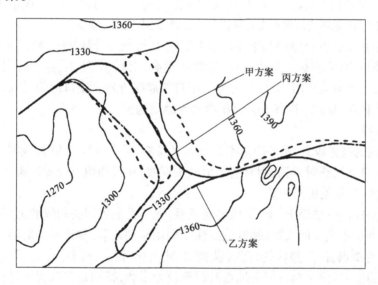

图 9-15 垭口采用不同挖深的展线方式

(3)隧道过岭。

当垭口挖深超过 20m 时,深挖垭口应与隧道方案比选。隧道能降低高差,缩短里程,提高线形标准,避免高山行车危险,避让不良地质地段,减轻或消除冬季结冰影响。

一般来说,隧道高程越低,路线越短,技术标准也越容易提高,对后期运营越有利。但隧道高程越低,隧道越长,造价就越高,工期就越长。因此,隧道高程的选定通常根据越岭地段的地形地质条件和临界高程作为研究的基础。临界高程,指隧道造价和路线造价之和最小时的相应过岭高程。设计高程大于临界高程时,则路线展线的费用将多于隧道缩短的费用,适当采用隧道过岭更为经济;设计高程低于临界高程时,则隧道加长费用将多于路线缩短费用,适当采用自然展线过岭更为经济。

隧道高程的确定除了经济因素外,还应考虑:

①地质和水文条件,尽可能将隧道设在地质条件较好的地层中。

②隧道高程应设在常年冰冻线和常年积雪线以下,以保证施工和行车安全。

③考虑施工期限和施工技术条件确定隧道长度。

④在不过多增加工程造价的情况下,适当结合远景规划和发展目标,尽可能降低隧道高程。

⑤采用爆破施工时,应充分考虑爆破点上方山体因地下水位降低、地表沉降等因素可能对当地居民生产及生活环境等方面产生不利影响。

3)垭口两侧展线

越岭线展线的主要工作是垭口两侧展线,应考虑中间各控制点间的地形、地质等情况。按照平面和空间的线形特点,垭口两侧展线分为自然展线、回头展线和螺旋展线三种方式。其中自然展线是较为理想的展线方式,也是工程上常用的方式。

(1)自然展线。

自然展线,指以适当的坡度,顺着自然地形,绕山嘴,过山沟,沿着等高线逐步克服高差,将路线布设在垭口两侧山坡上。自然展线的前提条件:地形较为平缓;山脚到山顶的高差不大,山脚到山顶的平面距离较长,具有较大的平面空间;垭口两侧山坡适宜布线修路,不需要过度的大填大挖,影响展线的障碍(文物古迹、滑坡、泥石流等)较少。

自然展线的优点:符合路线基本走向、路线走向,行程与升降统一,路线最短。与回头展线相比,线形简单,技术指标一般也较高,路线不重叠,对行车、施工、养护有利。如路线所经地带地质稳定,无割裂地形阻碍,应尽可能采用自然展线方式。垭口两侧展线,一般应优先考虑自然展线,除非遇到高崖、深谷或大面积滑坡等地质病害。

(2)回头展线。

当控制点间的高差较大,水平距离不足以克服高差,无法自然展线时,或因地形、地质条件限制,不宜采用自然展线时,可利用有利地形回头展线,在适当地点设置回头曲线,见图9-13。有关回头曲线内容,参见9.3.2节。

回头展线是在同一坡面上,上、下线容易重叠,尤其是靠近回头曲线的上、下线相距很近,对行车、施工、养护不利。回头展线的优点:便于利用有利地形,避让不良地形、地质和艰巨工程。回头展线的缺点:回头路段转弯急,纵坡大,陡坡长;回头路段存在上、下线,比一般路段需要更大的平面空间(图9-14);回头地点对行车较为不利,特别是重载货车易在转弯处翻车、冲出道路。

回头地点对回头曲线工程量大小和使用质量影响较大,应慎重选择。回头曲线的形状取决于回头地点的地形、障碍物等,适宜设置回头曲线的地形见图9-16。

①可利用平面空间较大、横坡较缓、相邻有平缓鞍部的山包或平坦的山脊展线,见图9-16a)和图9-16b)。

②地质、水文良好的平缓山坡展线,见图9-16c)。

③地形开阔,横坡较缓的山沟或山坳展线,见图9-16d)和图9-16e)。

为了尽可能消除或减轻回头展线对于行车、施工、养护的不利影响,要尽可能把回头曲线及其夹直线的水平距离拉长,以分散回头曲线的极限指标,减少回头曲线数量。回头展线在设计时对不良地形、地质的避让有较大的自由度,但应避免遇到困难就轻易回头,致使路线在小范围内重叠盘绕。

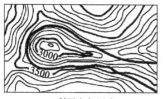  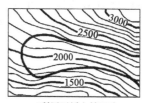

 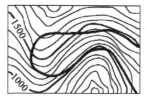

a)利用山包回头　　b)利用山脊较为平缓的平台回头　　c)利用平缓山坡回头
d)利用山沟回头　　e)利用平缓山坳(山脊)回头

图9-16　适宜设置回头曲线的有利地形

(3)螺旋展线。

螺旋展线,指当路线受到限制时,需要在某处集中提高或降低较大高差,才能充分利用前后有利地形或位置,而采用的螺旋形状的展线方式。螺旋展线一般多在山腰四周利用山包盘旋;或在山谷内就地迂回盘旋,然后利用桥梁跨越路线,进而连接前后有利地形或位置;也可在山体内以隧道、在山外以桥梁方式盘旋;还可在山脚或山腰开阔地带以桥梁方式盘旋。山脊螺旋展线可利用旱桥或隧道跨越,见图9-17;山谷螺旋展线可利用桥梁跨沟或跨线,见图9-18。

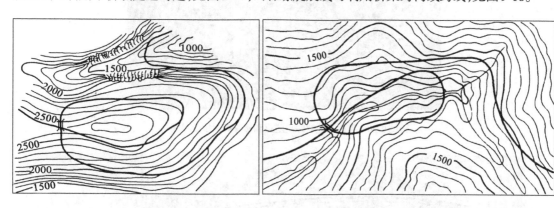

图9-17　山脊螺旋展线　　　　　　　　图9-18　山谷螺旋展线

螺旋展线有时在低等级公路上应用,而在高等级公路上应用很少,这是由于高等级公路要求的圆曲线半径较大,需要的平面空间较大。下面用典型的工程案例说明螺旋展线。

①雅西高速公路。

京昆高速G5四川雅安至西昌段(简称雅西高速),在山体内以隧道、在山体外以桥梁方式盘旋,见图9-19、图9-20和图9-21。雅西高速北起雅安南互通,南至冕宁互通;路线全长239.844km,为双向四车道高速公路,设计速度80km/h。

雅西高速公路针对栗子坪路段急剧陡升的地形所带来的短距离大高差路线布设难题,采用连续双螺旋展线设计方法,在干海子和铁寨子两处集中升坡(采用双螺旋隧道和螺旋高架桥展线),每处克服高差约110m,将该段平均纵坡由原来的5.8%降低至3.0%以下,提高了行车安全性,并有效绕避了两条主要断裂带、筲箕湾古滑坡地质灾害点、季节性冰冻带和自然保护区,提高了道路的抗灾能力,降低了对环境的不利影响。

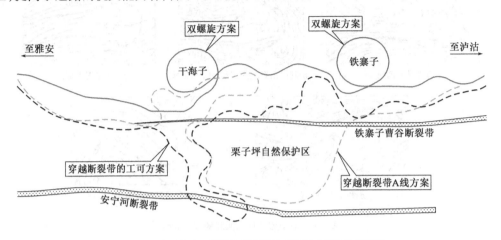

图 9-19　雅西高速双螺旋隧道和螺旋高架桥方案比选示意图

图 9-20　雅西高速双螺旋隧道和螺旋高架桥效果图

图 9-21　雅西高速干海子螺旋高架桥

②天龙山公路。

山西省太原市天龙山区域防火旅游通道工程中的天龙山公路,在山腰开阔地带以桥梁方式盘旋。天龙山公路全长 30km,沿途有 4 座高架桥和 1 座隧道。该处地形复杂,路线起终点的垂直高差 350m,以层高 3m 的居民楼估算,相当于 116 层楼的高度。为了克服短距离大高差的矛盾,其中一段采用螺旋桥梁展线,设计成外观为 3 层高架 720°回旋的螺旋桥梁,见图 9-22。

图 9-22 天龙山公路俯瞰图

9.4 沿溪线选线

9.4.1 概述

山区河流多呈弯曲状,河谷宽窄不一,有的河岸有较宽台地,而有的河岸是悬崖峭壁,宽谷与峡谷相间分布。河谷地质条件复杂,可能出现滑坡、崩塌、泥石流等地质灾害。冬季或高海拔寒冷地区,日照少的河岸还可能出现积雪结冰现象。山区河流遭遇暴雨易暴发山洪,造成河岸冲刷、道路和桥涵毁坏。

沿溪线,又称为沿河线,泛指沿着溪流或河流大致流向,在河流一岸或两岸交叉布设的公路路线。

1)沿溪线的优点

(1)沿溪流方向,路线方向明确。

(2)平面和纵断面矛盾较少,很少有回头曲线,易达到高标准;有较平缓的纵坡,便于利用有利地形。

(3)方便两岸居民。

2)沿溪线的缺点

(1)受水威胁大,特别是低线位路段更易受到侵袭。

(2)傍山时,偶尔遇到大石方段。

(3)沿线常有不良地质地段。

(4)小沟多,人工构造物多。

9.4.2 沿溪线路线布局

沿溪线路线布局,需要解决的关键问题有3个:选岸、定位和跨河桥位。选岸指路线选择走河流的左岸还是右岸;或者先走左岸,在适当位置修桥跨河,再走对岸。定位指确定路线的线位高程;线位越低,越容易受到洪水侵袭。跨河桥位指路线选择跨越河流桥梁的位置。

山区的沿溪线布设较多,如国道G213线映秀至汶川段,途径岷江,是典型的沿溪线。又如中国熊猫大道主要途径卧龙国家级自然保护区和皮条河;四川省广元市白大路,途径鱼洞河,它们的沿河道路也是沿溪线,见图9-23和图9-24。

a)皮条河段沿溪线俯瞰图　　　　　　　　　　b)皮条河段沿溪线局部路段

图9-23　中国熊猫大道皮条河段沿溪线

图9-24　广元白大路鱼洞河段沿溪线

1)选岸

由于河谷两岸情况各有优劣,选线应比较河流两岸的地形、地质、水文等自然条件,充分考虑城镇、工矿企业的分布情况和农田水利的规划等因素,充分利用河岸的有利地形,在适当地点跨越河流,绕避因地形、地质和水文条件造成复杂艰巨工程的地区。当建桥工程难度较小时,为了避开不利地形和不良地质地带,或为了争取缩短里程,提高线形标准,可考虑交叉跨河换岸布线;河流越宽,建桥造价就越大,就越要慎重考虑跨河换岸布线。河岸的选择一般应结合以下几方面:

(1)根据地形、地质和水文条件选岸。

路线应选在地形平坦,有阶地可利用,支沟较少、沟长较短,水文地质条件良好的河岸。需要展线时,应选在利于展线的河岸。当有利的条件交错出现在河流的两岸时,应深入调查,综合比较,决定取舍。图9-25中,沿响水河的路线,乙方案为避让河左岸的两处陡崖,跨河利用右岸的有利地形。但过夏村后,右岸出现更陡峭的悬崖,路线再次跨回左岸,在短距离内两次跨河,需建两座中桥。甲方案一直走左岸,虽要集中开挖两段石方,但比修建两座中桥经济得多,因此推荐一直走左岸的甲方案。

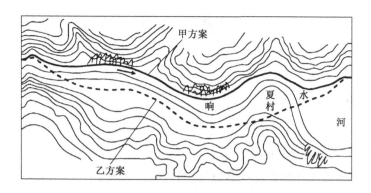

图9-25 跨河换岸布线方案示意图

对区域性地质构造、滑坡、岩堆、崩坍、泥石流、岩溶、雪崩等严重不良地质地段,应认真调查其特征、范围及对路线的影响,如不易处理时,应跨河绕避。

(2)积雪和冰冻地区选岸。

积雪和冰冻地段的阳坡和阴坡、迎风面和背风面的气候差异较大,在不影响路线整体布局的前提下,尽可能选择阳坡和迎风的一岸,以减少积雪、冰冻等病害。

(3)考虑城镇及工矿企业分布选岸。

除了国防公路、高速公路、一级公路外,路线一般应尽量选择在城镇较多、人口较密、工矿企业较多的河岸,以吸引城镇和工矿企业资源。

2)定位

定位指确定沿溪线的线位高程。它应根据河流两岸的地形、地质、水流情况等影响要素,结合技术指标和工程量等因素综合考虑。其中需要考虑的主要因素之一是洪水对路基的潜在威胁,因此在选线时应做好洪水调查工作,把路基设计在规定的设计水位之上。

高速公路和一级公路规定的设计洪水频率为1/100;而三级公路设计洪水频率仅1/25。沿溪线按路线高度和设计水位的关系,分低线位和高线位两种情况。

(1)低线位。

低线位,指规定的低等级公路的设计水位较低,路基容易受到洪水淹没和冲刷的线位。

低线位的优点:平面、纵断面线形比较顺直、平缓,易达到技术标准,路基土石方工程量较小,填挖高度不大,路基自身稳定性较好;工程造价较低;路线布设可利用地区范围较大,便于利用有利地形和避让不良的地形、地质;便于在沟口直跨支流,必须跨越主流时处理自由度较大。

低线位缺点:易受洪水威胁,防护工程较多。图9-26a)中,方案Ⅰ表示低线位方案示意图。

(2)高线位。

高线位,指规定的高等级公路的设计水位较高,路基不容易受到洪水淹没和冲刷的线位。

高线位优点:不受洪水侵袭,废弃土石方处理较容易。

高线位缺点:上坡路线随山势蜿蜒导致路线曲折线形差,山坡遇缺口需设置较高的挡土墙或其他构造物,土石方工程大,用于避让不良地质地段的可利用地区范围较小,路线跨河较为困难。图9-26b)中,方案Ⅱ表示高线位方案示意图。

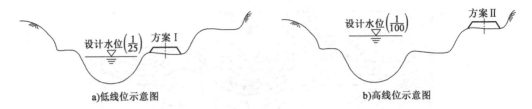

图9-26 低线位与高线位示意图

(3)线位高低的一般处理原则。

①当出现的洪水低于或接近设计水位时,路线能保证路基不受水淹没和冲刷的高度作为设计高程,基本保证路基稳定。

②对更大的洪水,则考虑将"宁淹勿冲"相应的高度作为设计高程,路线虽然短时中断运营,但造价偏低,也把对路基和人工构造物影响降低到最小程度。

③对交通量很小的中低等级公路,如果提高线位会使工程量增加很多时,可允许将路基被一定频率洪水淹没相应的高度作为设计高程。

④对于交通量较大的高等级公路,宜采用相应设计洪水频率的高线位,避免被较大洪水淹没和冲刷路基。

3)跨河桥位

跨河桥位的选择应慎重,应尽量处理好桥位与路线的关系。按路线与河流的关系,跨河桥位分为跨支流和跨主流两类。跨支流的桥位一般属于局部问题,跨主流的桥位多属于路线布局问题。跨主流的桥位涉及路线基本走向控制点或路线走向控制点,它与河岸的选择相互依存、相互影响,因此,选择河岸的同时要认真研究好跨河桥位的选择。如果桥位选择不好,勉强跨河,要么导致桥头线形差,要么增大桥梁工程造价。

(1)跨河桥位选择要点。

①桥位应选在河道顺直、河床狭窄稳定、上游附近无支流流入的河段上。

②桥位处的两岸地质良好,有裸露的未风化岩层更佳。

③桥位选择应便于与支线衔接。

④桥位选择应考虑当地的近期与远期规划。

(2)沿溪线典型的跨河桥位。

①当路线在S形河段跨河时,应在其腰部通过,以尽力使桥梁轴线与河流成较大交角,如图9-27所示。

②如果在河湾附近选择位置跨越,应注意河湾位置的水流对桥梁的冲刷,必要时应采取相应的防护措施,如图9-28所示。

③在与路线接近平行的顺直河段上跨河,桥头引道难以顺适,应避免过分强调正交而使桥头引道过短,如图9-29a)所示。必须在这种河段跨越时,中、小桥可考虑设置斜桥以改善线形。当大桥或特大桥不宜设置斜交时,宜布置一段曲线引道或把桥头路线左侧布置成勺形,如图9-29b)所示。总之,要设法使桥头曲线半径较大,以满足公路平面线形指标要求。

④跨越支流的桥位。

路线跨越支流的桥位,有从支河(沟)口直跨和绕进支沟上游跨越两种方案,如图9-30所示。

当桥梁在支河(沟)口直跨时,路线线形总体较好,但因要修建跨径较大的桥梁,道路总体造价较高;当桥梁在支沟上游跨越时候,路线线形总体较差,且路线长度也会增加,但由于桥涵跨径较小,道路总体造价相对较低。

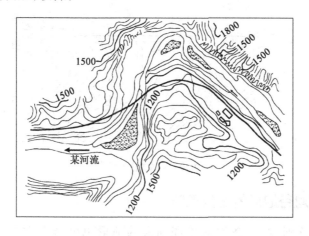

图9-27 桥位设在S形河流的腰部跨越

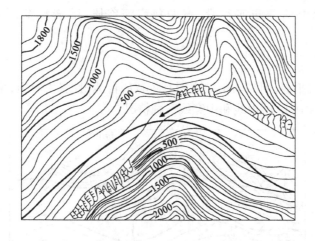

图9-28 桥位设在河湾跨越

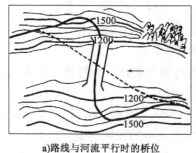
a)路线与河流平行时的桥位

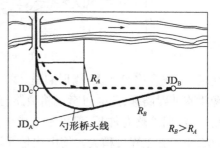
b)勺形桥头引道

图9-29 路线与河段平行时桥位跨越方式

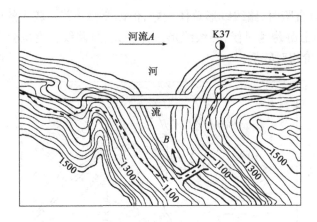

图 9-30 跨越支流的桥位

9.4.3 不同河谷地形的路线布设

河谷地形千差万别,同一条河流不同河段的地形也可能存在较大差异,因此路线布设较为复杂。河谷地形的路线布设应结合河谷位置、地形、道路等级等具体分析,择优确定布设方案。这里介绍开阔河谷段、弯曲狭窄河谷段、陡岩峭壁河段等地形的沿溪线布设。

1) 开阔河谷段

开阔河谷段岸坡平缓,河岸与山坡之间有较宽的台地,且多为农田,见图 9-31。开阔河谷段的沿溪线布设分傍河线、傍山线和中穿线三种情况。

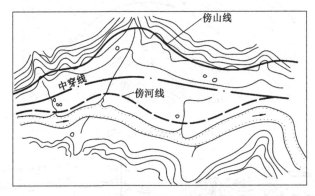

图 9-31 开阔河谷路线布设

(1) 傍河线,坡度均匀平缓,线形顺适,线位较低时整个道路可能被洪水淹没,需做好防护工程,避免洪水冲毁路基,此时可考虑将道路与河堤相结合。

(2) 傍山线,路线略有加长,但可不占或少占农田。路线远离河岸,防护工程较少,但纵断面略有起伏,土石方工程量稍大。傍山线是开阔河谷常采用的布线方案。

(3) 中穿线,线形标准较高,但占用农田最多,取土困难,路基稳定性较差。在水稻田等地段,为使路基稳定,必要时还需换填,中穿线的综合性价比不高。

2) 弯曲狭窄河谷段

弯曲狭窄河谷有 U 形、S 形等,S 形在平原区覆盖土层较厚、有的地段甚至是变迁形的;U

形河谷两岸多不对称,凹岸陡峭,凸岸相对较缓,时而有突出的山嘴,间或出现迂回的深切河湾。选线时应做沿河绕行路线和裁弯取直路线的方案比选。

(1)沿河绕行路线,即路线沿着河岸的自然地形,绕山嘴、沿河湾布设。河湾较小时,转弯半径较小,平面线形稍差。河湾较大时,路线长度增加较多。

(2)裁弯取直路线,即路线经过较小河湾时,可以在迂回绕行、两次跨河、改移河道等几个方面进行比选,如图9-32所示。对于突出的山嘴,需要进行切嘴填湾(图9-33)、高架桥(含半山桥)、隧道、深挖路堑、挡土墙路基等方案的比选,加强路基防护,确保沿河路基的稳定性。

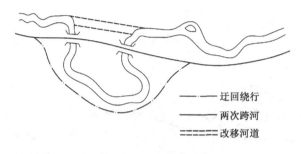

图9-32 河湾路线布设方案

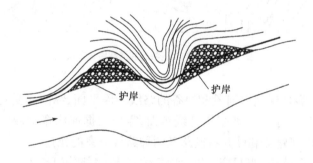

图9-33 切嘴填湾路线布设方案

迂回绕行方案路线较长、线形较差,但造价较低。两次跨河方案线形顺适、路线较短,但新建两座桥梁造价较高。改移河道的路线布设自由度较大,但改移河道仅适用于平原地区变迁形河流和山区小河、小沟。

遭遇山嘴和河湾地形,需要对迂回绕行和裁弯取直的路线方案进行比选,结合道路等级和实际地形地质,低等级公路优先考虑迂回绕行,高等级公路优先考虑裁弯取直以便获得较好的线形。对于个别宽浅河滩的大河湾,在满足泄洪前提下,经河流主管部门同意,可以考虑在河滩布线,兼具护田、造田作用,但应处理好路基防护与加固,防止洪水冲刷路基。此外,使用顺河通过宽浅河滩的桥梁代替路基也是较好的路线方案。

3)陡岩峭壁河段

陡岩峭壁河段路线布设分为绕避和直穿两种方案,应根据水文、地质条件和路线性质、公路等级、工程量大小、施工条件等比选确定。

(1)绕避方案。

绕避方案分翻越峡谷陡崖顶部后选择有利地形通过和越岭线通过两种情况。前者需要陡崖顶部有可供布线的平台,具有足够的、地形较为平缓的平面空间,可适当绕避河湾;后者需要附近有基本符合路线走向的垭口。两种绕避方案的共同点是纵断面线形上而复下,均需要有适合布设过渡段的地形。图9-34中,河段曲折迂回,有近4km长的蛇形河湾及陡崖,布线困难。越岭线在砖厂位置修建跨河桥梁跨越河流,跨河后布设越岭线,路线连续绕避两道河湾布设线形顺直,且路线经过地带地形、地质条件较好。这种越岭绕避方案是较为理想的,既满足路线线形顺畅又绕避蜿蜒曲折的河湾,该越岭线兼具沿溪线特点。对于高等级公路,因线形指标要求较高,可考虑向山体一侧内移修建隧道和外移修建桥梁的路线方案进行比选。

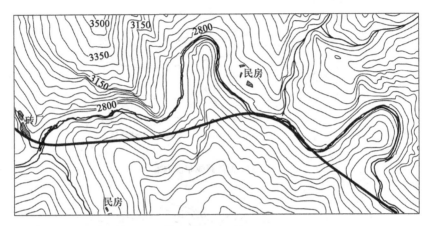

图9-34　越岭线绕避峡谷和河湾路线布设

(2)直穿方案。

直穿方案是指直穿陡崖峭壁河段和峡谷的路线。因平面、纵断面受陡峭壁岸和设计水位限制,可供布线的范围很小。一般采用低线布设,需要根据河床宽窄、水文状况、岸壁陡峭程度,考虑与河争路的侵河路堤和硬开石壁路基两种路线方案的比选。

①与河争路的侵河路堤,当河床较宽、水流不深,压缩部分河床不致引起洪水位抬高过多时,路线可在崖脚下按低线位布设,路基临河一侧应做好防护工程。

②硬开石壁路基,在陡峭石壁上硬开路基,施工难度较大,且应对岩壁滑坡、垮塌等稳定性进行评估。台口式路基和半山洞路基,见图9-35和图9-36,图中B指路基宽度,$1:n$指边坡坡率。

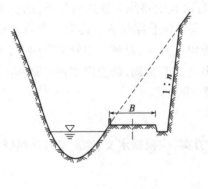

图9-35　台口式路基

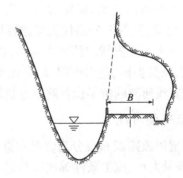

图9-36　半山洞路基

9.5 长大纵坡及大高差选线

9.5.1 概述

在山区公路中,自然地形陡峻、高差大,为了克服大高差,公路设计必然面对连续长下坡的挑战。

受地形限制,山区公路在某些路段可能会出现长达几十公里的连续长下坡,在这种情况下,合理控制并减小其平均纵坡变得尤其重要。高速公路、一级公路连续长、陡下坡路段的平均坡度与连续坡长不宜超过表6-10的规定。若超过规范中的规定值,应进行交通安全性评价,提出路段速度控制和通行管理方案,进一步完善交通工程和安全设施,并论证增设货车强制停车区。

当高速公路和一级公路的连续下坡坡长或坡度接近或大于表6-10规定的坡长时,驾驶人为了有效控制车辆的下坡速度,不得不频繁踩踏制动器刹车。这种频繁的制动操作会导致制动毂温度逐渐升高,当温度达到200℃以上时制动毂就会部分或者全部丧失制动效能,从而增加车辆失控的风险。因此,当连续纵坡的坡长或坡度达到或超过该界定指标时,应在连续下坡路段的合理位置增设强制停车区,供大型货车休息与检修,以确保行车安全。

9.5.2 连续长下坡路段减缓纵坡的方法

1)降低越岭高程,减小设计高差

对于山区越岭线的设计,高等级道路为了提高道路的平纵指标、避免冰雪对道路运营造成的不利影响,通常以隧道方式进行越岭。设计高程越低,越有利于越岭段前后纵坡的减缓,但隧道长度会相应增加。选线时应结合隧道规模、造价、地形地质条件等多方面因素,合理选择隧道的隧址和轴线。当平均纵坡较大时,如果条件允许应尽量降低设计高程,以减少设计高差,从而减缓纵坡。

以G4217汶川至马尔康高速公路为例,该高速公路的主要布线方式为沿溪线和越岭线。沿线沟谷狭窄,地形陡峻,路线主要沿杂谷脑河及梭磨河布线,海拔从汶川1320m开始逐渐上升,经过理县海拔升至1965m,至鹧鸪山海拔至3225m,随后在马尔康卓克基海拔下降至2713m。受地形条件限制,鹧鸪山至汶川路段为连续长下坡,如图9-37和图9-38所示。

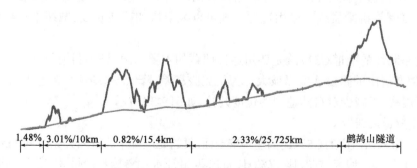

图9-37 汶川至马尔康高速公路纵断面示意图

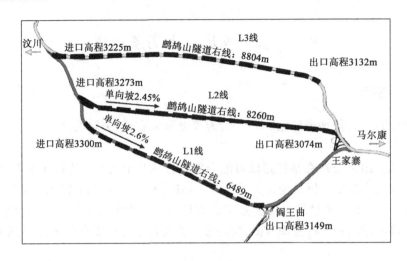

图9-38 汶川至马尔康高速公路鹧鸪山隧道段方案比选

连续下坡段的鹧鸪山隧道有三个隧址比选方案(高、中、低隧址)。考虑到进出高程的高差对平均纵坡的决定性影响,在鹧鸪山隧道项目中,面对长线路及需克服超过90m的高差。低隧址方案通过8804m的隧道长度,实现了1%的温和平均纵坡。相比之下,高隧址方案虽然线路较短,但需应对151m的较大高差,导致平均纵坡高达3.4%,存在安全隐患。基于行车安全性的考量,最终决定采用较长的低隧址方案,其右线隧道长8804m,进口高程3225m,出口高程3132m,如图9-38所示。相较于高隧址方案(长6489m,进口高程3300m,出口高程3149m),低隧址方案虽使隧道长度增加2315m,却有效降低了进口高程75m,换算为层高3m的建筑物,相当于下降了约25层楼的高度,显著提升了行车的安全性与舒适度。

2)通过回头或螺旋展线,减缓纵坡

受特殊的地形等限制,采取减小设计高程等措施后,平均纵坡仍然超过规范要求时可采取以下几种措施,通过展线增加路线长度,在设计高程相同的情况下减缓平均纵坡。

(1)连续回头曲线。

低等级道路中为了克服较大的高差,通常会选择设置连续回头曲线形式的盘山公路,用以增加路线长度,减缓平均纵坡,提高行车安全性。例如云南宜良68道拐,见图9-12。

(2)螺旋桥梁展线。

在二、三级山区公路中,为了充分利用沟谷两岸有利地形,可考虑在两岸坡体设置路基,在沟谷段设置螺旋桥梁展线。采用这种方式可以大幅增加路线长度,减缓平均纵坡,提高行车安全性。

川藏公路北线的国道G317线是四川通往西藏的重要通道,该项目沿线地形复杂、地质条件恶劣,翻越老折山的路段连续纵坡大。为了克服高差、降低纵坡坡度,在老折山下山段设计了螺旋桥梁展线,以减少对自然地形的过度开挖,如图9-39所示。

(3)螺旋隧道展线。

连接雅安市和西昌市的G5京昆高速雅安至西昌段,是成都平原进入大凉山腹地的交通要道,起于雅安对岩镇,经雨城区、荥经县、汉源县、石棉县,止于凉山彝族自治州冕宁县泸沽镇。整条高速公路跨越了青衣江、大渡河、安宁河等水系和12条地震断裂带,从四川盆地边缘向横断山区高地爬升,每公里路段的平均海拔上升达7.5m。沿途地形险峻、地质结构复杂、气候多变、生态环境脆弱、建设条件艰苦,被国内外专家学者一致认为是国内乃至全世界自然环境最恶劣、工程技术难度最高、科技含量顶尖的山区高速公路之一,同时也被誉为"天梯高速"和"云端上的高速公路"。

图9-39　川藏公路北线G317螺旋桥梁展线

为了减少连续纵坡、规避不良地质条件和自然保护区,雅西高速公路在设计中还诞生了国际首创的双螺旋小半径曲线型隧道(干海子和铁寨子螺旋隧道),成功实现了在4km的V形峡谷范围内连续爬升450m,为今后山区高速公路建设解决路线爬升、克服海拔高差方面提供了范本,如图9-19、图9-20和图9-21所示。

在山区公路的勘测设计过程中,需要结合工程地质、地形等自然条件,综合运用上述降低设计高程和以展线增加路线长度等方式,科学合理地减缓平均纵坡,确保连续下坡路段的行车安全性。

3)大迂回重新开辟走廊

这也是长大纵坡的解决方案之一,在早期低等级公路上偶尔用到大迂回重新开辟走廊方案。随着经济条件逐步转好,施工技术水平的不断提高,高等级公路大多采用桥隧方案穿行,这也有利于生态环保和减少占地,目前已经很少采用大迂回重新开辟走廊方案。

9.6　地质选线与环保选线

9.6.1　概述

我国幅员辽阔,西部地区地形尤为复杂,多山高谷深之地,为道路选线造成较大困难,常遭遇不良地质病害。地质选线与环保选线密不可分,道路选线不仅需要结合公路等级、地形条件、拆迁因素进行综合考量,还要充分考虑不良地质的影响和生态环境保护的需求。

1)地质选线

广义地质选线包括地质选线、避灾选线和安全选线,这些选线方法在实践中不断演进和发展,逐渐提炼出特色选线、创新选线。

公路勘测设计时,应充分收集区域内各种地质灾害分布类型、范围、规模,应根据不同设计阶段要求,开展相应的地质调绘、遥感解译、勘探等工作,查明区域地质资料,识别诸如滑坡、泥石流、崩塌、软基等不良地质现象。

由于山区公路地质灾害频发的特点,必须坚持地质选线的理念。这就要求需要充分查明项目区域及公路沿线地质状况,识别地质灾害分布及规模,评估工程建设可能会诱发的地质病害,综合研判地震、暴雨等工况下可能会诱发的潜在地质病害。在选线过程中,应绕避大型地质病害;中小型地质病害,在确保治理效果的前提下,可考虑治理通过方案。

2) 环保选线

公路勘测设计时应坚持环保选线理念。应收集区域内涉及的自然保护区、风景名胜区、国家公园、湿地、饮用水源保护区等各种环境敏感因素,根据相关法律法规要求尽量绕避环境敏感区。确实无法绕避时,应通过相关的专题论证,应最大程度地保护自然环境,修复工程建设对环境的影响,使公路与自然环境融为一体。

公路勘测设计过程中应识别并避让水土保持敏感区,强化水土保持有关的选址选线、土石方平衡工作。确保工程方案充分满足水土保持的相关要求,从源头上减小弃土弃渣的规模,有效防控公路建设可能导致的重大水土流失风险。

此外,公路工程在前期勘测设计阶段应根据相关法律法规和建设程序要求,开展环境影响评价和水土保持评价,并获得相关行业主管部门的批复。勘测设计和项目建设中应严格执行相关批复的要求,以确保环境保护工作能够最大程度的落实。

9.6.2 地质选线和环保选线相关案例

G4217汶川至马尔康高速公路,选线避开草坡自然保护区和米亚罗自然保护区,最大限度地保护环境,避免对环境的不利影响,见图9-40。

图9-40 汶川至马尔康高速公路与环境保护区的关系

G5京昆高速公路汉中至广元段扩容工程,受规划、控制点、地形、地质等条件制约,必须在米仓山风景名胜区内布设路线。结合景区总体规划,路线全部布设于三级保护区内,避开了一级保护区和二级保护区,最大程度降低对景区的影响,并开展了工程建设及运营对景区影响的专题论证,最终获得了批复,如图9-41所示。

G5京昆高速公路汉中至广元段扩容工程,松龙坪路段以隧道群通过,受控因素主要为连片煤矿采空区、特大古滑坡。该滑坡长约1.5km、宽约500m,平均厚度约70m,属于古滑坡群。图9-42中,方案研究阶段拟定滑坡区比选方案2个(绕避方案和通过方案),实线为绕避方案,虚线为通过方案。滑坡区通过方案路线长度短约500m,隧道短约135m,桥梁短约390m,因隧道穿越古滑坡覆盖层,无法安全处置,最终选择放弃通过方案。推荐绕避方案,绕避古滑坡群。

图9-41　G5京昆高速公路汉中至广元段扩容工程在米仓山风景名胜区内的布设

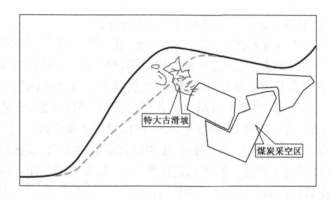

图9-42　G5京昆高速公路汉中至广元段扩容工程松龙坪段路线方案图

茂县"6.24"特大高位崩塌S448叠溪至松坪沟公路恢复重建项目,拟定A方案和B方案比选。其中,B方案穿过特大山体崩塌区域,属于原路恢复重建;A方案属于绕避方案,新建隧道方式,在崩塌区下通过。为了安全,彻底绕避特大崩塌区域,推荐A方案,在崩塌区下方适宜深度新建隧道通过,见图9-43。

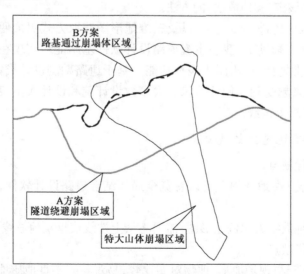

图9-43　茂县"6.24"特大高位崩塌S448叠松路恢复重建平面线位图

9.7 选线方法

9.7.1 概述

1)选线方法分类

按照选线手段,选线方法分为实地选线和纸上选线两类。无论哪一种选线方法,均宜按照"全面布局、逐段安排、具体选线"逐步完成选线。

(1)实地选线。

实地选线,指在现场拟修建道路区域,在全面布局和逐段安排基础上,具体落实中线(交点)的全过程,即在实地选定中线的过程。

(2)纸上选线。

纸上选线,指在地形图上选定中线并实地放线的过程。

纸上选线应在大比例的地形图(一般1∶2000)上,在全面布局和逐段安排基础上,具体落实中线(交点)。纸上选线结束后,还应将选线成果测设到实际地面上(实地放线),并比较纸上选线与实际地面的吻合程度。如果与实地吻合,且技术经济合理,纸上选线成果可作为选线方案。如果与实地不吻合:当整条线路均不合理时,调整路线方案,全部重新选线;当局部路线不合理时,保留路线的合理部分,修改不合理部分,局部重新选线。

纸上选线可以在三维数字地形图上进行,也可以在纸质地形图上进行。纸质地形图上选线已经被淘汰,因为纸质地形图上选线不仅速度慢,而且选线后的平面、纵断面和横断面设计等工作难以通过专业软件自动完成。

2)纸上选线和实地选线的适用范围

依据《规范》相关条例,公路选线应符合下列规定:

(1)高速公路、一级公路采用纸上选线时,必须现场核定(实地放线)。

(2)二级、三级和四级公路可采用实地选线。有条件或地形条件受限制时,可采用纸上选线或纸上移线并现场核定(实地放线)的方法。

随着道路设计软件的进一步完善,以及三维地形图获取方式更加便利,纸上选线变得越来越方便快捷。在人工辅助下,我国主流道路设计软件基本能够实现在软件上设计平面、纵断面和横断面,以及常规计算、出图出表等功能。基于道路勘测设计成本、时间、速度等多因素制约,纸上选线越来越受到人们的青睐。大多数设计院和设计人员,甚至在低等级公路的路线设计上也倾向于纸上选线。

3)纸上选线和实地选线的优缺点

(1)纸上选线的优缺点。

①优点:精度较高,在地形图上可以总览全局。结合道路设计软件,设计速度较快,设计成本较低。

②缺点:需要三维数字大比例地形图,需要将纸上选线成果实地放线。

(2)实地选线的优缺点。

①优点:直观,便于与现场地形、地物对照比较,易观察到不良地质地段,可在实地直接确

定交点和圆曲线半径。

②缺点:精度不高,不易建立全局观念。植被茂密时视野受限,同时耗费大量人力和物力。速度慢,改线时费时费力。

9.7.2 实地选线

1)一般实地选线

对于低等级公路,当地形、地质条件较为简单时,可以采用实地选线确定路线方案。

实地选线应遵循选线的三大步骤,见9.1.3节。一般情况下,实地选线中的具体选线主要是确定交点(中线),可分为以点定线和以线定点两种情形。

(1)以点定线。

以点定线,就是全面布局和逐段安排的基础上,在相邻两个局部加密一般控制点之间确定交点,大致确定中线的过程。以点定线的运用较为普遍,可以大致理解为先确定一条线段的两个端点,连接这两个端点就确定了线段。

在图9-44中,假设已经确定路线起点段JD_1和JD_2,下面分析如何确定JD_3。如果JD_3确定后,连接JD_2和JD_3就可确定线段$JD_2 \sim JD_3$,这就是以点定线的思路。实地选线确定JD_3,需要综合考虑道路等级、路线走向(JD_4的大致方向)、选线步骤(9.1.3节)、桥位(9.1.2节)、技术指标、地形、地质、绕避地物、工程量等多方面制约因素,下面就其中部分因素进行分析。

①考虑圆曲线半径及同向间直线长度。

在确定了JD_2后,JD_3的确定需要考虑相应公路等级下JD_2和JD_3圆曲线半径及其相应的切线长度T_2和T_3,还应考虑同向间直线长度L_j,JD_2到JD_3之间的链距应有足够的长度,见图9-44b)。

②考虑下一个交点的大致走向。

JD_3的确定需要考虑下一个JD_4的大致走向,即利用JD_4的大致走向分析JD_3的位置是否恰当。

③考虑其他因素。

JD_3的确定也需要考虑其他因素,例如地形、地质、绕避障碍物等,实地选线,需要在初定JD_3的基础上,结合实际情况调整交点位置,可以前、后、左、右移动,最终确定JD_3的合理位置,见图9-44c)。

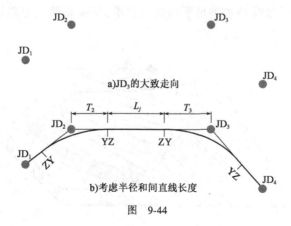

a)JD_3的大致走向

b)考虑半径和间直线长度

图 9-44

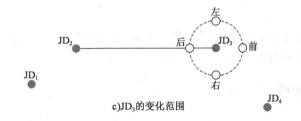

c) JD_3 的变化范围

图 9-44 实地选线的以点定线平面示意图

(2)以线定点。

以线定点是在全面布局和逐段安排的基础上,在相邻两个局部加密一般控制点之间,确定了上一个交点和直线方向,延长直线至适当位置确定下一个交点的过程。即通过延长上一个交点间的直线确定下一个交点的位置。在图9-45中,假设已经确定路线起点JD_1和JD_2,下面分析如何确定JD_3。假设直线上的JD_2和P点已经确定,沿着这条直线方向延长,直至符合需要的位置进而确定JD_3。同以点定线一样,JD_3的确定需要综合考虑道路等级、路线走向(JD_4的大致方向)、选线步骤(9.1.3节)、桥位(9.1.2节)、技术指标、地形、地质、绕避地物、工程量等多方面制约因素。

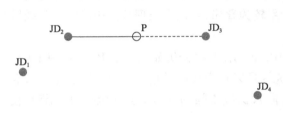

图 9-45 实地选线的以线定点平面示意图

2)试坡展线

(1)试坡展线概念及思路。

试坡展线,即试着放坡展放路线,指在山区高差大、平面空间受限的区域(即地形陡峭、地面横坡较大的区域),首先按照平均纵坡在坡面上放出导向点,然后依据导向点确定交点和路线的工作。低等级公路的试坡坡度一般采用5%左右,试坡坡度不是某一坡段的具体纵坡,而是采用5%左右的导向坡度,确保该路段平均纵坡不超过5.5%。

在山岭区,天然地面坡度一般大于20°,而一般公路要求平均纵坡不超过5.5%,如图9-46所示,路线由A点到B点,如果沿地面自然坡度AB方向直上直下,则纵坡度太大;如果路线沿等高线AC方向走,纵坡太平缓且偏离路线方向较远。寻找一个接近平均纵坡的路线方向,从A到D,再从D到B,这样路线基本满足平均纵坡要求,且偏离路线方向较少,这就是试坡展线的思路。

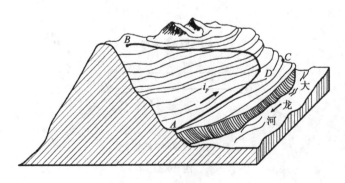

图 9-46 放坡原理示意图

(2)试坡展线过程。

①放坡确定导向线和修正导向线。

同纸上选线一样,地形平缓路段不需要放坡,在地面横坡较陡路段,需要借助坡度仪按照5%左右的平均纵坡放坡,确定一条导向线引导路线大致行进方向,然后修正这条导向线不合理部分,确定修正导向线。试坡展线一般从山顶较高的地方开始、山脚较低的地点结束,由高到低,视野开阔。

图9-47中,针对地面横坡较陡路段,现场在坡度仪的引导下确定导向点A_0、A_1、A_2、A_3、…,连接它们成为导向线$A_0A_1A_2A_3$…。根据实际情况,结合不良地形、地质条件等不宜通过地点、可通过地点,修正导向点为B_0、B_1、B_2、B_3、…。连接它们变成修正导向线$B_0B_1B_2B_3$…,这一过程也可参考纸上选线的修正导向线。

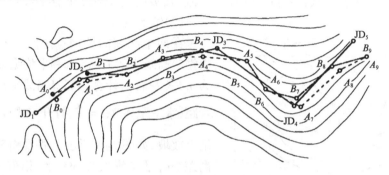

图9-47 实地选线的导向线和修正导向线

②穿线定交点。

修正导向线$B_0B_1B_2B_3$…是平均纵坡合理、横断面上位置适当的一条折线,但是无法满足路线平、纵线形标准要求,需要裁弯取直、穿线定交点,使平面、纵断面和横断面配合协调,穿出与地形相适应并符合技术指标的直线,然后确定交点JD_1、JD_2、JD_3、JD_4和JD_5,见图9-47。实际现场有的交点需要反复核对、修改,最终达到符合选线意图、满足技术指标、技术经济合理为止。实地选线的穿线定交点的过程,也可参考纸上选线的穿线定交点。

实地选线的导向线和穿线定交点非一成不变的,当地面横坡较缓时可以省略导向线过程,直接定交点。由于现场受到地形、地物等复杂因素影响,实地选线的穿线定交点需要在现场斜坡上来回走动穿梭,反复比较斟酌,需要比较该交点前后左右挪动的可能性及其利弊,必要时需要借助测量仪器。有时候经过分析研判某段路线不合理(地形、地质、技术指标等),后期也可能改线并挪动已经确定的交点。

(3)选择圆曲线半径敷设中桩。

交点选定以后,就可以根据实际情况确定圆曲线半径(2.2.4节),现场测设交点转角和相邻交点之间的链距,计算主点里程,敷设中桩,进行平面、纵断面和横断面测设。

9.7.3 纸上选线

同实地选线一样,纸上选线也应遵循选线的三大步骤——全面布局、逐段安排和具体选线。下面主要介绍纸上选线的三大步骤中的最后一个步骤具体选线。这一步骤的前提是全面布局、逐段安排,即首先应在大比例地形图(常用比例1∶2000)上确定起终点、路线基本走向控制点、路线走向控制点和一般控制点。

当地形较为平缓、路线方案较为明确时，无需导向线引导坡度，可以直接纸上选线，在地形图上直接确定交点。

同实地选线一样，对于山区高差大、平面空间受限的区域（地形陡峭、地面横坡很大），这种地形短距离内需要拔高，路线长度、路线的走向往往受纵坡制约，纸上选线需要按照平均纵坡放坡，确定一条导向线引导路线大致行进方向，然后修正这条导向线不合理部分，确定修正导向线。最后，在修正导向线的基础上，穿线定交点。纸上选线的步骤如下：

1) 定导向线

(1) 准备工作。

准备好大比例地形图（常用比例1:2000），按照选线步骤依次落实起终点、路线基本走向控制点、路线走向控制点、一般控制点。针对需要纸上放坡的陡坡路段，按照后续步骤开展工作。

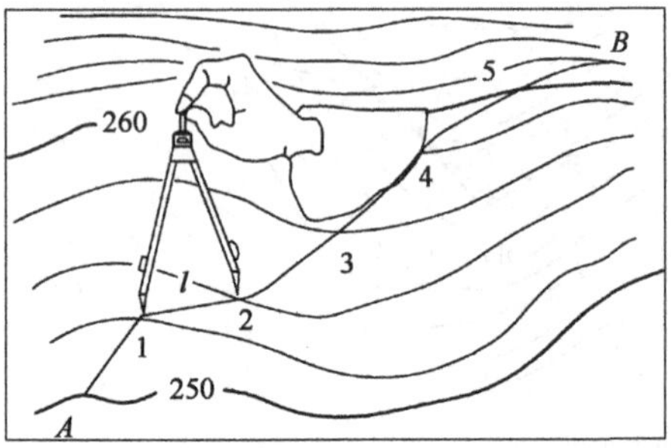

(2) 纸上放坡。

在两个相邻的控制点之间，开展纸上放坡。根据等高线之间的高差h和平均纵坡i_p（一般公路为5.5%左右），计算相邻等高线平均纵坡对应的步距（水平距离）l，$l = \dfrac{h}{i_p}$，打开卡规度量步距，进行纸上放坡，如图9-48所示。假设相邻两根首曲线高差2m，平均纵坡按5%计，相应步距l=2/5%=40(m)，卡规点1和2之间的图上步距应为2cm（1:2000），见图9-48。

图9-48 纸上分段放坡

图9-49，某回头曲线采用纸上选线，A、D为控制点，按上述方法放坡定点A、a、b、c、d、…、D，每相邻两点之间的坡度均不陡于平均纵坡i_p。选择B点作为回头曲线控制点，考虑到B点附近地面横坡较为平缓，有足够的平面空间。本例试坡展线从A点开始、D结束，放坡顺序宜由高到低。

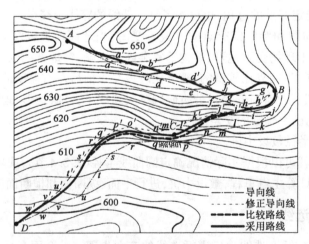

图9-49 纸上选线放坡及回头曲线放坡示意图

(3) 作导向线。

连接A、a、b、c、d、…、D，即为初始导向线。

2)修正导向线

初始导向线 $Aabcd\cdots D$,可能存在诸多问题需要进行修正,检查利用有利地形和避让不良地质水文情况。图9-49中,B 点有利于回头没有充分利用,p、q 点从陡岩中穿过,将两侧的导向线适当修正,定 B、C 为中间控制点,将导向线进行修正,修正后的导向点为 A、a'、b'、c'、d'、$\cdots$、D,连接这些点变为导向线 $Aa'b'c'd'\cdots D$。

3)穿线定交点

导向线或者修正导向线,距离较短、转折较多,比较零碎,一般不符合交点要求。在修正导向线 $D_1D_2D_3\cdots D_{33}$ 的基础上,结合技术标准、地形、地物等现场情况,裁弯取直,有序穿线并确定交点 JD_1、JD_2、JD_3、JD_4 和 JD_5,如图9-50所示。必要时,需要进行反复斟酌,反复修改。

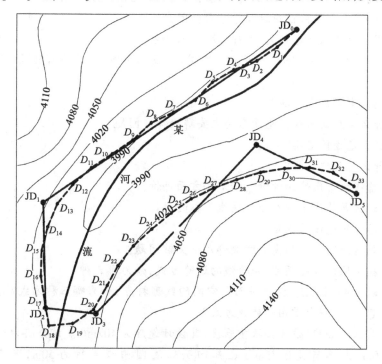

图9-50 穿线定交点示意图

4)选择圆曲线半径敷设中桩

交点选定后,应在图上量测交点的转角和各交点之间的链距,确定交点的圆曲线半径,进而计算圆曲线或标准形曲线的曲线要素及主点里程,随后敷设中桩,并初步进行平面、纵断面和横断面设计工作。

5)实地放线

纸上选线完成后,应进行实地放线,即勘测设计单位应将纸上选线的成果实地测设,并在现场标定相应的桩位。勘测设计单位应及时通知建设单位,建设单位则应组织路线所经地域的相关产权单位,以及选线、桥梁、隧道、路基、路面等相关专业的工程师,共同赴现场核对并比较纸上选线与实际地形的符合情况,进行必要的比对。

(1)吻合部分,可以直接采用。

(2)基本吻合部分,仅仅需要作局部调整的,进行局部调整。

(3)与实际不符合部分,拟做改线处理。对不吻合部分,重新研究新的方案,重新进行纸上选线,重新进行现场放线。

纸上选线依赖二维或三维的数字地形图(常用CASS软件系统成图),采用公路设计软件进行二维或三维选线和平面设计更高效快捷,详见第11章计算机辅助设计。

复习思考题

9.1 什么是选线?

9.2 《规范》中哪些点为路线基本走向控制点和路线走向控制点?

9.3 特大桥、大桥桥位应综合考虑哪些因素?

9.4 用一句话来概括特大、大桥与路线的关系。

9.5 简述中、小桥与路线的关系。在满足"服从路线走向"的前提下,中、小桥有哪几种形式?

9.6 选线有哪三大步骤?

9.7 什么是全面布局?全面布局主要解决什么问题?

9.8 什么是逐段安排?

9.9 什么是具体选线?

9.10 路线方案比选的评价包括哪些方面评价?

9.11 什么是展线系数?分析展线系数的规律。

9.12 越岭线选线特点是什么?

9.13 越岭线路线布局需要解决哪几个关键问题?

9.14 按不同的过岭高程,越岭线的过岭方式,分为哪三种?

9.15 垭口两侧展线,按照平面和空间的线形特点,分为哪三种方式?其中哪种方式是较为理想的、工程上常用的展线方式?

9.16 某三级公路(位于山岭重丘区,其设计速度为40km/h。该公路为双车道,一个车道宽3.50m,土路肩宽0.75m。已知回头位置圆曲线半径为30m,弯道加宽值为2.50m,如图9-14所示。不考虑边沟、边坡,计算并回答下面问题:

(1)回头地点上下线的净间距L_n。

(2)回头地点上下线的中线间距K_{78}。

(3)回头地点上下线路基边缘的间距L_w。

(4)正常断面路基宽度。

(5)回头地点I-I断面的路基宽度。

(6)与一般路基相比,回头曲线在上下线在I-I断面为什么需要更大的平面空间?

(7)如果考虑边沟、边坡和更大的圆曲线半径,上下线在I-I断面70m的平面距离足够吗?

9.17 举例说明越岭线平面与纵断面的矛盾,并分析相应的解决方案。

9.18 什么回头曲线?

9.19 判断题。螺旋展线在低等级公路上用得很多,在高等级公路上也用得较多。

9.20 简述沿溪线的优缺点。

9.21 沿溪线路线布局中,主要解决的关键问题有哪些?

9.22 连续长下坡路段减缓纵坡的方法有哪些?

9.23 环保选线需要考虑哪些因素?

9.24 按照选线手段,选线方法分哪两类?

9.25 什么是实地选线和纸上选线?

9.26 简述纸上选线的优缺点。

9.27 简述实地选线的优缺点。

9.28 简述纸上选线的步骤。

9.29 某农村公路设计参照交通四级公路标准,采用单车道,行车道宽度为3.5m。起点编号JD_1,对应桩号为K0+000。该线无加宽半径为250m。从JD_1至JD_2的链距为420m,在K0+220左侧设置有错车道,错车道与行车道宽度之和为6.00m,错车道的有效长度为10m,错车道渐宽段长度为9m。JD_2的曲线半径为60m,右转角度为28°26′32″,圆曲线加宽值为0.60m,缓和段长度为10m。路线平面示意图如图9-51所示。请根据以上信息计算并完成以下内容:

(1)计算从起点至JD_2的YZ点的行车道面积。

(2)计算从起点至JD_2的YZ点的错车道面积。

(3)计算从起点至JD_2的YZ点的弯道加宽面积。

(4)计算从起点至JD_2的YZ点的所有路面面积。

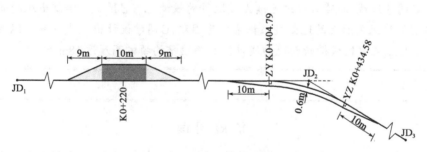

图9-51 路线平面示意图

9.30 某农村公路设计参照四级公路标准,设计速度为15km/h,采用单车道,车道宽度为3.50m,路肩宽度为0.50m。在JD_7和JD_8处设置了回头曲线,其转角均为90°,相当于垂直转向,即180°回头。JD_7至JD_8的链距为42m,此段采用了同向同半径的复曲线,如图9-52所示。在回头曲线的 *I-I* 断面位置,上线(起点方向)K1+100和下线(终点方向)K1+310处分别设置有错车道,错车道的宽度为2.50m。

(1)计算JD_7至JD_8的同向同半径复曲线的半径。

(2)计算分析回头曲线 *I-I* 断面处的平面距离50m是否满足题干平面空间,此处不考虑边坡和边沟等所占用的平面空间。

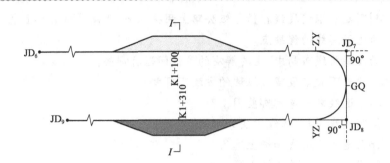

图9-52 回头曲线平面布置图

9.31 某校课程《道路勘测课程设计》中,要求学生在一张给定的A3地形图(1:2000)上开展纸上选线,假设该地位于山区且地形、地质复杂。设计一条双车道、已知设计速度为20km/h的交通四级公路。另外该区域夏季暴雨多、雨量大、冲刷严重。请结合上述情况,针对下列3个同学选线,分析其选线的合理性。

(1)A同学选线,越岭线经过连续上坡地段较陡的地形X区域,短距离内直上跨越约30m等高线,然后短距离内直下跨越约20m等高线。绘制出纵断面地面线后,发现X区域纵断面上的地面线大起大落,拉坡时不得不面对大填、大挖。

(2)B同学选线,越岭线经过连续上坡地段较陡的地形Y区域,短距离内5个回头曲线,每一个回头曲线的长度(包括夹直线长度)不足100m,在小范围内重叠盘绕。绘制出纵断面地面线后,发现Y区域纵断面上的地面线大起大落,平面距离增加得不多,克服的高差也不大,导致Y区域平面半径过小且纵坡度过大。

(3)C同学选线,越岭线经过连续上坡地段的较陡地形Z区域。绘制出纵断面地面线后,因在Z区域纵断面上的地面线上拉坡较为困难,C同学设计出某坡段MN:纵坡度9%,坡长达1800m,在Z区域横断面地面线较陡的路段平均填方高度达18m。

扩展阅读

[1] 张驰,潘兵宏,杨宏志.道路勘测设计[M].6版.北京:人民交通出版社股份有限公司,2023.

[2] 中华人民共和国交通运输部.公路路线设计规范:JTG D20—2017[S].北京:人民交通出版社股份有限公司,2017.

[3] 中华人民共和国交通运输部.公路勘测规范:JTG C10—2007[S].北京:人民交通出版社,2007.

[4] 中华人民共和国交通运输部.公路桥涵设计通用规范:JTG D60—2015[S].北京:人民交通出版社股份有限公司,2015.

[5] 中华人民共和国住房和城乡建设部.内河通航标准:GB 50139—2014[S].北京:中国计划出版社,2014.

[6] 裴玉龙. 道路勘测设计[M]. 北京:人民交通出版社,2009.

[7] 庄卫林,牟廷敏,何刚等. 高烈度大高差梯级山区高速公路建设支撑技术[M]. 成都:四川省交通厅公路规划勘察设计研究院,2014.

[8] 张蕊. 道路勘测设计[M]. 北京:中国建筑工业出版社,2018.

[9] 许金良. 道路勘测设计[M].5版. 北京:人民交通出版社股份有限公司,2019.

[10] 四川省交通运输厅公路规划勘察设计研究院.G4217汶川至马尔康高速公路两阶段施工图设计[A]. 成都:四川省公路规划勘察设计研究院有限公司,2014.

[11] 四川省交通运输厅公路规划勘察设计研究院.G5京昆高速公路汉中至广元段扩容工程两阶段施工图设计[A]. 成都:四川省公路规划勘察设计研究院有限公司,2022.

[12] 四川省公路规划勘察设计研究院.G5京昆高速公路雅安至西昌段两阶段施工图设计[A]. 成都:四川省公路规划勘察设计研究院有限公司,2007.

[13] 四川省公路规划勘察设计研究院. 茂县"6.24"特大高位崩塌S448叠溪至松坪沟公路恢复重建项目两阶段施工图设计[A]. 成都:四川省公路规划勘察设计研究院有限公司,2017.

[14] 四川省公路规划勘察设计研究院. 川藏公路北线G317俄尔雅塘至岗托段两阶段施工图设计[A]. 成都:四川省公路规划勘察设计研究院有限公司,2011.

第 10 章 道路交叉设计

道路交叉涉及面广、影响因素多,限于篇幅,本章仅对平面交叉和立体交叉进行简明扼要的介绍。

10.1 概述

在路网中,各种纵横交错的道路必然会形成很多交叉口,交叉口是公路系统的重要组成部分,是公路交通的节点,其中部分交叉口更是公路运输的咽喉要道。

相交道路上的各类车辆和行人都在交叉口处汇集、穿行或改变行进方向,由于它们之间的相互干扰,会使车速降低,交通阻滞,通过时间延长,也增加了交通事故发生的风险。因此正确设计交叉口、合理组织交通,对于提高交叉口的车速和通行能力、防止交通拥堵和减少交通事故、保障行车通畅,都具有极其重要的意义。

根据相交道路在交叉位置的设计高程之差和是否存在共同的构筑面两个条件,将道路交叉分为平面交叉和立体交叉两大类。

10.2 平面交叉

10.2.1 平面交叉分类及组成

1)平面交叉概念与分类

道路与道路(包括铁路、公路、城市道路等)在同一个高度或接近同一个高度相交,并有共同构筑面的交叉称为平面交叉,简称为平交。

平面交叉的分类如下:

(1)按相交道路的岔数,分为三岔(条)和四岔(条),一般平面交叉相交道路不超过四岔。

(2)按几何形状,分为十字形、T形,以及由此演变的X形和Y形,见图10-1。

(3)按交通组织方式,分为加铺转角式(图10-1)、分道转弯式(图10-2)、拓宽路口式(图10-3)和环形交叉(图10-4),图中 R 为转弯处的曲线半径。

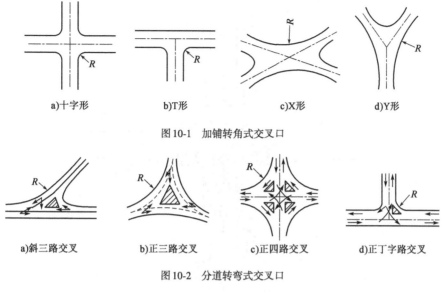

a)十字形　　　b)T形　　　c)X形　　　d)Y形

图 10-1　加铺转角式交叉口

a)斜三路交叉　　b)正三路交叉　　c)正四路交叉　　d)正丁字路交叉

图 10-2　分道转弯式交叉口

a)三路交叉　　　　　　b)四路交叉

图 10-3　拓宽路口式交叉口

(4)按交通管理方式,分为有信号控制交叉和无信号控制交叉。其中无信号控制交叉,又分主路优先和无优先交叉两类。

2)平面交叉的组成

一个完整的平面交叉,由交叉口及其所连接的部分道路组成。平面交叉的基本组成包括正线、交叉口、进口道、出口道、连接段、人行横道、交通岛等,见图 10-5。

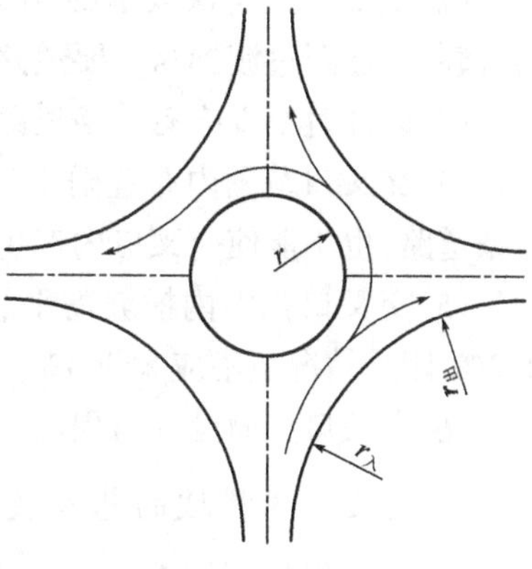

10.2.2　交叉口纵横坡设计的原则及类型

交叉口纵横坡设计,包括交叉口纵断面的纵坡设计和横断面的横坡设计。其中,交叉口纵坡设计就是按照 6.5 节纵坡设计确定交叉口不同段落的纵坡度,计算中桩的设

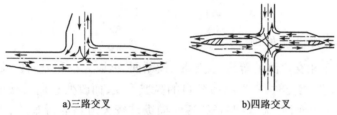

图 10-4　环形交叉口

r-转盘半径;$r_入$-转弯入口的曲线半径;$r_出$-转弯出口的曲线半径

计高程。交叉口横坡设计就是确定不同横断面的横坡度,按照 4.1 节和 4.2 节弯道加宽超高的方法,计算路基路面宽度和特征点的高程。

交叉口纵横坡设计,也称为立面设计或竖向设计。交叉口纵横坡设计,目的是通过调整交叉口范围内相交道路共同构筑面及引道,确定相关路段的纵坡度和路拱的横坡度,计算各中桩的设计高程、特征点的高程;确定各相交道路之间及交叉口和周围建筑物之间共同面的关系,使之满足行车舒适、排水迅速和路容美观的要求。

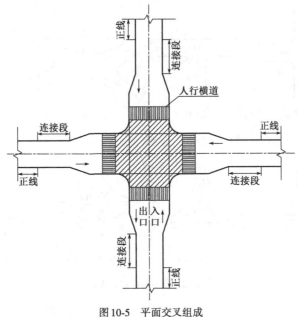

图 10-5 平面交叉组成

1）交叉口纵横坡设计原则

立面设计取决于相交道路的等级、交通量、横断面、纵坡大小和方向以及周围地形等。

(1)相同等级道路相交时,一般维持各自的纵坡不变,而改变它们的横坡。通常是通过调整纵坡较小道路的横断面形状,将路脊线逐渐向纵坡较大道路的行车道边线移动,使其横坡度与纵坡度较大道路的横坡度一致。

(2)主要道路与次要道路相交时,主要道路的纵断面、横断面维持不变,将次要道路纵断面、横断面逐渐过渡到与主要道路一致。

(3)设计时至少应有一条道路的纵坡方向背离交叉口,以利于排水。

(4)交叉口范围内布置雨水口时,一条道路的雨水不应流过交叉口的人行横道,或流入另一条道路,也不能使交叉口内产生积水。

(5)交叉口范围内横坡需平缓,一般不大于主线的路拱横坡度。交叉口的纵坡度不宜大于2%,困难情况下不应大于3%。

(6)交叉口立面设计高程应与周围建筑物的地坪高程相协调。

2）交叉口纵横坡的基本类型

交叉口纵横坡的类型,主要取决于交叉范围内相交道路的纵坡、横坡及地形。以十字形交叉口为例,按其所处地形及相交道路纵坡方向,可划分为下面六种基本类型。

(1)处于凸形地形上,相交道路的纵坡方向均背离交叉口,见图 10-6a)。设计时使交叉口的纵坡与相交道路的纵坡一致,适当调整接近交叉口路段的横坡,让雨水流向交叉口四个转角的街沟或路基外,交叉口内不需设置雨水口。

(2)处于凹形地形上,相交道路的纵坡方向都指向交叉口,见图 10-6b)。此地形道路的地面水都向交叉口集中,排水比较困难。因地形限制,必要时应设置地下排水管。为防止雨水汇集到交叉口中心,应适当改变相交道路的纵坡,以抬高交叉口中心高程,并在转角处设置雨水口。在相交道路纵坡设计时,尽量将一条主要道路的变坡点设置在远离交叉口的地方,以保证至少有一条道路的纵坡方向能背离交叉口。

(3) 处于分水线地形上,有三条道路纵坡方向背离交叉口,而另外一条道路的纵坡指向交叉口,见图10-6c)。设计时应将纵坡指向交叉口道路的路脊线在交叉口处分为三个方向,相交道路的横断面不变,并在纵坡指向交叉口道路的人行横道线外设置雨水口,防止雨水流入交叉口内。

(4) 处于山谷线地形上,有三条道路纵坡方向指向交叉口,而另外一条道路纵坡背离交叉口,见图10-6d)。与山谷相交的道路进入交叉口之前,在纵断面上会产生转折面形成过街横沟,不利于行车,因此应尽量使纵坡转折点离交叉口远一些,并在该处插入竖曲线。纵坡指向交叉口的人行横道线外应设置雨水口。

(5) 处于斜坡地形上,相邻两条道路纵坡指向交叉口,而另外两条背离交叉口,见图10-6e)。设计时保持相交道路纵坡不变,将两条道路的横坡在进入交叉口前逐渐向相交道路的纵坡方向变化,使交叉口上形成一个单向倾斜面,并在纵坡直线交叉口道路的人行横道线外设置雨水口。

(6) 处于马鞍形地形上,相对两条道路纵坡指向交叉口,而另外两条道路纵坡背离交叉口,见图10-6f)。设计时相交道路纵横坡可按自然地形在交叉口内适当调整,并在纵坡指向交叉口的道路两侧设置雨水口。

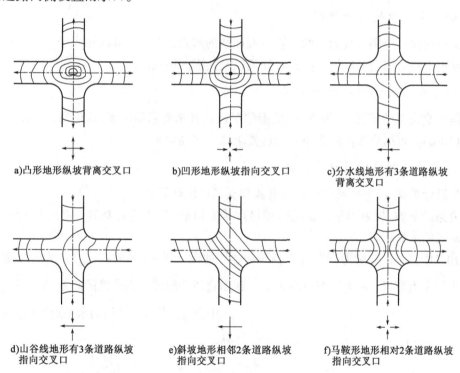

a) 凸形地形纵坡背离交叉口　　b) 凹形地形纵坡指向交叉口　　c) 分水线地形有3条道路纵坡背离交叉口

d) 山谷线地形有3条道路纵坡指向交叉口　　e) 斜坡地形相邻2条道路纵坡指向交叉口　　f) 马鞍形地形相对2条道路纵坡指向交叉口

图10-6　交叉口纵横坡度设计的基本类型

10.2.3　交叉口的纵横坡设计

交叉口纵横坡的设计方法,有方格网法、设计等高线法、方格网与设计等高线组合法三种。此处设计等高线法中的等高线非地形图上的等高线,而是指交叉口路拱高程线,又称排水流向线。

方格网法:在交叉口范围内以相交道路中心线为坐标基线绘制方格网,测量方格点上的地面高程,计算其设计高程。

设计等高线法:在交叉口范围内确定路脊线和高程计算线网,计算各点的设计高程,绘制交叉口设计等高线,计算设计高程和施工高度,最后在相应位置标注施工高度。

两相比较,设计等高线法比方格网法更能清晰地反映出交叉口的立面设计形状,但等高线上的高程点在施工放样时不如方格网法方便。通常以上两种方法结合使用,方格网与设计等高线组合法,既能直观地看出交叉口的立面形状,又能方便施工放样。

对于普通交叉口,多采用方格网法或设计等高线法,其中混凝土路面宜采用方格网法,而沥青路面宜采用设计等高线法。对于大型、复杂的交叉口和广场的立面设计,通常采用方格网与设计等高线组合法。

下面以方格网与设计等高线组合法为例,介绍交叉口纵横坡设计的步骤。

1)绘制交叉口平面图

按比例绘制道路中心线、行车道、人行道及分隔带的宽度,路缘石转弯曲线和交通岛等。以相交道路中心线位坐标基线打方格网,方格的大小一般采用5m×5m~10m×10m。方格网应选在便于施工放线测量的方向,并测量方格点的地面高程。

2)确定交叉口的设计范围

交叉口的设计范围一般为路缘石转弯圆曲线的起点以外5~10m(相当于一个方格网的距离),主要用于路段与交叉口的纵横过渡处理以及高程的衔接。

3)确定立面设计图式和等高距

根据相交道路的等级、纵坡方向、地形情况以及排水要求等因素,确定所采用的立面设计图式(图10-6)。根据纵坡度的大小和精度要求选定等高距h。

4)计算并绘制路段设计等高线

绘制设计等高线,包括路段设计等高线和交叉口设计等高线。

当道路的纵坡、横断面形式及路拱横坡度确定以后,可按所需要的等高距h,计算路段上设计等高线的水平距离。

图10-7中,i和i_{bx}分别为行车道中心线和边线的设计纵坡(一般$i=i_{bx}$),i_1为行车道路拱横坡度,b为行车道宽度。h_1为行车道路拱中心到加宽超高前的路面边缘的高差,$h_1=\dfrac{b}{2}i_1$。

中心线上相邻等高线的水平距离l_1,按式(10-1)计算。

$$l_1 = \frac{h}{i} \qquad (10\text{-}1)$$

式中:l_1——中心线上相邻等高线的水平距离,m;

h——等高距(相邻等高线的高差),m;

i——为行车道中心线的设计纵坡,%;

等高线在行车道边线上的位置沿纵向上坡方向偏移的水平距离,见式(10-2)。

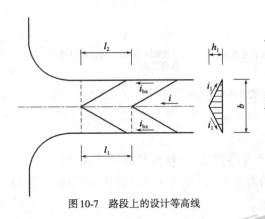

图10-7 路段上的设计等高线

$$l_2 = \frac{h_1}{i_{bx}} = \frac{b}{2} \times i_1 \times \frac{1}{i_{bx}} = \frac{b}{2} \times \frac{i_1}{i_{bx}} \tag{10-2}$$

式中：l_2——等高线在行车道边线上的位置沿纵向上坡方向偏移的水平距离，m；

其余符号意义同前。

计算出 l_1 和 l_2 后，由 l_1 定出中心线上其余等高线的位置，再由 l_2 定出沿边线上相应等高线的位置，最后连接相应等高点。实际上，如路拱形式为抛物线型时，等高线以曲线绘制，只有直线型路拱可用折线连接成等高线。

5)计算并绘制交叉口设计等高线

(1)确定路脊线和控制高程。

路脊线指行车轨迹的分界线，这里指路面中线路拱点的连线，即行车道的中心线，路脊线的选定直接影响交叉口上的行车、排水和立面美观。

对于斜交过大的T形交叉口，其路中心线不宜作为路脊线，应加以调整。图10-8中，调整路脊线的起点A，一般为转角曲线切点断面处。而调整路脊线的终点B'的位置原则上应选在双向车流的中间位置。图10-8中，r_1 为小转弯（锐角处）的曲线半径，r_2 为大转弯（钝角处）的曲线半径。

交叉口的控制高程，应以整个道路系统的立面规划高程为依据，并综合考虑相交道路的纵坡、交叉口周围的地形、路面厚度和建筑物的布置等来确定。在确定控制高程时，为了利于纵面处理尽可能使相交道路纵坡大致相等，相交道路的纵坡相差不宜大于0.5%。

(2)确定高程计算线网。

仅仅路脊线上的设计高程，还不足以反映交叉口的立面形状，依靠它来勾绘交叉口的等高线比较困难，必须增加高程计算线网。交叉口立面设计的关键是确定路脊线和高程计算线网。高程计算线网主要有方格网法、圆心法、等分法和平行线法四种。下面分别介绍这四种高差计算线网。

①方格网法。

绘制尺寸为5～10m的方格网，见图10-9。

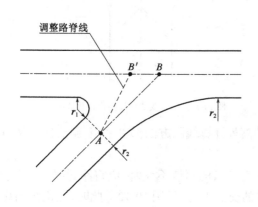

图10-8 路脊线的确定

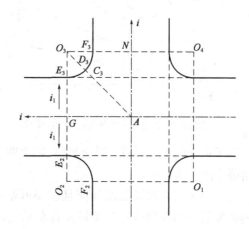

图10-9 方格网法设计高程计算线网

根据路脊线交叉点 A 的控制高程 h_A，可逐一推算出某些特征点的高程。特征点相对于前点的高差=坡度×距离。转角曲线切点横断面上的 E_3 点高程，按式(10-3)和式(10-4)计算。

$$h_G = h_A - AG \times i \tag{10-3}$$

式中：AG——路脊点 A 到 G 之间的距离，m；
　　　h_A——路脊线交叉点 A 的高程，m；
　　　h_G——路脊线上点 G 的高程，m；
其余符号意义同前。

$$h_{E_3}(\text{或} h_{E_2}) = h_G - \frac{b}{2} \times i_1 \tag{10-4}$$

式中：h_{E_3}（或 h_{E_2}）——边线上点 $E_3(E_2)$ 的高程，m；
其余符号意义同前。

同理，可求得其余 C_3、D_3 等横断面上点的高程。

②圆心法。

图10-10中，在路脊线上，按施工要求每隔一定距离或等分定出若干点，并与转角曲线的圆心连成直线，得到圆心法高程计算线网。

③等分法。

将路脊线等分为若干等分，相应地把转角曲线也等分为相同份数，连接对应点得到等分法高程计算线网，见图10-10。

④平行线法。

图10-11中，先把路脊线的交叉点与各转角曲线的圆心连成直线，然后按施工要求在路脊上分若干点，过这些点作该直线的平行线交于行车道边线，得到平行线法高程计算线网。

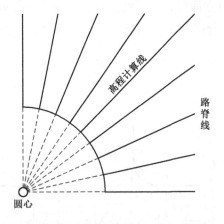

图10-10　圆心法和等分法高程计算线网

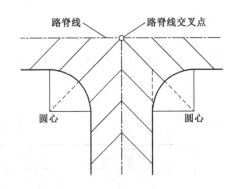

图10-11　平行线法设计高程计算线网

对于正交的十字形或T形交叉口，以上四种高程计算线网方法都可采用，斜交的交叉口宜采用圆心法和等分法。

当主要道路与次要道路相交且主要道路在交叉口的横坡不变时，应将路脊线的交叉点 A 移到次要道路的路脊线与主要道路行车道边线的交点 A' 处，见图10-12。此时，无论采用哪一种高程计算线网，都以位移后的交点 A' 为基准。

采用上述四种高程计算线网手工计算较为繁琐,主流道路专业软件增加了全新的平交口设计模块,可进行平面、立面的平交口全过程辅助设计。虽然主流道路专业软件可以自动计算平交口的纵横坡度及设计高程,但是仍然需要设计人员根据实际情况进行复核、调整和修改。

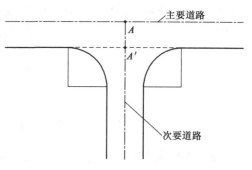

图10-12 路脊线交叉点位移

6)高程计算线上的设计高程计算

每条高程计算线上高程点的数量,可依据行车道宽度、施工需要以及等高距来确定。对路宽、陡坡、施工精度要求高的路段,高程点可密集一些;反之,高程点可稀疏一些,见图10-13和图10-14。在图10-13和图10-14中,b为行车道宽度,x为路拱任意点距离路拱中心的水平距离,y为路拱任意点距离路拱中心顶点的高差,i_1为路拱横坡度,h_1、h_2、h_3、…为路拱相应点与设计高程线的高差。

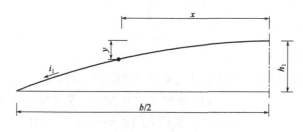

图10-13 路拱高程计算

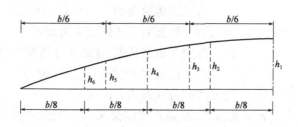

图10-14 路拱高程计算的高程点划分

高程计算线上高程点的方程与所选用的路拱形式有关,当采用抛物线形路拱时,一般根据所选路面类型不同,宽14m以下的次高级路面和中级路面可用式(10-5)计算,宽14m以上的高级路面可采用式(10-6)计算。

$$y = \frac{h_1}{b}x + \frac{2h_1}{b}x^2 \tag{10-5}$$

$$y = \frac{h_1}{b}x + \frac{4h_1}{b^3}x^3 \tag{10-6}$$

式中:h_1——路拱高度(路拱中心点与设计高程线的高差),$h_1 = \frac{b}{2}i_1$,m;

b——行车道宽度,m;

i_1——路拱横坡度,%。

7)绘制并调整等高线

根据所选立面设计图式和等高距,把各个等高点连接起来,得到初步的设计等高线图。

然后按行车平顺和路面排水迅速、通畅要求,进行等高线调整。主要调整等高线的疏密,一般中间部分疏一些,边沟位置密一些,使纵、横坡变化均匀,调整个别不合适的高程。

10.3 立体交叉

10.3.1 立体交叉的概念与分类

利用跨线构造物使道路与道路(或铁路等)在不同高程(不在一个平面上)相互跨越的交叉,称为立体交叉,简称立交。立体交叉是高等级道路(高速公路和城市快速通道等)重要的组成部分。

立体交叉可以减少或消除相交道路各方向车流的冲突点,控制相交道路的车辆出入,保证行车安全和畅通;车流可连续、稳定地行驶,减少时间延误,提高行车速度;车辆各行其道,等候时间减少,能快速、连续行驶,提高了道路通行能力。但立体交叉构造物多、设计施工复杂、造价高、不易改扩建。

立体交叉分类如下。

1)按照交通功能分类

按照交通功能,分为分离式立体交叉和互通式立体交叉两类。

(1)分离式立体交叉,仅仅需要设置一座跨线桥(或通道),上下道路之间互不连通,见图10-15。

(2)互通式立体交叉分类。

按交叉道路等级,互通式立体交叉分为枢纽互通式立体交叉和一般互通式立体交叉两类。

按交叉道路条数,互通式立体交叉分为三岔、四岔。

按交通转换程度,互通式立体交叉分为完全互通式立体交叉和部分互通式立体交叉。

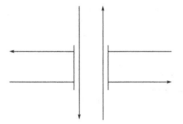

图10-15 分离式立体交叉示意图

按交叉处交通流轨迹的交叉方式,互通式立体交叉分为完全立体交叉型、部分平面交叉型和交织型互通式立体交叉。

按照几何形状,互通式立体交叉分为喇叭形、苜蓿叶形、菱形、环形、涡轮形、T形、Y形、子叶形互通式立体交叉。

2)按照主要道路跨越方式分类

立体交叉按主要道路跨越被交叉线的方式,分为上跨式和下穿式两类,见图10-16。上跨式不仅要满足自身道路的建筑限界,还要满足被交叉线的建筑限界;下穿式应满足自身道路的建筑限界。

3)按照用途分类

(1)公路立体交叉,城镇范围以外的以通行交通公路为主的立体交叉。

(2)城市道路立体交叉。

(3)公路与其他道路(铁路、农村道路等)的立体交叉。

(4)公路与其他的立体交叉,例如通行行人为主的天桥或通道的立体交叉,通行灌溉用水的沟渠的立体交叉等。

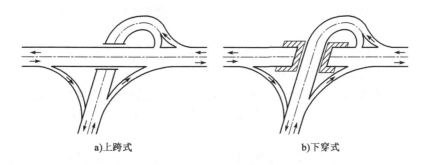

a)上跨式   b)下穿式

图 10-16　上跨式和下穿式立体交叉

10.3.2　互通式立体交叉的组成

互通式立体交叉组成包括正线、匝道、跨线构造物和连接部等(图 10-17),简要介绍如下。

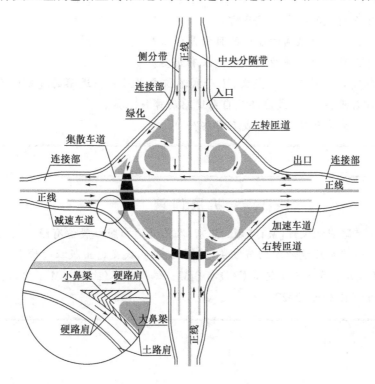

图 10-17　互通式立体交叉示意图

(1)正线:互通式立体交叉范围内的直行道路。与平交一样,正线分为主线和被交线。

(2)匝道:相交道路间的连接道路,是互通式立体交叉的重要组成部分,供转弯车辆通行,分为左转弯匝道和右转弯匝道。

(3)跨线构造物:跨越被交线的跨线桥(上跨式)或下穿被交线的通道(下穿式)。跨线构造物是立体交叉实现车流空间分离的主体构造物,包括跨越正线和匝道的桥梁或通道等。

(4)连接部:匝道与正线、正线相互之间以及匝道相互连接的道口,包括出口、入口、变速车道、小鼻梁、大鼻梁、辅助车道、集散车道等。

①出口:匝道从正线(或主匝道)驶离的位置。

②入口:匝道汇入正线(或主匝道)的位置。

③变速车道:在匝道与正线连接的路段,为适应车辆变速行驶的需要,不影响正线交通所设置的附加车道。

④小鼻梁:在分流或合流连接部,相邻路面边缘交汇形成的圆形端部。

⑤大鼻梁:在分流或合流连接部,相邻路基边缘交汇形成的圆形端部。

⑥辅助车道:在互通式立体交叉设置双车道变速车道的分流、合流段附近,为使车道数平衡,或为便于出入主线的车辆调整行驶速度与车距、变速车道,平行设置于正线直行车道外侧的附加车道。

⑦集散车道:为隔离交织、减少主线出入口数量而设置于主线外侧并与主线隔离的附加车道。

复习思考题

10.1 平面交叉的基本组成有哪些?

10.2 平面交叉口纵横坡设计的目的是什么?

10.3 平面交叉口纵横坡设计的方法有哪些?

10.4 判断题。对于立体交叉,上跨式不仅要满足自身道路的建筑限界,还要满足被交叉线的建筑限界;下穿式应满足自身道路的建筑限界。

10.5 互通式立体交叉的组成有哪些?

扩展阅读

[1] 许金良.道路勘测设计[M].5版.北京:人民交通出版社股份有限公司,2019.

[2] 潘兵宏.道路交叉设计理论与方法[M].北京:人民交通出版社股份有限公司,2022.

[3] 娄峰,王绥庆.道路三维集成CAD与BIM一体化技术(上册)[M].北京:人民交通出版社股份有限公司,2022.

第11章 计算机辅助设计

本章以电子教材方式呈现,扫描二维码。

第12章 城市道路勘测设计

本章以电子教材方式呈现,扫描二维码。

第13章 公路改扩建勘测设计

本章以电子教材方式呈现,扫描二维码。

第14章 道路勘测设计前沿方法研讨

本章以电子教材方式呈现,扫描二维码。

参考文献

[1] 中华人民共和国交通部. 公路勘测规范:JTG C10—2007[S]. 北京:人民交通出版社,2007.
[2] 中华人民共和国交通运输部. 公路工程建设项目概算预算编制办法:JTG 3830—2018[S]. 北京:人民交通出版社股份有限公司,2018.
[3] 央视网.《中国考古大会》20211211探秘甲骨文的故乡——殷墟[Z/OL]. (2021-12-11)[2022-06-14]. https://tv. cctv. com/2021/12/11/VIDEcExiZ21lRfO9CNzfxOFq211211. shtml.
[4] 中华人民共和国交通运输部. 2022年交通运输行业发展统计公报[EB/OL]. (2023-06-16)[2023-08-12]. https://xxgk. mot. gov. cn/2020/jigou/zhghs/202306/t20230615_3847023. html.
[5] 中华人民共和国交通运输部. 公路建设监督管理办法(交通运输部令2021年第11号)[EB/OL]. (2021-08-01)[2022-06-14]. https://xxgk. mot. gov. cn/2020/jigou/fgs/202108/t20210825_3616558. html.
[6] 中国政府网. 省级空间规划试点方案[EB/OL]. (2017-01-09)[2023-12-13]. https://www. gov. cn/zhengce/2017-01/09/content_5158211. htm.
[7] 新华社. 中共中央国务院印发国家综合立体交通网规划纲要[EB/OL]. (2021-02-24)[2024-02-06]. https://www. gov. cn/zhengce/2021/02/24/content_5588654. htm.
[8] 张驰,潘兵宏,杨宏志. 道路勘测设计[M]. 6版. 北京:人民交通出版社股份有限公司,2023.
[9] 张蕊,张亚平. 道路勘测设计(道路与桥梁工程专业方向适用)[M]. 1版. 北京:中国建筑工业出版社,2018.
[10] 中华人民共和国住房和城乡建设部. 工程结构设计基本术语标准:GB/T 50083—2014[S]. 北京:中国建筑工业出版社,2014.
[11] 中华人民共和国全国人民代表大会常务委员会. 中华人民共和国环境保护法[M]. 北京:中国法制出版社,2014.
[12] 全国地理信息标准化技术委员会(SAC/TC 230). 国家基本比例尺地图图式 第1部分:1:500 1:1000 1:2000地形图图式:GB/T 20257. 1—2017[S]. 北京:中国标准出版社,2017.
[13] 孙家驷,李松青,王卫花. 道路勘测设计[M]. 4版. 北京:人民交通出版社股份有限公司,2020.
[14] 张维全,周亦唐,李松青. 道路勘测设计[M]. 2版. 重庆:重庆大学出版社,2005.
[15] 张志清. 道路勘测设计[M]. 2版. 北京:科学出版社,2012.

[16] 吴光强．汽车理论[M]．3版．北京：人民交通出版社股份有限公司，2021．

[17] 唐心能，王毅，黄显彬．线路设计中圆曲线和缓和曲线里程计算的CASIOFX-4500P程序编制及应用[J]．黑龙江交通科技，2011，207(5)：2-3．

[18] 中华人民共和国交通部．公路工程名称术语：JTJ 002—1987[S]．北京：中国标准出版社，1987．

[19] 中华人民共和国住房和城乡建设部．城市道路交通标志和标线设置规范：GB 51038—2015[S]．北京：中国计划出版社，2015．

[20] 裴玉龙．道路勘测设计[M]．北京：人民交通出版社，2009．

[21] 中华人民共和国交通运输部．公路交通安全设施设计规范：JTG D81—2017[S]．北京：人民交通出版社股份有限公司，2017．

[22] 杨少伟．道路勘测设计[M]．3版．北京：人民交通出版社，2009．

[23] 国家技术监督局，中华人民共和国建设部．道路工程制图标准：GB 50162—1992[S]．北京：中国标准出版，1992．

[24] 中华人民共和国交通运输部．公路路基设计规范：JTG D30—2015[S]．北京：人民交通出版社股份有限公司，2015．

[25] 中华人民共和国交通运输部．公路路基施工技术规范：JTG/T 3610—2019[S]．北京：人民交通出版社股份有限公司，2019．

[26] 中华人民共和国交通运输部．公路工程技术标准：JTG B01—2014[S]．北京：人民交通出版社股份有限公司，2014．

[27] 中华人民共和国交通运输部．公路土工试验规程：JTG 3430—2020[S]．北京：人民交通出版社股份有限公司，2020．

[28] 中华人民共和国交通运输部．公路路基路面现场测试规程：JTG 3450—2019[S]．北京：人民交通出版社股份有限公司，2019．

[29] 中华人民共和国交通运输部．公路工程标准施工招标文件(2018版．第一册)[M]．北京：人民交通出版社股份有限公司，2018．

[30] 中华人民共和国交通运输部．公路工程标准施工招标文件(2018版．第二册)[M]．北京：人民交通出版社股份有限公司，2018．

[31] 中华人民共和国交通运输部．公路工程标准施工招标文件(2018版．第三册)[M]．北京：人民交通出版社股份有限公司，2018．

[32] 许金良．道路勘测设计[M]．5版．北京：人民交通出版社股份有限公司，2019．

[33] 中华人民共和国交通运输部．公路工程预算定额(上、下册)：JTG/T 3832—2018[S]．北京：人民交通出版社股份有限公司，2018．

[34] 吴万平，廖朝华．公路路基设计手册(上、下册)[M]．3版．北京：人民交通出版社股份有限公司，2021．

[35] 潘兵宏．道路交叉设计理论与方法[M]．北京：人民交通出版社股份有限公司，2022．

[36] 娄峰，王绥庆．道路三维集成CAD与BIM一体化技术(上册)[M]．北京：人民交通出版社股份有限公司，2022．

[37] 中华人民共和国交通运输部．交通运输部关于印发《数字交通发展规划纲要》的通知[EB/OL]．[2019-07-25]．https://www.gov.cn/xinwen/2019-07/28/content_5415971.htm．

[38] 姜毅.空间信息技术基础[M].大连:大连海事大学出版社,2021.

[39] 李益,常莉.BIM技术概论[M].北京:清华大学出版社,2019.

[40] 李建成,闫利.现代测绘科学技术基础[M].武汉:武汉大学出版社,2009.

[41] 李德仁,刘立坤,邵振峰.集成倾斜航空摄影测量和地面移动测量技术的城市环境监测[J].武汉大学学报(信息科学版),2015,40(04):427-435.

[42] 李树涛,李聪妤,康旭东.多源遥感图像融合发展现状与未来展望[J].遥感学报,2021,25(01):148-166.

[43] 周军其,叶勤,邵永社,等.遥感原理与应用[M].武汉:武汉大学出版社,2014.

[44] 中华人民共和国住房和城乡建设部.建筑信息模型应用统一标准:GB/T 51212—2016[S].北京:中国建筑工业出版社,2016.

[45] 中华人民共和国住房和城乡建设部.城市综合交通体系规划标准:GB/T 51328—2018[S].北京:中国建筑工业出版社,2018.

[46] 中华人民共和国住房和城乡建设部.城市道路路线设计规范:CJJ 5—2012[S].北京:中国建筑工业出版社,2012.

[47] 中华人民共和国住房和城乡建设部.城市道路交通工程项目规范:GB 1—2021[S].北京:中国建筑工业出版社,2021.

[48] 中华人民共和国住房和城乡建设部.2021年中国城市建设状况公报[R/OL].(2022-09-28).https://www.mohurd.gov.cn/gongkai/fdzdgknr/sjfb/index.html.索引号:000013338/2022-00473.

[49] 上海市规划和国土资源管理局,上海市交通委员会,上海市城市规划设计研究院.上海市街道设计导则[M].上海:同济大学出版社,2016.

[50] 中华人民共和国住房和城乡建设部.城市道路工程设计规范(2016年版):CJJ 37—2012[S].北京:中国建筑工业出版社,2012.

[51] 中华人民共和国住房和城乡建设部.城市桥梁设计规范(2019年版):CJJ 11—2011[S].北京:中国建筑工业出版社,2011.

[52] 陈洁.城市公交站点布局优化与设计方法研究—以集宁区公共交通站点规划为例[D].上海:上海海事大学,2010.

[53] 中华人民共和国住房和城乡建设部.城市道路交叉口规划规范:GB 50647—2011[S].北京:中国计划出版社,2011.

[54] 产业调研网.2022—2028年中国城市管网建设市场深度调查研究与发展趋势分析报告[R/OL].(2022).https://www.cir.cn/.

[55] 中华人民共和国住房和城乡建设部.室外排水设计标准:GB 50014—2021[S].北京:中国计划出版社,2021.

[56] 中华人民共和国住房和城乡建设部.城市综合管廊工程技术规范:GB 50838—2015[S].北京:中国计划出版社,2015.

[57] 中华人民共和国住房和城乡建设部.城市道路照明设计标准:CJJ 45—2015[S].北京:中国建筑工业出版社,2015.

[58] 全国城市公共设施服务标准化技术委员会.智慧城市智慧多功能杆服务功能与运行管理规范:GB/T 40994—2021[S].北京:中国标准出版社,2021.

[59] 中华人民共和国住房和城乡建设部.城镇绿道工程技术标准:CJJ/T 304—2019[S].北

京:中国建筑工业出版社,2019.

[60] 中华人民共和国住房和城乡建设部.海绵城市建设评价标准:GB/T 51345—2018[S].北京:中国建筑工业出版社,2018.

[61] 中华人民共和国住房城乡建设部.住房城乡建设部关于印发海绵城市建设技术指南——低影响开发雨水系统构建(试行)的通知:建城函[2014]275号[EB/OL].(2014-11-03).

[62] 李朝阳.城市交通与道路规划[M].2版.武汉:华中科技大学出版社,2020.

[63] 刘经强.城市道路工程设计[M].北京:化学工业出版社,2017.

[64] 杨鸿志.论城市肌理的延续[J].山西建筑,2010,20(36):17-19.

[65] 赵柏洪.柏林与上海城市肌理演变比较[J].山西建筑,2007,9(33):67-68.

[66] 安然.浅谈美国绿道[J].山东林业科技,2011,6(197):108-110.

[67] 中华人民共和国交通运输部.公路"十四五"发展规划:交规划发[2021]108号[EB/OL].(2022-01-29).

[68] 中华人民共和国国务院新闻办公室.《中国交通的可持续发展》白皮书[EB/OL].[2020-12-22].https://www.gov.cn/zhengce/2020-12-22/content_5572212.htm.

[69] 中华人民共和国交通运输部.高速公路改扩建设计细则:JTG/T L11—2014[S].北京:人民交通出版社股份有限公司,2014.

[70] 中华人民共和国交通运输部.高速公路改扩建交通工程及沿线设施设计细则:JTG/T L80—2014[S].北京:人民交通出版社股份有限公司,2014.

[71] 中华人民共和国交通运输部.高速公路改扩建交通组织设计规范:JTG/T 3392—2022[S].北京:人民交通出版社股份有限公司,2014.

[72] 四川省公路规划勘察设计研究院.成都至乐山高速公路扩容项目青龙场至眉山试验段两阶段施工图设计[A].成都:四川省交通运输厅公路规划勘察设计研究院,2017.

[73] 四川交投建设工程股份有限公司.成都至乐山高速公路扩容项目青龙场至眉山试验段路面施工专项方案[A].成都:四川交投建设工程股份有限公司,2018,(7):1-20.

[74] 中国华西工程设计建设有限公司.G213线映秀—都江堰段灾后恢复重建工程两阶段施工图设计[A].成都:中国华西工程设计建设有限公司,2010.

[75] 中华人民共和国交通运输部.公路桥梁技术状况评定标准:JTG/T H21—2011[S].北京:人民交通出版社,2011.

[76] 中华人民共和国交通运输部.公路桥梁承载能力检测评定规程:JTG/T J21—2011[S].北京:人民交通出版社,2011.

[77] 中华人民共和国交通运输部.公路桥涵养护规范:JTG 5120—2021[S].北京:人民交通出版社股份有限公司,2021.

[78] 贵州省市场监督管理局.山区普通公路改扩建工程技术规范:DB52/T 1609—2021[S/OL].(2021-12-06).

[79] 陈俊,赵现利,刘慧,等.成乐高速扩容项目青龙场至眉山试验段路面施工交通组织方案研讨[J].黑龙江交通科技,2019,300(2):54-57.

[80] 黄显彬,侯松,廖曼,等.承台高度变化对桥梁墩桩抗震性能的影响[J].地震工程与工程振动,2017,37(6):154-159.

[81] 中华人民共和国交通部.公路工程基本建设项目设计文件编制办法[M].北京:人民交

通出版社,2007.

[82] 中华人民共和国交通运输部. 公路路线设计规范:JTG D20—2017[S]. 北京:人民交通出版社股份有限公司,2017.

[83] 中华人民共和国交通运输部. 公路桥涵设计通用规范:JTG D60—2015[S]. 北京:人民交通出版社股份有限公司,2015.

[84] 中华人民共和国住房和城乡建设部. 内河通航标准:GB 50139—2014[S]. 北京:中国计划出版社,2014.

[85] 庄卫林,牟廷敏,何刚,等. 高烈度大高差梯级山区高速公路建设支撑技术[M]. 成都:四川省交通厅公路规划勘察设计研究院,2014.

[86] 四川省交通运输厅公路规划勘察设计研究院. G4217汶川至马尔康高速公路两阶段施工图设计[A]. 成都:四川省公路规划勘察设计研究院有限公司,2014.

[87] 四川省交通运输厅公路规划勘察设计研究院. G5京昆高速公路汉中至广元段扩容工程两阶段施工图设计[A]. 成都:四川省公路规划勘察设计研究院有限公司,2022.

[88] 四川省公路规划勘察设计研究院. G5京昆高速公路雅安至西昌段两阶段施工图设计[A]. 成都:四川省公路规划勘察设计研究院有限公司,2007.

[89] 四川省公路规划勘察设计研究院. 茂县"6.24"特大高位崩塌S448叠溪至松坪沟公路恢复重建项目两阶段施工图设计[A]. 成都:四川省公路规划勘察设计研究院有限公司,2017.

[90] 四川省公路规划勘察设计研究院. 川藏公路北线G317俄尔雅塘至岗托段两阶段施工图设计[A]. 成都:四川省公路规划勘察设计研究院有限公司,2011.